# 首都城市公共安全

# 风险及其治理

PUBLIC SECURITY RISKS AND
ITS GOVERNANCE IN CAPITAL CITY

吕拉昌 等◎著

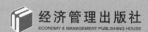

经济管理出版社

ECONOMY & MANAGEMENT PUBLISHING HOUSE

**图书在版编目（CIP）数据**

首都城市公共安全风险及其治理／吕拉昌等著.—北京：经济管理出版社，2018.10
ISBN 978-7-5096-5830-7

Ⅰ.①首… Ⅱ.①吕… Ⅲ.①城市—公共安全—安全管理—研究—北京
Ⅳ.①D630.8

中国版本图书馆 CIP 数据核字（2018）第 118486 号

组稿编辑：梁植睿
责任编辑：梁植睿
责任印制：黄章平
责任校对：王淑卿

出版发行：经济管理出版社
　　　　　（北京市海淀区北蜂窝 8 号中雅大厦 A 座 11 层　100038）
网　　　址：www.E-mp.com.cn
电　　　话：（010）51915602
印　　　刷：北京玺诚印务有限公司
经　　　销：新华书店
开　　　本：720mm×1000mm/16
印　　　张：19.75
字　　　数：365 千字
版　　　次：2018 年 10 月第 1 版　　2018 年 10 月第 1 次印刷
书　　　号：ISBN 978-7-5096-5830-7
定　　　价：69.00 元

# 首都城市公共安全风险及其治理研究

**课题主持人：**

吕拉昌

**课题组成员：**

陈晓正　刘亚娜　龙玉其　王　洁　赵成安　张丽娜

周　珍　段　越　费　欢　侯雅雯　郭　凡　谭志斌

乔海波　乔艺璇　王　聪　王　千　薛锦亿　徐彦龙

邢瑶瑶　张　宏　朱思佩　赵生光

# 序　言<sup>*</sup>

　　城市是国家和地区的重要组成部分，是人口和经济社会活动相对集中的场所。城市公共安全既是国家和地区安全的重要内容，也是人民群众的迫切愿望，事关人民安居、社会安定与国家长治久安。党的十九大报告提出，"必须坚持国家利益至上，以人民安全为宗旨，以政治安全为根本，统筹外部安全和内部安全、国土安全和国民安全、传统安全和非传统安全、自身安全和共同安全，完善国家安全制度体系，加强国家安全能力建设，坚决维护国家主权、安全、发展利益"。2015 年 12 月，中央城市工作会议明确提出，城市发展安全第一，要把安全工作落实到城市工作和城市发展的各个环节、各个领域。因此，推进和实现城市公共安全成为实现国家安全的一项重要任务。

　　改革开放以来，我国经济社会转型加速推进，经济社会结构处于深刻的变革之中，城市化和现代化成为推动我国转型与发展的强大动力。21 世纪以来，我国城市化的步伐进一步加快，正处于推进新型城镇化的过程之中。在城市化和现代化进程中最为关键的社会转型期，我国既存在亨廷顿所说的现代化中的动荡和风险，又存在贝克、吉登斯所说的"风险社会的风险"。

　　发展是解决一切问题的重要法宝，发展也意味着许多新的风险和问题，我国在快速发展的过程中，风险和矛盾也在日益积聚。中国正处于高风险社会之中，原因如下：经济社会发展可能出现停滞，甚至倒退；社会结构紧张乃至断裂，社会冲突加剧；社会各系统、各要素之间的交互影响增强，由此导致无法预知的后果；现代性的不确定性与自我危害。正如贝克所指出的，"在现代化的进程中，生产力的指数式增长，使危险和潜在威胁的释放达到了一个前所未有的程度"。

　　任何社会都有风险，风险并不可怕，可怕的是对风险茫然无知或麻痹大意；任何社会都有矛盾，矛盾并不可怕，可怕的是不仅不能解决矛盾反而激化了矛盾。为此，必须建立健全阻断和化解社会矛盾的制度安排。我曾经提出用"冰山结构"来描述当前我国的社会矛盾，在此结构中，自上而下，社会矛盾由较为明显到较为隐藏、由较为激烈到较为缓和，层层递减。这里所谓的

---

　　* 本序言由童星所作。童星，南京大学政府管理学院教授、博士生导师，南京大学社会风险和公共危机管理研究中心主任。

阻断，就是阻止与切断社会矛盾由冰山下部的形式转化为上部的形式；所谓化解，就是促使社会矛盾由冰山上部的形式转化为下部的形式，并最终消解。为此就需要建立健全以下五大制度：事中的应急管理（含维稳）制度，事后的社会矛盾化解（含诉讼、调解、信访、仲裁与行政复议）制度，事先的社会稳定风险评估制度，社会整合（含公平竞争与社会保障）制度，政治参与（含政务公开、社会监督、政策参与和网络表达）制度。对现有的制度和政策资源必须通盘设计，统筹规划，加强整合。积极推进政策创新，弥补制度和政策漏洞。

党的十八届三中全会做出了全面深化改革的重大部署，全面深化改革的总目标是完善和发展中国特色社会主义制度，推进国家治理体系和治理能力现代化。城市治理体系与治理能力的现代化是国家治理体系与治理能力现代化的重要标志，在实现这一目标的过程中，需要积极关注城市公共安全问题，加强城市公共安全风险的预防与治理。在我国城市治理水平不断提高的同时，城市发展也存在不少问题，城市公共安全风险形势严峻，公共安全事件频发，给城市发展与治理带来新的挑战。我国城市公共安全风险预防与治理体系还不完善，城市应急管理体制机制还不健全，应急能力还有待提升。

作为国家首都，北京市经济社会发展走在全国前列，是其他地区发展的风向标。与其他地区相比，北京市的城市发展、社会治理更加引起高层领导和普通民众的关注。习近平总书记高度关心北京的发展，多次视察北京，并对首都发展和京津冀协同发展做出了重要指示。习近平总书记提出，要努力把北京建设成为国际一流的和谐宜居之都，要健全城市管理体制，提高城市管理水平，尤其要加强市政设施运行管理、交通管理、环境管理、应急管理，推进城市管理目标、方法、模式现代化。习近平总书记的这些指示和要求为北京城市公共安全风险治理提供了方向与指南。

《北京城市总体规划（2016 年~2035 年）》提出，要健全公共安全体系，提升城市安全保障能力，牢固树立和贯彻落实总体国家安全观，坚持政府主导与社会参与相结合，加强公共安全各领域和重大活动城市安全风险管理，深化平安北京建设，增强抵御自然灾害、处置突发事件和危机管理能力，降低城市脆弱度，形成全天候、系统性、现代化的城市运行安全保障体系，让人民群众生活得更安全、更放心。2017 年北京市第十二次党代会提出，要坚持"人民城市为人民"，形成有效的超大城市治理体系。健全重点领域监测预警和工作协调机制，强化预测预警预防，有效化解影响首都安全的各种风险，妥善处理各类突发事件，并对城市治理的若干重要问题进行了具体部署。因此，加强首都城市公共安全风险及其治理研究，了解首都城市公共安全领域存在的主要风险，分析其成因与影响，提出有针对性的对策建议，这些工作具有十分重要的理论意义与现实意义。

《首都城市公共安全风险及其治理》一书由首都师范大学管理学院院长吕拉昌教授领衔，发挥交叉学科优势，集合学院骨干科研力量，对首都城市公共安全风险及其治理这一重要课题开展了深入、系统的研究，回应了首都城市发展与社会治理的现实问题。该著作运用公共管理学、社会学、社会保障、计算机科学等多学科的理论与方法，系统梳理了城市公共安全、公共安全风险及其治理的相关核心概念，阐释了首都城市公共安全风险治理的理论依据与现实路径，分析了目前首都城市公共安全风险及其治理的现实状况和存在的主要问题，提出了促进首都城市公共安全风险治理的策略。该著作还重点从首都消防安全事故管理、首都老龄社会风险治理、城市社区公共安全风险治理、城市环境风险治理等领域开展专题研究。从目前来看，关于首都城市公共安全风险及其治理的专题研究成果尚不多见，该著作的出版将有益于深化这一领域的研究，并将为首都城市公共安全治理提供积极的参考，值得实务部门和学术界参考。

城市公共安全风险及其治理研究是一项复杂的工作，涉及的理论与现实问题很多，首都作为特大型城市，对其城市公共安全风险及其治理进行研究更是一项艰巨的任务。开展这样一项研究，对研究者的理论素养、思维、方法、团队合作、设施条件等方面均有较高要求。在今后的研究中，还可以进一步打破学科界限和单位界限，吸收更多优秀学者对这一重要问题开展深入研究，形成强大的首都城市治理研究智库，除去本著作中提及的几个方面之外，还有经济风险、社会风险、灾害风险、事故风险、公共卫生风险等方面，这些领域的风险依然值得关注。对城市公共安全风险演进的机理与理论分析有待进一步加强，对首都城市公共安全风险及其治理的特殊性有待进一步挖掘。在研究中，需要更加关注大数据、互联网等思维、方法与技术手段在城市公共安全风险识别与治理中的作用；加强城市公共安全风险预警、识别、评估与治理研究；对国内外城市公共安全治理实践的案例研究与比较研究也值得进一步加强。

希望首都师范大学管理学院的同志们继续努力，在首都城市公共安全风险治理研究方面做优做强，做出特色，也希望更多的学者和社会人士积极关注首都城市公共安全风险及其治理的研究，并以此为鉴，提升自己所在城市公共安全风险治理水平。鉴于资源环境等约束条件，中国想要在优裕的物质消费水平上引领世界几乎是不可能的，但完全可以在公共安全治理方面做出楷模，引领全球。

童 星

2018 年 4 月 10 日

# 前　言

　　城市的出现与发展是人类文明进步的重要体现。城市是一个国家和地区的重要组成部分，是人口和经济社会活动最集中的地方，是推动经济社会发展的重要载体和强大动力。中华人民共和国成立以来，我国积极推动城市发展，城市化水平不断提升。改革开放以来，特别是21世纪以来，我国城市发展的速度进一步加快，经历了世界历史上规模最大、速度最快的城市化进程，取得了举世瞩目的成就，成为实现国家和社会现代化的重要引擎。截至2017年末，全国常住人口城镇化率达到58.52%，北京市常住人口城镇化率达到86.5%。

　　在我国城市化进程快速推进的过程中，城市管理水平不断提高，城市治理有序推进。同时，城市发展与治理也存在不少问题与挑战，城市公共安全风险形势严峻，公共安全事件频发，对人们的生活、财产甚至生命造成了极大威胁，影响了城市化的进程与质量，给城市发展带来新的挑战。

　　面对城市公共安全的风险与挑战，城市公共安全风险预防与治理体系还不完善，还存在诸多问题。《中国城市公共安全发展报告（2016~2017）》指出，随着经济社会转型力度进一步加大，中国城市公共安全风险不断增多，城市社会治安防控体系不健全，公众风险意识和参与意识不高；城市应急管理体制、机制和法制不健全，应急能力有待提升，城市公共安全问题容易引发舆论关注，城市网络舆情压力增大。

　　社会各界对我国城市公共安全风险及其治理问题关注度逐渐提高，加强与完善城市公共安全风险预防与治理迫在眉睫。作为国家的首都，北京市的城市公共安全风险更加值得关注，事关北京市的经济社会发展，也影响到国家的发展与稳定。在新时代、新形势下，加强首都城市公共安全风险及其治理研究具有重要性与紧迫性。近年来，北京市城市治理水平不断提升，城市公共安全状况良好，公众对社会安全领域的评价较高，为首都发展、京津冀协同发展和国家发展做出了积极贡献。但是，北京市公共安全领域的问题时有发生，公共安全形势依然严峻，城市治理水平还有待提高。

　　2017年北京市第十二次党代会提出，要坚持"人民城市为人民"，形成有效的超大城市治理体系。健全重点领域监测预警和工作协调机制，强化预测预警预防，有效化解影响首都安全的各种风险，妥善处理各类突发事件，并对城市治理的若干重要问题进行了具体部署。2018 年北京市政府工作报告指出，要加强城市精细化管理，贯彻习近平总书记提出的"城市管理要像绣花一样精细"的要求，以精治为手段，以共治为基础，以法治为保障，积极构建有效的超大城市治理体系。《北京城市总体规划（2016 年~2035 年）》提出，要健全公共安全体系，提升城市安全保障能力，牢固树立和贯彻落实国家总体安全观，坚持政府主导与社会参与相结合，加强各领域公共安全和城市重大活动安全风险管理，深化平安北京建设，增强抵御自然灾害、处置突发事件和危机管理能力，降低城市脆弱度，形成全天候、系统性、现代化的城市运行安全保障体系，让人民群众生活得更安全、更放心。2015 年 12 月，中央城市工作会议明确提出，城市发展安全第一，要把安全工作落实到城市工作和城市发展的各个环节、各个领域。因此，在推进国家首都建设、世界城市建设的过程中，加强首都城市公共安全风险及其治理研究，具有重要的现实意义。

为了加强首都城市公共安全风险及其治理的理论研究，为了为首都城市治理提供参考，我们集合首都师范大学管理学院的骨干力量承担了一项北京市科技创新平台项目课题——"首都城市公共安全风险及其治理研究"。本课题旨在运用公共管理学、社会学、社会保障学、计算机科学等多学科的理论与方法，系统梳理首都城市公共安全及其治理的相关概念，阐释首都城市公共安全风险治理的理论依据与现实路径，分析了目前首都城市公共安全风险及其治理的现实状况与主要问题，提出促进首都城市公共安全风险治理的精准策略。城市公共安全包括社会安全、事故灾难、自然灾害、公共卫生等多个领域，涉及城市发展的方方面面，本课题设计不求全、求大，而是根据课题组的研究基础与研究专长，重点从首都城市老龄社会风险治理、城市社区公共安全风险治理、城市环境风险治理等领域开展专题研究。

本书利用可视化分析和文献计量方法系统梳理、分析、研究了国内外的相关文献资料，为本书研究奠定了理论基础。国内外对城市公共安全的研究水平参差不齐，研究重点深受本国国情的影响。研究内容主要集中在城市公共安全的管理、风险评估、预测和系统等领域，包括城市公共安全管理模型的研究与管理的策略建议、风险评估的方法创新与优化、各种城市公共安全风险的预测模型和方法、地理信息系统和监控系统的研究与优化等。大多是通过构建模型的方法来研究这些问题。国内外对城市公共安全风险的研究越来越国际化，各国之间相互借鉴的情况越来越多。目前，国内针对北京城市公共安全风险的研究文献数目较少，本书希望在这方面做出贡献。

本书运用社会燃烧理论，对"7·21"北京特大暴雨事件的成因与进展进行了分析，探寻城市公共安全风险产生的本质。在这里需要时刻关注燃烧物质、助燃剂、点火温度这三个环节，减少燃烧物质的关键在于净化政府管理环境，完善信息公开制度，做足风险评估的工作。控制助燃剂在于建立预警系统，第一时间观测到可疑事件。降低点火温度就在于要优化政府处置方式，把握舆论走向。

本书根据当前的大数据时代背景提出了一种由舆情识别、信息预处理、舆情分析、舆情报告四部分组成的公共安全风险网络舆情分析与引导系统，详细阐述了各部分的处理流程，并给出了网络舆情监测与分析模型框架图；介绍了城市公共安全网络舆情监测与分析系统的实现，包括数据的采集方法、热点发现的实现和文本情感分析。在此基础上，对系统采集和分析得到的城市公共安全网络舆情热点进行解析，并给出了相应的舆情引导建议。

随着城市安全事故发生频率增大、事故灾难影响扩大，城市安全事故管理决策制定与管理体系的完善成为城市管理亟待应对的重要课题。本书基于多源流理论视角，以北京市高层消防安全事故为观察，分析了高层消防事故管理的决策机制。多地多起接连发生的重大城市高层消防事故，形成安全事故管理决策的问题源流；社会各界人士包括媒体与专家的多方政策意见，构成政策源流；在国民情绪、官员压力、维稳大局的背景下，国务院召开全国高层建筑消防安全综合治理电视电话会议，各省份制定高层消防安全管理方案等，构成政治源流。外部推动、政府动员、专家参谋决策三方合力推动了相关政策的出台。通过此类问题的探讨，本书总结了城市安全事故管理决策的政策生态与脉络，为城市公共安全治理提供有益启示。

雾霾治理已经成为首都发展与城市治理的当务之急。本书通过对首都雾霾健康风险和经济损失的分析，研究了经济发展、社会稳定以及雾霾防控三者之间的均衡关系，在此基础上提出了政府补贴机制对京津冀区域雾霾治理策略的影响。雾霾对经济发展和民众健康的影响不容忽视，政府应该从经济良性发展和国民健康角度考虑，建立经济补偿机制，促进京津冀积极治理雾霾。应提升社会大众对雾霾的全面理性认识，增强民众环境建设过程中的参与度，促进企业明确雾霾带来的经济发展损失，增强社会责任感。在设计京津冀区域协调发展模式的过程中，要针对每个城市的特点与现状做好京津冀地区经济发展一体化与生态环境保护一体化，保证京津冀协同发展与城市可持续化发展在经济、社会与环境这三方面的协调。国家需进行宏观调控，建立经济补偿机制，并通过合理分配补贴，激励地方政府积极协同治理雾霾、共担成本，并加大对河北、天津地区的资金和技术扶持。

社区在维护社会安全稳定与促进社会和谐中具有重要作用。本书全面考察了目前我国以社区为基础的公共安全风险管理实践，并对北京市公共安全风险管理实践取得的成效及存在的问题进行了剖析。在借鉴东南亚国家推行的较为广泛的以社区为基础的灾害风险管理实践经验基础上，提出改进城市社区公共安全风险管理的对策建议，包括加强社会参与、注重社区公共安全风险管理的精细化、加强部门协调与资源整合。

人口的快速老龄化是我国的重要国情之一。北京市较早进入老龄化社会，老年人口数量增多，老龄化速度加快，呈现出高龄化的趋势。如何应对人口老龄化的挑战，防范和治理老龄社会风险，已经成为我国经济社会发展的重要任务。人口老龄化的主要风险包括老年贫困风险、社会排斥风险、疾病与失能风险、精神失常风险。老龄社会风险的成因主要包括结构性因素、制度性因素、发展性因素、个体性因素。应对人口老龄化的社会风险是一项复杂的系统工程，应该充分发挥政府、市场、社会、家庭、社区等不同主体的作用，实现协同治理与合作共治。

在课题设计和研究过程中，我们组织课题组核心成员进行反复论证，完善了研究方案与研究内容，多次召开会议讨论了课题研究报告，并组织课题研讨会，邀请来自中国社会科学院、北京师范大学、华北电力大学、中央财经大学、首都经济贸易大学等相关领域的专家对课题研究成果进行审阅，提出了许多建设性的修改意见。在此基础上，课题组成员进一步修改、完善了课题研究报告，形成了本书的最终研究成果。

本书整合了学院的优势科研力量，主要包括来自于公共事业管理、电子商务、劳动与社会保障专业的多位科研骨干教师，以及部分优秀研究生。本课题研究是发挥学院交叉学科优势、促进不同学科融合的有益尝试。课题主持人吕拉昌教授提出了课题设计的基本原则与核心思想，全过程指导课题的研究实施，并撰写了本书的前言和导论部分的主要内容。第二章（核心概念界定、研究现状与理论回顾）中的相关理论回顾与理论动态、第七章（北京市社区公共安全风险管理研究）由张丽娜、王千、徐彦龙、侯雅雯承担。第二章（核心概念界定、研究现状与理论回顾）中的国内外研究现状与趋势、第四章（城市公共安全风险网络舆情及其引导机制研究）由王洁、赵成安、乔海波、薛锦亿承担。第三章（城市公共安全风险演进机理研究）由陈晓正、段越承担。第五章（城市高层消防安全事故管理决策研究）由刘亚娜、费欢承担。第六章（首都雾霾风险分析与合作治理决策研究）由周珍、谭志斌、乔艺璇、邢瑶瑶、朱思佩、赵生光承担。第一章（导论）的部分内容、第八章（北京市人口老龄化的社会风险、成因及其应对）、第九章（北京市老年相对贫困与养老保险制度公平发展）由龙玉其承担。张宏、郭凡、王聪等研究生也承担了部分研究任务。在此，感谢以上课题组成员的辛勤劳动！

在课题研究过程中，我们尽量采用科学的理论与方法开展研究，分析研究了其中的若干重点、难点问题，取得了良好的研究效果。但是，城市公共安全风险及其治理研究是一项复杂的重要工作，受制于时间、资源和能力所限，我们深感还有许多重要问题值得进一步研究。在今后的研究中，我们会继续关注首都城市公共安全风险及其治理问题，继续深化课题研究。同时，也期待更多的专家、学者和社会公众关注首都城市公共安全与城市治理，为建设和谐、宜居之都贡献力量。

吕拉昌

2018 年 3 月 22 日

# 目　录

第一章　导论 ·················································· 1

第一节　研究背景与意义 ································· 1

一、研究背景 ············································· 1

二、研究意义 ············································· 2

第二节　研究目标与内容 ································· 3

一、研究目标 ············································· 3

二、研究内容 ············································· 3

第三节　研究思路与方法 ································· 4

一、研究思路 ············································· 4

二、研究方法 ············································· 4

第四节　主要创新之处 ···································· 5

第二章　核心概念界定、研究现状与理论回顾 ········ 6

第一节　核心概念界定 ···································· 6

一、城市 ··················································· 6

二、公共安全 ············································· 6

三、风险 ··················································· 7

四、城市公共安全风险 ··································· 8

第二节　研究现状与趋势 ································· 9

一、国内城市公共安全研究现状与趋势 ·············· 9

二、国外城市公共安全风险研究现状与趋势 ········· 20

三、国内外研究总体述评 ······························· 27

第三节　相关理论回顾与理论动态 ···················· 31

一、公共危机管理理论 ··································· 31

二、公共安全管理理论 ··································· 36

三、风险社会理论 ········································ 38

四、风险社会背景下的公共危机管理 ················· 42

参考文献 ················································· 44

第三章　城市公共安全风险演进机理研究 ············ 50

第一节　城市公共安全风险演进机理分析 ············· 50

一、多学科视角下的城市公共安全风险研究机理 ……………… 50

二、基于社会燃烧理论的城市公共安全风险演进的

理论分析框架 …………………………………… 54

第二节 "7·21"北京特大暴雨事件风险演化机理分析 ……… 56

一、"7·21"北京特大暴雨事件案例描述 ……………… 56

二、城市公共安全风险燃烧条件分析 …………………… 57

第三节 基于机理分析的城市公共安全风险防范措施 ……… 61

一、消除燃烧物质 …………………………………… 61

二、控制助燃剂 …………………………………… 62

三、降低点火温度 …………………………………… 63

参考文献 …………………………………………… 65

第四章 城市公共安全风险网络舆情及其引导机制研究 ……… 68

第一节 网络舆情的概念及其兴起 …………………………… 68

第二节 相关研究现状 ………………………………………… 71

一、网络舆情研究现状 ……………………………… 71

二、城市公共安全风险舆情分析研究现状 …………… 73

三、城市公共安全舆情引导的研究现状 ……………… 74

第三节 网络舆情分析与引导系统设计 ……………………… 76

一、舆情分析与引导系统整体流程 …………………… 76

二、舆情分析与引导系统模型 ………………………… 77

第四节 关键技术 ……………………………………………… 77

一、舆情采集技术 …………………………………… 78

二、文本情感分析技术 ……………………………… 81

三、舆情热点发现技术 ……………………………… 82

四、舆情引导技术 …………………………………… 84

第五节 城市公共安全舆情分析与舆情引导 ………………… 85

一、数据来源 ………………………………………… 85

二、舆情热点发现 …………………………………… 85

三、舆情文本情感分析 ……………………………… 97

四、舆情引导建议 …………………………………… 98

参考文献 …………………………………………… 98

第五章 城市高层消防安全事故管理决策研究 ……………… 101

第一节 城市高层消防安全事故管理决策的理论研究与分析框架 … 102

一、安全事故管理决策的理论研究 …………………… 102

二、多源流理论分析框架 …………………………… 103

第二节　多源流视角解析城市高层消防安全事故管理决策 ………… 104

一、问题源流：关键事件激发政策需求 ……… 105

二、政策源流：媒体与专家的共同作用 ……… 108

三、政治源流：政府与公众的双重压力 ……… 111

四、三流汇合：政策出台与完善 ……… 113

第三节　完善城市高层消防安全事故管理决策的建议 ……… 115

一、汲取广泛的政策问题来源 ……… 115

二、提倡多元的政策参与主体 ……… 116

三、提高科学的政策决策 ……… 116

四、增强事故信息的透明度 ……… 117

参考文献 ……… 117

第六章　首都雾霾风险分析与合作治理决策研究 ……… 120

第一节　研究缘起与研究思路 ……… 120

一、研究背景与研究意义 ……… 120

二、研究内容、思路与方法 ……… 121

第二节　首都雾霾的健康风险与经济损失 ……… 122

一、首都雾霾健康风险分析 ……… 123

二、首都雾霾经济损失风险分析 ……… 128

第三节　京津冀经济发展、社会稳定与雾霾防控均衡分析 ……… 139

一、京津冀区域经济发展、社会稳定与雾霾防控综合评价 ……… 141

二、京津冀区域经济发展、社会稳定与雾霾防控均衡分析 ……… 149

第四节　政府补贴对京津冀雾霾防控策略的区间博弈分析 ……… 152

一、理论基础及符号说明 ……… 155

二、京津冀雾霾非合作治理模型 ……… 156

三、京津冀雾霾治理区间合作博弈模型 ……… 160

四、基于区间 Shapley 值的政府补贴分配 ……… 163

第五节　首都雾霾防治政策评价 ……… 166

一、首都雾霾防治政策现状 ……… 167

二、首都雾霾防治政策评价方法 ……… 170

三、首都雾霾防治政策评价分析 ……… 173

四、首都雾霾移动源防治政策的民众认知度和支付意愿评估 ……… 177

第六节　结论与建议 ……… 198

一、基本结论 ……… 198

二、政策建议 ……… 198

参考文献 ……… 199

**第七章　北京市社区公共安全风险管理研究** ……………… 206
　　第一节　研究背景 ……………………………………… 206
　　第二节　我国城市社区公共安全风险管理实践与特点 …… 207
　　　　一、我国城市社区公共安全风险管理实践 ………… 207
　　　　二、我国城市社区公共安全风险管理特点 ………… 223
　　第三节　北京市社区公共安全风险管理实践 ………… 227
　　　　一、北京市公共安全基本情况 ……………………… 227
　　　　二、北京市社区公共安全风险管理实践 …………… 230
　　第四节　北京市公共安全社区风险管理存在的问题 …… 251
　　　　一、多头管理问题 …………………………………… 251
　　　　二、风险管理不够精细 ……………………………… 252
　　　　三、缺乏社会参与的长效机制，公众防灾减灾意识
　　　　　　仍有待提高 ……………………………………… 253
　　第五节　改进北京城市公共安全风险管理的对策建议 …… 254
　　　　一、国际经验借鉴：以社区为基础的灾害风险管理 …… 254
　　　　二、提升北京城市公共安全风险管理的建议 ……… 257
　　参考文献 ………………………………………………… 259

**第八章　北京市人口老龄化的社会风险、成因及其应对** …… 261
　　第一节　北京市人口老龄化的进程、现状与特征 …… 261
　　　　一、北京市人口老龄化的现状与进程 ……………… 261
　　　　二、北京市人口老龄化的主要特征 ………………… 263
　　第二节　北京市人口老龄化面临的主要社会风险 …… 265
　　　　一、老年贫困风险 …………………………………… 265
　　　　二、社会排斥风险 …………………………………… 266
　　　　三、疾病与失能风险 ………………………………… 267
　　　　四、精神失常风险 …………………………………… 267
　　第三节　北京市老龄社会风险的成因 ………………… 268
　　　　一、结构性因素 ……………………………………… 268
　　　　二、制度性因素 ……………………………………… 269
　　　　三、发展性因素 ……………………………………… 270
　　　　四、个体性因素 ……………………………………… 271
　　第四节　合作共治：老龄社会风险的应对 …………… 272
　　　　一、政府层面 ………………………………………… 272
　　　　二、社会层面 ………………………………………… 273
　　　　三、市场层面 ………………………………………… 274

四、家庭层面 ·········································· 274

五、社区层面 ·········································· 275

参考文献 ·············································· 275

**第九章 北京市老年相对贫困与养老保险制度公平发展** ······· 277

第一节 老年相对贫困及其社会后果 ················ 277

一、贫困与老年贫困 ······························ 277

二、老年相对贫困的社会后果 ···················· 278

第二节 北京市老年相对贫困现状、成因及与养老保险的关系 ··· 279

一、北京市老年人的收入来源及相对贫困状况 ······· 279

二、老年相对贫困的成因 ························· 281

三、老年相对贫困与养老保险的关系 ·············· 283

第三节 北京市养老保险制度及其公平性审视 ········ 285

一、北京市养老保险制度的现状 ················· 285

二、北京市养老保险制度公平性的反思 ··········· 286

第四节 促进养老保险制度公平发展预防老年相对贫困的建议 ··· 288

一、建立非缴费型养老金制度和国民基本养老保险制度 ··········· 289

二、扩大养老保险覆盖面,实现人人公平享有基本养老保险 ··· 289

三、深化养老保险体系改革,调整养老保险制度模式与结构 ··· 289

四、统筹考虑企业年金、职业年金等非基本养老保险
制度发展 ······································ 290

五、完善养老保险制度设计,建立公平的养老保险筹资
机制与给付机制 ······························ 290

六、建立科学、公平、动态的养老金待遇调整机制 ········· 291

七、提高养老保险统筹层次,完善养老保险转移接续机制 ······· 291

参考文献 ·············································· 292

# 第一章 导 论

## 第一节 研究背景与意义

### 一、研究背景

当今社会，风险频发。城市更成为了风险中心。风险是人类社会发展和科学技术应用所带来的伴随现象，风险是不以人的意志为转移的客观存在。同时，风险又是可以管控的，人不是风险的被动接受者而应当是主动管控者。

城市的出现是人类走向成熟和文明的标志，也是人类群居生活的高级形式。城市是现代经济社会活动中最集中、最活跃的核心地带，是现代社会人们生活和生产的主要场所。20 世纪以来，随着城市化步伐的加快，城市人口大幅度增加，城市规模快速增长，城市的重要性也日趋明显。据联合国的资料显示，中华人民共和国成立之初，城市化水平仅为 10.65%；到了 2010 年，城市化水平达到 49.68%，城镇人口约达 66978 万人，接近全球平均水平；在 2011 年和 2012 年城市化水平分别达到 51.27% 和 52.57%，略高于全球平均水平，预计在 2030 年左右，我国的城市化水平将与世界平均水平基本保持一致甚至超过平均水平。① 在城市化进程迅速推进的同时，城市安全也面临空前的挑战。地震、海啸、飓风、火灾、水患等灾难一次又一次严重地侵袭着我们的城市。此外，由于非传统安全事件的出现，城市灾难在时间上、类型上越来越处于难以把握的境地，特别是进入 21 世纪以来，2001 年发生了"9·11"世界贸易中心坍塌恐怖事件，给人们心灵抹上阴影；2003 年全球"非典"肆虐，不仅经济损失巨大，也给人民的生活带来了长久的影响；2005 年 8 月卡特里娜飓风袭击了美国南部，几乎将整个新奥尔良市毁灭；2008 年 1 月，冰雪灾害席卷了大半个中国，造成电力、通信、运输、交通等多条城市生命线同时瘫痪，居民生活陷入困境；2014 年 3 月 1 日，在云南昆明火车站，8 名统一着装的暴徒持刀在火车站广场和售票厅等处砍杀群众，致 29 人遇难、143 人受伤；2017 年 8 月 8 日，四川九寨沟发生 7.0 级地震，造成 24 人死亡、

---

① 贾文梅. 城市公共安全风险评估指标敏感性研究[D]. 重庆：重庆大学硕士学位论文，2014.

493 人受伤；等等。类似这样的不同类型、不同程度、不同原因城市公共安全事件时有发生，都对人们的生活、财产，甚至生命造成了很大的威胁，也极大地影响了城市化的进程，不断地给城市各个方面的面貌建设提出新的要求、新的挑战。

作为世界上最大的发展中国家，我国是各种公共安全危机事件多发的国家之一，各类伤害和事故给人民群众的生命和财产造成了巨大损失。据统计，每年各类公共安全事故夺去约 20 万人的宝贵生命，由各种公共安全危机造成的损失达 6500 亿元，约占国家 GDP 产值的 6%。自然灾害频度和强度的增加、各类事故数量的增长以及恐怖主义的威胁对城市预防灾害及应付突发事件的能力提出了新的要求，现代社会城市地位日益提高使得对城市公共安全的要求也越来越高。城市的历史就是一部防御灾害的历史，城市安全防灾减灾随城市化进程的加快越发明显。越来越多的自然灾害告诫人类，面对灾害，城市公共安全的有效管理不容忽视，因为突发事件的发生及演变方向、最终结果都与管理者的理念、行为、知识、眼界、能力等息息相关。我们可能无法准确、全部预测或防止突发事件的发生，但绝对可以通过提高自己的应对能力、及时得当的处理方式来减少突发事件向恶性危机转化的可能性。然而，我国目前还没有建立起保障城市公共安全的有效管理体系，对公共安全的理论和技术研究还很薄弱，亟须建立一套行之有效的公共安全综合管理体系。

## 二、研究意义

由于影响我国社会公共安全的事件不断发生，社会各界对我国城市公共安全管理问题关注度逐渐提高，加强与完善城市公共安全治理迫在眉睫，首都城市公共安全治理尤其重要。

现代信息技术尤其是大数据为城市公共安全治理提供了新的数据处理方法，提供了有效的预测和风险评估的手段，可提高决策科学化与管理精细化的水平，为创新政府管理方式、提高行政效能提供技术保障。有利于整合利用不同部门、行业和主体的数据，实现统一管理，高效处理，快速反应，大幅缩短了信息的准备过程，提高了工作效率。大数据对于提升公共服务水平、促进社会治理提供手段支撑。

加强对城市公共安全的研究，对城市公共安全风险的预测、预防是提高城市安全的有效手段，从而达到减少城市安全事件的发生次数、降低安全事故带来的损失的目的，保护并维持社会持续协调的长远发展。近几年来，影响我国社会公共安全的事件不断发生，因此，社会各界对我国城市公共安全管理问题关注度逐渐提高，加强与完善城市公共安全管理工作迫在眉睫。

城市公共安全和我国社会稳定与经济发展密切相关。当前我国城市化水平迅速提高，经济不断快速发展，社会结构日益复杂，城市公共安全正面临严峻的挑战。作为首都，北京的城市公共安全风险更加值得关注，事关北京市的经济社会发展，也影响到国家的发展与稳定。在新形势下，加强大数据背景下的首都城市公共安全风险及其治理研究具有重要意义。

# 第二节 研究目标与内容

## 一、研究目标

本书的主要研究目标包括以下几个方面：

一是从不同学科角度阐释城市公共安全风险管理的理论依据与方法，对城市公共安全、城市公共安全风险、城市公共安全风险治理等概念进行解释。

二是准确把握目前城市公共安全风险管理的现实状况，了解目前城市公共安全管理存在的主要问题，总结国内外城市公共安全风险管理的主要经验。

三是重点从城市老龄社会风险治理、城市社区公共安全风险治理、城市环境风险治理开展专题研究，探讨城市公共安全具体领域的风险、风险管理及大数据运用情况。

四是运用公共管理学、社会学、计算机、信息管理等多学科的理论与方法，从理论、政策、技术三个层面提出加强城市公共安全风险管理的行动方案与对策建议，最终实现城市公共安全的合作共治与精准治理。

## 二、研究内容

本书的主要研究内容包括以下几个方面：

一是首都城市公共安全风险及其治理的基本理论研究，包括城市公共安全及其治理的内涵理解，大数据给城市公共安全风险治理带来的机遇与挑战，城市公共安全风险的演进机理，多学科视角下城市公共安全风险及其治理的相关理论。

二是首都城市公共安全信息管理与信息传播机制研究，主要包括首都城市公共安全事件信息传播轨迹与特点，首都城市公共安全信息流转机制，首都城市公共安全事件谣言传播与扩散机制，首都城市公共安全风险协同决策体系，大数据应对首都城市公共安全网络舆情的对策研究。

三是首都城市公共安全风险及其治理现状与问题研究，主要包括首都城市公共安全面临的主要风险及其治理体系现状，首都城市公共安全风险治理实践与经验；首都城市公共安全风险治理的成效与问题。

四是首都城市公共安全具体领域风险及其治理专题研究，主要包括：

①首都城市社区公共安全风险治理与评价研究：首都城市社区公共安全风险的演进与危害；首都城市社区公共安全风险治理体系现状；首都城市社区公共安全风险治理机制与策略。②首都城市老龄社会风险及其治理研究：首都城市老龄社会风险的演进、机理及其外在表现；首都城市老龄社会风险治理的现状与问题；首都城市老龄社会风险治理现状；首都城市老龄社会风险治理的原理与策略研究。③首都城市环境风险及其治理研究：首都城市环境风险治理的理论与原理；首都城市环境风险治理过程中的信息困境与利益困境；首都城市环境风险信息共享机制；政府、企业、公众共治环境治理体系的实现机制。

# 第三节　研究思路与方法

## 一、研究思路

本书拟运用多学科的理论与方法，遵循多元治理与精准治理的原则，充分发挥政府、市场、社会和个人的作用，采集、整理、分析来自不同主体的数据与信息资源，分析城市公共安全风险的演进机理、外在表现与社会后果；通过加强首都城市公共安全风险的识别、预警、评估与治理，充分把握推进首都城市公共安全治理的理论依据、现实状况与主要问题；借鉴国际经验，探讨社区公共安全、老龄社会风险、环境风险等具体领域首都城市公共安全治理的原理与方案，从理论、政策、技术层面提出防范和治理首都城市公共安全风险的具体建议。

## 二、研究方法

本书采用定性研究与定量研究相结合、理论研究与实证研究相结合、多学科相交叉的研究方法，具体如下：

（1）理论研究。通过国内外文献阅读与理论探讨，系统梳理城市公共安全、风险管理、大数据、社会治理、城市老龄社会风险、城市环境风险、城市公共安全管理评价等方面的相关理论，充分认识城市公共安全风险管理的挑战，分析城市公共安全风险的演进与形成机理、城市公共安全风险及其治理研究的基本理论。

（2）调查研究。遵循科学性、代表性、可行性原则，根据研究需要在北京市不同城区开展调研。调查深入各城区城市公共安全管理的具体应用部门和相关社区，采用问卷调查、个案访谈、座谈会等方式进行，调研首都城市公共安全管理及风险应急应对的现状，明确目前管理中的问题与需求。调查研究为本书提供了定量分析的数据支撑，为进行策略研究提供依据。

（3）定量分析研究。采用问卷调查、网络数据抓取、公开数据资源收集等方法采集首都城市公共安全管理大数据，运用数据统计、数据分析、数据挖掘技术分析首都城市公共安全风险管理需求及其影响因素，利用社区调研、网络舆情分析、社会网络分析等准确分析城市公共安全风险管理的公众满意度；结合有关数据评估目前首都城市安全风险状况，如城市老龄社会风险、城市环境风险等。

（4）交叉研究。主要运用政治学、公共管理学、信息科学、社会学、经济学、法律学、社会保障等学科的理论与方法，全面剖析大数据背景下的首都城市公共安全风险管理及其治理问题，加强大数据的收集、整理、分析与应用，分析大数据在首都城市安全社会风险识别、预警、评估、治理等方面的作用，探讨大数据治理城市安全风险管理的理论、机制、方法、策略与技术。

# 第四节　主要创新之处

本书的创新之处主要体现在以下两个方面：

一是研究方法的创新。根据研究需要，本书充分运用公共管理学、社会学、社会保障学、计算机、信息管理等多学科的交叉研究方法，理论研究与规范研究相结合，定性研究与定量研究相结合，整体研究与专题研究相结合，重点难点问题专题聚焦，运用现代信息技术和手段，充分研究和解决首都城市公共安全风险治理的关键问题。

二是研究内容的创新。本书在充分阐释相关理论和把握首都城市公共安全治理体系与实践现状的同时，深入探讨大数据背景下首都城市公共安全信息管理与传播机制研究，分析城市公共安全风险演进机理与外在表现、社会后果，强调多元信息整合，运用系统论思维，强调诸要素的联动，研究和构建首都城市公共安全风险识别、预警、评估与治理指标体系。政府、市场、社会与公众相结合，从理论、政策、技术三个层面进行深入研究，进而促进首都城市公共安全风险的协同治理、全面治理与精准治理。

# 第二章 核心概念界定、研究现状与理论回顾

## 第一节 核心概念界定

研究城市公共安全风险的相关问题，必须先准确地界定相关概念的内涵和外延，以保证后续一系列分析的有效性。本书主要涉及以下几个核心概念。

### 一、城市

从城市经济学角度看，"城市"是社会生产劳动分工后产生的一种相对乡村而言更人性化的社会载体，具有一定的空间和地域范围，一定的数量和规模城市人群，能够创造比乡村更高生产力、享受着更高质量生活的区域；从城市系统论角度看，"城市"是一个在有限空间地域内各种经济市场相互交织在一起的网状系统；从市场经济的角度看，"城市"是以非农业人口组成、集中、规模庞大、结构复杂的地域社会共同体，是人类社会的经济与文化发展到一定阶段的产物。[①] 可见，不同的研究角度，对"城市"的概念有着不同的定义。

### 二、公共安全

"公共安全"既可以指多数人的生命、健康和公共财产安全[②]，也可以指社会和公民个人从事和进行正常的生活、工作、学习、娱乐和交往所需要的稳定的外部环境和秩序[③]。"公共安全"，即大家共同的安全，是影响城市经济、社会、和谐发展的首要因素。随着城市突发事件的不断出现，公共安全成为不少研究者的关注点，他们也从不同的角度阐述了这一概念。其中，郭济教授总结了国际上对公共安全存在的广义和狭义两种理解：广义上的公共

---

① 陈俊，宫鹏. 实用地理信息系统——成功地理信息系统的建设与管理[M]. 北京：科技出版社，1998.
② 彭海洋. 城市边缘社区公共安全问题研究[J]. 合作经济与科技，2014（4）：109-110.
③ 张晓峰. 浅析我国公共安全管理与秩序行政[J]. 专科学校学报，2005（5）：54-56.

安全是指不特定多数人的生命、健康、重大公私财产以及社会生产、工作生活安全，它包括整个国家、整个社会和每个公民一切生活方面的安全（从国防安全、环境安全到社会福利保障等），自然也包括免受犯罪侵害的安全。狭义的公共安全主要包括来自自然灾害、治安事故（如交通事故、技术性事故等）和犯罪的侵害三个部分。[①] 国内学者吴爱明认为，公共安全是指社会公众享有安全和谐的生活和工作环境以及良好的社会秩序，公众的生命财产、身心健康、民主权利和自我发展有安全的保障，最大限度地避免各种灾难的伤害。[②] 邓国良提出，公共安全危机事件是指自然灾害事故、人为事故和由社会对抗引起的社会冲突行为，危害公共安全，造成或可能造成严重危害后果和重大社会影响的事件。[③] 张维平则从多个方面对公共安全的内涵和外延进行了分析，认为公共安全是指公众享受安全和谐的生活和工作环境以及良好的社会秩序，最大限度地避免各种灾难的伤害；其生命财产、身心健康、民主权利和自我发展有着安全保障。公共安全是一门科学，它关系一种伦理道德，反映一种文化，是一门管理艺术和操作技术；它可以产生最大的效益；安全问题主要指故意或者过失实施危害或足以危害特定和不特定人的生命、健康、公私财产安全和法定其他公私利益的安全。安全问题由自然因素、生态环境、公共卫生、经济、社会、技术、信息等多重侧面所组成。[④]

公共安全是指一种对自然灾害、社会突发事件如事故、危险源、危机的发生发展，具有有效的抵御能力，并能在环境、社会、人身健康等方面保持一种动态均衡和协调发展，能为城市居民提供良好秩序、舒适生活空间和人身安全的一种城市状态。[⑤] 它研究城市居民、社会、设施的安全，反映自然灾害、生态环境、经济状况和资源供给等社会、政治、经济和文化因素，并研究这些因素对于城市长治久安和持续发展的影响。

## 三、风险

"风险"是指事件发生与否的不确定性，其最大的特性是不确定性。而现代社会的风险特性开始由潜在的可能性转为显现的现实性，由局部区域性转为世界全球性，由可计算性转为不可计算性，由可预测性转为不可预测性，由可控制性转为不可控制性，由可治理性转为不可治理性。正因为现代风险

---

① 郭济. 政府应急管理实务[M].北京：中共中央党校出版社，2004.
② 吴爱明. 公共安全：公共管理不可忽视的社会问题[J].行政论坛，2004（6）：3-5.
③ 邓国良. 公共安全危机事件处置研究[M].北京：中国人民公安大学出版社，2005.
④ 张维平. 社会学视野中的公共安全与应急机制[J].中国公共安全（学术版），2007（2）：5-12.
⑤ 修文群，池天河. 城市地理信息系统[M].北京：科学出版社，1999.

所具备的这些特征，它已经从根本上改变了工业社会的运行逻辑、社会动力和基本结构，从而使人类社会真正进入到一个全新的风险社会时代。当代中国由于巨大的社会变迁正进入一个"风险社会"，甚至是"高风险社会"，各种潜在的风险和灾难对人们造成的伤害使人们的生活变得越来越不安全，城市公共安全问题凸显，城市社会对公共安全的需求快速增长。公共安全事件逐渐表现出影响范围广、耦合关联度大、发生频次高、爆发突然性强等特点，在当前中国正处于转型这样的特殊阶段，众多领域均蕴含着极大的风险和公共安全事件的触发点，这在城市公共安全方面表现得尤为突出。故而对城市公共安全的风险进行区分以便今后更好地进行分析。

## 四、城市公共安全风险

城市公共安全主要受自然因素和社会因素两大因素的影响。根据影响城市公共安全因素的不同，将城市公共安全风险分为如下两类：一是自然因素，如城市的地理位置、气候条件、自然资源、人口数量等；二是社会因素，如城市管理水平、经济发展状况、社会保障制度、市民就业情况，以及城市周边环境和城市国际交流环境等。

根据城市公共安全事件的发生过程、性质和机理，将城市公共安全风险分成如下几类：一是自然灾害，主要包括水旱灾害、气象灾害、地震灾害、地质灾害、海洋灾害、生物灾害和森林草原灾害等；二是突发事故灾害，包括工矿商贸等企业的各类安全事件灾害，交通运输事故，公共设施和设备事故，环境污染和生态破坏等，属人为灾害；三是公共卫生事件，包括传染病疫情，群体性不明原因疾病，食品安全和职业危害，动物疫情，以及其他严重影响公众健康和生命安全的事件；四是社会安全事件，主要包括恐怖主义事件、群体性事件、重大治安事件、重大刑事犯罪、动乱事件、暴乱事件、严重的骚扰事件、经济安全事件、涉外突发事件等。①

根据风险损失的物质性，将城市公共安全风险分为人身安全风险、财产安全风险、环境安全风险。根据风险损失承担的主体，将城市公共安全风险分为个人风险、家庭风险、企业风险、政府风险和社会风险。

根据风险的特征，将城市公共安全风险分为如下几类：一是突发性风险，是指危险发生极其突然，人们难以预料，心理毫无准备的风险。二是公众性风险，这种风险是指一时一地的危机随着全球网络和大众媒体的传播，迅速成为大众关注的焦点，从而可能引发影响城市公共安全事件的风险。三是可

① 刘玉轩. 基于 GIS 的赣州市城市公共安全管理信息系统的研究[D]. 南昌：江西理工大学硕士学位论文，2010.

预防性风险，是指事故发生的原因可寻，或者存在其征兆、发生、发展的内在规律的一类风险事故。四是不确定性风险，是指管理对象具有不确定性，预测具有不确定性，应急预案具有不确定性的一类风险。

综合上述，我们分别从风险的损失承担主体、风险的特征、风险损失的物质性和事件发生过程等不同的角度对城市公共安全（风险）进行分类，不同的事件可以同时属于不同的类别。本书主要是对这些事件的研究文献进行分析。

城市公共安全一方面是研究城市居民、社会、设施的安全，另一方面是反映自然灾害、生态环境、经济状况和资源供给等内容对社会、政治、经济和文化造成的影响，以及对城市长治久安和持续发展的影响。而依据风险的性质我们将城市公共安全风险分为自然灾害、突发事故灾害、公共卫生事件和社会安全事件等几类。

# 第二节　研究现状与趋势

本书主要是针对目前国内外所有有关城市公共安全（风险）研究的文献，利用 Citespace 工具和文献计量方法，在时空分布、作者合作图谱、机构分布图谱、关键词共现网络、研究前沿时序等方面绘制知识图谱，以可视化的方式展现城市公共安全领域的现状与研究热点。

## 一、国内城市公共安全研究现状与趋势

自从 2004 年以来，我国对城市公共安全的研究开始进入发展期，涌现出大量的研究文献。从国际比较的视野来看，国内城市公共安全治理水平明显滞后于城市发展的速度，与发达国家还有很大差距。综合考虑我国的研究文献，研究者对城市公共安全问题的研究内容主要集中在城市公共安全的治理水平、应急措施、指标体系、风险管理体系设计改进、风险评估等几个方面，使用的研究方法主要有地理模拟系统（GSS）、灰色关联分析法、决策树法、因子分析法、模糊神经网络方法、组群决策和模糊层次分析法、系统分析与文本分析法、多目标规划方法、演化模型法、灾害成因理论分析法以及数值模拟和地面观测相结合的分析方法等。

在法律法规上，我国已经出台了《中华人民共和国防震减灾法》《中华人民共和国环境保护法》《中华人民共和国道路交通安全法》等多项法律法规，并且已经比较完备。[①] 在指标体系方面，胡树华等提出将城市安全划分为五大

---

① 李彤．论城市公共安全的风险管理[J]．中国安全科学学报，2008，18（3）：65-72．

方面——食品安全、环境安全、生产安全、经济安全、社会安全，并采用模糊层次分析与模糊综合评价法，对这些指标体系进行风险分析。[1] 在风险评估方面，曾小红等根据我国化工园区事故统计数据，运用灰色系统理论建立我国化工事故数和伤亡人数的灰色预测模型，通过关联度检验，用模型对我国化工园区的安全状况进行预测，得出事故发生数以及伤亡人数的预测值，并做出了变化曲线；[2] 石剑云、潘科总结了模糊综合评价方法在建筑火灾风险评估中的应用，针对传统方法在指标权重和隶属度确定上存在的不足，引入变权理论和相对差异函数。[3] 刘承水利用因子分析法对城市公共安全评价指标的相关性进行了分析，并用模糊神经网络对影响城市公共安全的主要指标进行了分析，如人为因素、设施、管理能力和自然事故等，通过实证检验，验证了该模型的科学性。[4] 杨瑞含、周科平通过组群决策和模糊层次分析法，针对不同的指标考虑专家的个体权威和专家群体意见的一致性，引入综合重要度，将专家个体判断矩阵集结成群体关于指标权重的判断矩阵，从能力和脆弱性两方面构建了多层次多指标的城市公共安全评价指标体系。[5]

国内对北京城市公共安全风险的研究文献数目较少，但表现出了明显的地域特征，研究内容主要集中在交通、社会治安、供水安全、环境卫生等方面。刘将针对地铁的开通运营，构建首都地铁运营安全保障体系，为轨道交通运营的安全提供全面的法制保障；[6] 李业锦、朱红基于2006~2011年北京市110警情治安数据，结合GIS的空间密度分析方法，刻画北京社会治安公共安全的空间格局。[7] 薛亦峰等针对北京及周边地区的重污染环境，采用数值模拟和地面观测相结合的分析方法，对重污染的形成原因进行初步分析，同时对应急措施的环境效果进行评估。[8]

---

① 胡树华，杨高翔，秦嘉黎. 城市安全指标体系的构建与评价[J].统计与决策，2009（4）：42-45.

② 曾小红，毕海普，甘庆元. 灰色理论在我国化工园区事故预测中的应用[J].重庆工商大学学报，2011，28（2）：186-190.

③ 石剑云，潘科. 变权和相对差异函数在建筑火灾风险评估中的应用[J].安全与环境学报，2008，8（4）：157-159.

④ 刘承水. 城市公共安全评价分析与研究[J].中央财经大学学报，2010（2）：55-59，75.

⑤ 杨瑞含，周科平. 基于群组决策和模糊层次分析法的城市公共安全评价[J].中国安全生产科学技术，2015，11（6）：142-149.

⑥ 刘将. 构建首都地铁运营安全保障体系——《北京市轨道交通运营安全条例》出台始末[J].北京人大，2015（6）：45-47.

⑦ 李业锦，朱红. 北京社会治安公共安全空间结构及其影响机制——以城市110警情为例[J].地理研究，2013，32（5）：870-880.

⑧ 薛亦峰，周震，聂滕，潘涛，齐珺，聂磊，王占山，李云婷，李雪峰，田贺忠. 2015年12月北京市空气重污染过程分析及污染源排放变化[J].环境科学，2016，37（5）：1593-1601.

**1. 数据来源与研究工具**

本部分的研究数据收集于中国知网（CNKI）数据库，发文年限设置为2005~2017年，检索主题设置为"城市公共安全"，来源期刊设为全部，共获得数据949条，将上述文献数据导出，导出的数据包括标题、作者、机构、关键词、发文时间等属性，命名为 CiteSpace 可识别的文件名称，并经 CiteSpace 自带数据转换器处理，供可视化分析。若再限定"风险"这一主题词，搜索结果数目太少，不能很好地适应于"城市公共安全"这一领域。中国知网数据库在"城市公共安全"这一主题下的文献，在2005年发文量从十几篇突增到62篇，并保持稳定增长趋势，所以发文年限设置为2005~2017年。在考虑数据来源期刊时，将来源期刊设置为 SCI 源期刊、EI 源期刊、核心期刊、CSSCI 时得到数据183条，数据量偏少，故而选择设置期刊来源为全部。

科学知识图谱不仅能揭示知识来源及其发展规律，并且以图形表达相关领域知识结构关系和演进规律。它通过将应用数学、图形学、信息可视化技术、信息科学等学科的理论与方法与计量学引文分析、共现分析等方法结合，并利用可视化的图谱形象地展示学科的核心结构、发展历史、前沿领域以及整体知识架构，从而达到多学科融合目的的现代理论，为学科研究提供切实的、有价值的参考。本书所使用的工具为 CiteSpace Ⅲ 可视化软件，是由美国 Drexel 大学陈超美教授开发的基于 JAVA 平台的一款运用十分广泛，多元、分时、动态的可视化软件。[①] 其主要功能包括关键词共现分析、机构合作分析、文献被引分析，通过聚类视图和时区视图可以快捷清晰地绘制出研究热点、动向、前沿与发展趋势。

**2. 时空结果分析**

（1）研究时间分布图谱分析。

在考察城市公共安全文献的整体研究成果时，统计了 CNKI 数据库中1992~2016年各年的文献数量变化（见图2-1）。

从图2-1中可以看出，在整个研究年限历程中，以2005年为界线，将其分为两个特征鲜明的部分。在2005年以前，城市公共安全方面的文献几乎为零，可见学者们几乎还没有对城市公共安全进行研究。由于我国当时的城市化正在迅速发展，城市公共安全事件发生的次数不是很多，或者影响不大，使得这些事件的发生并没有引起人们和众多研究者太大的关注，"城市公共安

---

① Chen C.. CiteSpace Ⅱ: Detecting and Visualizing Emerging Trends and Transient Patterns in Scientific Literature [J]. Journal of the American Society for Information Science and Technology, 2009, 57 (3): 359-377.

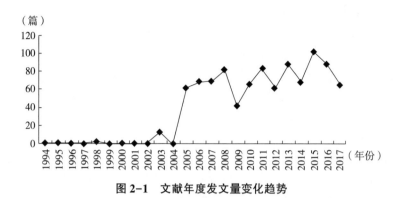

图 2-1　文献年度发文量变化趋势

全问题"在这一阶段的文献中几乎没有。从 2005 年开始，城市公共安全的研究文献有了很大幅度的涨势，并在接下来的时间里维持了同等的研究数量，可见城市公共安全越来越受到重视，但仍处在起步阶段，对城市公共安全的认识还未达到一定的广度。这也从侧面反映出城市公共安全事件发生的次数在增长。另外，在后期发展中，城市公共安全的科学文献数量未出现突增点，可能与目前未发现新的研究热点有关。

由图 2-1 可知，前一时期的年均发文量基本上是 1~2 篇，后一时期年均发文量在 60 篇以上，数量上翻了几番，科学文献也主要集中在后一阶段。因此后一时段的文献是本节研究知识图谱分析的主要数据来源，即设定发文年限为 2005~2017 年。

（2）研究空间分布图谱分析。

第一，机构分布。考察我国城市公共安全研究的核心机构或团体，利用中国知网中所有城市公共安全数据的统计结果，得到排名前 10 的高产科研机构，如图 2-2 所示。在中国知网中发表过关于城市公共安全方面的论文涉及的机构众多，主要是高校团体和研究院，而各个机构的科学文献的数量没有很显著的差别。其中同济大学以 15 篇的发文量位居榜首，清华大学紧跟其后，可见当前这两个单位在这一研究领域上具有相当的科研实力和影响力，成为国内城市公共安全研究领域的核心研究机构。此外，上海市公安局和中国安全生产科学研究院在各自不同的范围里具有很强的科研实力。整体来说，各个机构的文献数量水平较低，仍处于发展阶段。

设置文献数据年限为 2005~2017 年，考察不同机构之间的合作情况。在 CiteSpace 中设置 Article Labeling Threshold＝2，生成的城市公共安全研究机构合作图谱如图 2-3 所示。每个节点（圆点）代表一个机构，节点的大小代表机构的发文量，标签字号大小代表中心性，节点之间的连线表示合作关系，

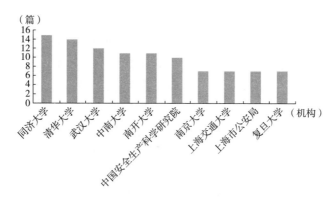

图 2-2　机构总发文量

线的粗细程度表示合作的水平高低。① 结果显示，N = 39，Density = 0.0054，图谱密度偏低，说明国内在城市公共安全领域的研究团体比较分散，零散的机构偏多，机构间的合作程度很低；而 E = 4，显示出机构之间相互的合作更是只有 4 次，甚至是所属同一机构的不同单位都很少有合作，可知机构相互之间的合作亟须加强。从中心性角度观察，所有节点的中心性（Centrality）都为 0，说明没有对其他节点产生影响，说明绝大多数的机构影响力仍处在较低的水平，这也进一步说明机构之间的合作程度还远远不够。

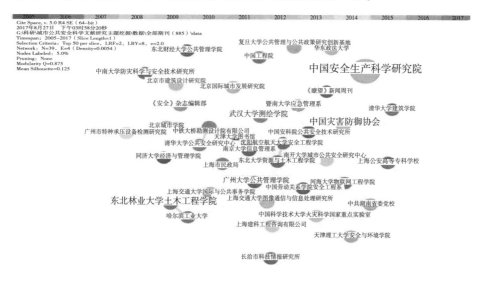

图 2-3　城市公共安全研究机构合作图谱

---

① 张子石，吴涛，金义富. 基于 CiteSpace 的网络学习知识图谱分析[J]. 中国电化教育，2015（8）：77-84.

考察不同机构在不同时间窗中的研究情况，设置 year per slice＝1，文献数据年限为 2005～2017 年，得到城市公共安全的机构研究时序图谱（Threshold＝5），如图 2-4 所示。上方年代颜色对应节点年代的颜色，下方为年代时序。结果显示，有关城市公共安全的研究从 2005 年到 2017 年从未间断，每年都有不同的研究机构进入，或者是不同机构所下属的不同单位，但每年新加入的机构比较零星，可见城市公共安全研究的机构尚未形成规模，有待后续不断补充。另外，图中显示在 2009 年、2010 年、2012 年三个时间段内研究机构很少，甚至没有，这极大地影响了当年的年度发文量，这也是2009 年、2010 年和 2012 年发文量偏低的重要原因。

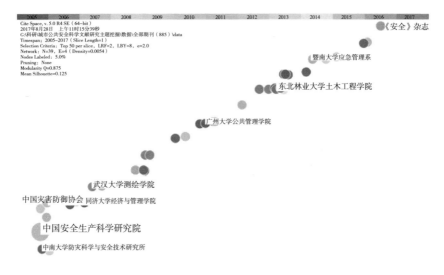

**图 2-4  研究机构时序图谱**

第二，作者分布。考察我国城市公共安全研究的作者分布情况，从检索到的全部文献中统计分析高产作者的发文量，其中刘茂以 8 篇位居榜首，其后紧随着金磊（6 篇）、许志胜（5 篇）、李礼（5 篇），其他研究者都在 5 篇以下，可见每位研究者的发文量都不是很多，而且相差无几，说明在城市公共安全研究方面还未有突出的研究员，也还没有形成这一领域的权威或专家。

考察作者的合作情况，文献数据年限为 2005～2017 年。设置 Article Labeling Threshold＝2，生成城市公共安全的研究作者的合作图谱，如图 2-5 所示。标签字号大小代表中心性，节点间的连线代表作者之间的合作情况。结果显示，共计出现作者 67 位，作者之间进行合作的有 35 个，说明作者间有合作研究的情况，但图中多数仍是零星散落的个体，说明作者之间的合作程度还远远不够，合作程度较低。另外，作者合作图谱中存在 6 个子网，说明存在多个研究的小团体，团体内部的合作较多，但团体间的联系与合作较少，联系机构的分布情况，推测合作的作者极可能同属相同的机构。进一步调试图谱，得到作者合作图谱中最大子网络，它是由张玉军、秦小红、闫伟、卫秋云等组成的，但他们单个的发文量却很少，故而可知，作者之间的影响力还有待提高，合作程度也有待加强。此外，团队之间的合作几乎没有，大多数研究者也没有过合作情况，可见，不管是团队，还是个人都需要加强彼此之间的合作，一方面，避免研究者之间研究时出现一些重复工作；另一方面，提高科研能力，加深对"城市公共安全"的研究深度，得出更为可用、有效的研究成果。

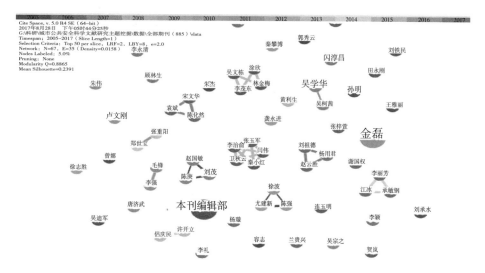

图 2-5　作者合作图谱

### 3. 研究内容知识图谱及其分析

"关键词"通常是对一篇学术论文核心内容的提炼，对关键词进行分析能够很好地把握整篇文献的研究内容，从而更好地理解城市公共安全领域的研究热点。同时，通过分析突现关键词和关键词词频的变化规律，可以探究该领域研究前沿及研究内容的演变。① 下面主要是对关键词的相关内容进行分析，从而得出该领域内的研究现状、热点及研究趋势的预测，为相关需要的人员提供研究依据。

---

① 林玲、陈福集. 基于 CiteSpace 的国内网络舆情研究知识图谱分析[J]. 情报科学，2017（2）：119-125.

　　考察城市公共安全的科学文献中研究主题情况，统计关键词出现的频次与高中心词。设置 Threshold＝8，其他属性同上，得到关键词共现图谱，如图2-6 所示。

**图 2-6　关键词共现图谱**

　　关键词共现图谱中包含 309 个节点、898 条连线，说明关键词之间的联系较强，紧扣城市公共安全这一主题，这一点从图谱中的紧凑程度上也可看出。图中的每个节点代表关键词，节点越大，代表关键词词频越大，关键字号的大小也反映该词的词频。两个节点之间的连线表示两个关键词共现，即同时出现在一篇文章里，线的粗细代表共现程度。[①] 结果显示，图中节点较大的有"公共安全管理""应急管理""城市公共安全""公共安全"等关键词，可见这些方面是城市公共安全目前研究的主要方向。另外，图谱的结构特点也是围绕这几大研究方面又分别展开了不同程度的细分研究。例如，在应急管理下，又分别开展了"地理信息系统""城市建设"等内容；在公共安全管理下，包含着"智慧城市""社区安全""办学优势""城市防灾"和"物联网"等不同的研究方向。整体来说，对城市公共安全的研究内容呈现出"一个主干、众多枝叶"的研究结构，随着时间的推移和各种问题的突现，"枝叶"还在不停生长，研究的深度也逐渐加强，研究内容更加细化，渐渐趋向

---

　　① 陈兰杰，董芳．基于知识图谱的国际竞争情报研究热点与前沿的信息可视化分析[J]．医学信息学杂志，2010，31（8）：7-11．

于某一问题解决方法的研究上。

考察研究内容的时间序列时，对关键词的突发性进行检验，得到如表2-1所示的关键词突发性检验结果。

表 2-1 关键词突发性检验结果

| 关键词 | 强度 | 开始年份 | 结束年份 |
| --- | --- | --- | --- |
| 应急联动 | 3.3174 | 2005 | 2009 |
| 应急救援体系 | 3.2853 | 2005 | 2006 |
| 城市总体规划 | 2.9923 | 2005 | 2006 |
| 应急救援 | 5.1883 | 2005 | 2007 |
| 地理信息系统 | 2.9298 | 2007 | 2009 |
| 公共安全领域 | 2.7145 | 2007 | 2009 |
| 公共安全事件 | 3.7186 | 2007 | 2013 |
| 消防工作 | 3.0477 | 2008 | 2011 |
| 公共安全 | 4.6363 | 2011 | 2012 |
| 特大型城市 | 2.6670 | 2012 | 2015 |
| 物联网 | 3.8583 | 2012 | 2015 |
| 人居环境 | 2.9452 | 2013 | 2015 |
| 环境影响评价 | 3.7744 | 2013 | 2015 |
| 风险管理 | 2.8000 | 2013 | 2015 |
| 专项研究 | 3.6448 | 2013 | 2015 |
| 职业卫生 | 4.1969 | 2013 | 2015 |

表2-1的结果是按照其开始时间进行排序，由表可知，从2005年开始，应急联动、应急救援体系等相关内容成为人们关注并进行研究的热点。联系当时实际情况，我国刚刚大范围经历过"非典"疫病，造成巨大社会影响，这致使学者认识到应急相关内容的重要性。2007年和2008年这两年，"公共安全"这一概念被大量使用，开始出现"公共安全事件""公共安全领域"等关键词，推测这与准备申办2008年奥运会有很大的关系，着重强调了公共安全问题。2010年以后，随着城市化进程的加快和科学技术对生活的影响，开始出现"特大型城市"和"物联网"等关键词的研究方向。研究内容也越来越倾向于专项研究，如消防、人居环境、卫生以及风险的管理等内容。整体来说，在突发性检验中未出现近几年的突发关键词，推测仍然在延续之前的研究方向，在研究深度上有所提高，有关城市公共安全的研究越来越倾向于专项研究。另外，职业卫生、环境影响评价和物联网等词的研究强度分别是4.1969、3.7744和3.8583，推测这三方面（及其下属细分内容）会是接下来的研究重点。

### 4. 研究前沿关键词时序图谱

研究前沿是科学研究中最先进、最有发展潜力的研究主题或研究趋势，对把握某一研究领域最新研究趋势起到关键作用。借助 CiteSpace 对关键词聚类后，按照 LLR 命名规则以 Keyword 命名，[①] 得到关键词聚类图谱，如图 2-7 所示。

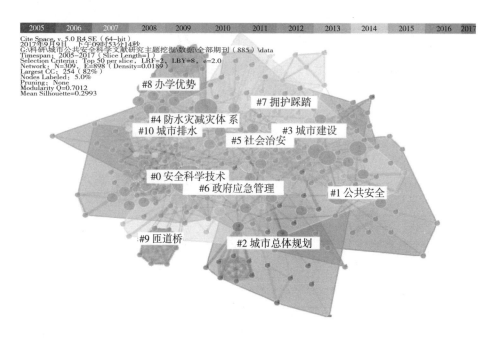

**图 2-7　城市公共安全研究的关键词聚类图谱**

该图由 309 个节点和 898 条连线组成，模板值（Modularity Q，简称 Q 值）为 0.7012，而模块值在 0.4~0.8 的图谱通常会形成少量自然的网络聚类，符合分析要求。平均轮廓值（Mean Silhouette，简称 S 值）为 0.2993，说明图谱聚类结果比较合理。[②] 根据图谱的聚类特征列出的划分所得到的 10 个知识群聚类列表如表 2-2 所示，列出了各聚类的标签、平均发表年限和类内主要关键词。每个聚类代表城市公共安全研究领域的一个研究方向。

①　张维平. 社会学视野中的公共安全与应急机制[J]. 中国公共安全（学术版），2007（2）：5-12.

②　范君，张艳丽. 基于 CiteSpace 的医学期刊研究文献计量分析[J]. 淮北师范大学学报（自然科学版），2015（4）：88-92.

表 2-2 城市公共安全研究知识群主要聚类

| 聚类 | 关键词标签 | 平均发表年份 | 中心词 |
|------|-----------|-------------|--------|
| 0 | 安全科学技术 | 2009 | 职业安全健康、职业卫生、人居环境、环境影响评价、矿山安全、危险源辨识、交通安全、应急救援体系、事故隐患、安全工程、汛期安全、中毒事故、监控系统 |
| 1 | 公共安全 | 2008 | 应急管理、公共安全体制、安全发展、社会秩序、抗震防灾、风险防控、特大城市、化学工业、地震保险 |
| 2 | 城市总体规划 | 2006 | 社会主义新农村、城市网、房产新政、城乡关系、城市生命线、城市空间结构、数字城市、减灾规划、防灾规划、城市防灾、气象灾害、节能改造工程 |
| 3 | 城市建设 | 2010 | 城市地下空间、安全监控、安全保障水平、规划效能监察、消防救援、恐怖袭击事件、城市排水系统、信息网络系统、联网报警系统、应急反应体系、保障体系 |
| 4 | 防灾减灾体系 | 2010 | 自救互救、火灾事故、公共消防、冰雪灾害、消防行政、社会信用体系、小区物业管理、突发事件预警、消防通道、自动喷水系统、安全责任体系 |
| 5 | 智能分析 | 2016 | 数据分析能力、数据源、数据挖掘、信息管理、视频监控系统、客户服务、业务管理、地理信息系统 |
| 6 | 风险社会 | 2017 | 现代城市、大数据、公共安全治理、安全科学技术、城市发展、工商企业管理、监控系统、消防工作、群体性事件、危化品、管控措施 |

通过总体分析后发现，有关城市公共安全研究的科学文献中的关键词共有七个聚类，结合其平均发表年限可知，这些领域的研究成果显著，领域内的相关问题已经形成共识。就聚类 2 来说，平均发文年限最早，是研究人员最早进行的措施——城市总体规划。结合关键词的分析，这一聚类的研究持续时间相对较长，研究内容已具有一定的深度，"城市网""城市空间关系""城市生命线"等内容是城市建设的基础，侧面也反映出了我国城市化发展的时期。纵向分析表中所列聚类发现，应急管理和消防管理是研究者一直不断探索的内容，在不同时期研究的侧重点不同，例如消防管理，从消防救援到消防行政再到消防监管，一步一步地建立起一套完整的消防体系。考虑平均发文年限时，聚类 5 和聚类 6 分别是 2016 年和 2017 年，智能分析和风险社会两大部分是目前研究的热点，推测也是未来几年研究的重点。在内容上，一是对城市公共安全的研究更多地转向对数据的研究，基于目前主流的大数据、数据挖掘等技术在信息管控方面的研究估计是未来的大趋势。二是对城市公共安全的研究目前更多的是对其细化后的一枝一节进行研究，如主要研究工商企业管理、危化品的管理等。三是对城市公共安全的研究越来越多地转向

研究服务的能力，如客户服务、业务管理、监控系统等。其中监控系统更是在各个方面都体现出了其自身的重要性。这也很好地反映出市民对服务或公共安全有了更高更细的要求。四是对城市公共安全风险的研究已渐渐从最初的评价、辨别到现在的预防，层出不穷的智能化体系也是越来越重要，在当前的城市安全中扮演着重要的角色，研究者也在不断地创新优化这些系统。以上四方面的内容据推测仍是今后的研究重点。

## 二、国外城市公共安全风险研究现状与趋势

总的来说，国外对城市公共安全风险的研究内容主要集中在防震减灾、风险评估、应急管理等方面，但不同国家之间的侧重点有所差异。在研究方法上，主要有贝叶斯信息网络方法、因子分析及多元线性回归方法、事故树、危险性分析方法和 GIS 技术等多种方法。

国外最早在 20 世纪 70 年代便开始重视城市公共安全与防灾减灾问题，之后由于不断地发生各类公共安全事故，城市公共安全越来越受到人们的重视。国外对城市公共安全的研究起步大多比我国早，研究内容则是因国而异。美国在城市公共安全评价体系上的研究最为突出，虽然发展时间不长，但依据雄厚的财政实力，提升了应对各种灾难的能力和水平，并且以立法的方式界定相关部门在紧急情况下的职责与权限。日本由于经常受到自然灾害的威胁，在城市公共安全的研究上起步较早。早期研究比较分散，主要是由各大学和研究机构独立进行。在 1995 年 1 月 17 日阪神大地震发生之后，对于城市公共安全的研究开始转向各研究单位的系统、合作研究。[①] 1996 年 5 月在日本神户大学成立了"都市安全研究中心"，代表日本关于城市公共安全的研究进入了新的阶段。

不少国外研究者对城市公共安全也进行了大量的研究。Lewis M. Branscomb 等提出城市安全涉及三类灾害：自然灾害、人为技术事故、恐怖破坏。[②] Lee Eunchang 等运用贝叶斯信息网络方法对韩国造船企业进行风险评估，提出了 26 项风险因素，并针对规模不同的企业提出了相应的风险管理措施，为韩国造船业风险管理提供了科学依据。[③] Eddie W. L. Cheng 等运用因子分析及多元线性回归方法对中国香港建筑行业进行风险评估，提出了 15 项

① 刘树坤. 刘树坤访日报告（五）：日本关于城市安全的研究十分活跃[EB/OL]. 水信息网, http://www.hwcc.com.cn/newsdisplay/newsdisplay.asp? Id=19929, 2007-04-16.

② Lewis M. Branscomb. Sustainable Cities：Safety and Security [J]. Technology in Society, 2006, 28 (1)：225-234.

③ Lee Eunchang, Yongtae Park and Jong Gye Shin. Large Engineering Project Risk Management Using a Bayesian Belief Network [J]. Expert Systems with Applications, 2009, 36 (3)：5880-5887.

影响因素及三项核心因素，并提出了相应的控制措施。[①] Piyoosh Rautelal 和 Ramesh Chandna Lakhera 利用 GIS 遥感技术对印度吉里和顿河流域的滑坡灾害进行了风险评价研究。[②]

## （一）数据来源与研究方法

在研究国外城市公共安全风险科学文献的研究主题时，我们选择 Web of Science（WOS）外文数据库（包括论文的参考文献列表，允许用户通过被引作者或被引文献的出处展开检索），其中的被引文献可追溯课题的起源和发展，揭示研究之间隐含的联系，全面掌握有关某一研究课题的过去、现在与将来。设置数据来源为 WOS 核心选集，选择 SCI - E 数据库，搜索主题 "Urban Public Security" 得到 262 条数据；选择保存为其他文件格式后，导出其全部记录与引用；经过文献去重等处理后得到分析数据（共 262 条）。

## （二）时空结果分析

（1）文献总量分析。

文献数量的变化在一定程度上反映相应领域的研究发展趋势。在考察国外市公共安全研究文献数量时，得到如图 2-8 所示的结果。结果显示，对城市公共安全的研究主要分为两个时期。前期是 1994 年到 2004 年这一时间段，研究课题整体上处于萌芽阶段，科学文献的发文量普遍比较低。从 2005 年到现在，研究课题处于发展期，发文量开始迅速增加，在 2015 达到 38 篇的高峰，但仍有很大的发展空间。对比国内的发展趋势可以发现，我国的研究基本紧跟世界潮流，步伐与世界基本保持一致。

通过每个国家各自的文章数量变化可以发现和对比国家之间的研究规模及研究发展态势。结合历年各国文章数量变化（见图 2-9）发现，美国的研究文献数量最多，而且起步也比较早。但南非在这一领域的研究起步最早，但由于国家的实际情况，研究出现了多次间断，文献量也很低。最近，意大利也加入了该领域的研究，2016 年达到一个小高峰。另外，从图 2-9 中可以发现，在 2008 年出现了一次低估，文献量达到最低。联系当时世界的格局及各个国家的实际情况，我们推测这与美国次贷危机引起的世界经济低谷有着重要联系。

---

① Eddie W. L. Cheng, Neal Ryan and Stephen Kelly. Exploring the Perceived Influence of Safety Management Practices on Project Performance in the Construction Industry [J]. Safety Science, 2012, 50 (2): 363-369.

② Piyoosh Rautelal and Ramesh Chandmna Lakhera. Landslide Risk Analysis Between Giri and Tons Rivers in Himachal Himalaya (India) [J]. ITC Journal/the International Institute for Aerial Survey and Earth Sciences, 2000, 2 (3-4): 153-160.

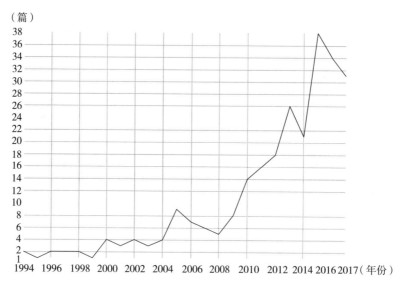

图 2-8    文献数量变化折线图

（2）合作关系分析。

考虑国外研究现状时，分别得到国家间关系图谱（见图 2-10）、机构间关系图谱（见图 2-11）和作者间关系图（见图 2-12）所示结果。

图 2-10 结果中每一种颜色代表一个国家，而每个颜色的大小区域代表着该国家的研究强度（以发文量表示），各个颜色之间的交错关系代表着国家之间的合作关系，而对于国家领域的宽度代表着合作强度。从中可以发现，国外对城市公共安全的研究涉及众多国家，其中包括美国、英国、日本、中国、墨西哥、柬埔寨、瑞士、瑞典、西班牙、秘鲁、南非、加拿大、肯尼亚和尼日利亚等众多国家，可见城市公共安全问题已经受到各国研究者的关注，其中，美国在该领域的研究上遥遥领先于其他国家，其后的中国、西班牙、英国、南非和加拿大等国家位居其后，文献数量差距较小，可见现在对城市公共安全的研究已逐渐形成以美国为代表，发展中国家多方发展的研究格局。

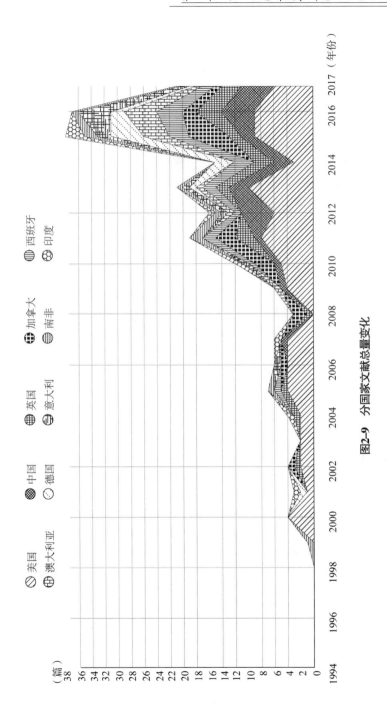

图2-9 分国家文献总量变化

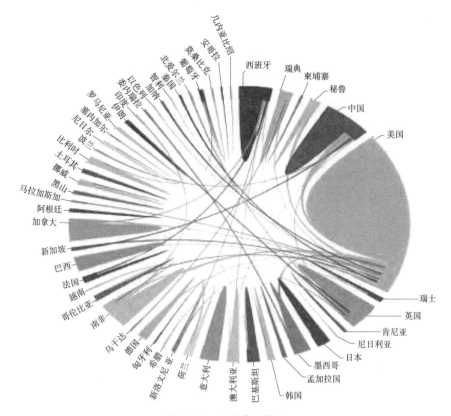

**图 2-10　国家合作关系**

　　考虑其中的合作关系时，各国之间都存在着错综复杂的合作关系，尤其是世界各国与美国之间的合作占美国研究领域的一大部分。一方面，这侧面反映出各国积极学习他国经验，尤其是向美国学习；另一方面，也侧面说明这些国家之间近年来都存在类似的城市公共安全问题，各国之间相互借鉴、相互合作的趋势也愈加明显，但也仍存在许多国家的合作程度还没达到平均水平，例如新加坡就只与中国和美国之间存在合作关系，这也侧面说明国家在选择合作时会考虑国情的相似性、借鉴性。

　　总之，各个国家对城市公共安全的重视程度大小不一，而且国家间合作的程度还有待加强，在合作的过程中积极借鉴他国经验，从而形成全世界的一个研究格局，也是我们在研究过程中的新思路。

　　目前全世界对城市公共安全的研究机构呈现出一个错综复杂的机构合作网络，可见机构之间有着很强的合作关系。但具体考虑各个合作团体时发现，每个小团体大多数都属于同一个国家，国内机构间的合作程度明显高于国际间的合作，从而进一步说明国家之间的合作程度有待提供。

在考虑机构的性质时发现：机构主要是由大学、各个研究院和国家研究机关组成，例如机构合作最强的团队是美国的研究机构，他们之间的合作关系是世界上程度最强的，而其中具体有卡内基梅隆大学、南加州大学、俄亥俄州立大学等，还包括联盟保健服务研究院、美国人工智能协会等研究院，从侧面可以看出，美国对城市公共安全的研究主要集中在大学和研究院之间，机构特征显著。

总的来说，机构间的合作程度已达到一定的水平，但在跨国合作上还有待加强。

考虑作者间合作情况时，由于机构合作网络的错综复杂，作者间的合作关系图更是庞大复杂。但作者之间仍形成了多个合作的团体，团体间也有着一定的合作关系，这种情况类似于机构间的合作。而作者之间的合作程度相当，很难判断领军型的研究团队。由于其所属机构和国家的不同，研究内容有不同的侧重点，例如，其中实力相当的两个团体的研究重点分别为食物安全和交通安全。

总的来说，国家、机构、作者三者的合作情况呈现出明显的特征，国家间的合作程度导致其机构和作者的合作都只是本国内的合作，对于研究程度低的国家，在提高本国内研究程度的同时应积极向其他国家学习，寻求合作，从而形成国际化的研究格局，使城市公共安全的研究上升到一个新的高度。

### 3. 关键词分析

对关键词的分析可以很好地把握该领域研究内容的主要情况，而关键词随时间的变化曲线反映该内容研究强度的变化。扩展关键词是由现有关键词按照一定规则进行补充、分支得到的具有一定相关性的词语。对科学文献的扩展关键词进行分析，可以很好地把握相应领域的研究趋势，从而具备一定的预测功能。

在考虑国外城市公共安全的研究内容时，利用在线分析软件得到如图2-11所示的关键词变化图。图中不同的图例代表不同的关键词，每个关键词代表着不同的研究内容。而且在纵轴方向上，每种图例的纵向长度代表着对应关键词出现的频次。由图2-11可知，国外对城市公共安全的研究主要从2000年开始，研究的内容也逐渐变多，涉及不同的方面，其中主要包括食品安全、水资源安全、气候变化、都市农业、粮食危害、地理信息系统、安全、卫生、贫困、公共卫生、可持续性、城市规划、健康、环境等多个方面的内容。结合关键词出现的年份可知，食品安全是研究者最早研究的内容，虽然有所间隔，但一直持续研究到现在，从侧面反映出食品安全问题一直是人们最关心的话题；关键词"可持续性"和"城市卫生"的研究主要都集中在2010年之

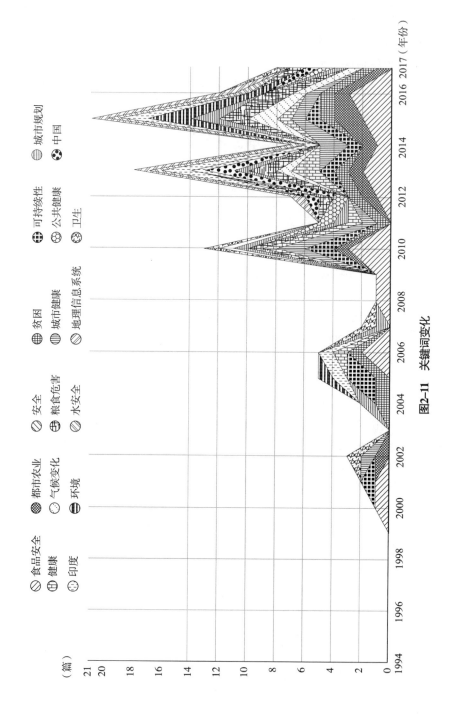

图2-11 关键词变化

后，具有相同的研究态势，但"可持续性"的研究力度相对保持在较高的水平上，侧面反映可持续发展的理念已经被用到城市公共安全的领域上，越来越多的人开始注重长远的发展（见图2-12）。另外，地理信息系统的研究主要集中在近五年内，而且没有下降的趋势，推测可能是今后一段时间的研究重点。

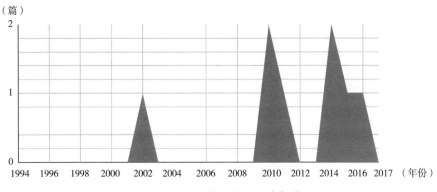

（篇）

图2-12　"可持续性"研究年谱

扩展关键词每年的变化情况可以很好地预测未来各时间段的研究内容（见图2-13）。因此，2017年的扩展关键词可以很好地预测未来几年内的研究趋势。整理2017年的扩展关键词，得到表2-3。

表2-3　2017年扩展关键词强度统计

| 扩展关键词 | Systems | Climate-change | Challenges | Model | Developing-countries | Public-health | Security | Agriculture | Management |
|---|---|---|---|---|---|---|---|---|---|
| 强度 | 5 | 4 | 4 | 3 | 3 | 2 | 2 | 2 | 1 |

结果显示，系统、气候变化、模型、公共安全、管理等方面的内容是2017年的主要扩展关键词，一定程度上代表着今后的研究趋势。另外，其中发展中国家的强度达到了3，说明发展中国家的城市公共安全是今后的研究重点。

## 三、国内外研究总体述评

整体来说，国内外对城市公共安全的研究水平参差不齐，研究重点深受本国国情的影响。比如，日本在防震减灾方面上的研究明显高于其他国家。在研究内容方面，对城市公共安全的研究主要集中在管理、风险评估、预测和系统等领域，具体的有城市公共安全的管理模型研究与管理的策略建议、

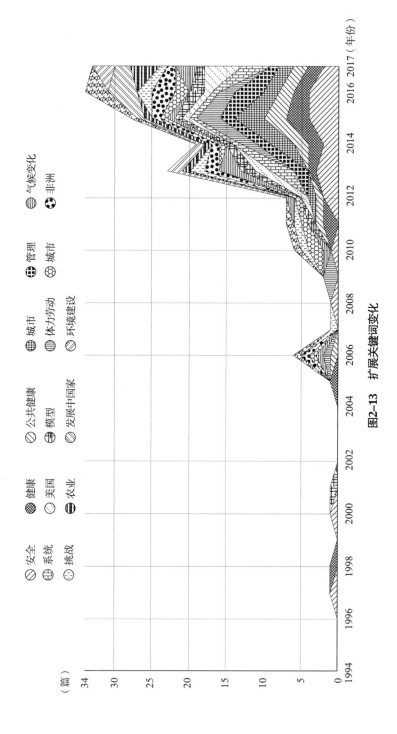

图2-13 扩展关键词变化

风险评估的方法创新与优化、各种城市公共安全风险的预测模型和方法、地理信息系统和监控系统的研究与优化等；在研究方法方面，大多是通过构建模型来研究这些问题。此外，国内外对城市公共安全风险的研究越来越国际化，各国之间相互借鉴的情况越来越多。

进行城市公共安全风险科学文献研究主题挖掘的目的：一是为了发现城市公共安全问题的规律性，了解并提高城市公共安全相关内容的科学化程度，改善城市公共安全的现状；二是为后续研究人员提供研究问题的新视角，提前抢占研究问题的时代前沿，从而有助于突破传统研究格局，为今后城市公共安全的相关问题提出建设性意见，以便促进城市公共安全的发展，提高城市安全的水平。

鉴于研究的工作量，本书主要负责研究国内外城市公共安全科学文献，研究方法主要是可视化分析和文献计量两种。首先，从目前城市公共安全的现状出发，分别阐述城市、公共安全、城市公共安全和风险的概念以及对城市公共安全的风险进行了多角度的分类；其次，通过文献了解分析城市公共安全的国内外研究状况，为本书的研究做理论性的基础；最后，利用知识图谱的方法对国内科学文献进行分析，利用文献计量方法对国外科学文献进行分析。

我们所做的工作和取得的主要研究成果如下：

一是以目前全球的各种城市公共安全事件为导线，通过文献研究的方法对"城市公共安全风险"进行了拆分理解，提出城市公共安全的新定义：它是指一种对自然灾害、社会突发事件，如事故、危险源、危机的发生发展，具有有效的抵御能力，并能为环境、社会、人身健康等方面保持一种动态均衡和协调发展，能为城市居民提供良好秩序、舒适生活空间和人身安全的一种城市状态。

二是参考多方资料后，对城市公共安全风险进行了多角度的分析。按影响因素不同划分为自然因素和社会因素；按照事件的发生过程、性质和机理划分为自然灾害、突发事故灾害、公共卫生事件和社会安全事件；按照风险损失的物质性划分为人身安全风险、财产安全风险和环境安全风险；按照风险损失承担的主体划分为个人风险、家庭风险、企业风险、政府风险和社会风险。按照风险的特征划分为突发性风险、公众性风险、可预防性风险和不确定性风险。

三是通过研读文献，对国内外城市公共安全的研究现状有了初步了解。具体的现状如下：国内外研究水平参差不齐，研究重点深受本国国情的影响。比如日本在防震减灾方面的研究明显高于其他国家。在研究内容上，对城市公共安全的研究主要集中在管理、风险评估、预测和系统等领域，具体的有城市公共安全管理模型的研究与管理的策略建议、风险评估的方法创新与优化、各种城市公共安全风险的预测模型和方法、地理信息系统和监控系统的研究与优化等；在研究方法上，大多是通过构建模型来研究这些问题。此外，国内外对城市公共安全风险的研究越来越国际化，各国之间相互借鉴的情况越来越多。

四是应用可视化图谱分析和文献计量两种方法，分别对国内外城市公共安全科学文献进行了分析。主要得出以下结论：

第一，时间分布图谱表明，从2005年开始，我国城市公共安全的研究文献开始有了很大幅度的涨势，并在接下来的时间里维持了同等的研究数量，其研究成果主要发表自高校和研究所，还有其他的相关行政机关。

第二，研究机构和作者合作图谱和机构关系图表明，参与城市公共安全研究的机构很多，主要以大学、研究院和国家研究机关为主。国内绝大多数的机构影响力仍处在较低的水平，同一机构中的不同单位的合作也有待加强，这也进一步说明机构之间的合作程度还远远不够，这也是其中心性低的重要原因之一。研究城市公共安全的作者数量众多，但每位作者的发文量都不是很多，而且相差无几，说明在城市公共安全研究方面还未有突出的研究代表。对比国内外作者、机构的合作程度发现，国内作者之间的合作次数也较少，都没有形成研究团队，甚至大多数研究者也都没有过合作情况。可见，不管是个人、团队，还是机构，都需要加强彼此之间的合作，从而避免研究中的一些重复工作，也能更好地提高研究结果的质量。

第三，关键词共现图谱和国外关键词分析表明，国内对城市公共安全的研究内容呈现出"一个主干，众多枝叶"的研究结构，随着时间的推移和各种问题的突现，"枝叶"还在不停生长。"主干"主要是"公共安全管理""应急管理""社区安全""风险评估"等关键词。结合其突发性检验结果可以看出，有关城市公共安全的研究越来越倾向于专项研究，尤其是关于职业卫生、环境影响评价和物联网等内容的研究上。国外对城市公共安全的研究内容主要包括食品安全、水资源安全、气候变化、都市农业、食品危害、地理信息系统、安全、城市卫生、环境卫生、贫困、公共卫生、可持续性、城市规划、健康、环境等多个方面。

第四，研究前沿时序图谱和扩展关键词变化图，可见国内的城市公共安全研究主题较多，主题间的内容又相互交叉。从内容上看，研究大多集中在对数据的挖掘、服务能力的管理，以及各种管理体系的构建与优化等方面，同时也是今后的研究趋势。而国外的研究主要集中在系统、气候变化、模型、公共安全、管理等几个领域。

# 第三节　相关理论回顾与理论动态

## 一、公共危机管理理论

### （一）公共危机管理研究的兴起

"危机"一词在中国最早出现在《晋书·诸葛长民传》中，有"贵必履危机"之句。在古汉语中，"危机"也被称为"灾"或"祸"。现代社会对危机的认识存在三种观点①：一种是从破坏性的角度定义危机，认为危机是"不情愿、不愿意、不期望发生的事情"②；一种是从社会建构的角度定义危机，认为危机是个体或组织的行为、倾向、心理、认知局限等因素与组织结构和制度互动的结果③；还有一种是从社会系统过程来认识危机，认为危机是社会遭遇的不确定性、功能中断或者以外的变化④。美国学者罗森塔尔等对危机进行的综合界定得到了普遍认可：危机是指对一个社会系统的基本价值和行为准则架构产生严重威胁，并在时间压力和不确定性极高的情况下必须对其做出关键决策的事件。⑤

聚焦于危机基础上的"公共危机"，强调危机造成的公共支出增加，对公共利益的损害和涉及主体的全民性。⑥ 借用罗森塔尔的危机定义，我国学者张小明对公共危机做出了基本概念界定：公共危机是指影响范围广大，对一个社会系统的基本价值观和行为准则架构产生严重威胁，需要以政府部门为主体的公共部门在时间压力和不确定性极高的情况下做出关键性决策。⑦

公共管理领域对公共危机管理的研究，是到 20 世纪 80 年代以后才开始介入的。早期关于危机的研究主要集中在地理学和社会学方面的关于灾害的研究。

---

① 高恩新，赵继娣. 公共危机管理研究的图景与解释——基于国际文献的分析[J]. 公共管理学报，2017（4）：141–152.

② Hewitt K. . Interpretations of Calamity from the Viewpoint of Human Ecology [M]. Boston：Allen and Unwin，1983.

③ Halpern J. J. . Cognitive Factors Influencing Decision-making in a Highly Reliable Organization [J]. Organization & Environment，1989，3（2）：143–158.

④ Hermann C. F. . Some Consequences of Crisis Which Limit the Viability of Organizations [J]. Administrative Science Quarterly，1963，8（1）：61–82.

⑤ Rosenthal Uriel，Charles Michael T. . Coping with Crises：The Management of Disasters，Riots and Terrorism [M]. Springfield：Charles C. Thomas，1989.

⑥ 张海波. 风险社会与公共危机[J]. 江海学刊，2006（2）：112–117.

⑦ 张小明. 从 SARS 事件看公共部门危机管理机制设计[J]. 北京科技大学学报（社会科学版），2003，19（3）：19–23.

地理学对危机管理研究的主要贡献来自于吉尔特·怀特。他在 1945 年自己的博士论文《人类对洪水的适应》中，提出洪灾防治需要从传统的工程防御转向生态适应。这一理论对美国的自然灾害管理产生了重要影响。1968 年，美国颁布《洪水保险法》，1973 年，美国又通过《洪水灾害防御法》，将洪水保险由自愿改为强制。1977 年，美国对《洪水灾害防御法》进行了修订，将是否采取防洪措施与能否获得联邦的应急援助进行捆绑。因此，保险成为美国危机管理非常重要的政策工具。[1]

社会学领域对灾害研究的起步较早。1917 年，加拿大研究者普林斯以加拿大"哈利法克斯爆炸"为案例的博士论文，被认为是社会学灾害研究的开山之作。之后，美国一直是该领域经验研究和理论发展的中心。20 世纪 60 年代，曾就职于芝加哥大学社会调查中心的克兰特利，将芝加哥学派的田野调查方法应用于灾害研究，秉承芝加哥学派集体行动的研究传统，研究核打击下的集体行动，后扩展至自然灾害情境下的集体行动，在俄亥俄州立大学创立了世界首个灾害社会科学研究机构——灾害研究中心。20 世纪 70 年代，怀特在科罗拉多大学创建自然灾害研究中心，也涵盖灾害的社会科学研究。[2]

1979 年，美国卡特政府为应对核打击与自然灾害，成立了美国联邦应急管理署（Federal Emergency Management Agency，FEMA），将分散在各部门的应急管理职能整合在一起，以统一应对美国社会日益频发的各类灾害。FEMA成立之初，在几次灾难应对中因表现不佳而饱受批评，亟须公共管理研究者给予理论支持和实践指导。1984 年，FEMA 与美国公共事务和管理学会（NASPAA）联合对 34 位研究者进行了为期两周的危机管理研究培训，推动了危机管理学术共同体的形成。1985 年，NASPAA 学会年会专设了"危机管理"分论坛，《公共行政评论》出版了"危机管理"的特刊，标志着"公共危机管理"正式成为公共管理的一个研究领域。[3] 灾害的社会科学研究早已超出单一学科的范畴，成为重要的跨学科领域。

美国的联邦应急管理署（FEMA）也在几年的工作改进之后，从被人诟病只能在响应和恢复阶段向联邦伸手要钱，转变为可以在事前发挥减缓和预防作用的机构。FEMA 在公共危机管理的主要做法：一是由同一部门进行全灾害管理；二是根据危机周期将危机管理职能进行分解，包括减缓、预防、响应以及恢复；三是推进整合的应急管理信息系统。这些具有实效性的做法，

---

① 张海波. 应急管理与安全治理：理论趋同与制度整合[J]. 北京行政学院学报，2016（1）：1-8.
② 张海波，童星. 中国应急管理结构变化及其理论概化[J]. 中国社会科学，2015（3）：58-84.
③ 陈振明. 中国应急管理的兴起—— 理论与实践的进展[J]. 东南学术，2010（1）：41-47.

被许多国家在不同程度上借鉴和学习。①

我国的危机或应急管理的思想源远流长。"居安思危，思则有备，有备无患""安而不忘危、治而不忘乱、存而不忘亡"等古训反映出我国传统社会对危机的深刻认知与应对思想。但现代的公共危机概念出现较晚，第一阶段为其首次出现在中国的政府文件中可以追溯到 20 世纪 80 年代中期。当时，在大亚湾核电站的选址和施工过程中，由于当地居民对核能的不了解而引发恐惧，发生多起群体性事件。后来，国务院将此类事件定性为公共危机。在相当长的时期内，我国公共危机管理方面的研究主要集中在自然灾害和社会事故的研究上。直至 20 世纪 90 年代中期国内公共管理学界开始了对公共危机的理论研究，如魏加宁 1994 年发表于《管理世界》杂志上的《危机与危机管理》一文，许文惠、张成福主编的《危机状态下的政府管理》一书，是比较早的从行政学角度研究危机管理的文献②。

2003 年，我国暴发了"非典"，由于疫情暴发初期应对不力，造成了比较严重的损失和影响。随后，国务院成立国务院应急管理办公室，以"一案三制"为体系架构，自上而下系统推进政府部门的危机管理工作。政府公共危机管理的实践，需要更多理论研究的支持，因此公共危机管理迅速成为我国公共管理学科领域的一个重要研究方向，并延伸至经济学、社会学、政治学、心理学、传播学等学科领域，成为一个重要的跨学科研究领域。

不过，在我国政府的公共危机管理工作中，公共危机管理通常也称为"突发事件应急管理"，如国务院综合应急管理机构——国务院应急管理办公室，国家应急管理预案《国家突发事件总体应急预案》以及应急管理法律《中华人民共和国突发事件应急法》等。因此，在许多文献研究中，应急管理、突发事件应急管理也是比较普遍的研究表述。从字面意思理解，应急管理强调对突发事件的事后处置与应对。这在一定程度上反映了我国政府应急管理职能发展初期的应急思维与工作状态。而公共危机管理视危机的发生为一个完整的生命周期，侧重于对危机发生前、发生中以及发生后全过程的管理，强调政府对危机应对的重点应从危机事后处置转为危机事前防御。目前，这一危机管理理念已经得到公共危机管理实践界及学术界的普遍认同，但在学术研究文献及政府文件中，"应急管理""突发事件应急管理"还是一个较为惯性的表述，但其与"公共危机管理"所界定的研究内涵与研究范围并没有太大差异。

---

① 张海波. 应急管理与安全治理：理论趋同与制度整合[J]. 北京行政学院学报，2016（1）：1-8.
② 许文惠. 危机状态下的政府管理 [M]. 北京：中国人民大学出版社，1998.

### (二) 公共危机管理研究的发展

如前所述,自 1985 年之后,公共管理领域对公共危机管理的研究呈现高速增长态势。有学者对国际上 1985~2017 年公共管理、公共危机管理期刊的 7800 多篇公共危机管理相关文献进行了梳理和分析,从中可以大致看出公共危机管理研究的发展脉络,分为五个阶段①:

第一阶段为 1985~1989 年,侧重于对危机发生后的应对管理的研究。明确了政府作为危机应对的主要行动者,在国际危机、自然灾害、社会冲突及技术灾难等不同类型的危机中发挥着不可替代的作用。有学者提出,政府有效应对危机的关键是科学的组织结构、逆境中的理性决策以及政治领导人快速做出反应的决心。② 彼时,公共危机管理研究刚刚开始,作为一个新兴领域更多借用了政治学、公共管理研究概念来解释灾害管理问题。

第二阶段为 1989~1993 年,对公共危机管理的研究由事后应对延伸到危机发生的全过程,提出要重视危机前预防和危机后的恢复工作。有学者指出,各级政府在灾前明确分工对于成功应对灾害具有重要作用,尤其是危机前的预防和危机后的善后恢复。③ 同时,灾后的恢复过程也应该将政府、公民和地方组织有机联结起来,通过家庭、社区组织和重建项目之间的互动,将需求、职责、能力整合进危机管理过程。④ 这些研究推进了公共危机管理由应对管理走向全过程危机管理。

第三阶段为 1993~2004 年,随着新公共管理运动对政府流程再造的改革影响,研究重点关注对公共危机管理过程的重塑,并将企业危机管理引入公共危机管理研究领域。如对公共危机管理流程的重塑,米特洛夫和皮尔森提出了五阶段模型,包括信号侦测阶段、准备阶段、预防阶段、损失控制阶段和免疫阶段;奥古斯丁提出了六阶段模型,包括危机防范、危机预备、危机确认、危机控制、危机解决、学习⑤;罗伯特·希斯提出了四阶段模型,即缩

---

① 高恩新,赵继娣. 公共危机管理研究的图景与解释——基于国际文献的分析[J]. 公共管理学报,2017 (4):141-152.

② Drabek T. E.. Managing the Emergency Response [J]. Public Administration Review, 1985, 45 (4):85-92.

③ Schneider S. K.. Governmental Response to Disasters——The Conflict Between Bureaucratic Procedures and Emergent Norms [J]. Public Administration Review, 1992, 52 (2):135-145.

④ Philip R. B., Jack K., Dennis W.. Recovery after Disaster: Achieving Sustainable Development, Mitigation and Equity [J]. Disasters, 1993, 17 (2):93-109.

⑤ Augustine N. R.. Managing the Crisis You Tried to Prevent [J]. Harvard Business Review, 1995, 73 (6):147-158.

减、预备、反应、恢复，简称 4R 模型①。在该阶段，也有学者将研究视角转向危机中易受伤害的群体以及社区在公共危机中的特征及作用。在实践需求和理论研究的推动下，各国都建立了常态化的公共危机管理体系。

第四阶段为 2004~2011 年，公共危机管理研究呈现出多元化议题的研究特征。公共危机管理研究是一个实践性非常强的领域，往往与特定时间段的全球政治、经济、社会、环境等热点事件与管理需求密切相关。如因"9·11"事件而产生的大量关于恐怖主义冲突的研究，以"恐怖主义"为主题的论文占了同期公共危机管理论文的近 10%。② 与此相关，危机不确定性与危机决策模型的研究也逐渐兴起。危机管理实际上是针对"不确定性"的管理。"不确定性"情境下的危机管理决策研究主要是探索各种处理不确定性的决策支持模型，如从运筹学中引入的随机规划模型③，以及从系统学和计算机学科引入的仿真决策模型④。此外，还有学者从多主体之间协同治理研究公共危机管理，如沃夫等学者指出了协作治理和领导力改进对危机管理的影响⑤。还有学者开展了对政府公共危机管理的评估研究，如美国学者唐纳胡尔等基于危机管理四阶段和政府间关系理论提出了一个从动机、能力、两者相互作用三方面评价救灾政策的分析框架⑥。

第五阶段为 2012 年至今，公共危机管理研究呈现跨学科研究的明显特征。如基于传播学的危机沟通研究，库姆斯基于归因理论，提出组织应该基于具体的危机情景来决定采取什么样的危机沟通方式。有效的危机管理要求组织应该对危机回应策略和危机情景进行匹配，以实现最佳危机管理目标⑦，如基于社会生态学和城市管理学的"韧性与危机适应性理论"。韧性是指系统在不改变自身基本状态的前提下，应对改变和扰动的能力。有学者提出，灾害管理应该综合考虑脆弱性、风险与社会行为之间的关系，将脆弱性、易损

① Heath R. . Crisis Management for Managers and Executives [M]. London：Financial Times Management，1998.

② 高恩新，赵继娣. 公共危机管理研究的图景与解释——基于国际文献的分析[J]. 公共管理学报，2017（4）：141-152.

③ Alcik B. ，Beamon B. M. . Facility Location in Humanitarian Relief [J]. International Journal of Logistics：Research and Applications，2008，11（2）：101-121.

④ Bakuli D. L. ，Macgregor S. J. . Resource Allocation in State-Dependent Emergency Evacuation Networks [J]. European Journal of Operational Research，1996，89（3）：543-555.

⑤ Waugh W. L. ，Streib G. . Collaboration and Leadership for Effective Emergency Management [J]. Public Administration Review，2010，66（S1）：131-140.

⑥ Donahue A. K. ，Joyce P. G. . A Framework for Analyzing Emergency Management with an Application to Federal Budgeting [J]. Public Administration Review，2001，61（6）：728-740.

⑦ Coombs W. T. . Ongoing Crisis Communication Planning，Managing and Responding（3rd edition）[M]. Thousand Oaks，CA：Sage，2012.

性等因素与风险暴露系数、韧性整合进一个统一的风险治理框架①。

尽管公共危机管理研究自 20 世纪 80 年代以来有了很大发展，但从现有研究成果来看，还不存在一个独立的、系统的公共危机管理研究体系，表现为研究主题多样化、研究概念差异化、研究方法非标准化，因此，目前的公共危机管理研究还处在碎片化状态。②

## 二、公共安全管理理论

### （一）公共安全管理研究的兴起

公共安全管理研究与公共危机管理大致诞生于同一时期。在起源之时和发展之初，两者有明显区别，公共危机管理总体上是国内事务，公共安全管理总体上是国际事务。中文的安全，在英文中对应"safety"和"security"两个单词，"safety"指客观原因造成的安全问题，强调对无意造成的事故或灾难的防护，多用于工程语境，如大坝安全（dam safety）。而"security"指主观原因造成的安全，强调对故意造成的事故或灾难的防护，多用于政治和社会语境，如食品安全（food security）、社会安全（social security）、国家安全（national security）。工程语境中的"安全"与公共危机管理直接相关，通常所说的公共安全"public safety"在很大程度上等同于公共危机管理。政治和社会语境中的公共安全"public security"，其理论起源可追溯至国际关系领域对安全的研究，最初主要指国家安全（national security）、军事安全（military security）。③

### （二）公共安全管理与公共危机管理的理论趋同

从 20 世纪 80 年代开始，公共危机管理与公共安全管理开始在理论上逐步趋同。

首先，两个理论的研究对象出现趋同。公共安全管理领域对安全的概念界定发生了变化，由传统的国家安全、军事安全扩展至一般性的安全问题。如乌尔曼认为，安全主要包括两类：一是急剧或短时间内降低生活质量的威胁；二是显著限制政府或私人部门、部分政府组织政策选择的威胁。这些威胁既包括外部的战争，也包括内部的叛乱、传染病以及洪水、干旱等自然灾害。④ 而这些也恰恰是公共危机管理领域研究的危机范围。与此同时，公共危

① Birkmann J., Cardona O.D., et al.. Framing Vulnerability, Risk and Societal Responses: The MOVE Framework [J]. Natural Hazards, 2013, 67 (2): 193-211.

② 高恩新，赵继娣. 公共危机管理研究的图景与解释——基于国际文献的分析[J]. 公共管理学报，2017 (4): 141-152.

③ 张海波. 应急管理与安全治理：理论趋同与制度整合[J]. 北京行政学院学报，2016 (1): 1-8.

④ Richard Ullman. Redefining Security [J]. International Security, 1983, 8 (1): 129-153.

机管理领域对危机的研究也从较多地关注自然灾害扩展至对恐怖主义以及社会冲突型危机的研究。由此，在研究对象上，公共危机管理与公共安全管理在研究对象上已经没有明确的界限。

其次，两个理论所倡导的行动主体，也随着治理理论的兴起而逐渐趋同。应急管理不再仅仅是国内事务，也需要国际合作，而安全管理不再仅仅是国际事务，也涉及地方和区域治理。由此，如危机治理、安全治理概念被提出，将管理的主体由政府扩展至私人部门、公民团体和非政府组织，强调与政府之外的其他主体的合作。而在行动机制上，由重视政府立法、规划与规制扩展为重视发展、自我规制、市场机制和公民参与等过程。

在我国多数学者的研究中，公共安全管理与公共危机管理在很大程度上其所指的概念内涵是一致的。中国政法大学刘星在《中国公共安全管理机制：问题与对策》一文中将公共安全管理与突发事件应急管理（公共危机管理）等同使用，其对公共安全管理的表述是：公共安全管理不仅包括突发事件的紧急应对处置，更强调政府为应对突发事件所采取的日常性的管理行为。① 中国人民大学唐均在《社会公共安全风险防控的顶层设计》研究论文中，提出社会公共安全风向防控应着重做好四大机制：及时处置社会危机的应急机制、提前干预社会危机的预警机制、动态评估并整改高危风险的稳评机制以及全社会群防群治的公共安全风险共担机制②，蕴含了一般的公共危机管理理论分析框架。

2017 年，由中国社会科学院城市发展与环境研究所及深圳市民太安风险管理研究院合作完成的《中国城市公共安全发展报告》③，按照公共危机管理对危机的四大类分类，从自然灾害、事故灾难、公共卫生和社会安全四个方面详细介绍了我国城市公共安全的基本状况、主要特点及政府的应对措施等。该研究还建立了一套完整的城市公共安全评价方案，设计出涵盖 5 个一级指标（社会安全、事故灾难、自然灾害、公共卫生、城市公共安全防控与应急能力）、24 个二级指标和 81 个三级指标的指标体系，采集了我国 35 个城市的数据，计算出各城市公共安全指数，并根据评价过程和结果对 35 个城市公共安全情况进行了研判。

## （三）公共危机管理与公共安全管理的实践整合

在具体的政府实践中，各国的公共危机管理与公共安全管理也产生制度趋同。在美国，1979 年成立联邦应急管理署（FEMA），将政府的公共危机管理职能整合在一个部门，主要负责国内危机事务。而 2000 年 "9·11" 事件之后，

---

① 刘星. 中国公共安全管理机制：问题与对策[J].经济社会体制比较，2009（5）：145-151.
② 唐均. 社会公共安全风险防控的顶层设计[J].中国机构改革与管理，2016（9）：37-41.
③ 黄育华等. 中国城市公共安全发展报告[M].北京：社会科学文献出版社，2017.

美国又成立国土安全办公室（Homeland Security Office，HSO），后调整为国土安全部（United States Department of Homeland Security，DHS），联邦应急管理署也被整合进国土安全部之下。由于美国联邦政府在 2005 年对卡特里娜飓风的糟糕应对，2006 年，美国联邦政府在国土安全模式的框架之内改组联邦应急管理署，重新确立联邦应急管理署在公共危机管理（应急管理）中的主导地位。可以看出，美国政府试图用公共安全治理来整合公共危机管理（应急管理）。

我国在 2003 年"非典"之后，在各级政府层面设立应急管理办公室，作为公共危机管理的综合协调机构，同时，各级政府成立突发事件应急管理委员会，在公共危机发生时发挥决策和领导作用。国务院颁布的《国家突发事件总体应急预案》（2006）和《中华人民共和国突发事件应对法》（2007），确定了我国公共危机的"自然灾害事件、事故安全事件、社会危机事件、公共卫生事件"四大类分类和"监测预警、预防准备、控制处理和善后恢复"的四阶段应急机制。我国公共危机管理体系的逐步完善，使得政府公共危机管理能力有了质的提升。然而，"非典"之后我国也相继经历多起重大突发事件，政府对这些危机的应对既有经验，亦有教训。基于中国的传统安全和新兴风险，2014 年，我国成立中央国家安全委员会，被赋予统筹内部安全与外部安全的职能，横跨党、政、军三大体系。在中央国家安全委员会第一次全体会议上，习近平总书记首次提出了"总体国家安全观"，要构建集政治安全、国土安全、军事安全、经济安全、文化安全、社会安全、科技安全、信息安全、生态安全、资源安全、核安全等于一体的国家安全体系。"总体国家安全观"在制度上涵盖了我国现有的应急管理内容，但两者在实践运行中，因分属于不同机构，并没有完全统一和融合。

## 三、风险社会理论

### (一) 风险概念的演变

"风险"一词在汉语中是舶来品，英文"risk"的最早使用可追溯到 17 世纪洲际商船航行时期，被理解为"客观的危险"，体现为自然现象或者航海遇到礁石、风暴等事件。而现代意义的"风险"多指"未来结果的不确定性或损失"，且被赋予了更广泛更深层次的含义，[①] 是现代社会中使用频率非常高的一个词汇。在人类发展的很长一段时间内，面临的风险主要是来自于自然风险，是可以被人类感知，且可以明确建立灾害与损失之间关系的风险。但随着近代社会的来临，人类成为风险的主要生产者，尤其是进入工业社会后

---

① 杨雪冬. 风险社会理论述评[J]. 国家行政学院学报，2005（1）：87-90.

期，科技进步和工业发展已经超出了传统工业社会的安全防控范围，风险的结构和特征发生了根本的变化，呈现出人为不确定性、高度复杂性、破坏全球性等全新特征，即现代意义的"风险"。①

## （二）风险社会理论

1986 年，德国社会学家乌尔里希·贝克在其著作《风险社会》中提出"风险社会"的概念，但他并没有直接对风险社会做出概念界定。贝克认为现代意义上的"风险"是个指明自然终结和传统终结的概念，是系统地处理现代化自身引致的危险和不安全感的方式。从风险的发展来看，现代性社会可以分为两个阶段：第一阶段是工业社会阶段，在这个阶段，进步的乐观主义盛行，否认一切风险，为以后的社会发展埋下了风险隐患；第二阶段即风险社会阶段，是现代性的另一种新的形式。② 在 1992 年版的《风险社会》一书中，贝克将"风险社会"描述为"一系列特殊的社会、经济政治和文化因素，这些因素具有普遍认为的不确定性原则的特征，它们承担着现在社会结构、体制和社会关系向着更复杂、更加偶然和更易分裂的社会组织转型的重任"③。风险社会的中心论题是：各种后果都是现代化、技术化和经济化进程的极端化不断加剧所造成的后果，这些后果无可置疑地让那些通过制度使副作用变得可以预测的做法受到挑战，并使它成为了问题。④ 贝克指出，风险社会是一种自反性现代化社会。这种自反性现代化，是指"创造性地（自我）毁灭整整一个时代——工业社会时代——的可能性"⑤。

几乎与贝克"风险社会"概念提出同时发生的，是苏联切尔诺贝利核电站发生的核泄漏事件，从而引发了世界性危机，更为贝克的风险社会理论提供了佐证。⑥ 随后，英国的"疯牛病"、美国的"9·11"事件、中国的"非典"、印度洋海啸、美国飓风、巴黎骚乱等，一次又一次的危机事件，一再证实了这一理论。⑦

贝克的风险社会概念受到国际社会的广泛关注，更多的学者对"风险社会"做出了进一步深刻的研究，并逐渐形成了风险社会理论。

---

① 王郅强，彭睿．西方风险文化理论：脉络、范式与评述[J].北京行政学院学报，2017（5）：1-9.

② 李怀涛．贝克风险社会理论评析[J].贵州社会科学，2010（11）：132-136.

③ ［德］乌尔里希·贝克．风险社会[M].何博文译．南京：译林出版社，2004.

④ ［德］乌尔里希·贝克．自然与资本主义[M].路国林译．杭州：浙江人民出版社，2004.

⑤ 薛晓源等．全球风险世界：现在与未来——德国著名社会学家、风险社会理论创始人乌尔里希·贝克教授访谈录[J].马克思主义与现实，2005（1）：44-55.

⑥ 张海波．风险社会与公共危机[J].江海学刊，2006（2）：112-117.

⑦ 温志强．风险社会中突发事件的再认识——以公共危机管理为视角 [J].华中科技大学学报（社会科学版），2009（2）：46-49.

英国社会学家吉登斯对风险社会的解释更简洁明了，他认为，现代社会的风险包括两类：一类是"外部风险"，即来自外部的、因为传统或者自然的不变性和固定性所带来的风险。这类风险在工业社会的很长一段时间曾占主导地位，对人类社会影响严重，但却可以被预测或预料；另一类风险是"人造风险"，即由于我们不断发展的知识和科学技术对这个世界的影响所产生的风险。人类对这些风险的经验有限，无法对风险进行预测或计算。① 吉登斯认为，风险社会与以往社会最大的不同在于人为风险的增多，导致突发事件的风险也在不断扩大。在风险社会，人们对风险的关心替代了对经济短缺和财富增长的关心。

无论是贝克还是吉登斯，都认同现代的政治和经济制度促成了大量的风险的产生（包括自然生态的风险以及其他被察觉和认知的风险），因此，他们提出从改变现有制度结构，即通过提高现代性的反思能力来应对现代社会进步中所产生的各种风险和各种负效应，当然，这种制度也可能会产生副作用和新的风险。

## (三) 风险文化理论

与贝克和吉登斯不同，英国人类学家玛丽·道格拉斯从文化的角度对风险社会进行理论阐释。她认为，风险是一种文化建构，虽然风险客观存在，但更关键的是风险是人们的一种主观认知。在当代社会，风险实际上并没有增加，也没有加剧，相反仅仅是被察觉、被意识到的风险增多和加剧了。道格拉斯认为，不同类型的社会原则，影响了人们对什么危险最应该恐惧、什么风险值得承担、谁来承担风险的判断。② 她在《风险与文化》一书中将社会结构的变革和变迁分别归为三种不同风险文化所酿成的结构：倾向于把社会政治风险视为最大风险的等级主义制度文化；倾向于把经济风险视为最大风险的市场个人主义文化；倾向于把自然风险视为最大风险的社会团群落之边缘文化。道格拉斯的这一研究，为风险开启了全新的研究视角，使得风险文化理论成为风险社会理论中的一个重要研究方向。③ 风险文化理论将风险视为人们主观上文化感知的结果，强调了应对风险时主体的自我能动性与反思能力。④

拉什对道格拉斯的"风险文化"理论进行了批判性反思。拉什认为，现代社会"风险的增加，不仅体现在科学技术迅猛发展所带来的副作用和负面

① 杨永伟等. 风险社会的理论阐释——兼论风险治理[J]. 学习与探索，2016（5）：35-40.
② M. Douglas，A. Wildavsky. Risk and Culture [M]. Berkeley：University of California Press，1982，15（1）：81-82.
③ 何珊君. 高风险社会的表现、特征及缘由——基于风险社会理论的中国视角[J]. 西北师大学报，2018（1）：121-128.
④ 王郅强，彭睿. 西方风险文化理论：脉络、范式与评述[J]. 北京行政学院学报，2017（5）：1-9.

效应所酝酿成的自然风险之中，还体现在日益浮现出的更为普遍的不确定因素之中，体现在世界资本主义秩序最终消解的过程之中"。他不认同道格拉斯等学者"将所有风险都看作首先是由社会造成的，需要为风险承担责任的应当是那些不负责任的群体或组织"的观点，相反，边缘社群尤为关心社会公共事务，具有价值理性特征。拉什进一步对贝克和吉登斯的风险社会理论的不足进行了阐释。他认为，风险社会理论强调将注意力集中在风险制造者身上，强调通过预警、防范和化解风险者或对灾难发生后的善后处理和控制来进行风险结果控制。但是旧的问题解决了，新的问题又出现了。因为现代性风险是不确定的、无序的、无法预测的，这使得制度、专家系统等确定性判断的作用有限。[①] 拉什相信，风险文化才是走出现代性困境的正确路径。

因此，拉什提出，是时候与风险社会说再见了，人类所面临的是一个逐渐显现出来的风险文化时代。风险文化是对风险社会理性的自省与反思，人们更多地不再是通过理性的精确计算和颇具规范性的假定来排除风险，而只是通过具有象征意义的运作方式，特别是通过具有象征性的理念和信念来处理好涉及风险文化的各种问题，[②] 拉什的思想强调了应对风险时主体的自我能动性与反思能力。风险文化理论作为一种重要的风险建构论，提出了新的风险认知视角和新的风险管理思维。[③]

拉什提出风险文化观点之后，许多跨学科领域的学者尝试为风险文化理论构建具体化、操作化的方法论工具，推动了该理论的不断丰富、延伸与拓展，最终推动了风险感知理论成为风险文化理论的一个重要研究方向。英国学者史蒂夫·雷纳在《文化测量》一书中，尝试运用数学模型来测量网格/群体的范式，研究风险感知与制度文化的实证案例，并融合文化理论与心理测量这两种学科范式探索风险感知的测量工具等，以试图解决该理论在实际运用中受限的问题。[④] 进入 20 世纪 90 年代，风险分析由单一、本土的常规风险，向全球化和多类型的整体风险转移，风险感知理论研究呈现出心理学、社会学多学科交叉融合的趋势。心理学的研究兴趣更集中于风险对象的社会和文化因素，而弱化其现实的假设因素；社会学研究则更加强调风险的现实，并针对风险认知和反应做出更多个人主义的解释。[⑤]

① 王郅强，彭睿. 西方风险文化理论：脉络、范式与评述[J]. 北京行政学院学报，2017 (5)：1-9.

② ［美］斯科特·拉什. 风险文化与风险社会[J]. 王武龙译. 马克思主义与现实，2002 (4)：52-63.

③ 张宁. 风险文化理论研究及其启示[J]. 中央财经大学学报，2012 (12)：91-96.

④ 李彤. 论城市公共安全的风险管理 [J]. 中国安全科学学报，2008，18 (3)：65-72.

⑤ 王峰. 当代风险感知理论研究：流派、趋势与争论[J]. 北京航空航天大学学报 (社会科学版)，2013，26 (3)：18-24.

## 四、风险社会背景下的公共危机管理

### （一）风险与危机的联系

在现代语义中，危机和风险有相似性，但也有实质的区别："风险"是抽象的，"危机"是具象的；谈"风险"是为了揭示问题，谈"危机"更侧重解决问题；"风险"的概念是为了反思，"危机"的概念则是为了控制。对"危机"进行探讨的动力来源于对其进行管理，因而强调"决策"，而对"风险"的分析更在于提出一种新的现代性，强调"自反性"，因而反对决策。任何风险在发生之后，都不能称之为"风险"，只能称之为"危机"，而"危机"在发生之后仍称为"危机"。"风险"是"因"，"危机"是"果"，二者之间有一定的因果关系。因此可以说，"危机"是"风险"的实践性后果。[①]而"公共危机"则是"风险社会"的实践性后果。

危机的内核是风险，将着眼点从危机转向风险，从如何预防和处置危机转向如何理解和管理风险，是认识危机的更高境界，也是解决危机的根本之道。

### （二）风险社会理论对公共危机管理研究的拓展

风险社会理论诞生之后，在三个方面拓展了公共危机的研究：首先，在分析的广度上，将风险/危机扩展到现代化、全球化、网络化等更为广泛的领域；其次，在涉入深度上，风险社会理论聚焦于现代性本身，而公共危机研究一般不涉及对基本制度的批判；最后，在解释的张力上，风险社会理论使风险上升为一般性范畴，并使其与经济学中的风险概念有了根本区别，并更贴近新现实。有学者认为，公共危机研究的一个重要走向是风险管理。[②] 在公共危机管理研究的发展脉络中，我们也看到风险分析作为一个重要的研究领域，伴随公共危机管理理论发展的各个阶段。其中，风险的定义与评估、风险感知、风险沟通是最频繁出现的研究主题。

公共危机管理研究早期，研究者认识到人们对风险的定义、科学事实、风险的感知和态度都可能存在分歧，因此倡导政府应该推进风险教育，及时向公众通报风险信息。[③] 但这种单向度的风险沟通忽视了作为风险对象的个人

---

① 张海波. 风险社会与公共危机[J]. 江海学刊, 2006 (2)：112-117.

② 童星, 张海波. 群体性突发事件及其治理——社会风险与公共危机综合分析框架下的再考量[J]. 学术界, 2008 (2)：35-45.

③ Covello V. T.. Society for Risk Analysis International Workshop on Uncertainty in Risk Assessment, Risk Management and Decision Making [J]. Journal of the Royal Statistical Society, 1988, 151 (3)：551.

或者组织的人格化特征对风险沟通过程的影响，可能导致风险沟通失败。①

20世纪90年代初期，研究者开始关注到作为危机后果承担者的社会成员的社会经济特征会影响到他们的风险感知，如女性和年轻人更关注环境风险，男性和老年人更关注健康风险和安全风险。对风险责任的认识方面，人们往往认为政府应该承担更多的责任来管理环境风险和战争风险，而个体应该更多承担与健康有关的风险责任。②

20世纪90年代中期至21世纪初，公共危机管理研究者对风险问题的研究更加具体，借助于心理学测量模式和社会学文化理论，对个体进行风险感知的测量。在心理测量范式中，风险感知分为忧虑风险和未知风险两个维度。前者与风险的灾难性、不可控程度相联系，后者与风险熟悉程度相关。③ 文化理论认为人类感知和适应风险的过程很大程度上是由社会背景和文化信仰决定的。④ 之后，研究者对风险感知影响因素研究的进一步深入，除了性别、种族、身份等社会经济特征外，研究者还进一步指出社会成员先前的灾害经历、当地居住时间长短、情绪与信任、世界观、价值观和信仰都可能影响风险感知。⑤

而基于个体风险认知的政府风险沟通，也从单向沟通向信息互动转向，认为风险沟通是个体、群体以及机构之间交换信息和看法的相互作用过程，强调各主体间的双向互动性。

相对来说，公共危机管理领域针对风险的研究，尤其是风险感知与风险沟通基本形成了一套完善的知识体系。此外，在风险评估方面，也已经形成了成熟的模型来识别风险、判断风险，如德国联邦公民保护与灾难救助局（BBK）于2005年从公民保护的角度编制了"国家危害预测（2005）"，第一次使用统一的方法对境内所有灾害风险进行登记注册。具体做法是，以突发事件发生的可能性和损害规模为基础，将风险划分为四个等级。通过比较各种突发事件的风险等级，在同一张风险矩阵图内形象化地显示风险分析结果，为应急决策者快速做出决定提供相关参考。⑥ 国际标准组织风险管理技术委员

---

① Kasperson R. E.. Six Propositions on Public-Participation and Their Relevance for Risk Communication [J]. Risk Analysis, 2010, 6 (3): 275-281.

② Harry Detlof V. W.. Expert Judgment in Risk Analysis and Management: Process, Context and Pitfalls [J]. Risk Analysis, 2010, 12 (1): 83-93.

③ Slovic P.. Perception of Risk [J]. Science, 1987, 236 (4799): 280-285.

④ Sjoberg L.. Factors in Risk Perception [J]. Risk Analysis, 2000, 20 (1): 1-12.

⑤ Aylor-Gooby P., Zinn J. O.. Current Directions in Risk Research: New Developments in Psychology and Sociology [J]. Risk Analysis, 2006, 26 (2): 397-411.

⑥ 董泽宇. 德国突发事件风险分析方法及其经验借鉴[J]. 行政管理改革, 2013 (2): 56-61.

会（ISO/DIS）于 2009 年制定了全球统一的《ISO/DIS 31000 风险管理：原则与实施指南》，标准规定风险管理过程包括明确环境信息、风险评估、风险应对、监督和检查。风险评估是风险管理的前提和基础，也是风险管理的核心，包括风险识别、风险分析和风险评价三个步骤。

我国作为一个正在由传统社会向现代社会、由发展中国家向中等发达国家过渡的世界大国，面临着前工业化、工业化乃至后工业化社会具有的几乎所有风险，并且，我国社会风险的特殊性在于，在时间序列上原本属于不同发展阶段所面对的风险问题，现在被压缩到同一个发展时空。① 近些年，我国许多学者也意识到风险问题在公共危机管理中的重要性，并在此方面开展了大量研究，并从风险管理、风险治理角度提出相应对策。清华大学薛澜等提出，应将风险管理提升到国家公共安全管理的战略高度，将风险管理纳入国家安全管理工作发展的总体规划中；要改变传统的事后预防的应急管理思维，重视危机预防与风险分析，将危机管理关口前移；同时，要形成全社会共同参与的风险管理工作格局，提倡主体多元化、应对网络化，强调在全过程应急管理中建立政府、企业、社会组织等多元主体之间交流、协商合作的互动机制。②

中国人民大学张成福提出，风险社会的根本出路在于风险治理，要改变以往那种以政府或国家为中心的治理模式，建立起包括政府、企业、非营利组织、专家、公众等社会多元主体在内的风险治理体制，形成各方管理各自风险、政府管理公共风险，保险业参与风险共担的风险治理新格局。③

中国人民大学孙柏英教授主持的《中国特（超）大城市风险治理报告》，对我国 17 座特（超）大城市的公共安全风险进行了全景式扫描，认为这些城市公共安全风险形势总体上趋于平稳并有所降低，普遍存在公共安全风险预防机制流于形式、缺乏实效的问题以及风险管理体制的碎片化与缺乏协调问题，因此，课题组设计了"风险预防—风险管理—风险应对—风险沟通"的安全治理闭环系统，认为城市政府应重视风险预防，强化政府间协调与协同治理，加强资源投入和能力提升，重视风险沟通与公众教育，积极推动"互联网+风险治理"。

## 参考文献

[1] Alcik B., Beamon B. M.. Facility Location in Humanitarian Relief [J]. International Journal of Logistics: Research and Applications, 2008, 11 (2): 101-121.

---

① ③ 张成福，陈占峰，谢一帆. 风险社会与风险治理[J]. 教学研究，2009 (5)：5-11.
② 薛澜，周玲，朱琴. 完善与提升国家公共安全管理的基石[J]. 江苏社会科学，2008 (6)：7-11.

［2］ Augustine N. R.. Managing the Crisis You Tried to Prevent［J］. Harvard Business Review, 1995, 73 (6): 13-14.

［3］ Bakuli D. L., Macgregor S. J.. Resource Allocation in State-Dependent Emergency Evacuation Networks［J］. Journal of Operational Research, 1996, 89 (3): 543-555.

［4］ Birkmann J., Cardona O. D., et al.. Framing Vulnerability, Risk and Societal Responses: The Move Framework［J］. Natural Hazards, 2013, 67 (2): 193-211.

［5］ Branscomb Lewis M.. Sustainable Cities: Safety and Security［J］. Technology in Society, January/April 2006, 28 (1): 225-234.

［6］ Chen C.. CiteSpace II: Detecting and Visualizing Emerging Trends and Transient Patterns in Scientific Literature［J］. Journal of the American Society for Information Science and Technology, 2009, 57 (3): 359-377.

［7］ Eddie W. L. Cheng, Neal Ryan and Stephen Kelly. Exploring the Perceived Influence of Safety Management Practices on Project Performance in the Construction Industry［J］. Safety Science, 2012, 50 (2): 363-369.

［8］ Coombs W. T.. Ongoing Crisis Communication Planning, Managing and Responding (3rd edition)［M］. Thousand Oaks, CA: Sage, 2012.

［9］ Covello V. T.. Society for Risk Analysis International Workshop on Uncertainty in Risk Assessment, Risk Management and Decision Making［J］. Journal of the Royal Statistical Society, 1988, 151 (3): 551.

［10］ Donahue A. K., Joyce P. G.. A Framework for Analyzing Emergency Management with an Application to Federal Budgeting［J］. Public Administration Review, 2001, 61 (6): 728-740.

［11］ Drabek T. E.. Managing the Emergency Response［J］. Public Administration Review, 1985, 45 (4): 85-92.

［12］ Halpern J. J.. Cognitive Factors Influencing Decision-making in a Highly Reliable Organization［J］. Organization & Environment, 1989, 3 (2): 143-158.

［13］ Harry Detlof V. W.. Expert Judgment in Risk Analysis and Management: Process, Context and Pitfalls［J］. Risk Analysis, 2010, 12 (1): 83-93.

［14］ Heath R.. Crisis Management for Managers and Executives［M］. London: Financial Times Management, 1998.

［15］ Hermann C. F.. Some Consequences of Crisis Which Limit the Viability of Organizations［J］. Administrative Science Quarterly, 1963, 8 (1): 61-82.

［16］ Hewitt K.. Interpretations of Calamity from the Viewpoint of Human

Ecology [M]. Boston：Allen and Unwin，1983.

[17] Kasperson R. E.. Six Propositions on Public-Participation and Their Relevance for Risk Communication [J]. Risk Analysis，2010，6（3）：275-281.

[18] Lee Eunchang，Yongtae Park and Jong Gye Shin. Large Engineering Project Risk Management Using a Bayesian Belief Network [J]. Expert Systems with Applications，2009，36（3）：5880-5887.

[19] M. Douglas，A. Wildavsky. Risk and Culture [M]. Berkeley：University of California Press，1982.

[20] Philip R. B.，Jack K.，Dennis W.. Recovery after Disaster：Achieving Sustainable Development，Mitigation and Equity [J]. Disasters，2010，17（2）：93-109.

[21] Piyoosh Rautelal，Ramesh Chandra Lakhera. Landslide Risk Analysis Between Giri and Tons Rivers in Himachal Himalaya（India）[J]. ITC Journal/The International Institute for Aerial Survey and Earth Sciences，2000，2（3-4）：153-160.

[22] Richard Ullman. Redefining Security [J]. International Security，1983，8（1）：129-153.

[23] Rosenthal Uriel，Charles Michael T.. Coping with Crises：The Management of Disasters，Riots and Terrorism [M]. Springfield：Charles C. Thomas，1989.

[24] Schneider S. K.. Governmental Response to Disasters—The Conflict Between Bureaucratic Procedures and Emergent Norms [J]. Public Administration Review，1992，52（2）：135-145.

[25] Sjoberg L.. Factors in Risk Perception [J]. Risk Analysis，2000，20（1）：1-12.

[26] Slovic P.. Perception of Risk [J]. Science，1987，236（4799）：280.

[27] Taylor-Gooby P.，Zinn J. O.. Current Directions in Risk Research：New Developments in Psychology and Sociology [J]. Risk Analysis，2006，26（2）：397-411.

[28] Waugh W. L.，Streib G.. Collaboration and Leadership for Effective Emergency Management [J]. Public Administration Review，2010，66（S1）131-140.

[29] 陈俊，宫鹏. 实用地理信息系统——成功地理信息系统的建设与管理[M]. 北京：科学出版社，1998.

[30] 陈兰杰，董芳. 基于知识图谱的国际竞争情报研究热点与前沿的信息可视化分析[J]. 医学信息学杂志，2010，31（8）：7-11.

[31] 陈振明. 中国应急管理的兴起——理论与实践的进展[J]. 东南学

术，2010（1）：41-47.

[32] 邓国良. 公共安全危机事件处置研究［M］. 北京：中国人民公安大学出版社，2005.

[33] 董泽宇. 德国突发事件风险分析方法及其经验借鉴［J］. 行政管理改革，2013（2）：56-61.

[34] 范君，张艳丽. 基于 CiteSpace 的医学期刊研究文献计量分析［J］. 淮北师范大学学报（自然科学版），2015（4）：88-92.

[35] 高恩新，赵继娣. 公共危机管理研究的图景与解释——基于国际文献的分析［J］. 公共管理学报，2017（4）：141-152，16.

[36] 郭济. 政府应急管理实务［M］. 北京：中共中央党校出版社，2004.

[37] 何珊君. 高风险社会的表现、特征及缘由——基于风险社会理论的中国视角［J］. 西北师大学报，2018（1）：121-128.

[38] 胡树华，杨高翔，秦嘉黎. 城市安全指标体系的构建与评价［J］. 统计与决策，2009（4）：42-45.

[39] 黄育华等. 中国城市公共安全发展报告［M］. 北京：社会科学文献出版社，2017.

[40] 李怀涛. 贝克风险社会理论评析［J］. 贵州社会科学，2010（11）：132-136.

[41] 李彤. 论城市公共安全的风险管理［J］. 中国安全科学学报，2008，18（3）：65-72.

[42] 李业锦，朱红. 北京社会治安公共安全空间结构及其影响机制——以城市 110 警情为例［J］. 地理研究，2013，32（5）：870-880.

[43] 林玲，陈福集. 基于 CiteSpace 的国内网络舆情研究知识图谱分析［J］. 情报科学，2017（2）：119-125.

[44] 刘承水. 城市公共安全评价分析与研究［J］. 中央财经大学学报，2010（2）：55-59，75.

[45] 刘将. 构建首都地铁运营安全保障体系——《北京市轨道交通运营安全条例》出台始末［J］. 北京人大，2015（6）：45-47.

[46] 刘树坤. 刘树坤访日报告（五）：日本关于城市安全的研究十分活跃［EB/OL］. http：//www. hwcc. com. cn/newsdisplay/newsdisplay. asp？Id = 19929，2007-04-16.

[47] 刘星. 中国公共安全管理机制：问题与对策［J］. 经济社会体制比较，2009（5）.

[48] 刘玉轩. 基于 GIS 的赣州市城市公共安全管理信息系统的研究［D］. 南昌：江西理工大学硕士学位论文，2009.

［49］石剑云，潘科．变权和相对差异函数在建筑火灾风险评估中的应用［J］.安全与环境学报，2008，8（4）：157-159.

［50］司鹄，贾文梅．城市公共安全风险评估指标敏感性分析［J］.中国安全生产科学技术，2014（11）：71-76.

［51］［英］斯科特·拉什，王武龙．风险文化与风险社会［J］．马克思主义与现实，2002（4）：52-63.

［52］唐均．社会公共安全风险防控的顶层设计［J］.中国机构改革与管理，2016（9）：37-41.

［53］童星，张海波．群体性突发事件及其治理——社会风险与公共危机综合分析框架下的再考量［J］.学术界，2008（2）：35-45.

［54］王峰．当代风险感知理论研究：流派、趋势与争论［J］.北京航空航天大学学报（社会科学报），2013，26（3）：18-24.

［55］王郅强，彭睿．西方风险文化理论：脉络、范式与评述［J］.北京行政学院学报，2017（5）：1-9.

［56］温志强．风险社会中突发事件的再认识——以公共危机管理为视角［J］．华中科技大学学报（社会科学版），200923（2）：46-49.

［57］吴爱明．公共安全：公共管理不可忽视的社会问题［J］.行政论坛，2004（6）：4-6.

［58］［德］乌尔里希·贝克．风险社会［M］.何博文译．南京：译林出版社，2004.

［59］［德］乌尔里希·贝克．自然与资本主义［M］.路国林译．杭州：浙江人民出版社，2004.

［60］修文群，池天河．城市地理信息系统［M］.北京：科学出版社，1999.

［61］许文惠．危机状态下的政府管理［M］．北京：中国人民大学出版社，1998.

［62］薛澜，周玲，朱琴．完善与提升国家公共安全管理的基石［J］.江苏社会科学，2008（6）：7-11.

［63］薛晓源，刘国良．全球风险世界：现在与未来——德国著名社会学家、风险社会理论创始人乌尔里·贝克教授访谈录［J］.马克思主义与现实，2005（1）：44-55.

［64］薛亦峰，周震，聂滕，潘涛，齐珺，聂磊，王占山，李云婷，李雪峰，田贺忠．2015年12月北京市空气重污染过程分析及污染源排放变化［J］.环境科学，2016，37（5）：1593-1601.

［65］杨瑞含，周科平．基于群组决策和模糊层次分析法的城市公共安全评价［J］.中国安全生产科学技术，2015，11（6）：142-149.

［66］杨雪冬．风险社会理论述评［J］．国家行政学院学报，2005（1）：87-90.

［67］杨永伟，夏玉珍．风险社会的理论阐释——兼论风险治理［J］．学习与探索，2016（5）：35-40.

［68］曾小红，毕海普，甘庆元．灰色理论在我国化工园区事故预测中的应用［J］．重庆工商大学学报，2011，28（2）：186-190.

［69］张成福，陈占峰，谢一帆．风险社会与风险治理［J］．教学研究，2009（5）：5-11.

［70］张海波，童星．中国应急管理结构变化及其理论概化［J］．中国社会科学，2015（3）：58-84.

［71］张海波．风险社会与公共危机［J］．江海学刊，2006（2）：112-117.

［72］张海波．应急管理与安全治理：理论趋同与制度整合［J］．北京行政学院学报，2016（1）：1-8.

［73］张宁．风险文化理论研究及其启示［J］．中央财经大学学报，2012（12）：91-96.

［74］张维平．社会学视野中的公共安全与应急机制［J］．中国公共安全（学术版），2007（2）：5-12.

［75］张小明．从SARS事件看公共部门危机管理机制设计［J］．北京科技大学学报（社会科学版），2003，19（3）：19-23.

［76］张子石，吴涛，金义富．基于CiteSpace的网络学习知识图谱分析［J］．中国电化教育，2015（8）：77-84.

［77］赵汗青．中国现代城市公共安全管理研究［D］．长春：东北师范大学硕士学位论文，2012.

# 第三章　城市公共安全风险演进机理研究

## 第一节　城市公共安全风险演进机理分析

### 一、多学科视角下的城市公共安全风险研究机理

#### （一）管理学视角的演进机理

管理学视角的演进机理也可以称为一般机理，是事件演进的一般性规律。虽然城市公共安全事件的类型、初始条件可能不同，但其演进过程有很多相似的共性规律。国内学者针对这方面做了大量的研究，提出了许多不同的理论和演进模式。

第一，城市公共安全事件的一般演进模式。针对城市公共安全事件在管理学意义上的一般演进机理，陈安和马建华进行了系统的研究，他们认为，公共安全事件的演进机理是公共安全事件从单事件发展到多事件的一般规律，在《现代应急管理应用与实践》一书中，他们把公共安全事件的演进模式总结为四种：转化、蔓延、衍生、耦合。[①] 在陈安和马建华对公共安全事件四种演进模式划分的基础上，张岩基于演进动力的不同，将这四种演进模式划分为两种演进路径：即内力演进路径和合力演进路径，并进一步提出，转化模式和蔓延模式是内力作用下的事件演进机理，衍生模式和耦合模式是合力作用下的事件演进机理。[②]

第二，城市公共安全事件的扩散演进模式。从扩散的角度研究城市公共安全事件的演进模式也是一个常见的思路。武汉理工大学的吴国斌和王超针对公共安全事件的扩散路径和扩散方式进行了大量的研究。他们根据城市公共安全扩散次生事件的数量和扩散路径特征，将扩散方式总结为：辐射式扩散、链式扩散、循环式扩散和迁移式扩散四种，并将公共安全事件的扩散阶

---

① 陈安，马建华. 现代应急管理应用与实践[M]. 北京：科学出版社，2010.
② 张岩. 非常规突发事件态势演化和调控机制研究[D]. 合肥：中国科学技术大学博士学位论文，2011.

段划分为孕育期、爆发期和完成期三个阶段，并且认为各个阶段扩散的动力源与影响因素各不相同。[①] 祝江斌等根据扩散次生事件的性质和影响区域，将扩散方式总结为：强度扩散（影响区域扩大）、变异扩散（引发了新类型的公共安全事件，并且原事件消失）和连锁扩散（引发新类型的公共安全事件，并且原事件依然存在）。[②]

第三，城市公共安全事件的链式演进模式。链式演进也是研究较多的一种演进模式，主要运用在关于自然灾害链的研究。肖盛燮揭示了各类灾害以物质、能量及信息为载体反映和演化的共性客观规律，从而创建了生态环境链式理论体系。[③] 在《灾变链式阶段的演化形态特征》一文中，肖盛燮等把灾变演化总结为早期、中期、晚期三个阶段，并且对这三个链式阶段进行了定量化确定。[④] 荣莉莉和谭华对各类公共安全事件的孕灾环境进行了梳理，从孕灾环境的角度分析了孕灾环境与公共安全事件连锁反应之间的关系，构建了公共安全事件的连锁反应模型。[⑤] 陈长坤等在《冰灾危机事件衍生链分析》中，按照电力、交通、农业、建筑四条基础链建立了冰灾危机事件的衍生链，并对衍生链进行了断链分析。[⑥]

第四，城市公共安全的网络演进模式。公共安全事件的蔓延、转化、衍生和扩散等不同的演进模式交织，形成多条事件链并交叉在一起，最终会形成公共安全事件演进网络。陈长坤等对冰雪灾害危机事件的演进模式进行了分析，总结出冰雪灾害危机事件演进网络的四种类型：直链式网络结构、直链发散式网络结构、自循环式网络结构、发散集中式网络结构，并且进一步提出：直链式网络结构对冰雪灾害危机事件的演进影响程度属于轻度危害；直链发散式网络结构属于中度危害；自循环式网络结构和发散集中式网络结构属于高度危害。[⑦] 荣莉莉和张继永总结出了公共安全事件的点式、链式、网络和超网络四种不同的演进模式，并指出：要分清公共安全事件属于哪一层次的演进模式，才有助于作出最正确的决策。[⑧]

① 吴国斌，王超．重大突发事件扩散的微观机理研究[J].软科学，2005（6）：4-7.
② 祝江斌，王超，冯斌．城市重大突发事件扩散的微观机理研究[J].武汉理工大学学报（社会科学版），2006（5）：710-713.
③ 肖盛燮．生态环境灾变链式理论原创结构梗概[J].岩石力学与工程学报，2006（1）：2593-2602.
④ 肖盛燮，冯玉涛，王肇慧．灾变链式阶段的演化形态特征[J].岩石力学与工程学报，2006（1）：2629-2633.
⑤ 荣莉莉，谭华．基于孕灾环境的突发事件连锁反应模型[J].系统工程，2012（7）：40-47.
⑥ 陈长坤，孙云凤，李智．冰灾危机事件衍生链分析[J].防灾科技学院学报，2008（2）：67-71.
⑦ 陈长坤，孙云凤，李智．冰雪灾害危机事件演化及衍生链特征分析[J].灾害学，2009（1）：18-21.
⑧ 荣莉莉，张继永．突发事件的不同演化模式研究[J].自然灾害学报，2012（3）：1-6.

众多学者通过对公共安全事件一般性演进机理的研究，建立了事件演进的共性模式，揭示了公共安全事件的演进规律，有利于建立公共安全事件的动态预警方法和应急机制。但公共安全事件的发生具有一定的突发性和不确定性，并且大多数的公共安全事件存在统计数据获取困难、事件划分不明确、非结构化等问题，所以仅从一种演进模式来应对公共安全事件，在实际应用中存在一定的问题。

## （二）社会学视角的演进机理

社会学视角的演进机理主要是强调人作为事件主体的公共安全事件的演进规律。从社会学角度研究人在公共安全事件演进过程中的角色及所起的作用，对于预防和防治公共安全事件具有重要的现实意义。

第一，基于博弈论理论的公共安全事件演进机理。在公共安全研究领域，运用博弈论进行研究的一般为人作为事件主体的公共安全事件。国内外学者运用博弈模型刻画了公共安全事件中存在的主要利益冲突及其关键影响因素，进而预测出事件演进的路径或结果。在我国，东北财经大学的刘德海副教授针对这方面做了大量的研究，他从不同角度构建了公共安全事件演进的博弈模型，深入分析了公共安全事件的演化情景和演化机制，并取得了一系列的研究成果。

在《群体性突发事件争夺优先行动权的演化情景分析》一文中，刘德海和王维国针对公共安全事件潜伏期强势群体和弱势群体争夺优先行动权的冲突问题，构建了固定信号成本和差额比例信号成本的信号博弈模型，并且从公共安全事件潜伏期的角度，得出了公共安全事件的四种演化情景以及它们各自的特征与实现演化路径的必要条件。[①] 在《校园恶性突发事件发生机理的"规则—策略"博弈学习模型》中，刘德海在"规则—策略"的博弈理论范式下，建立了校园恶性突发事件爆发和扩散的规则学习模型和策略学习模型，并进一步提出了事件爆发和扩散的影响因素。[②]

盛济川等构建了水电移民群体性突发事件的演进博弈模型，并得出结论：水电移民的征地补偿必须走市场化道路，必须通过市场决定补偿的标准，只有这样才能从源头上消除不稳定因素，避免群体性事件的发生。[③]

第二，基于生命周期理论的公共安全事件演进机理。基于生命周期理论

---

① 刘德海，王维国．群体性突发事件争夺优先行动权的演化情景分析[J]．公共管理学报，2011（2）：101-108.

② 刘德海．校园恶性突发事件发生机理的"规则—策略"博弈学习模型[J]．系统工程理论与实践，2012（10）：2276-2286.

③ 盛济川，施国庆，尚凯．水电移民群体性突发事件的演化博弈分析[J]．统计与决策，2009（13）：60-63.

对公共安全事件进行研究最早见诸于危机管理领域。Fink 在 1986 年出版的《危机管理：对付突发公共事件的计划》一书中，首次提出了危机生命周期理论的"F 模型"，将危机发生发展的过程分为征兆期、发作期、延续期、痊愈期四个阶段。① 美国危机管理大师 Heath 提出了著名的 4R 模型，将危机管理分为缩减（reduction）、预备（readiness）、反应（response）、恢复（recovery）四个阶段。②

我国学者对公共安全事件生命周期的研究大多汲取了西方学者危机管理研究成果的基本思想，并且进行了更加细致的研究。李志宏和王海燕提出了突发性公共危机风险传播的五阶段划分法，即前兆、爆发、蔓延、缓解和终止五个阶段。③ 郭倩倩虽然依循 Fink 的"四阶段"划分法将公共安全事件演化阶段划分为危机潜伏期、事件爆发期、危机蔓延期和事件恢复期，但对每个阶段的风险特征进行了阐释，并对各个阶段的时间做了大致划分。④ 兰月新和邓新元根据突发事件网络舆情知情人数的变化率，将突发事件分为发生期、扩散期和平稳期三个阶段。⑤ 佘廉和叶金珠把网络突发事件生命周期分为孕育期、爆发期、蔓延期、转折期和休眠期五个阶段，并且进一步指出：蔓延期对整个事件的发生机理和发展趋势有着至关重要的影响。⑥ 谢科范等根据生命周期理论，将网络舆情突发事件分为潜伏期、萌动期、加速期、成熟期和衰退期五个阶段，并且根据五个阶段的不同特点，提出了不同的应对方式。⑦

以上各种生命周期模型，描述了风险演进的过程以及每个阶段的特点。将危机划分为不同的阶段有助于针对每个阶段的特点采取相应的预防和应对措施，但是现如今我国的大部分研究侧重强调危机不同阶段的管理措施和方法，缺少对公共安全事件客观演进规律的描述。

我国对城市公共安全事件的研究起步较晚，一般将 2003 年的"非典"事件作为城市公共安全事件系统研究的起点。从现有文献来看，我国城市公共安全事件研究现状可归纳为两个方面：第一，注重对城市公共安全事件的现

---

① Steven Fink. Crisis Management：Planning for the Inevitable［M］. New York：AMACOM，1986.

② Robert Heath. 危机管理［M］. 王成，宋炳辉，金瑛译. 北京：中信出版社，2001：117-123.

③ 李志宏，王海燕. 知识视角下的突发性公共危机管理模式研究［J］. 科技管理研究，2009（10）：51-53.

④ 郭倩倩. 突发事件的演化周期及舆论变化［J］. 新闻与写作，2012（7）：9-12.

⑤ 兰月新，邓新元. 突发事件网络舆情演进规律模型研究［J］. 情报杂志，2011（8）：47-50.

⑥ 佘廉，叶金珠. 网络突发事件蔓延及其危险性评估［J］. 工程研究：跨学科视野中的工程，2011（2）：157-163.

⑦ 谢科范，赵湜，陈刚，蔡文静. 网络舆情突发事件的生命周期原理及集群决策研究［J］. 武汉理工大学学报（社会科学版），2010（4）：482-486.

象描述，研究的重点多为城市公共安全事件已经发生，分析事件发生之后的应急对策，对事件发生前潜在风险的挖掘不够深入。第二，在研究方法上，学科的综合性不够深入，城市公共安全事件涉及管理学、社会学、心理学、数学等众多学科，虽然现在越来越多的学者开始注意到多学科的交融，共同研究公共安全事件。但研究的综合性仍然不足。总的来看，虽然现在关于城市公共安全风险演进机理的研究成果日益丰硕，但此领域的研究尚处于初级阶段，对其进行更深入的理论和实践研究是非常有必要的。

## 二、基于社会燃烧理论的城市公共安全风险演进的理论分析框架

本章拟运用社会燃烧理论作为理论基础，对"7·21"北京特大暴雨事件发生的原因做一大致类比，并对造成事件发生的风险做阶段性的分解和分析。这样，社会燃烧理论就为笔者分析"7·21"北京特大暴雨事件提供了精致而完整的理论框架。

### (一) 社会燃烧理论的基本内容

随着各个学科之间不断深入的交叉融合，国内外众多学者尝试将自然科学的概念、思路、研究方法经过合理拓展和理性修正，用来解释、模拟、揭示经济运行规律和社会行为规律，从而形成了"社会物理学"。

社会燃烧理论来源于自然界的燃烧理论，它最早是由牛文元院士提出来的，它就属于"社会物理学"范畴。该理论以自然界燃烧过程为模型，与社会的失稳、无序及动乱进行类比，从而将社会稳定状况归纳到一个严谨的理论体系之中。牛文元院士认为社会环境与自然环境有相似之处，自然界中，燃烧的三个必要条件是：燃烧物质、助燃剂和点火温度。社会界中的燃烧同样需要这三个必要条件。

(1) 随时发生的"人与人"关系的不和谐以及"人与自然"关系的不协调，是引起社会无序的基本动因，这可以看成是引发社会不稳定的燃烧物质。

(2) 一些媒体的误导、无中生有的挑动、过分的夸大、小道消息的流行、谣言的传播、敌对势力的恶意攻击、片面利益的刻意追逐、非理性的推断、非法利益的驱使等是推动社会不稳定的助燃剂。

(3) 具有一定规模和影响的突发性事件是致使社会不稳定的点火温度。[①]

### (二) 社会燃烧理论的基本结论

牛文元运用社会燃烧理论，设计了社会和谐方程式，得出以下基本结论：

---

① 牛文元. 社会物理学与中国社会稳定预警系统[J]. 中国科学院院刊, 2001 (1): 17-18.

（1）社会燃烧理论运用社会物理学的思路，通过社会规则和心理规则的有效修正，有可能使社会和谐得到定量化的解释。

（2）社会燃烧物质在社会和谐指数中起到基础性作用，社会个体和他们向往的目标之间随时存在差异，可以概括为观念差异、文化差异、宗教差异、民族差异、贫富差异五大基础差异，这些构成社会燃烧的物质积累的本质原因。

（3）维系社会系统的正向力（包括外在的和内在的社会力）与导致社会无序的负向力两种社会力的竞争，使社会燃烧物质在构成过程中，随时间的推进形成净积累。

（4）在社会燃烧物质随时间积累的过程中，心理激发因素的催化，使社会燃烧物质的燃烧规模、燃烧速度和燃烧强度得到有效提升。

（5）社会点火温度对社会燃烧物质积累和心理激发因素的合力起到突破作用。

（6）社会稳定的维护需要统一来考虑到自然因素、社会因素、心理因素和人文因素，[1] 如图 3-1 所示。

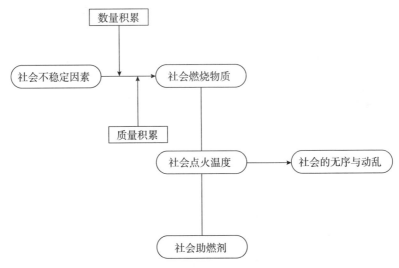

图 3-1　社会燃烧理论的过程

---

[1]　刘勤兵．"社会燃烧理论"框架下的环境群体性事件分析——以宁波 PX 事件为例［D］．武汉：华中科技大学硕士学位论文，2013.

### (三) 理论适用性

根据社会燃烧理论的基本内容和基本理论，可以得出，只有在人与人、人与自然的关系达到完全平衡状态时，社会才处于理论意义上的稳定状态，一旦出现打破以上两种平衡关系的风险，都会造成社会的不稳定。引起社会不稳定的因素即是"燃烧物质"，当这些因素积累到一定程度，就会引起动乱的"助燃剂"，形成一定数量的人口聚集和地理空间规模，这个时候，一旦达到"点火温度"，即对某一突发事件发生起到导火索的作用，就会导致社会不稳、社会动乱甚至社会崩溃。

每一起城市公共安全事件都有其发生的内部条件和外部条件，都有其独特的形成原因。但是学术研究就是要在各种纷繁复杂的事件之中，提炼、总结出发生的一般性规律，为了解社会规律和维护社会稳定提供参考性意见。社会燃烧理论的创新性和实践性已经得到了社会的普遍认可，对"社会物理学"从理论研究向实践应用的发展起到了推动作用。任一城市公共安全事件，必然经历了酝酿、产生、发展的过程，符合社会燃烧理论的基本规律。本章将社会燃烧理论引入到"7·21"北京特大暴雨事件的分析之中，有助于将风险归类化、模块化，有助于对"7·21"北京特大暴雨事件从三种维度进行有侧重的研究。

# 第二节 "7·21"北京特大暴雨事件风险演化机理分析

## 一、"7·21"北京特大暴雨事件案例描述

2012 年 7 月 21 日，北京市遭遇了中华人民共和国成立以来罕见的一场暴雨灾害，全市 16 小时平均降水量达到 170mm，城区平均 215mm，房山区平均 301mm，全市最大点房山区河北镇达到 541mm，超过"500 年一遇"的降水量，城区最大点石景山区模式口为 328mm，达到"100 年一遇"的降水量。房山区等重灾区多条河流爆发山洪，局部地区发生泥石流灾害，其中北运河北关拦河闸最大洪峰流量为 1200m³/s，并启动分洪闸向潮白河分洪，拒马河最大洪峰流量达到 2570m³/s，为近 50 年来少有。北京市气象部门在此次暴雨检测预警过程中发挥了重要作用，实时检测雨情的变化，并提前发布暴雨预警信息，并根据雨情变化将暴雨预警级别从蓝色预警信号一直提高到橙色预警信号（见表 3-1）。同时，实时启动应急响应（见表 3-2）。

表 3-1　北京市气象局 2012 年 "7·21" 北京特大暴雨
事件中发布预警信息情况

| 发布时间 | 发布预警信号级别 | 发布部门 |
|---|---|---|
| 21 日 9 时 30 分 | 暴雨蓝色预警信号 1 次 | 市气象局 |
| 21 日 9 时 30 分至 22 日 1 时 | 连续发布暴雨黄色预警信号 3 次，暴雨橙色预警信号 2 次，暴雨蓝色预警信号 1 次以及雷电黄色预警信号 1 次 | 市气象局 |
| 21 日 10 时 30 分 | 地质灾害黄色预警 1 次 | 市气象局、市国土资源局 |
| 21 日 11 时至 23 时 | 山洪地质灾害气象风险预警 3 期，中小河流洪水灾害气象风险 3 期 | 市气象局 |
| 22 日 3 时 50 分 | 解除暴雨蓝色预警信号 | 市气象局 |

表 3-2　北京市气象局在 "7·21" 北京特大暴雨事件中启动应急预案情况

| 时间 | 启动应急预案级别 |
|---|---|
| 21 日 8 时整 | Ⅳ级应急响应 |
| 21 日 14 时 30 分 | Ⅲ级应急响应 |
| 21 日 19 时 30 分 | Ⅱ级应急响应 |

这次特大暴雨降雨总量之多、降雨强度之大、强降雨历时之长、局部洪水尤其是山洪之巨历史罕见，给城市运行造成严重影响。据灾后统计，全市 16000 平方公里面积受灾，14000 平方公里成灾。受灾人口 190 万人，其中房山 80 万人，全市 5.7 万名群众因灾转移，造成直接经济损失 116.4 亿元。公路中断 4 万余条次，损害 448 处，累计达 90 公里，损害水闸 230 处。死亡人数达到 79 名，包括在抢险救援中因公殉职的 5 人。

## 二、城市公共安全风险燃烧条件分析

### (一) 燃烧物质：城市规划不科学

北京市在城市规划的过程中，没有很好地兼顾水灾风险因素。北京市的路网发达，但是全市多处立交桥和地段都成为了强降雨的积水点，很多立交桥的设计不合理，尤其是下凹式立交桥是低于水准点的，强降雨来临时，雨水随地势高低集聚到水准点以下的地区。另外，在城市规划建设的过程中，湿地、绿地面积、生态景观等方面缺乏有效的规划，现在大规模的建设打破了原有北京城区的生态水系，切断了雨水来去的途径。

## 1. 城区排水能力偏低

"7·21"北京特大暴雨造成内涝的主要原因在于城区的排水能力偏低。经过多年的建设，北京市已建成排水管网总长度为 10172 千米，北京城区现状管网排水标准一般为：排水干线一年一遇，城市环路一年一遇至两年一遇（未达到国家规定的三年一遇的上限标准）。2011 年 6 月 23 日暴雨后核查的主要道路雨水管道总长约 943 千米，其中校核排水标准大于或等于三年一遇的管线只有 142 千米，占总数的 15%，排水标准小于三年一遇的约 801 千米。事实上，2011 年 6 月 23 日暴雨以后，北京市已经建立了 90 座下凹式立交桥排水预案，但在"7·21"北京特大暴雨事件中，城区平均降雨量高达 215 毫米，所以不少立交桥仍然出现了积水现象，这说明北京城区道路排涝能力仍然不足。

## 2. 承担城市排涝的河道排水能力不足

北京市中心城区有清河、坝河、通惠河、凉水河四条主要排水河道及其30 条主干支流和 90 余条次干支流，河道总长度约 581 千米。然而随着城市化进程加快，道路建设明显快于河道、管网的治理。由于规划和投资渠道的原因，城市道路建设与河道整治脱节，导致排水设施的规划、建设不到位，没有给雨洪留出合理的出路。城区有部分中小型河道没有实现规划，有的排水管线下游没有出路，造成了城市排水系统不畅，遇强降雨容易形成局部地区洪涝。这种情况在德茂庄路、玉泉路等都有出现。

北京城区有部分小河道多年没有疏挖整治，河道淤积堵塞，排水能力严重不足，如承担西南部地区重要排水任务的丰草河未实现规划，河道排泄不畅，降雨时淤泥漫溢，致使洪水进入桥区，是造成 2011 年"6·23"丰益桥、管头桥积水的主要原因，但这两处积水点在一年之后的这次暴雨中仍然发生了积水现象，说明解决排水河道问题非一时之功，须同城市规划和建设结合起来加快推动。

城市水面面积是调蓄城市内涝的主要手段之一，如故宫数百年来几乎未发生过内涝现象，原因之一就在于故宫周围有环故宫可起调蓄作用的护城河；同样团城千年以来也未发生水淹现象，原因之一就在于其位于具有调蓄功能的北海附近，可以把多余的水排入北海。近年来，随着城市建设的快速发展，不少市区河湖由于被侵占而缩窄或淤积，导致蓄洪泄洪能力降低，甚至在城市发展过程中部分河湖被填埋，中华人民共和国成立初期北京市有湖泊 200余个，目前仅存 50 余个，市区水面所占比例由 5% 降低到 2% 左右，如北京南湖渠地区，原本是一片洼地，作为北京市排水主干河道坝河支流之一，现已变成超过 20 万人的望京社区。城市水面减少相应地降低了城市内涝的调蓄能力，从而增加了暴雨内涝的发生频率。

## （二）助燃剂：应急管理机制不完善

助燃剂是推动城市公共安全风险生成的助推力，在"7·21"北京特大暴雨事件中，应急管理机制不完善是导致这次事件发生的重要导火索。

### 1. 危机预警信息发布手段有效性差

在"7·21"北京特大暴雨事件中，虽然北京市气象部门及时监测了雨情的变化，并提前发布了暴雨预警信息，但预警信息发布手段有效性差。北京市目前尚未建立完备的移动通信和手机短信预警信息服务，仍然主要使用交通广播、电视、报纸杂志、社区大屏幕等手段，实践证明，突然爆发的自然灾害，第一时间将预警信息可靠地传播至可能有危险的群众手中，才能发挥最有效的作用。另外，随着互联网的发展，微博、微信的预警、求救等信息传播功能进一步增强，目前，北京市公安局官方微博"平安北京"的粉丝数量为 1243 万人，"北京发布厅"微博的粉丝数量仅为 1782 人，比北京市应急网和北京市民政局防灾减灾应用平台的利用率还低，许多有用的防灾减灾知识和灾情信息都未能深入到百姓的生活中。

### 2. 各部门应急处置联动性仍需加强

目前，北京市各应急处置部门的联动性仍然较低，在面对突发自然灾害时，除了北京市应急委牵头的紧急会议之外，日常沟通交流较少，未形成有效的协商沟通机制，导致在灾害紧急救援过程中彼此生疏，配合不够默契，很多临时性的问题无法立刻解决，使非常规性的决策增多。在"7·21"北京特大暴雨事件中，灾害预防管理涉及气象、交通、城市管理、水利、公安、国土资源等众多部门。气象部门在灾害天气的预警上与其他部门的预警信息发布沟通不畅，使各职能部门对暴雨灾害的认识和重视程度不够；各部门在应急预案上各自为政，纸上谈兵，对于预案的操作性、可行性缺乏全面、深入的实证研究和论证，疏导和及时转移受灾群众的意识差、能力弱。对防灾减灾缺乏有效的监督管理，缺乏问责机制，弱化了各职能部门对于灾害危机管理的重视，即使出现较为严重的失职现象，因追责惩罚机制不完善，相关责任人仍存有侥幸心理。

## （三）点火温度

点火温度是群体性事件发生演变的重要环节，如果在这一环节上不及时采取有效措施进行妥善处理，则很有可能引发群体性事件的持续升级。"7·21"北京特大暴雨事件中，现场处置的不恰当以及民众缺乏自救互救能力，是导致伤亡扩大的重要原因。

**1. 公众方面：危机意识淡薄，自救互救能力差**

我国公民危机意识淡薄是导致我国群体性事件频发的一个重要原因，其主要是因为学校安全教育方面的缺失。我国安全教育的模式主要属于灾难推动式，即通过付出生命财产的惨痛代价，才会唤醒公民意识的觉醒，而事前的演练往往不被重视。城市灾害预防和危机教育严重不足，在公共教育体系与专业教育体系中，涉及城市灾害预防和危机教育相当薄弱，甚至是空白。中小学课程或实践活动中，很少有教育学生预防灾害和求生自救方面的知识，以至于在此次事件中，出现了自救意识差，完全等待政府救援，从而失去了宝贵生命的情况。而西方发达国家灾害预防和应急处置教育相当普及。印度洋海啸中，一位随父母度假旅游的英国女孩因为地理课上老师曾经教过海啸的特征，而在第一时间发现海啸的到来并及时通知所在酒店，使得所有人幸免于难；在日本，地震逃生知识从小教起，再小的孩子也知道地震发生时该如何自救。

近年来，国家对于安全问题开始高度关注，但城市灾害预防与危机教育仍然处于萌芽阶段，央视每年开学第一天总会播出一档节目《开学第一课》，教育学生安全知识，但这只是杯水车薪。因此，加强城市灾害预防和危机教育已是刻不容缓，国家需要建立危机教育专门机构并积极开展灾害预防和危机教育工作，一方面教育民众获知预警信号所带来的意义，只有明白了蓝色至红色预警信号的含义，才能更合理地去安排自己的生活，开展日常相关准备行动和紧急避险行为，尤其是要让群众能够在全局意义上考虑自身出行的危险性，灾害天气尽量减少出行。另一方面，还要教给群众在灾害中如何自救和互助救援的相关专业知识，比如如何在汽车被水淹的情况下利用工具撬开车窗逃生等知识。

**2. 现场处置不恰当**

公安机关的性质决定了它是防灾减灾的主力军之一。但在"7·21"北京特大暴雨事件中，却暴露出警务预警机制的滞后和缺陷。灾害预警信息不畅，警方出警不及时；交通秩序瘫痪，舆情控制滞后。由于灾害预警管理体制的因素，警方掌握暴雨灾害程度的相关信息不畅，使得最有可能迅速指挥、调集城市抢险救灾力量的警方显得被动。反而是许多个人和非政府组织主动向遇险群众伸出了救援之手，积极投身到了抢险救灾队伍之中。许多私家车主自愿组织起来到首都机场接送客人回家。但目前北京市民间的专业应急救援队伍比较少，在"7·21"北京特大暴雨事件中，真正能发挥作用的民间救援组织也就只有蓝天救援队，能够参与救援的队员数量也不过30多人，远远达不到相应的灾情需要（见图3-2）。

具体"7.21"北京特大暴雨事件风险演化机理分析如图 3-2 所示。

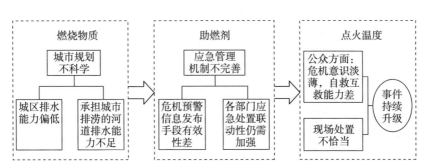

图 3-2　"7·21"北京特大暴雨事件风险演化机理分析

# 第三节　基于机理分析的城市
# 公共安全风险防范措施

燃烧物质、助燃剂和点火温度是城市公共安全风险形成和升级的三个必要条件，所以，应从三个方面采取措施来规避和弱化城市公共安全风险。

## 一、消除燃烧物质

燃烧物质相当于风险源，从源头上控制风险能有效地避免群体性事件带来的损失，消除燃烧物质是防范城市公共安全风险最明智的做法。

### （一）完善城市主干排水体系

"7·21"北京特大暴雨造成如京港澳等部分主要交通干线严重积水达三天之久，其原因之一就是城市主干排水体系不完善，因此，大力加快城市主干排水体系建设势在必行。城市排涝工程体系包括城市排水河道、城市排水管网、城市蓄涝区等多种工程体系，因此城市排涝工程体系建设应根据城市规划布局、地形，按照就近分散、自然排放的原则进行流域划分和系统布局，应充分利用城市中的洼地、池塘和湖泊调节雨水径流，必要时可建立人工调节池，确保城市主干河道达到 20 年一遇至 50 年一遇的排洪排涝标准。

### （二）加紧编制北京城市排涝规划并加快实施

北京市自 1995 年编制实施《北京市区防洪排水规划》后，尚未批准新的排水规划，间接造成排水设施建设严重滞后于城市发展，这也是造成这次城区暴雨灾害的主要原因之一。城市排涝规划应为单独编制的专项规划，规划内容应纳入城市总体规划统筹考虑之中。在编制和实施城市排涝规划时，应处理好城市排涝规划与城市建设发展规划间的关系，明确城市排涝建设的方向、总体布局、建设规模、排涝标准及主要治理措施，防洪排涝设施与市政建设同步规划，同步实施。在城市排涝规划中，应特别注意城市暴雨调蓄设施的建设。城市暴雨调蓄设施包括：①地面调蓄设施，如降低城市绿地、公园、体育场、学校运动场、停车场的地面高程，发生暴雨时作为蓄水池，雨后将积水排出恢复原来功能；②地下调蓄设施，如地下水库、地下河、高层建筑物的地下空间等。城市排涝的地下建设，要有一定的超前意识，充分测算排涝的泄洪率，适当增大泄洪量，以应对十年一遇乃至百年一遇的特大暴雨，防患于未然。

## 二、控制助燃剂

助燃剂是城市公共安全风险演进的助推力，它导致风险的放大，所以控制助燃剂是防范城市公共安全风险的高效做法。

### （一）完善信息公开制度，建立手机短信预警信息发布系统

完善信息公开制度，政府需要与媒体做好对接工作，通过与媒体的合作，使得信息发布渠道更加多元化，从而提高信息发布的有效性。根据纽约市的预警经验，北京市应建立手机短信发布系统，在大灾前第一时间向市民发送相关警示。根据气象部门的局地降水预报信息，确定手机短信的发送范围，尽量精确到可能受灾的人群。另外，在广大的郊区乡村地区，手机短信作为告知手段，普及效果并不好，相比之下，在乡村地区使用扩音器和喇叭的传播方式，更能够引起群众的重视，传播效果也更加明显。

### （二）完善应急部门协调联动体系

由于群体性事件具有突发性和综合性，需要各个部门协调合作，如需要公安部门及时疏散人群，需要医疗部门及时救治伤员，需要一线警察及时安抚民众情绪。在群体性事件的应急管理中，既需要横向部门之间的协调配合，如交通、公安、医疗、消防等部门的及时救援，也需要纵向上下级部门之间的指挥和支援。总之，各个部门应该按照事先的应急预案，做到共享信息、合理分工，根据现场实际情况开展应急措施。

北京市在进行应急管理机制建设的过程中，必须要考虑到各应急部门的协调联动性。各部门的协调联动应该以法律法规为基础，以防汛等应急预案为指导，以灾害处理事项为内容，以日常训练为基础，包括了政府各部门的联动、政府与非政府力量之间的联动。以收费站前汽车排队时间为例，根据专家统计，当降雨在地面形成积水超过30厘米的时候，雨水就会影响汽车的正常运行，更深的雨水可能会渗入汽车的发动机，引起汽车抛锚的后果。在发生暴雨这样的突发自然灾害的情况下，高速收费站为了保证驾驶人和汽车

的安全，必须采取措施快速放行车辆，对违章停放车辆不予处罚。为了加强各部门的应急联动性，避免在突发水灾过程中出现各自为政的情况，必须在相关的法律法规和应急预案中作出明确规定，描述清楚在什么样的情况下各部门需要采取特殊措施，从而使应急部门作出应急转变，规避某些部门的法律责任，同时，为了熟悉这种转变，必须在日常的训练中加以模拟演练，各部门做好协调配合。

## 三、降低点火温度

如果群体性事件已经发生，那么如何降低点火温度，避免群体性事件的恶化与持续升级就非常重要了。如果没有把风险扼杀在萌芽阶段，那么政府的现场处置水平与公民的自救水平就至关重要。

### （一）公众方面：加强安全教育，提高公民安全防范意识

北京市对灾害教育管理做了大量工作，但是实际效果仍不能让人满意。北京市政府应该从小培养市民灾害意识和相关技能知识，以社区为单位进行市民防灾减灾教育。目前最突出的问题是当政府发出不同级别的预警信号的时候，很多市民并不明白其中的含义，包括灾情的严重情况、可能会产生哪些影响，更为严重的是，市民临时应对能力较差，常常轻视或者忽视政府的警示信息，像往常一样出行、购物或执行自己的旅游计划。在课堂中，有必要增加防灾减灾的课程，安排专业老师或者是邀请政府应急部门、非政府部门的专业人员来定期进行授课，从小树立未成年人的忧患意识和掌握不同灾害情况下的自救和互救能力。北京市的社会管理目前正在推行网格化管理，力争实现全覆盖。在推进防灾减灾教育的过程中，可以充分利用社区居委会、社区志愿者队伍、市民学校等资源，培育每个社区单位的救援力量和应急避险演练。

### （二）加强现场处置能力

#### 1. 提升现场警察的应急能力

在发生群体性事件的时候，人们会因为害怕而本能地开始盲目无序地冲撞，这时，就需要警方可以稳定现场秩序，避免伤亡的发生。在群体性事件中，一线警察的应急处置能力尤为重要。他们一方面要对公众进行心理安抚，让他们冷静下来，增强人们可以脱离危险的信心。另一方面要通过广播或扩音器等设备，指挥人群疏散，避免连锁反应的发生，并且告知公众如何自救与互救，防止伤亡。

现场警察不仅需要提高自身的应急能力和知识，还需要适当的工具来协助他们救援。群体性事件现场往往人流量大，人们情绪激动，往往难以

进行人员疏导，那就更需要有效的信息传播工具来疏散人群，从而开展救助活动。

## 2. 整合非政府的力量

建立政府和非政府力量的合作协定机制，充分利用非政府力量所需成本低、反应快、熟悉灾害发生地的环境等优势，形成合力。在平时，双方建立沟通机制，非政府力量得到政府的法律承认，接受政府提供的演习训练和装备支持，在协定中规定双方的地位、合作方式、彼此权限、承担责任、奖惩和补偿的手段等。在协定框架下，政府一旦发出预警信号，可以立即通知这些非政府力量，积极参与救援，并获得政府的许可进行灾情检测、紧急搜救、组织避险转移、运送伤员、输送应急救援物资等，可以提高全市整体的应急救灾效率。

本章以社会燃烧理论为理论基础，以燃烧物质、助燃剂、点火温度为线索，分析我国城市公共安全事件的风险演进机理。通过对"7·21"北京特大暴雨事件的分析可以看出，导致事件发生的燃烧物质主要是城市规划不科学，具体包括城区排水能力偏低以及承担城市排涝的河道排水能力不足。虽然"7·21"北京特大暴雨事件与一般的城市公共安全事件相比，有其特殊性，但本质上来说还在于政府部门的危机预判能力不强。助燃剂是推动城市公共安全风险生成的助推力，在这次事件中，应急管理机制不完善是这次事件的助燃剂，也是导致此次事件发生的导火索。现场处置不当以及民众自救互救能力差，是事件持续升级的重要原因。

当前，城市公共安全事件已经严重影响到我国社会稳定与经济发展。在社会燃烧理论视角下，燃烧物质主要是指一些社会矛盾，具体包括拆迁征地带来的政府、拆迁单位与原住民之间的对立；劳资纠纷中员工与企业的对立；工业项目导致环境污染，从而导致政府、项目单位与民众之间的对立。官员贪污日趋严重、执法暴力现象普遍，折射出我国"官本位"思想与法制化社会的强烈冲突，利益分化的背后体现出来的是阶层流动的僵化与资源分配的不公，从而也导致了公民对政府的不信任。助燃剂导致社会矛盾升级，直至到达公民所能忍受的临界值。导火索的发生将直接导致公共安全事件的爆发，通常导火索事件都包括两个特点：一是涉及当前社会的敏感话题，二是利益纠纷长时间得不到解决。点火温度是公共安全事件演变的重要环节，如果在这一环节上不及时采取有效措施，那么很有可能会引发公共安全事件的持续升级。一些公民的跟风心态、怨恨心态、闹大心态，都是公共安全事件规模扩大、数量增加的重要原因。这样的公民心态失衡也是源于社会现实的结构性紧张从而导致的不平心理。这主要是因为公民的维权意愿与现实的诉求机制的矛盾，以及主流价值观的缺位。社会舆论引发的民众情绪会直接导致公共安全事件的发展走向。城市公共安全的风险演进机理用图3-3表达如下。

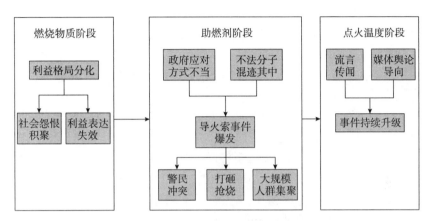

**图3-3 城市公共安全风险演进机理**

所以，在防范公共安全事件的对策中，政府需要时刻关注燃烧物质、助燃剂、点火温度这三个环节。减少燃烧物质的关键在于净化政府管理环境，完善信息公开制度，做足风险评估的工作。控制助燃剂在于建立预警系统，第一时间观测到可疑事件。降低点火温度就在于要优化政府处置方式，把握舆论走向。

## 参考文献

［1］Steven Fink. Crisis Management：Planning for the Inevitable ［M］. New York：AMACOM，1986.

［2］Robert Heath. 危机管理 ［M］. 王成，宋炳辉，金瑛译. 北京：中信出版社，2001.

［3］曹惠民. 风险社会视角下城市公共安全治理策略研究[J].学习与实践，2015（3）：98-105.

［4］陈安，马建华. 现代应急管理应用与实践 ［M］.北京：科学出版社，2010.

［5］陈长坤，孙云凤，李智. 冰雪灾害危机事件演化及衍生链特征分析［J］.灾害学，2009（1）：18-21.

［6］陈长坤，孙云凤，李智. 冰灾危机事件衍生链分析 ［J］.防灾科技学院学报，2008（2）：67-71.

[7] 郭倩倩. 突发事件的演化周期及舆论变化 [J]. 新闻与写作, 2012 (7)：9-12.

[8] 姜付仁, 姜斌. 北京 7·21 特大暴雨影响及其对策分析[J]. 中国水利, 2012 (15)：19-22.

[9] 兰月新, 邓新元. 突发事件网络舆情演进规律模型研究 [J]. 情报杂志, 2011 (8)：47-50.

[10] 李志宏, 王海燕. 知识视角下的突发性公共危机管理模式研究 [J]. 科技管理研究, 2009 (10)：51-53.

[11] 刘德海, 王维国. 群体性突发事件争夺优先行动权的演化情景分析 [J]. 公共管理学报, 2011 (2)：101-108.

[12] 刘德海. 校园恶性突发事件发生机理的 "规则—策略" 博弈学习模型 [J]. 系统工程理论与实践, 2012 (10)：2276-2286.

[13] 刘勤兵. "社会燃烧理论" 框架下的环境群体性事件分析——以宁波 PX 事件为例 [D]. 武汉：华中科技大学硕士学位论文, 2013.

[14] 牛文元. 社会物理学与中国社会稳定预警系统 [J]. 中国科学院院刊, 2001 (1)：17-18.

[15] 牛文元, 叶文虎. 全面构建中国社会稳定预警系统[J]. 中国发展, 2003 (4)：4.

[16] 荣莉莉, 谭华. 基于孕灾环境的突发事件连锁反应模型 [J]. 系统工程, 2012 (7)：40-47.

[17] 荣莉莉, 张继永. 突发事件的不同演化模式研究 [J]. 自然灾害学报, 2012 (3)：1-6.

[18] 佘廉, 叶金珠. 网络突发事件蔓延及其危险性评估 [J]. 工程研究——跨学科视野中的工程, 2011 (2)：157-163.

[19] 沈德旭. 北京市水灾应急管理机制完善研究——以北京市 7·21 暴雨事件为例[D]. 北京：中国地质大学硕士学位论文, 2013.

[20] 盛济川, 施国庆, 尚凯. 水电移民群体性突发事件的演化博弈分析 [J]. 统计与决策, 2009 (13)：60-63.

[21] 王惠琴, 李诗文. 基于 "社会燃烧理论" 的网络群体性事件防治策略[J]. 政治与社会, 2014 (5)：34-36.

[22] 王建民. 北京暴雨灾害的管理反思[J]. 人民论坛, 2012 (8)：54-55.

[23] 吴国斌, 王超. 重大突发事件扩散的微观机理研究 [J]. 软科学, 2005 (6)：4-7.

[24] 向鹏成, 张寒冰. 重大环境风险型工程项目社会稳定风险的演化机理及防范举措 基于社会燃烧理论[J]. 改革研究, 2016 (3)：12-15.

［25］肖盛燮，冯玉涛，王肇慧．灾变链式阶段的演化形态特征［J］．岩石力学与工程学报，2006（1）：2629-2633.

［26］肖盛燮．生态环境灾变链式理论原创结构梗概［J］．岩石力学与工程学报，2006（1）：2593-2602.

［27］谢科范，赵湜，陈刚，蔡文静．网络舆情突发事件的生命周期原理及集群决策研究［J］．武汉理工大学学报（社会科学版），2010（4）：482-486.

［28］徐辛悦．北京"7·21"暴雨灾害危机预警机制考量［J］．江苏警官学院学报，2013（3）：62-67.

［29］杨进怀，丁跃元，刘大根．北京7·21特大暴雨自然灾害的启示与对策思考［J］．中国水利，2012（17）：29-31.

［30］张广利，黄成亮．风险社会演进机理研究［J］．社会学与社会工作，2015（3）：1-8.

［31］张岩．非常规突发事件态势演化和调控机制研究［D］．合肥：中国科学技术大学博士学位论文，2011.

［32］郑倩倩．论城市公共安全风险评估机制的构建［J］．学理论，2015（5）：66-68.

［33］祝江斌，王超，冯斌．城市重大突发事件扩散的微观机理研究［J］．武汉理工大学学报（社会科学版），2006（5）：710-713.

# 第四章 城市公共安全风险网络舆情及其引导机制研究

## 第一节 网络舆情的概念及其兴起

所谓舆情，是作为主体的人民群众对社会环境中存在的人、物、事及其发展而持有的意见、态度、信念、情绪等的总和。[①] 根据其含义，可以推理出舆情的产生需要通过文字、语言等渠道。而当今社会，产生舆情最便利的载体是无所不在的网络。可见，网络舆情就是以网络为载体的"言论情况"。网民可以通过网络上的微博、论坛、朋友圈等途径廉价、便捷、高效地发布自己的言论，而这些言论又能够通过转发、评论、点"赞"等方式进一步迅速地扩散、蔓延到网络的任意角落，被任意网民进一步了解掌握和以此为参考发布新的言论，从而使得网络舆论获得了前所未有的蔓延广度、传播速度和社会影响力。

《2014年中国网络舆情研究报告》表明，网络舆情作为现实社会的镜像，对我国舆情生态和舆论的引导、管理产生了深刻的影响。微博等新兴网络媒体，对网络舆情事件首曝比重也逐年提高，表4-1显示了2016年热点舆情事件，表4-2显示了2015年不同舆情领域压力指数，表4-3显示了2014年热点事件涉事职能部门舆情压力分布情况。[②] 可见，网络舆情已经越来越引起政府相关职能部门的高度关注。通过网络舆情监测，政府有关职能部门可以跟踪掌握社会时事、网络热点问题的舆情动态，并可对真、假、好、坏各类话题进行辨别和引导，从而净化网络环境，改善社会风气；同时可以掌握民情、民意，为政府决策提供依据。

---

① 刘毅. 略论网络舆情的概念、特点、表达与传播[J]. 前沿论坛，2007 (1): 11-12.
② 谢耘耕，刘锐，张旭阳等.2014年中国网络舆情研究报告[J]. 新闻记者，2015 (2): 21-28.

**表 4-1　2016 年热点舆情事件**　　　　　　　　　　　　单位：千篇

| 热度排名 | 事件 | 报刊 | 新闻 | 论坛 | 博客 | 微博 | 微信 | APP | 热度 |
|---|---|---|---|---|---|---|---|---|---|
| 1 | 杭州 G20 峰会 | 36.1 | 602.6 | 59.5 | 47.2 | 80.0 | 327.3 | 28.9 | 97.62 |
| 2 | 南海仲裁事件 | 18.4 | 411.6 | 170.0 | 65.3 | 307.6 | 240.0 | 37.7 | 97.37 |
| 3 | 雷洋事件 | 16.2 | 237.5 | 66.6 | 43.4 | 67.5 | 292.1 | 19.3 | 93.37 |
| 4 | 2016 年美国大选 | 9.5 | 443.5 | 20.3 | 57.4 | 54.6 | 158.3 | 18.1 | 92.48 |
| 5 | 王宝强离婚事件 | 4.2 | 220.7 | 55.7 | 24.5 | 328.5 | 175.3 | 18.6 | 90.92 |
| 6 | 魏则西事件 | 10.2 | 169.1 | 40.3 | 40.0 | 104.1 | 195.8 | 10.6 | 90.67 |
| 7 | 女排奥运夺冠"女排精神"成舆论热点 | 9.4 | 127.6 | 20.2 | 11.2 | 67.3 | 118.9 | 17.9 | 88.76 |
| 8 | 网络直播带动"网红" | 5.7 | 240.8 | 22.0 | 21.0 | 5.6 | 122.9 | 13.6 | 86.08 |
| 9 | A 股熔断机制实施四天后暂停 | 7.3 | 203.3 | 44.8 | 45.3 | 18.2 | 52.9 | 5.1 | 85.77 |
| 10 | 2016 年全国多省份暴雨洪灾 | 8.7 | 126.2 | 13.6 | 10.4 | 13.2 | 67.4 | 4.3 | 84.04 |
| 11 | 山东"问题疫苗"事件 | 5.3 | 117.0 | 15.6 | 9.3 | 16.8 | 94.6 | 2.5 | 82.85 |
| 12 | 各地网约车新规出台 | 2.9 | 100.4 | 7.9 | 4.5 | 15.7 | 56.4 | 4.6 | 80.82 |
| 13 | 校园"毒跑道"引舆论关注 | 2.4 | 42.4 | 9.3 | 6.4 | 26.4 | 20.7 | 6.1 | 78.54 |
| 14 | 杨改兰案与《盛世中的蝼蚁》引争议 | 2.3 | 49.6 | 11.0 | 8.9 | 7.9 | 59.5 | 1.7 | 77.38 |
| 15 | 赵薇新片《没有别的爱》引风波 | 0.5 | 33.0 | 10.5 | 4.7 | 121.4 | 45.2 | 5.3 | 76.87 |
| 16 | 北京如家和颐酒店女子遇袭事件 | 1.2 | 29.4 | 4.0 | 2.5 | 57.1 | 14.7 | 1.2 | 74.04 |
| 17 | 朴槿惠"闺蜜门" | 1.3 | 31.6 | 17.0 | 1.2 | 16.0 | 4.6 | 1.0 | 71.23 |
| 18 | 江苏、湖北等地高考减招风波 | 0.8 | 17.1 | 5.3 | 1.3 | 11.0 | 16.1 | 0.7 | 70.58 |
| 19 | 帝吧表情包大战 | 0.4 | 21.3 | 4.9 | 2.0 | 9.9 | 29.1 | 1.5 | 70.45 |
| 20 | "连云港反核"群体性事件 | 0.5 | 12.9 | 4.1 | 2.6 | 13.7 | 11.9 | 0.4 | 67.36 |

**表 4-2　2015 年不同舆情领域压力指数**

| 分类 | 热点事件数量（件） | 热点事件占比（%） | 上一年度占比（%） | 平均热度 | 平均舆论共识度 | 平均政府认同度 | 平均网民正能量 | 平均舆论生态指数 | 舆情压力指数 | 舆情压力名次变化 |
|---|---|---|---|---|---|---|---|---|---|---|
| 社会矛盾 | 103 | 20.6 | 25.8 | 56.79 | 3.47 | 2.84 | 0.38 | 6.69 | 106.46 | — |
| 公共管理 | 156 | 31.2 | 32.9 | 65.77 | 3.56 | 3.31 | 0.71 | 7.58 | 90.34 | — |
| 公共安全 | 58 | 11.6 | 12.1 | 62.54 | 3.60 | 2.98 | 0.23 | 6.80 | 61.41 | — |
| 吏治反腐 | 70 | 14.0 | 15.7 | 61.81 | 3.60 | 3.25 | 0.44 | 7.29 | 49.82 | — |

续表

| 分类 | 热点事件数量（件） | 热点事件占比（%） | 上一年度占比（%） | 平均热度 | 平均舆论共识度 | 平均政府认同度 | 平均网民正能量 | 平均舆论生态指数 | 舆情压力指数 | 舆情压力名次变化 |
|---|---|---|---|---|---|---|---|---|---|---|
| 企业舆情 | 22 | 4.4 | 4.7 | 58.41 | 3.64 | 3.19 | 0.66 | 7.49 | 12.99 | — |
| 体育、娱乐及公众人物舆情 | 27 | 5.4 | 2.9 | 66.10 | 3.72 | 3.26 | 0.76 | 7.73 | 12.41 | — |
| 涉外涉军 | 47 | 9.4 | 4.5 | 65.72 | 3.88 | 3.55 | 0.68 | 8.11 | 11.02 | — |

表4-3　2014年热点事件涉事职能部门舆情压力分布

| 序号 | 事件/话题 | 时间 | 新闻量（条） | 微博量（条） | 热度 |
|---|---|---|---|---|---|
| 1 | 马航航班失联 | 2014年3月8日 | 1200000 | 24900180 | 31.03 |
| 2 | 中国香港"占领中环"事件 | 2014年6月20日 | 21600000 | 1168686 | 30.86 |
| 3 | 云南鲁甸6.5级地震 | 2014年8月4日 | 903000 | 3647466 | 28.82 |
| 4 | 阿里赴美上市 | 2014年9月19日 | 1900000 | 1623657 | 28.76 |
| 5 | 中国台湾学生占领"立法院"事件 | 2014年3月18日 | 6660000 | 309153 | 28.35 |
| 6 | 中央对周永康立案审查 | 2014年7月30日 | 1130000 | 1330597 | 28.04 |
| 7 | 昆明火车站暴恐案 | 2014年3月1日 | 1200000 | 1214216 | 28.01 |
| 8 | 昆山爆炸事故 | 2014年8月2日 | 515000 | 820828 | 26.77 |
| 9 | 麦当劳肯德基供应商黑幕曝光 | 2014年7月20日 | 369000 | 956117 | 26.59 |
| 10 | 演员柯震东、房祖名在京吸毒被抓 | 2014年8月18日 | 445000 | 559740 | 26.24 |
| 11 | 兰州自来水苯含量超标事件 | 2014年4月11日 | 569000 | 387042 | 26.12 |
| 12 | 山东招远血案 | 2014年5月28日 | 135000 | 884869 | 25.51 |
| 13 | 广西玉林狗肉节事件 | 2014年6月21日 | 49000 | 1777017 | 25.19 |
| 14 | 郭美美赌球被拘 | 2014年7月30日 | 228000 | 57616 | 23.30 |
| 15 | 东莞扫黄事件 | 2014年2月9日 | 232000 | 54016 | 23.25 |
| 16 | 湖南产妇因羊水栓塞死亡 | 2014年8月13日 | 23700 | 183987 | 22.20 |
| 17 | 乌克兰政局剧变 | 2014年2月22日 | 70400 | 38171 | 21.71 |
| 18 | 黑龙江三名嫌疑犯杀人越狱 | 2014年9月3日 | 54100 | 46964 | 21.66 |
| 19 | 广东茂名PX项目群体事件 | 2014年3月30日 | 2140 | 170286 | 19.71 |
| 20 | 21世纪报系涉新闻敲诈被调查 | 2014年9月3日 | 3150 | 76004 | 19.29 |

# 第二节　相关研究现状

## 一、网络舆情研究现状

### (一) 国外研究现状

国外对网络舆情的分析研究起步较早，相对也更加完善，而且主要基于 Twitter 这一平台。在针对事件、话题的检测和跟踪方面，大部分集中于民生、社会、政治、灾难等特定领域。

Diakopoulos 和 Shamma 在 Twitter 数据集上使用了基于时间轴的图形化方法，开发了一种分析方法和视觉表征，帮助记者或公共事务人员更好地理解对辩论视频的反应的时间动态。其中包含可以用来检测情绪脉搏、脉搏异常的图像和指标，以及可以用来告知社交媒体事件视觉分析系统设计的有争议的话题。[①]

Starbird 等在 Twitter 数据上跟踪在红河水灾中不同地区的舆情内容，包括自传和主流媒体报道，以及其他类型的 Twitter 通信。通过研究微博客信息的社会生活，识别生成、合成、衍生和创新的属性，以维持更广泛的交互系统，最终确定了信息生产、发布和组织的机制是通过指导、传递、合成和再分配的衍生活动来支持新信息的产生，并由社会技术创新补充。[②]

Yahia 等设计了一个关于新闻的社会分析系统 "MAQSA"。该系统提供了一个交互式的以主题为中心的仪表盘，概括了新闻稿件和社会活动、评论和 Twitter。[③] MAQSA 能帮助编辑者在新闻编辑室里了解用户参与和观众情绪在不同主题的演变。它还能帮助新闻消费者探索与主题相关文章的公众反应，并通过相关实体、主题、文章和推文改进他们的探索。给定一个主题，例如："海湾石油泄漏" 或 "阿拉伯之春"，MAQSA 结合了三个关键维度：时间、地理位置和主题，在相关文章周围生成一个详细的活动指示板。指示板包含注释时间线和评论的社交图，它利用评论者的位置建立评论情感地图和世界范围的主题地图。

---

① Diakopoulos N. , Shamma D. . Characterizing Debate Performance via Aggregated Twitter Sentiment [J]. Conference on Human Factors in Computing Systems (CHI), 2010 (2): 1195-1198.

② Starbird K. , Palen L. , Hughes A. , et al. . Chatter on the Red: What Hazards Threat Reveals about the Social Life of Microblogged Information: CSCW 2010: Proceeding of the 15th ACM Conference on Computer Supported Cooperative Work, Savannah [J]. New Jersey: IEEECS, 2010 (2): 6-10.

③ Yahia S. , Anjum S. , Ghenai A. , et al. . MAQSA: A System for Social Analytics on News [R]. ACM Sigmod International Conference on Management of Data, 2012: 653-656.

## （二）国内研究现状

目前，国内针对网络舆情的研究也逐渐发展。基于社交网络的研究是目前网络舆情研究的热点，国内基于社交网络的舆情研究一般基于新浪微博平台。

Qu 等结合微博信息内容分析、不同话题的趋势分析、信息传播过程分析等方法，对 2010 年玉树地震的新浪微博进行研究，了解了微博系统在应对重大灾难方面所发挥的作用，以及如何利用微博的力量来促进灾难应对。[①]

Cao 等设计了一个自动收集新闻相关报道与评论中的高敏感词，自动生成微博或新闻网站热门评论的框架。[②]

王晰巍等采用 Java 编程方式接入新浪网 API 开放平台获取新浪微博中雾霾话题的数据，使用 Gephi 软件，基于社会网络分析法，绘制有关图表。揭示了移动环境下网络舆情信息传播特点，验证了社会网络分析法在移动环境下网络舆情信息传播研究中的有效性。[③]

扶宇琳针对新浪微博这一平台，设计了基于症结字搜刮的爬虫停止网页抓取，从中抽掏出相关微博，并转换为构造化的信息停止存储，同时还应用了支撑向量机破解新浪验证码以完成持续抓取的系统——WeiboInfo。该系统可提供基于时光轴的相关微博数目的图表显示，应用自顺应的尖峰标志算法，为用户标记出相关事宜中的评论迸发点，为用户供给相关微博、热点链接、微博情绪剖析等信息。[④]

陈险峰结合微博文本简短、传播较快、数据量大的特征，设计并实现了一个微博舆情分析系统。该系统通过调用微博 API 实现对微博数据的实时采集，应用微博过滤策略，对原始微博数据进行过滤；应用停用词过滤策略，从词汇词性、词汇长度、停用词表三个方面进行停用词过滤，剔除文本信息量较低的词汇；从微博文本的主题概率分布的角度，提取微博文本聚类结果中的话题信息，并考虑微博的时序特征，以微博数量和增长速度为标准，评判话题的热度并对其进行排序。[⑤]

---

① Qu Y., Huang C., Zhang P., et al.. Microblogging after a Major Disaster in China: A Case Study of the 2010 Yushu Earthquake [R]. ACM Conference on Computer Supported Cooperative Work, 2011: 25-34.

② Cao X., Chen K., Long R., et al.. News Comments Generation via Mining Microblogs [R]. International Conference Companion on World Wide Web, 2012: 471-472.

③ 王晰巍, 刑云菲, 赵丹. 基于社会网络分析的移动环境下网络舆情信息传播研究——以新浪微博"雾霾"话题为例[J]. 图书情报工作, 2015, 59 (7): 14-22.

④ 扶宇琳. WeiboInfo: 一个基于时间轴的微博可视化及总结原型系统[D]. 广州: 中山大学硕士学位论文, 2013.

⑤ 陈险峰. 微博舆情分析系统的设计与实现[D]. 广州: 华南理工大学硕士学位论文, 2015.

## 二、城市公共安全风险舆情分析研究现状

### （一）国内城市公共安全研究现状

从 2004 年开始，我国对城市公共安全的研究开始进入发展期，涌现出大量的研究文献。综合考虑我国的研究文献，研究者对城市公共安全问题的研究内容主要集中在城市公共安全的治理水平、应急措施、指标体系、风险管理体系设计改进、风险评估等方面。从国际比较的视野来看，国内城市公共安全治理水平明显滞后于城市发展的速度，与发达国家还有很大差距。在法律法规上，我国已经出台了《中华人民共和国防震减灾法》《中华人民共和国环境保护法》《中华人民共和国道路交通安全法》等多项法律法规，并且已经比较完备。[①] 在指标体系方面，胡树华等提出将城市安全划分为五大方面：食品安全、环境安全、生产安全、经济安全、社会安全，并采用模糊层次分析与模糊综合评价法，对这些指标体系进行风险分析。[②] 在风险评估方面，曾小红等根据我国化工园区事故统计数据，运用灰色系统理论建立我国化工事故数和伤亡人数的灰色预测模型，通过关联度检验，用模型对我国化工园区的安全状况进行预测，得出事故发生数以及伤亡人数的预测值，并做出了变化曲线;[③] 石剑云和潘科总结了模糊综合评价方法在建筑火灾风险评估中的应用，针对传统方法在指标权重和隶属度确定上存在的不足，引入变权理论和相对差异函数。[④]

### （二）国外城市公共安全研究现状

国外最早在 20 世纪 70 年代便开始重视城市公共安全与防灾减灾问题，之后由于不断地发生各类公共安全事故，使得城市公共安全越来越受到重视。国外对城市公共安全的研究起步大多比我国较早，研究内容则是因国而异。美国在城市公共安全评价体系上的研究最为突出，虽然发展时间不长，但依据雄厚的财政实力，提升了应对各种灾难的能力和水平，并且以立法的方式界定相关部门在紧急情况下的职责与权限。日本由于经常受到自然灾害的威胁，在城市公共安全的研究上起步较早。早期研究比较分散，主要是由各大学和研究机构独立进行。在 1995 年 1 月 17 日阪神大地震发生之后，对于城市

---

① 李彤. 论城市公共安全的风险管理[J].中国安全科学学报, 2008, 18（3）: 65-72.

② 胡树华, 杨高翔, 秦嘉黎. 城市安全指标体系的构建与评价[J]. 统计与决策, 2009（4）: 42-45.

③ 曾小红, 毕海普, 甘庆元. 灰色理论在我国化工园区事故预测中的应用[J].重庆工商大学学报, 2011, 28（2）: 186-190.

④ 石剑云, 潘科. 变权和相对差异函数在建筑火灾风险评估中的应用[J].安全与环境学报, 2008, 8（4）: 157-159.

公共安全的研究开始转向各研究单位的系统、合作研究。[①] 1996 年 5 月在日本神户大学成立了"都市安全研究中心"，代表日本关于城市公共安全的研究进入了新的阶段。

不少国外研究者对城市公共安全也进行了大量的研究。Lewis M. Branscomb 等提出城市安全涉及三类灾害：自然灾害、人为技术事故、恐怖破坏。[②] Lee Eunchang 等运用贝叶斯信息网络方法对韩国造船企业进行风险评估，提出了 26 项风险因素，并针对规模不同的企业提出了相应的风险管理措施，为韩国造船业风险管理提供了科学依据。[③] Eddie W. L. Cheng 等运用因子分析及多元线性回归方法对中国香港建筑行业进行风险评估，提出了 15 项影响因素及三项核心因素，并提出了相应的控制措施。[④]

## 三、城市公共安全舆情引导的研究现状

### (一) 舆情引导的意义

网络舆情一定要进行引导。首先，网络已经成为大部分人获得实时信息的首选手段，网络舆情的影响力不可小觑，政府想发布、了解信息都需要借助网络；其次，网络具有匿名性，网民无论是法律意识还是道德自律意识，都远没有现实中强，因此舆情往往包含许多非常消极或者负能量的部分，网络舆情存在巨大的隐患；最后，舆情通常以人的信念和观念为基础，有时会以情绪化的状态出现，甚至是从网上的极端情绪升级到现实生活中的极端行为，为城市公共安全带来安全隐患。由于上述原因，政府必须在网络舆情中掌握一定的话语权，在舆情失控前做好提前疏导。

### (二) 舆情引导策略

(1) 在网络舆情中树立发布权威信息的官方媒体形象。要及时发布权威信息引导和影响媒体，营造有利舆论环境的理念。网络舆情中任何一个网民都有发布信息的权利，网民通过手机等移动端时刻关注着网络舆情，快捷传播信息。如有网络舆情发生，相关部门应第一时间调查舆情的真伪，并自行发布或联系政府权威媒体发布权威信息，引导舆情，杜绝一些媒体捕风捉影，

---

① 刘树坤. 刘树坤访日报告（五）：日本关于城市安全的研究十分活跃[EB/OL]. http：//www. hwcc. com. cn/newsdisplay/newsdisplay. asp？ Id＝19929，2007-04-16.

② Lewis M. Branscomb. Sustainable Cities：Safety and Security [J]. Technology in Society，January/April，2006，28 (1-2)：225-234.

③ Lee Eunchang，Yongtae Park and Jong Gye Shin. Large Engineering Project Risk Management Using a Bayesian Belief Network [J]. Expert Systems with Applications，2009，36 (3)：5880-5887.

④ Eddie W. L . Cheng，Neal Ryan and Stephen Kelly. Exploring the Perceived Influence of Safety Management Practices on Project Performance in the Construction Industry [J]. Safety Science，2012，50 (2)：363-369.

个别舆情事件被歪曲炒作。

（2）建立高效的舆情监测分析平台。24小时监测网络舆情情况，及时掌握网络舆情热点动向动态，是进行舆情引导的基础。舆情监测分析系统就是利用包括但不仅限于前文提到的舆情识别技术、文本情感分析技术、热点发现技术等开发软件平台，自动从海量的网络信息中抓取热点、焦点话题，预测可能发展的趋势，生成网络舆情分析报告。舆情分析人员借助系统获取舆情信息和报告，及时进行分析研判，全面掌握舆情事件发展态势，为提高网络舆情信息全面掌控能力和研判水平提供技术支撑。

（3）建立健全的相关法律法规。应加强网络舆情的法律法规建设，在保证普通群众的声音能被听到的同时，限制那些想通过煽动舆情达到引起恐慌等目的的不法分子。目前我国已出台了多项有关网络管理的法律法规，如《关于维护互联网安全的规定》《互联网信息服务管理办法》《信息网络传播保护条例》《互联网电子公告服务管理规定》等，但是从我国近年来频发的网络事件来看，相关的法律法规还严重滞后，并且由于网络传播和现代技术的飞速发展，网络上的新问题层出不穷。因此，相关政府部门应完善现有的互联网管理条例，针对网络违法犯罪行为进行立法，明确规定政府、网络媒体、公众等网络主体的权利、义务和责任，明确网络舆论的监督主体，规定其权利与义务，对发表有害言论导致严重社会后果的行为主体要追究其法律责任。

## （三）国内外舆情引导相关研究

城市公共安全事件的舆论引导从本质上来说，就是引导方与被引导方之间进行充分的信息交流和话语交流，解决各方关注的公共安全事件。舆论引导的实质是对人的引导，对人心的引导，通过引导增加公众对城市政府的公信力，维护社会来之不易的安定和谐。

目前，我国城市发生的公共安全事件大多数是民生问题或影响民生的问题，因此在城市公共安全事件中的舆论引导就是通过双方对话沟通，让公众了解公共安全事件如何发生、解决进展、如何解决等方面的信息，从而使公众在认知需求上得到满足，疏通一些人心中的不顺和怨气，并赢得民意，为解决民生问题提供舆论支持。

徐世甫和段媛媛在2016年《上海城市管理》上发表的《城市公共安全视野下的网络舆情与引导治理》是我国目前对城市公共安全网络舆情研究中最具代表性的，但其仅从理论层面上分析了网络舆情给城市公共安全带来的放大城市公共安全危机、损害城市政府公信力和维稳力、不利于培养理性市民等风险，政府应加强城市民生建设，必须发挥政府、中介组织和市民的共同力量，共筑网络舆情防火墙等可能途径，缺乏了事实数据的支持。

综上可知，我国城市公共安全的舆情监管已得到政府相关部门的重视，但利用网络舆情进行公众引导仍处在理论探索和尝试阶段。

# 第三节　网络舆情分析与引导系统设计

本节根据当前的大数据时代背景提出了一种由舆情识别、信息预处理、舆情分析、舆情报告四部分组成的舆情分析与引导系统，详细阐述了各部分的处理流程，并给出了网络舆情监测与分析模型框架图。

## 一、舆情分析与引导系统整体流程

大数据时代，网络数据呈现出数据体量巨大、数据类型繁多、流动速度快、价值巨大但密度低的特点，对舆情分析系统模型的设计提出了新的挑战。大数据环境下的舆情分析系统要满足以下要求：

### （一）信息抓取的全面性

随着数据集合规模不断扩大、类型不断增多、网页数量不断增长，对舆情信息抓取的全面性和效率提出了新的要求，要从包含网页、视频、音频、图片等各种类型半结构化或非结构化数据中抓取有用信息，需要采用大数据存储技术和新型网络爬行器。

### （二）信息处理的时效性

网络舆情在大数据环境中流动和变化速度非常快，传统的舆情分析系统难以去处理，舆情信息自身的状态与价值也会随着时空变化而不断发生演变。同时，由于隐藏在海量数据中的舆情信息并没有在数据量呈指数增长的同时呈现相应比例的增长，从而使获取舆情信息的难度加大。

### （三）分析结果的准确性

正确的网络舆情分析结果可以帮助政府机关和相关企业及时发现、跟踪、监控网络媒体上人们关注的热点问题和重大新闻，能够为相关部门提供决策支持，可及时了解负面舆情的爆发，快速启动应急处理来化解网络舆论危机，维护社会稳定。

基于以上需求，本章设计的网络舆情分析与引导模型主要由舆情识别、信息预处理、舆情分析、舆情报告四个大的模块组成，这四部分构成一个完整的网络舆情分析与引导的生命周期。模型的总体处理流程设计如下：

（1）舆情识别模块位于系统最低层，主要是利用网络爬虫从互联网上抓取网页信息。首先指定 URL 采集入口列表并建立 URL 白/黑名单，然后爬虫根据指定的 URL 入口列表爬取白名单网页并存储到本地，避免无用网页的爬取。数据主要来源分为新浪微博数据、论坛数据、贴吧数据、网络新闻数据四部分，皆为定时任务采集，其中用户可以参与并配置采集过程，针对新浪微博数据用户可根据需求自行增加公共账号以获取相关资源，而论坛、贴吧及网络新闻数据用户可以干预 URL 的设定，系统将把原始设定的 URL 跟用户设定的 URL 取并集构造初始种子集合，根据网络爬虫原理结合 Jsoup 工具进行网页抓取。

（2）信息预处理模块位于系统第二层，主要任务是将采集的原始网页转化成格式化文本存入数据库。首先将采集到的网页信息进行去重、消除噪声等处理。其次从网页中提取出正文信息，利用中文分词技术将采集到的文本字符串进行切割，转化成单个的词条，这些词条被称为该文本的特征项。最后利用向量空间模型、概率模型等数学模型对特征项文档进行特征抽取形成文本向量集，为后期舆情分析过程中进行排序、比较、计算等操作提供便利。

（3）舆情分析模块是网络舆情分析系统的核心模块，主要完成文本情感分析、热点发现功能。文本情感分析可通过计算机挖掘网络文本内容蕴含的各种观点、喜好、态度、情感等非内容或非事实信息获取文本语义，帮助相关部门及时发现负面舆情。通过高频词分析、LDA 分析可以发现给定时间段内的热门话题。

（4）舆情报告模块作为系统的上层输出模块，主要根据舆情分析结果生成分析报告，并将分析报告以短信、邮件等形式反馈给决策者或舆情监督部门，为管理和决策提供支持。

## 二、舆情分析与引导系统模型

设计该模型遵循的基本原则是：充分利用大数据平台和技术，最大限度提高舆情处理效率。[①] 同时，期望该模型能够达到以下目标：实现海量网络舆情数据的自动采集、分析和处理，及时发现舆论热点和各类事件发展趋势。通过对系统各模块的分析，构建基于大数据的网络舆情分析与引导系统模型（见图 4-1）。

# 第四节　关键技术

城市公共安全网络舆情系统涉及的主要关键技术有：舆情采集技术（或舆情识别）、文本情感分析技术、舆情热点发现技术、舆情引导技术等。

---

① 冼敏婷．网络舆情监测系统设计［D］．南昌：江西财经大学硕士学位论文，2015.

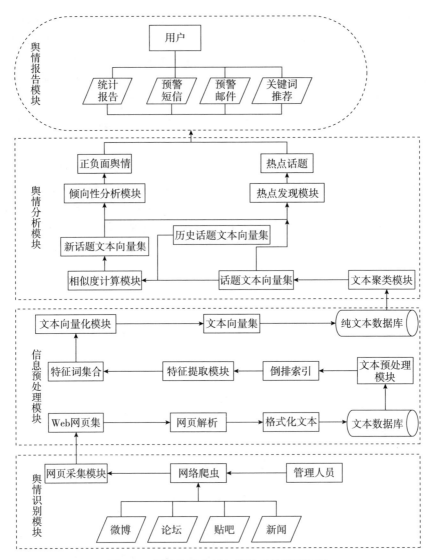

**图 4-1　网络舆情分析与引导系统模型框架**

# 一、舆情采集技术

当前互联网舆情信息挖掘的主要目的，就是发现掌握网民最关心、最常议论的相关舆情信息。对互联网舆情分析的基础工作就是对网络信息进行有效的抓取并进行分析，这个信息抓取的工作是由网络爬虫程序实现的。网络爬虫按照一定的逻辑和算法从互联网上抓取和下载互联网的网页，是搜索引擎中一个重要的组成部分。网络爬虫原理：新浪微博、Twitter、Facebook 等媒体的社会网络中都存有亿级数量的人物节点，同时每个人物节点都有自己的背景信息、社交信息、交互信息、发布信息，信息量呈现大数据特点。社会媒体的话题分析问题，首先面临着如何处理大数据的技术问题。同时，在线社会网络内容的实时更新性为传统的信息抽取和挖掘技术提出了新的挑战，如何对社会网络上大量的新发布数据进行及时处理并对分析得到的模型和结果进行在线更新，也成为社会网络分析和挖掘面对的重要问题。将网络看成有向图，网站上的网页作为有向图上分布的节点，网页间的相互关系作为图的有向边。网络爬虫的工作流程即根据这些有向边（url 链接），从预先设定的一个或多个节点开始爬取页面，获取网页上的内容并从内容中获得网页中其他的 url 链接，然后根据 url 链接继续遍历网络中的其他节点。

## （一）新浪微博数据采集

微博爬虫是一种自动提取微博信息的程序。其需要选取合理的渠道从微博平台中抓取微博数据，并且尽可能快速、准确和完整地爬取新浪微博各种维度的数据；为了避免重复爬行相同的微博数据，保证微博爬虫的高效爬行，结合新浪微博的数据特点和相关的爬行需求设计相适应的去重策略；对于微博爬虫获得的多种维度数据，结合微博平台的自身特点，采用合理的微博数据存储策略。微博用户的 ID 是唯一且互不相同的，访问用户时，使用 ID 即可访问成功。这样就可以通过含有 ID 的 url 地址进行页面内容的获取。例如：通过 http：//weibo.com/+id 即可访问该 ID 所对应的微博用户页面。

网络爬虫的抓取策略包括深度优先策略、广度优先策略和最佳策略。深度策略由于存在抓取效率的问题，目前网络爬虫规则主要以广度优先和最优优先为主，我们采用比较常用的广度优先策略。广度优先策略将首先处理初始页面上的所有链接，当把该层页面处理完毕后才开始处理该页面对应的下一层页面，直到完成遍历后才终止。这样可以根据所需数据量有效地控制页面的爬行深度，避免在爬行深层次页面时出现不能终止爬行的情况。

微博数据抓取工作过程：

（1）选取一名种子用户（即提供初始微博页面的 url）作为爬虫的起始点。

（2）处理待访问的 url 集合中的 url，然后采用多线程或并行技术下载 url 指向的网页，借助于 HTTP 等 Web 协议采集微博网页数据，将采集到的微博页面进行存储。

（3）对采集的微博页面进行分析，提取用户微博 ID，对 ID 形成的 url 地址进行规范化处理，统一格式并存储，以做下一步处理。

（4）对获取的 url 地址进行分析，剔除重复及无效的微博 url，然后对获取的微博 url 进行整理存储。对于微博 url 的维护和管理，在程序执行的过程中，程序将从队列中选出下一个待处理的 url，当 url 为空时爬虫程序会终止。在实际的应用中，通常会适当控制这些队列的大小。如果队列中的 url 数量过多，会增加服务器的负担；反之，会减小爬虫执行过程中服务器的压力，使爬虫的速度以及效率提高。待下载的 url 队列不能规定得太小，若太小会使得队列迅速为空，若没有新的 url 程序会停止，这样会影响程序执行的效率。

（5）存储下载到本地的页面数据，供后期处理。

## （二）论坛、贴吧、新闻数据采集

该部分利用网络爬虫原理将互联网中论坛、贴吧、新闻数据进行采集与存储，主要分为两部分，其一为定时采集，该部分主要为确保数据集的大小；其二为用户定制，使用者可以根据个人需求定制采集的 url 队列。将原有种子 url 及定制的 url 合并为初始种子集合，根据 http 协议进行新闻网页的获取。通用框架及工作流程如图 4-2 所示。

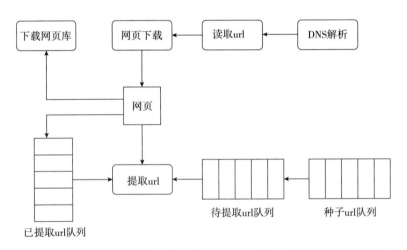

图 4-2　网络爬虫通用框架及工作流程

具体流程如下：

（1）种子 url 即为选择爬取万维网的开始，选择的种子存入队列，并被一一读取。

（2）读取的种子经过 dns 解析器，将 url 解析为 IP 地址并提交给网页下载部件。

（3）进行网页下载、入库，将该 url 存入已下载队列。

（4）从该网页中提取新的 url。

（5）将未被抓取的 url 存入待抓取队列。

（6）循环，直至抓取完成。

Web 页中包含大量的噪声信息如与主题无关的广告信息以及大量的脚本语言，该部分还需从新闻网页中使用净化技术提取有用的信息，如新闻标题、发表时间、新闻内容。信息提取的主要方法为：使用 Jsoup 的 HTTP 请求功能获取完整的网页的 DOM 对象，去除其<script></script>，<object></object>，<input></input>等无用标签。流程如图 4-3 所示。

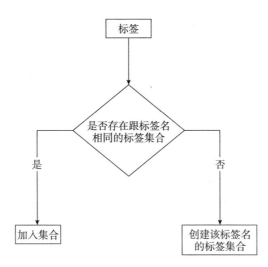

**图 4-3　网页标签去结构化流程**

## 二、文本情感分析技术

文本情感分析又称意见挖掘，简单而言，是对带有情感色彩的主观性文本进行分析、处理、归纳和推理的过程。最初的情感分析源自前人对带有情感色彩的词语的分析，[1] 如"美好"是带有褒义色彩的词语，而"丑陋"是带有贬义色彩的词语。随着互联网上大量的带有情感色彩的主观性文本的出现，研究者们逐渐从简单的情感词语的分析研究过渡到更为复杂的情感句研究以及情感篇章的研究[2]。

当某个热点事件出现时，人们习惯通过网络来抒发自己的情感，其他的用户也会对发布者发布的信息进行转载或回复表达自己的情感，话语中常带有强烈的感情色彩，此时，网络中的情感词数量会明显增多。我们对网络中

---

① Hatzivassiloglou V., McKeown K. R.. Predicting the Semantic Orientation of Adjectives [A]. In: Proc. of the EACL'97. Morristown: ACL, 1997: 174-181.

② 赵妍妍，秦兵，刘挺. 文本情感分析[J]. 软件学报，2010，21（8）：1834-1848.

有关"首都城市公共安全风险"的舆情文本做情感倾向性分析,从而能进一步了解网民对相关事件的观点、态度和看法,为舆情监控提供依据,为了达到情感分析的目的,需先建立一个情感倾向语义模式库,此系统的情感库综合了"知网"、张伟等编写的《学生褒贬义词典》以及网络流行进行语构建,然后将文本参照这个语义模式库进行模式匹配,计算得到一系列情感倾向值,最后将这些倾向值进行累加,得到整个文本的情感倾向。

## 三、舆情热点发现技术

在网络舆情热点发现中我们主要采用了主题模型(Topic Model)。主题(Topic)通常指一段话所包含的中心思想,从统计模型的角度来说,主题可以用一个特定的词频分布来进行表示,并认为一篇文章、一段话、一个句子是从一个概率模型中生成的。

文档和主题的关系可以通过生成模型的概念来进行表示。生成模型是指文档中的任何一个词语都可以看作是这样一个过程来得到的,即"以一定概率选择某个主题,在这个主题中又以一定概率选择某个词语"。因此,文档中的每个词语的概率可以通过这个概率公式进行表示:

$$p(\text{词语} \mid \text{文本}) = \sum_{\text{主题}} p(\text{词语} \mid \text{主题}) \times p(\text{主题} \mid \text{文本}) \qquad (4-1)$$

LDA 是潜在狄利克雷分布(Latent Dirichlet Allocation)的简称,是一种层次化的贝叶斯模型。由 Blei 等于 2003 年在 pLSI 的基础上用一个服从狄利克雷分布的 K 维隐含随机变量表示文档的主题概率分布,Griffiths 等又对 β 参数施加狄利克雷先验分布,使得 LDA 模型成为一个完整的生成模型。近年来,LDA 主题模型被广泛运用于自然语言处理等领域,大量的主题模型一定程度上借鉴了 LDA 的原理并在 LDA 的基础上改进。

LDA 主题模型是一种无监督的机器学习方法,[1] 可以通过构建模型来识别文档集中所隐含的主题信息。LDA 主题模型中隐含主题集中的主题是通过特征词的集合来表示的。在 LDA 主题模式中一个文档集中的所有文档都可以看作是由隐含主题集中的主题通过一定的概率组合而成。LDA 主题模型可以分为三层结构,分别为文档集层、文档层和特征集层,LDA 主题模型的三层拓扑结构图如图 4-4 所示。

从图 4-4 中可以看出,LDA 主题模型中,一篇文档是隐含主题集中所有主题以不同的概率进行随机混合的。

---

① Blei D., Ng A., Jordan M.. Latent Dirichlet Allocation [J]. Journal of Machine Learning Research, 2003(3):993–1022.

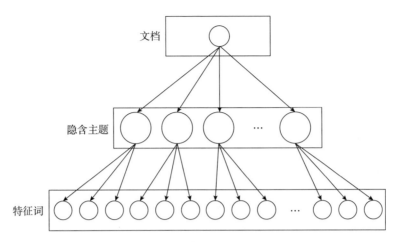

图 4-4　LDA 主题模型的三层拓扑结构

主题模型可以分为三层结构，分别是文档集层、文档层和特征词层。主题模型三层结构如图 4-5 所示。

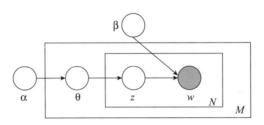

图 4-5　LDA 主题模型

其中，参数 α 和 β 用来定义主题模型的文档集层。向量 α 是用来生成向量 θ 的，矩阵 β 表示的是隐含主题对应单词的概率分布。参数 α 和 β 表示的是文档集级别的参数，在模型的生成过程中需要确定一次。随机变量 θ 定义的是 LDA 主题模型的文档层，是第 i 篇文档中各个隐含主题所占的概率分布，是一个向量。θ 是文档级别的变量，每个文档对应一个 θ，每个文档产生各个主题的概率是不同的，每个生成的文档只需要确定一次 θ。z 和 w 是特征词级别的参数。w 是一篇文档所对应的特征词向量，z 表示隐含主题在一篇文档中的各个特征词的分布。w 参数作为观察变量，参数 θ 和 z 作为隐藏变量，通过学习得到 α 和 β，z、w 是单词级别的变量，z 由 θ 生成，w 由 z 和 β 生成。

由上图可知，LDA 的联合概率如式（4-2）所示：

$$p=p(\theta, \alpha)p(\ |\ , \beta) \tag{4-2}$$

该式可以用图 4-6 进行理解。

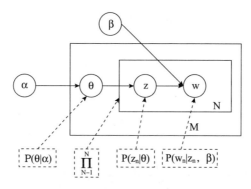

**图 4-6　LDA 联合概率的理解**

定义特征词为 w，文档集为，文档为隐含主题集为，N 为特征词的个数，M 为文档集的个数，T 是隐含主题的个数。通过 LDA 主题模型来生成一篇文档的过程如以下几个步骤所示：

（1）获取一篇文档的特征词规模，即选择文档特征词的个数，这对整个模型的影响并不大。

（2）获取一篇文档中主题分布的参数，其中是狄利克雷分布的参数。

（3）对每篇文档，生成文档所有的特征词 w，具体步骤为：

1）首先选择一个隐含主题 Z，来自于主题分布概率向量 e 的多项式分布 Mulitinomial（$\theta$）。

2）再选择一个特征词 w，来自于隐含主题 Z 的多项式概率分布 Mulitinomial（$\phi^{(z)}$）。

3）通过以上的步骤，推导出文档 d 中第 i 个特征词 $w_i$ 的生成概率 P（$w_i$）的公式为：

$$p(w_i) = \sum_{j=1}^{T} p(w_i \mid z_i = j) P(z_i = j) : \qquad (4-3)$$

文档 d 中包含特征词 w 的概率 P（w | d）的公式为：

$$p(w \mid d) = \sum_{j=1}^{T} \varphi_w^j \cdot \theta_j^d \qquad (4-4)$$

然后进行最大似然估计，根据参数为 $\alpha$ 和 $\beta$，建立起 LDA 的三层模型：

$$I(\alpha, \beta) = \sum_{i=1}^{M} \log p(d_i \mid \alpha, \beta) \qquad (4-5)$$

## 四、舆情引导技术

### （一）结合热点与意见领袖的舆情引导技术

舆情引导可以采用一种以网民言论为素材的，意见领袖和一般用户为

"发布者"的方法对舆论进行针对性的引导。首先需要对热点关键词进行选取以便确定分析哪一个热点话题,还需要对引导的情感倾向做出选择,以便知晓舆情引导的方向;不仅需要计算得出意见领袖,还需要根据热点话题相关文本构建回复语料库和生成引导目标贴;"发布者"的任务是将回复语料库的内容利用社会化共享技术在微博、论坛、贴吧上大肆"宣传",最终起到引导舆论走向的作用。

### (二) 舆情分级与过滤技术

根据热点分析与情感分析结果,将某些关键词进行分级,分级制度是将网络舆论内容分成不同的级别,浏览器可按分类系统所设定的类目进行限制。最常见的是设置过滤词,结合人工通过过滤词的设置阻挡有关内容的进入。例如,在监测到"藏独"这个词近期热度较高,且负面情绪较多时,对这一词汇进行预警,通过人工审核后即对这一词进行限制,避免负面舆情的持续发酵。

# 第五节　城市公共安全舆情分析与舆情引导

介绍城市公共安全网络舆情监测与分析系统的实现,包括数据的采集方法、热点发现的实现和文本情感分析。在此基础上,对系统采集和分析得到的城市公共安全网络舆情热点进行解析,并给出了相应舆情引导建议。

## 一、数据来源

利用网络爬虫从微博及天涯论坛爬取网络舆情数据。微博数据采集策略为以"北京公共安全"为关键词利用微博搜索功能进行检索,限定发微博时间为 2012 年至 2017 年 8 月,共得到了 2214 条数据,微博数据中有一些微博内容来自转发,这些微博内容与原微博内容相同,而同一微博被转发次数越多,相关的舆情热度也就越高,因此微博数据不以微博内容做去重处理,最终得到 2214 条数据,包括博主 ID、博主主页、微博内容、发布时间、发布终端、转发数、评论数和点赞数。天涯论坛数据采集策略为以"北京公共安全"和"首都安全"作为检索词搜索全文,按相关度排序,限定发帖时间为 2012年至 2017 年 8 月,分别得到了 40 条和 60 条数据。经过去重处理后得到 97 条数据,包括标题、内容、楼主 ID、时间、点击次数、回复评论数。

## 二、舆情热点发现

### (一) 高频词分析

词频分析法是一种常用的研究某一领域热点和发展趋势的计量方法,通过对论坛帖子的标题或预处理后的帖子内容进行词频分析，可以统计论坛帖子中的热点词汇，进而帮助发现当前舆论热点和未来趋势。

本章采用的高频词分析方法是 TF-IDF 算法，TF-IDF 是一种统计方法，用以评估字词对于一个文件集或一个语料库中的其中一个词组或短语的重要程度。字词的重要性随着它在文件中出现的次数成正比增加，但同时会随着它在语料库中出现的频率成反比下降。在一组文档中，刻画某一文档特征的特征项可以根据其在这组文档中出现的频率赋予相应的权重，只有在少数文档中出现的较特殊的词，权重要比在多篇文档中出现的词的权重要高。TF-IDF 加权的各种形式常被搜索引擎应用，作为文件与用户查询之间相关程度的度量或评级。

TF-IDF 实际上是 TF 和 IDF 的组合。TF 即词频（Term Frequency），IDF 即逆向文档频率（Inverse Document Frequency）。

TF（词频）就是某个词在文章中出现的次数，此文章为需要分析的文本。为了统一标准，有如下两种计算方法［见式（4-6）和式（4-7）］：

$$TF(词频) = \frac{某个词在文章中出现的次数}{该篇文章的总次数} \tag{4-6}$$

$$TF(词频) = \frac{某个词在文章中出现的次数}{该篇文章出现最多的单词的次数} \tag{4-7}$$

IDF（逆向文档频率）为该词的常见程度，需要构建一个语料库来模拟语言的使用环境。

$$IDF(逆向文档频率) = \log\left(\frac{语料库的文档总数}{包含该词的文档总数+1}\right) \tag{4-8}$$

如果一个词越常见，那么其分母就越大，IDF 值就越小。

$$TF\text{-}IDF = TF(词频) \times IDF(逆文档频率) \tag{4-9}$$

之后，将每个单词的 TF-IDF 值从大到小降序排列，同时将其词频输出，即可得到对应的高频词表。

通过研究我们发现，天涯论坛的帖子内容与新浪微博的微博内容特点差别较大，天涯论坛中的帖子内容更加书面化，单条内容也较为丰富，且帖子间重复率较低，多为原创，而微博内容更为简短与偏口语化，重复的微博内容较多，因此我们分别对实验中所有微博、经过去重后所有帖子的标题和帖子内容这三部分进行了词频分析，对这部分数据的预处理包括分词、去停用词等，分词时利用 Python 的 Jieba 分词软件包对文本进行分词，并将"危害公共安全罪""安博会"等在默认词典中不存在的特殊高频词作为分词组件的用户词典，同时将"首都""北京""公共""安全"等主题检索作为停用词，以提高分词的效果。

天涯论坛标题、帖子内容及微博内容三种数据来源的词频分析结果分别如表 4-4、表 4-5 和表 4-6 所示。标题高频词表仅展示频次大于 5 的词汇，帖子内容高频词表仅展示频次大于 55 的词汇，微博内容高频词仅展示频次大于 150 的词汇。

表 4-4  标题高频词

| 序号 | 关键词 | 出现频次 | 序号 | 关键词 | 出现频次 |
|------|--------|----------|------|--------|----------|
| 1 | 不安全 | 14 | 13 | 绑架 | 5 |
| 2 | 机场 | 11 | 14 | 保障 | 5 |
| 3 | 危害 | 11 | 15 | 惨遭 | 5 |
| 4 | 中国 | 9 | 16 | 居民 | 5 |
| 5 | 航空 | 9 | 17 | 上海 | 5 |
| 6 | 招标 | 9 | 18 | 充电 | 5 |
| 7 | 有限公司 | 9 | 19 | 蓝天 | 5 |
| 8 | 服务 | 7 | 20 | 入室 | 5 |
| 9 | 印度 | 7 | 21 | 凌晨 | 5 |
| 10 | 事件 | 7 | 22 | 交通 | 5 |
| 11 | 项目 | 7 | 23 | 房价 | 5 |
| 12 | 位置 | 5 | 24 | 招聘 | 5 |

表 4-5  帖子内容高频词

| 序号 | 关键词 | 出现频次 | 序号 | 关键词 | 出现频次 |
|------|--------|----------|------|--------|----------|
| 1 | 医生 | 14 | 12 | 交通 | 5 |
| 2 | 手术 | 11 | 13 | 行为 | 5 |
| 3 | 时间 | 11 | 14 | 中国 | 5 |
| 4 | 人员 | 9 | 15 | 服务 | 5 |
| 5 | 印度 | 9 | 16 | 家属 | 5 |
| 6 | 检查 | 9 | 17 | 医院 | 5 |
| 7 | 危害 | 9 | 18 | 司机 | 5 |
| 8 | 警方 | 7 | 19 | 系统 | 5 |
| 9 | 女儿 | 7 | 20 | 项目 | 5 |
| 10 | 社会 | 7 | 21 | 招标 | 5 |
| 11 | 事件 | 7 | 22 | 危险 | 5 |

表 4-6　微博内容高频词

| 序号 | 关键词 | 频次 | 序号 | 关键词 | 频次 |
|---|---|---|---|---|---|
| 1 | 危险 | 505 | 13 | 驾车 | 208 |
| 2 | 危害公共安全罪 | 496 | 14 | 技术 | 187 |
| 3 | 博览会 | 452 | 15 | 故意杀人罪 | 184 |
| 4 | 危害 | 412 | 16 | 被告人 | 174 |
| 5 | 安防 | 384 | 17 | 支出 | 168 |
| 6 | 安博会 | 374 | 18 | 宣判 | 163 |
| 7 | 工体 | 314 | 19 | 司机 | 162 |
| 8 | 金复生 | 258 | 20 | 科技 | 159 |
| 9 | 死刑 | 253 | 21 | 涉嫌 | 159 |
| 10 | 男子 | 225 | 22 | 新馆 | 157 |
| 11 | 连环 | 218 | 23 | 剥夺 | 152 |
| 12 | 撞人案 | 216 | 24 | 政治权利 | 151 |

　　标题中排在前 10 位的高频词为：不安全、机场、危害、中国、航空、招标、有限公司、服务、印度、事件。帖子内容中排在前 10 位的高频词为：医生、手术、时间、人员、印度、检查、危害、警方、女儿、社会。微博内容中排在前 10 位的高频词为：危险、危害公共安全罪、博览会、危害、安防、安博会、工体、金复生、死刑、男子。这些高频词在一定程度上反映了民众对于城市公共安全的关注热点，可以看出，贴吧网友关注点较分散，多领域均有分布，而微博网友关注点更集中于聚集性场馆或展会上。综合看来，民众关注的问题有：医患纠纷、机场安全（安检、设施等）、各类涉警暴力事件、女性人身安全和恶性伤人事件等。

　　引导方向包括以下几点：

　　（1）政府应以准确的信息、确凿的事实为依据，第一时间披露公共安全事件发生原因和解决进展，充分满足公众的认知需求，以可靠的论点、论据、论证为支持以取得公众的信服，杜绝避重就轻。并选派代表与民众持续沟通答疑，及时遏制不实传言，争取与公众达成最大共识。

　　（2）政府在对话中应充分尊重民众的自由表达权，充分体现政府倾听民声的意愿，鼓励多渠道的沟通方式，照顾公众感受，平等交流，避免用强势的语言进行说教，合理调动民间意见领袖的引导作用，借其之力辅助引导民众。

（3）政府需创新舆论引导方式，借助政务官网和政务微博，通过微语引导、自引导，形成一个以党委为核心，由媒体、大 V 和普通公众团结在其周围的网上舆论引导同心圈。

（4）政府应在策略上把握适度妥协，这既是舆论引导的重要内容，也是交往理性的必然要求。处于社会各阶层的人其话语表述与利益表达是不同的，因此舆论引导时不可能形成绝对同质性的共识，而是有差异的交叠共识，而适度的妥协正是这种"交叠共识"的体现。

## （二）基于 LDA 的城市公共安全网络主题挖掘

本节介绍了本章实验中，LDA 模型中参数的设置方法以及主题数确定的方法。综合考虑困惑度指标和主题强度来确定主题数，并对抽取的主题强度较高的多个主题进行了解析。

### 1. 语料选择及模型参数设置

上一小节提到，帖子内容更为书面化，同时重复率较低，内容相对而言更为集中且具代表性，因此将 2012~2017 年收集到的所有帖子内容进行热点主题挖掘，并根据帖子内容得到的 LDA 结果对 2012~2017 年整体的首都城市公共安全舆情进行分析并给出引导建议，同时将微博中的数据按年份进行预处理与热点主题挖掘，根据 LDA 结果对 2012~2017 年每年的首都城市公共安全舆情进行分析并给出引导建议，因此本章选择分别采用帖子内容与微博内容作为文本构建 LDA 主题模型的语料库，基于开源的 JGibb LDA[1] 实现 LDA 主题模型的参数训练。

在 LDA 模型中，需设定的可变参数包括超参数 $\alpha$、$\beta$ 以及潜在主题数目 $T$。其中 $\alpha$ 和 $\beta$ 的取值与主题的数目和词表的大小有关，本章使用 Gibbs Sampling 进行参数后验估计，根据 Griffiths 的实验[2]设置 LDA 模型的超参数 $\alpha = 50/T$，$\beta = 0.01$，迭代次数设置为 1000 次。在 LDA 模型中，潜在主题数目 $T$ 值的设定与主题抽取效果和拟合性能有直接关系。本章选择统计语言模型中常用的困惑度（Perplexity）[3] 指标来计算最优主题数。困惑度指标的基本思想是给测试集赋予较高概率值的语言模型较好，[4] 且较小的困惑度代表构建

① Xuan-Hieu Phan, Cam-Tu Nguyen. JGibbLDA [EB/OL]. Http：//jgibblda. sourceforge. net/.

② Griffiths T. L. , Steyvers M. . Finding Scientific Topics [J]. Proceedings of the National Academy of Sciences，2004，101（S1）：5228-5235.

③ Blei D. M. , NG A. , Jordan M. I. . Latent Dirichlet Allocation [J]. Journal of Machine Learning Research，2003（3）：993-1022.

④ Wang C. L. , Zhang J. X. . Improved K-means Algorithm Based on Latent Dirichlet Allocation for Text Clustering [J]. Journal of Computer Applications，2014，34（1）：249-254.

的模型泛化能力较强，对新文本具有较好的预测性能。困惑度的计算公式如下：

$$\text{Perplexity}(D) = \exp\left\{\frac{\sum_{d=1}^{M} \log p(w_d)}{\sum_{d=1}^{M} N_d}\right\},\qquad (4\text{-}10)$$

其中，D 表示语料库中的测试集，共 M 篇文档，$N_d$ 表示每篇文档 d 中的单词数，$w_d$ 表示文档 d 中的词，$p(w_d)$ 即文档中词 $w_d$ 产生的概率。

同时，主题强度描述了主题在某一时期内的研究热度，若关于某个主题的文献数量越多，则该主题强度越高。主题强度计算公式如下：

$$P_k = \frac{\sum_{i}^{N} \theta_{ki}}{N},\qquad (4\text{-}11)$$

其中，$P_k$ 表示第 k 个主题的强度，$\theta_{ki}$ 表示第 k 个主题在第 i 篇文档中的概率，N 为文档数。在 LDA 的结果中，主题强度平均值可以衡量在不用主题数下的整体主题研究热度，主题强度平均值计算公式如下：

$$\text{Average}(P_k) = \frac{\sum_{k=1}^{T} P_k}{T}\qquad (4\text{-}12)$$

其中，$P_k$ 表示第 k 个主题的强度，T 表示 LDA 结果中的主题数目。

本书中，我们用 Python 实现了主题强度平均值的计算代码，将实验数据作为输入，得到在不同主题设置情况下的主题强度平均值结果，如图 4-7 所示。

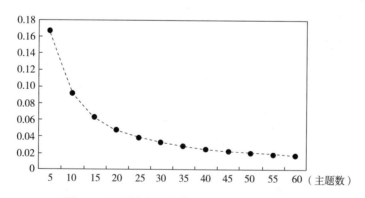

**图4-7 不同主题设置情况下的主题强度平均值**

实验发现，随着主题数 T 的增加，主题强度平均值随之下降。可以得出，随着主题数 T 值的增大，困惑度虽然总体呈下降趋势，但是主题的平均强度不断降低，容易造成主题数过多，抽取的主题过于相似，主题间区分度不大的问题。

因此，实际研究中，主题总数不能过大，在数据规模适中的情况下，宜选取较小的主题数。我们选取 3、6、9、12、15 作为主题总数进行实验，得到了不同主题设置情况下的困惑度结果，如图 4-8 与图 4-9 所示。

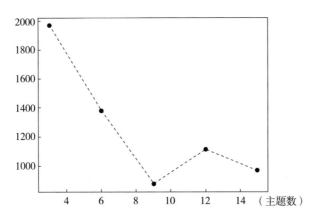

图 4-8　帖子内容不同主题设置情况下的困惑度

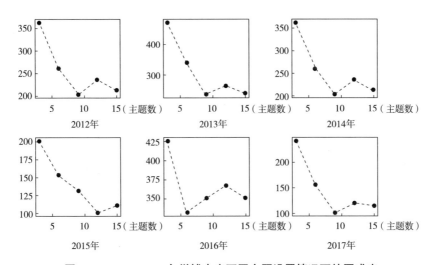

图 4-9　2012～2017 年微博内容不同主题设置情况下的困惑度

根据实验结果，选取困惑度最低的主题数作为最优主题数，故帖子内容及微博 2012～2017 年每年微博内容的主题数目分别设置为 9，9，9，12，6，9。

### 2. 主题模型结果与分析

根据困惑度计算结果，设定本章实验中的主题数 T，并根据模型设定的参数进行 LDA 主题实验，得到文档—主题分布及主题—词分布。

计算 LDA 模型抽取所得的所有主题强度，主题强度分布如图 4-10 和图 4-11所示。

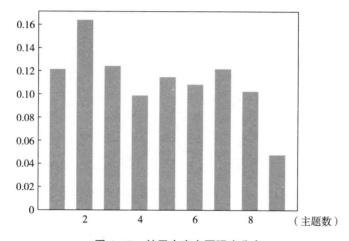

**图4-10 帖子内容主题强度分布**

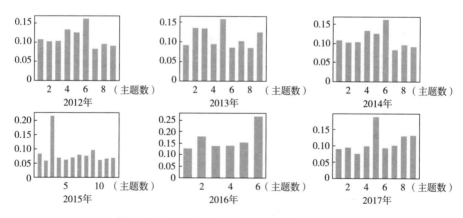

**图4-11 2012~2017年微博内容主题强度分布**

帖子内容部分选择主题强度较大且主题比较明确的四个主题作为热点主题，微博内容部分 2012~2016 年每年选取主题强度较大且主题比较明确的两个主题作为热点主题，2017 年截取时间为 8 月底，数据量较少，故选取主题强度较大且主题比较明确的一个主题作为热点主题，热点主题的标识及前八个高概率主题词（省略词项概率）如表4-7所示，可以发现，主题内部的词项相关度较高。

表4-7　各研究方向的热点主题展示

| 数据来源 | 主题标识（与图5-4与图5-5对应） | 与研究主题最相关的词项（前八个） |
| --- | --- | --- |
| 2012~2017年帖子内容 | 主题2：医患纠纷 | 医生、手术、病房、家人、医院、家属、母亲、女儿 |
| | 主题3：社会问题 | 案件、暴力、犯罪分子、恐怖、环境、维护、稳定、管理 |
| | 主题7：新科技 | 企业、产品、科技、信息、服务、指挥、技术、系统 |
| | 主题1：酒后驾驶 | 危害、危险、交通、酒驾、法律、犯罪、事发、撞 |
| 2012年微博内容 | 主题1：安博会 | 安博会、公共、高清、安防、产品、社会、触摸屏、国际 |
| | 主题2：地铁安全 | 地铁、高峰、安检、乘客、北京、公共安全、危险、事件 |
| 2013年微博内容 | 主题8：治安问题 | 危害、爆炸、安全事件、女童、人为、专家、发生、机场 |
| | 主题7：出租车 | 出租车、安全、警察、危险、伤人、发生、事件、危害 |
| 2014年微博内容 | 主题5：公共交通安全 | 航空、乘车、出行、旅客、铁路、卧轨、危害、安全 |
| | 主题4：安博会 | 产品、安博会、国际、技术、社会、安防、管理、网络 |
| 2015年微博内容 | 主题3：连环撞人 | 故意、危害、工体、连环、撞人案、被判、终身、公开 |
| | 主题1：公共活动 | 城市、管理、活动、庙会、上海、相关、工作、身边 |
| 2016年微博内容 | 主题6：整治挂账村 | 整治、工作、地区、重点、综合、城乡、走进、市级 |
| | 主题2：安博会 | 科技、国际、民房、企业、社区、城市、展开、公司 |
| 2017年微博内容 | 主题5：城市排名 | 城市、指数、天津、排名、综合、报告、发展、北上 |

以下对用LDA主题模型分析得出的热点主题分别进行解析，并针对相应的舆情主题，提出舆情引导策略建议。

（1）帖子内容。

**主题2：医患纠纷**

1）主题分析。近几年来医患关系越发紧张，医患纠纷频发，其中不乏较为严重的暴力事件，而医院在生活中扮演的角色不必多说，一旦发生较为严重的医患纠纷，便能广泛引起网民的注意，而根据双方言论发布时间、说辞等的不同舆情将呈现"丧失理智的患者家属对无辜医生进行人身攻击、甚至引发严重暴力事件""无德医生不负责任影响患者一生"或者先前者再后者等比较极端且不稳定的情况。

2）舆情引导建议。不论医疗纠纷仅停留在沟通不当、发生争吵的层面，还是上升到了严重的暴力事件，第三方（卫生管理部门、司法部门、公安部门等）应该立刻去调查，并第一时间公布真实、不带有任何主观色彩的事件经过，再依法分析整个事件，并追踪事件后续，控制舆论不要向是非颠倒的方向发酵。

**主题 3：社会问题**

1）舆情分析。控制犯罪率将直接关系到维护、管理社会安定，除了一般的民事、刑事案件，国内外恐怖事件、霸权主义、领土纷争时有发生，生活环境不稳定性的增加，为网民带去了不安的情绪，使他们对一些话题更加敏感，而这是一些想制造舆论势力借题发挥的"好时机"，有一些舆论甚至能上升到暴力事件，例如"钓鱼岛"事件引发的砸车游行等。

2）舆论引导建议。在事件发生的第一时间，相关部门（外交部等）就应表明立场，并呼吁大家保持理智，保持警惕的同时维持正常的生活，并向那些别有用心的势力发出警告。

**主题 7：新科技**

1）舆情解析。网络的出现为很多事件的舆情走向带来了巨大的影响，网络本身作为一种新科技也带来了非常多的争议。企业的产品、新科技、信息技术带来的改变有利有弊，包括个人信息的泄露、黑客攻击等，有时甚至涉及银行卡等的信息。此类舆情一般处于较为平稳的状态，两边言论较为均衡，并且这类舆情有助于网民对科技的思考，但是有时出现较为重大的事件（如某公司又被黑客攻击等）时，舆情便会出现一些较为极端的情况。

2）舆情引导建议。这类长期存在讨论的舆情，应该加强监控，发生比较有话题的事件时，舆情引导应该引导大家理性、正确看待新科技，而不要过度恐惧，也不要盲目依赖。

**主题 1：酒后驾驶**

1）舆情解析。酒后驾驶一直是我国国内比较严重的交通问题。酒驾平时屡禁不止，生活中直接受害者和间接受害者非常多，因此一旦引发较大的交通事故并出现伤亡，便会广泛引起网民的注意。舆情会出现"酒后驾驶肇事者无良""交警监管不力""法律不够严格"等多种观点，甚至会对肇事者的亲属等进行人身攻击，部分媒体更是为了制造话题，捏造一些不实的新闻。

2）舆情引导建议。第三方应在舆情发酵前，及时公布事件的始末以及细节，使网民对肇事者有一个正确的理解，并呼吁群众理智看待事件，当媒体捏造新闻时，应及时澄清并且发出警告。

（2）2012 年微博内容。

**主题 1：安博会**

1）舆情分析。安博会——全称中国国际社会公共安全产品博览会，每年都会集结最新科技在社会公共安全领域的具体化产品，2012 年包括高清监控平台、触摸屏、移动终端等。这类科技进步与生活息息相关，将为我们的生活带来更多的便利，但也将带来一些新的问题，舆情也往往从这个点展开，讨论新科技是否应该被接受。

2）舆情引导建议。这一类与"新科技"相关的舆情，是长期存在的，并且有助于加深对"新科技"的思考，针对这类舆情，应对手段应该有以下两步：第一步，应该先帮助网民充分了解新科技，无知往往会带来排斥；第二步，就是长期监控舆情，保证舆情不进入"绝对排斥新科技"或者"无脑追求新科技"的状态。

**主题 2：地铁安全**

1）舆情分析。2012 年，北京地铁发生了多起伤人、自杀事件，如"女子拿刀划脸"事件、跳轨自杀事件等。地铁作为市民平时出门的主要交通工具，其安全性直接关系到市民的人身安全，受到市民的广泛关注。舆情内容包括高峰期是否应该全面安检、高峰期乘坐地铁的秩序等，此类舆情的讨论往往非常激烈。

2）舆情引导建议。第三方要有相应的政策或者方案，再结合相应方案引导舆情，使舆情辅助相应政策或方案的执行。

（3）2013 年微博内容。

**主题 8：治安问题**

1）舆情分析。2013 年夏季，北京市内危害公共安全事件频发，甚至有一周发生了六起，包括首都机场自爆事件、多地持刀伤人事件、当街摔女童事件等。这类恶性伤人事件易引起极端舆情，并上升到对犯人家属或犯人从属的某一特定团体的讨伐，甚至演变成线下活动。

2）舆情引导建议。第三方应该通过官方媒体渠道陈述清楚每个事件的经过，使大众了解真相，再将舆情向反思事件、呼吁市民出行注意自身安全、理智看待事件等方向引导。

**主题 7：出租车**

1）舆情分析。2013 年前后发生了多起出租车事件，事件主要分为两种：出租车被劫持和出租车司机不负责驾驶，包括单手开车、与路人或其他车辆争吵辱骂等行为。导致舆情比较激烈的是后者，易引起网民对出租车司机群体的不满，以偏概全，矛盾激化并升级成为人身攻击。

2）舆情引导建议。首先交警等第三方应该详述每个案件的始末，再说明依法追究责任，及时跟进事件进展，呼吁出租车司机在注意保护自身安全的同时文明驾驶，为他人生命负责。

（4）2014年微博内容。

**主题4：安博会**

1）舆情分析。2014年的安博会又引起了人们的广泛关注，聚集了众多当时的最新科技，包括红外线主动探测技术、城市公共安全相关的求助系统、门禁设备等。

2）舆情引导建议。可参照2012年的微博主题"安博会"。

**主题5：公共交通安全**

1）舆情分析。2014年，地铁、火车站、飞机航班等公共交通发生了多起公共安全事件，如地铁乘客意外死亡、北京航班多人吸烟引争执、火车站卧轨自杀等。其中地铁乘客意外死亡事件目击证人较多，情节严重，舆情呈现出不安的紧张情绪。

2）舆情引导建议。这类舆情的引导亟须第三方的说明，及时交代究竟责任出在何处，并趁此呼吁群众文明排队，高峰时期也不要拥挤，安全第一。

（5）2015年微博内容。

**主题3：连环撞人**

1）舆情分析。2015年北京工人体育场发生了一起严重连环撞人案件，事故致三死八伤。最终肇事者因危害公共安全罪、故意杀人罪等被判处死刑。此类事件情节较为严重，舆情易走向极端，即完全无视法律。

2）舆情引导建议。始终跟进事件，给受害者及其家属，包括其他关心此事的群众提供最新情报，普及相关法律知识比较有利于稳定舆情。可以参照2013年治安问题的引导建议。

**主题1：公共活动**

1）舆情分析。受2014~2015年上海跨年夜严重踩踏事件影响，在北京市内举办庙会、灯会等大型公共活动的审批变得更为严格。连一些公共场所的营销活动都需要去派出所报备，这无疑会减少一些活动的举办。舆情分为两种，即赞同的和不赞同的。

2）舆情引导建议。上海踩踏事件是一件较为典型的由于管理不力造成的公共安全事件，舆情不会太过激烈，但是需要多听舆情中的不同意见，表明这并不是禁止活动，而是想举办得更加安全。

（6）2016年微博内容。

**主题6：整治挂账村**

1）舆情分析。挂账村是指卫生环境脏乱、社会治安秩序较乱、群众安全感不高的村庄。2016年北京启动了挂账村整治工程，引起了外界广泛关注。此类涉及改造、拆迁等问题的事件或会牵扯到一些人的利益，进而引起部分群众的抵制。

2）舆情引导建议。官方需要积极联系媒体，借助媒体的传播能力普及改造工程的利弊，并积极解答网民的疑惑，全过程公开透明。

**主题2：安博会**

1）舆情分析。每年的安博会都会引起话题，2016年的新科技主要有虹膜识别科技、智能交通等。

2）舆情引导建议。可参照往年安博会的建议。

（7）2017年微博内容。

**主题5：城市排名**

1）舆情分析。2017年，《公共安全蓝皮书》对中国城市公共安全指数进行了排名，该排名引起了广泛讨论，如"北上广深竟不是第一"等，但大部分舆情比较平缓。

2）舆情引导建议。这是一次比较积极的舆情，比较有利于普及各城市的样貌和公共安全常识的机会，舆情引导的一方只需要防止这个排名转变成恶性竞争，督促网民理性看待排名，然后普及公共安全知识。

## 三、舆情文本情感分析

基于前文收集到的97条有关"首都城市公共安全风险"帖子内容，进行情感倾向与情绪因素分析，分析结果如表4-8所示。

表4-8　情感分析结果

| 数据来源 | 积极情绪（%） | 中性情绪（%） | 消极情绪（%） | 发言总数（次） |
|---|---|---|---|---|
| 帖子内容 | 51.53 | 2.06 | 46.39 | 97 |
| 2012~2017年微博内容 | 60.70 | 1.17 | 38.12 | 2214 |
| 2012年微博内容 | 70.58 | 1.71 | 27.72 | 491 |
| 2013年微博内容 | 55.64 | 1.54 | 42.82 | 390 |
| 2014年微博内容 | 64.87 | 1.41 | 33.72 | 427 |
| 2015年微博内容 | 38.72 | 0.26 | 61.03 | 390 |
| 2016年微博内容 | 67.37 | 0.00 | 32.63 | 236 |
| 2017年微博内容 | 70.71 | 1.79 | 27.50 | 280 |

从表4-8中可以看出，近五年来在天涯论坛上有关"首都城市公共安全风险"帖子内容的情绪大部分为积极情绪和消极情绪，两者占比相当，而中级情绪仅占一小部分，为情感倾向呈较为明显的两极分化。分析可说明大部分的发帖者对于某一事件有明确的态度，带有很强的主观色彩，情绪感染力

强，易形成比较极端、一面倒的舆情。

政府可通过分别研究积极情绪、消极情绪的帖子内容的特点，可以更好地对具有消极情绪的舆情进行预警，或者通过研究某一事件从开始到结束、不同时期的舆情、帖子的情感倾向如何变化、受关注度的变化等，如何时包含有较多积极情绪的帖子、何时包含有较多消极情绪的帖子、何时关注此事件的网民较多等来得出影响舆情的因素。政府从而可以进行及时有效的引导，避免负面舆情持续发酵。

## 四、舆情引导建议

从整体上来说，网络舆情引导的主旨就是控制舆情不要走向极端，鼓励积极讨论，政府积极参与。不同情况下的网络舆情紧急情况不同，采取的处理方式也会有相应的变化。

对于严重事故、突发事件（帖子话题医疗纠纷、2015 年工体恶性连环撞人事件），政府应第一时间跟进并通过官方媒体渠道公布真实、不带有任何主观色彩的事件经过，使大众了解真相，再依法处理整个事件，并追踪事件后续情况，控制舆论不要向是非颠倒的方向发酵，引导群众理智看待事件，当媒体捏造新闻时，应及时澄清且发出警告，并为防止类似事件发生做好思想工作和准备工作，如呼吁市民出行注意自身安全等。

而对于如科技、人工智能等这一类长期存在并有利于加深民众思考的舆情（微博话题"安博会"等），应对手段应该有以下两步：第一步，先应该帮助网民充分了解新科技等，无知往往会带来排斥和恐惧；第二步，长期监控舆情，保证舆情不进入"绝对排斥"或者"无脑追求"的状态。

总体来说，引导网络舆情应在网络舆情中树立发布权威信息的官方媒体形象，及时发布权威信息引导和影响媒体，营造有利舆论环境的理念；建立高效的舆情监测分析平台，24 小时监测网络舆情情况，及时掌握网络舆情热点动向动态，是进行舆情引导的基础；建立健全相关法律法规，加强网络舆情的法律法规建设，在保证普通群众的声音能被听到的同时，限制那些想通过煽动舆情达到引起恐慌等目的的不法分子。

### 参考文献

［1］陈俊，宫鹏．实用地理信息系统［M］．北京：科技出版社，1998.

［2］吴爱明．公共安全：公共管理不可忽视的社会问题［J］．行政论坛，2004（6）：3-5.

［3］邓国良．公共安全危机事件处置研究［M］．北京：中国人民公安大学出版社，2005：57.

［4］张维平. 社会学视野中的公共安全与应急机制［J］. 中国公共安全（学术版），2007（2）：5-12.

［5］修文群，池天河. 城市地理信息系统［M］. 北京：科学出版社，1999.

［6］刘毅. 略论网络舆情的概念、特点、表达与传播［J］. 前沿论坛，2007（1）：11-12.

［7］谢耘耕，刘锐，张旭阳等. 2014年中国网络舆情研究报告［J］. 新闻记者，2015（2）：21-28.

［8］Diakopoulos N. , Shamma D. . Characterizing Debate Performance via Aggregated Twitter Sentiment［J］. Conference on Human Factors in Computing Systems（CHI），2010（2）：1195-1198.

［9］Starbird K. , Palen L. , Hughes A. , et al. . Chatter on the Red：What Hazards Threat Reveals about the Social Life of Microblogged Information：CSCW 2010：Proceeding of the 15th ACM Conference on Computer Supported Cooperative Work，Savannah［J］. New Jersey：IEEECS，2010（2）：6-10.

［10］Yahia S. , Anjum S. , Ghenai A. , et al. . MAQSA：A System for Social Analytics on News［R］. ACM Sigmod International Conference on Management of Data，2012：653-656.

［11］Qu Y. , Huang C. , Zhang P. , et al. . Microblogging after a Major Disaster in China：A Case Study of the 2010 Yushu Earthquake［R］. ACM Conference on Computer Supported Cooperative Work，2011：25-34.

［12］Cao X. , Chen K. , Long R. , et al. . News Comments Generation via Mining Microblogs［R］. International Conference Companion on World Wide Web，2012：471-472.

［13］王晰巍，邢云菲，赵丹. 基于社会网络分析的移动环境下网络舆情信息传播研究——以新浪微博"雾霾"话题为例［J］. 图书情报工作，2015，59（7）：14-22.

［14］扶宇琳. WeiboInfo：一个基于时间轴的微博可视化及总结原型系统［D］. 广州：中山大学硕士学位论文，2013.

［15］陈险峰. 微博舆情分析系统的设计与实现［D］. 广州：华南理工大学硕士学位论文，2015.

［16］李彤. 论城市公共安全的风险管理［J］. 中国安全科学学报，2008，18（3）：65-72.

［17］胡树华，杨高翔，秦嘉黎. 城市安全指标体系的构建与评价［J］. 统计与决策，2009（4）：42-45.

［18］曾小红，毕海普，甘庆元．灰色理论在我国化工园区事故预测中的应用［J］.重庆工商大学学报，2011，28（2）：186-190．

［19］石剑云，潘科．变权和相对差异函数在建筑火灾风险评估中的应用［J］.安全与环境学报，2008，8（4）：157-159．

［20］刘树坤．刘树坤访日报告（五）：日本关于城市安全的研究十分活跃［EB/OL］.水信息网，http：//www.hwcc.com.cn/newsdisplay/newsdisplay.asp? Id=19929，2007-04-16．

［21］Branscomb Lewis M.．Sustainable Cities：Safety and Security［J］.Technology in Society，January/April 2006，28（1-2）：225-234．

［22］Lee Eunchang，Yongtae Park and Jong Gye Shin.Large Engineering Project Risk Management Using a Bayesian Belief Network［J］.Expert Systems with Applications，2009，36（3）：5880-5887．

［23］Cheng Eddie W.L.，Neal Ryan and Stephen Kelly.Exploring the Perceived Influence of Safety Management Practices on Project Performance in the Construction Industry［J］.Safety Science，2012，50（2）：363-369．

［24］冼敏婷．网络舆情监测系统设计［D］.南昌：江西财经大学硕士学位论文，2015．

［25］Hatzivassiloglou V.，McKeown K.R..Predicting the Semantic Orientation of Adjectives［A］.In：Proc. of the EACL'97［C］.Morristown：ACL，1997：174-181．

［26］赵妍妍，秦兵，刘挺．文本情感分析［J］.软件学报，2010，21（8）：1834-1848．

［27］Blei D.，Ng A.，Jordan M..Latent Dirichlet Allocation［J］.Journal of Machine Learning Research，2003（3）：993-1022．

［28］Xuan-Hieu Phan，Cam-Tu Nguyen，JGibbLDA［EB/OL］.http：//jgibblda.sourceforge.net/，2008-06-06．

［29］Griffiths T.L.，Steyvers M..Finding Scientific Topics［J］.Proceedings of the National Academy of Sciences，2004，101（S1）：5228-5235．

［30］Wang C.L.，Zhang J.X..Improved K-means Algorithm Based on Latent Dirichlet Allocation for Text Clustering［J］.Journal of Computer Applications，2014，34（1）：249-254．

# 第五章  城市高层消防安全事故
# 管理决策研究

近年来，我国城市安全事故频繁发生，城市公共安全形势严峻。又由于人口密度的增加、工业生产地的聚集、城市用地不断扩大、社会阶层贫富差距等不确定和不可预知的因素，事故灾难越发复杂，给城市发展带来巨大的威胁与挑战。据不完全统计，2010～2015 年我国平均每年因公共安全事故造成的非正常死亡人数超 30 万，伤残人数逾 250 万，经济损失约 7000 亿元。此外，据我国公安部消防局公布的统计数据显示，2016 年全国共接报火灾 31.2 万起，死亡人数达 1582 人，受伤人数为 1065 人，直接财产损失达 37.2 亿元，其中，城市发生火灾 9.4 万起。[①] 高层建筑由于与地面垂直距离较高，消防救援工作具有一定挑战，一旦发生火灾会给消防救援带来很大困难。高层消防安全事故管理的完善成为保证高层住宅居民、城市上班族等人群的人身安全与财产安全的重中之重。城市安全是维系城市稳定和促进城市发展的基本条件，城市安全事故管理关系着我国城市的安定有序以及社会的长治久安。2011 年，《国民经济和社会发展第十二个五年规划纲要》中明确提出："适应公共安全形势变化的新特点，推动建立主动防控与应急处置相结合、传统方法与现代手段相结合的公共安全体系。"党的十八届三中、四中、五中全会则进一步提出牢固树立安全发展观念，坚持人民利益至上，健全公共安全体系，深入推进社会治安综合治理，加快公共安全领域的立法，进一步健全应急管理体制机制。[②] 近年来，我国城市安全事故管理政策体系不断完善，逐渐发挥积极作用，但诸如山西毒疫苗、央视新址大火、上海踩踏事件、天津港爆炸事件等接连发生，城市公共安全管理问题日益得到关注。又由于我国城市的不断发展，安全事故涉及的事故性质与类型的边界日益模糊，城市安全系统变得愈加复杂。在安全事故的处理中，相关部门与配套机构的协同治理程度不高、职责分配不明确，城市安全事故管理体系面临着一系列的困难与挑战。

---

① 公安部消防局. 政务公开报告 [R]. http：//www.119.gov.cn/xiaofang/hztj/34602.htm, 2017-06-22.
② 侯小伏. 建立公共安全的社会共治制度[J]. 社会治理, 2016 (1)：112.

# 第一节　城市高层消防安全事故管理决策的理论研究与分析框架

## 一、安全事故管理决策的理论研究

自 20 世纪 80 年代起，安全事故管理在西方发达国家成为一种行业并逐渐发展成一门学科，吸引了诸多专家学者在此领域的研究，其范围也日益宽泛。从理论框架看，1986 年贝克在其著作《风险社会》中提出，风险社会应是一个对不确定安全因素加以控制的社会。[①] 他认为当代城市社会面临着不确定性的城市公共安全事故风险的考验，并剖析了西方社会在历史发展进程中制造城市公共安全事故风险的来龙去脉，从形而上学的视角提出控制风险社会中城市公共安全事故风险的前景与方案，从而形成了早期的风险社会理论。随后，劳伦斯·巴顿（Laurence Barton）提出了一套以预测、预防、控制以及应对公共安全事故的方法和程序。米特洛夫则创立了信号侦测、探测和预防、控制、恢复、学习的五阶段模型。罗伯特·希斯根据公共安全事故风险管理过程提出了 4R 模型，即公共安全事故风险管理分为缩减力、预备力、反应力和恢复力四阶段。

从治理角度看，宋林飞认为，在风险社会下，单一组织或是阶层不可能防范或是应对其面临的城市公共安全事故风险，因此为了应对风险社会的挑战，必须进行多元治理主体合作，从而形成应对城市公共安全事故风险的新型治理机制，这一机制的首要目标应是及时化解风险。[②] 当前我国的城市公共安全事故风险管理处于"碎片化"的困境之中，以协调、整合为核心内容的整体性治理理论在公共安全风险日益复杂、不确定性不断增强的现代城市成为了克服当前"单一主体""各自为政"治理模式下的有效工具。随着现代社会进程的加快，风险也不断地演进与更迭，因此风险社会的根本选择在于风险治理。在开放透明、公正合理的基础下，多元主体参与以及进行广泛合作，明确各自的职责与价值观念。同时，掌握风险治理的方式与方法，对社会风险进行识别、分析、评价、预警、处置、监控。

从发展规律来看，城市公共安全事故可随时间分为风险的酝酿期、爆发期、扩散期和恢复期。危机生命周期理论从动态的角度分析了风险管理的过

---

① ［德］乌尔里希·贝克. 自由与资本主义——与著名社会学家乌尔里希·贝克对话［M］. 何博闻译. 杭州：浙江人民出版社，2001：124.

② 宋林飞. 从"风险社会"走向和谐社会［J］. 江海学刊，2007（4）：12-14.

程，并指出掌握其每个阶段的发展特征，对处理和解决风险带来的影响是至关重要的。从心理与认知的角度看，关于灾害和风险的认知可分为三种维度——技术层面的技术—方法传统、制度层面的社会—制度传统、价值层面的价值—理念传统，公共安全风险来源于价值判断与定位的错误。

从保障主体来看，杨敏、郑杭生提出，在风险社会中，个体安全应是城市公共安全事故管理的基础与立足点。个体安全与公共安全事故管理是紧密联系和相互作用的。个体在日常生活中遇到的安全风险往往代表着整个社会潜在的公共安全威胁。因此，在风险社会中保障作为个体的市民的安全，是我国应对风险社会首先要解决的问题。①

就目前而言，我国对于城市安全事故的研究多集中于应急管理体制方面以及基于政府单一主体视角的管理模式，从城市安全政策分析的视角进行的研究较为薄弱，鲜有专家、学者运用公共政策理论对我国城市安全事故决策开展研究。但对于城市公共安全政策领域而言，社会公众对于城市安全政策的制定过程知之甚少，在一定程度上会影响安全事故决策的科学性和有效性。就我国城市消防安全事故管理这一角度来看，近年来我国政府为提升城市抵御火灾能力、有效遏制火灾事故，制定出台了一系列公共安全政策，城市安全事故管理决策尤其是城市高层消防安全事故决策涉及我国特殊的消防体制这一公共政策主体，在城市高层消防安全决策问题的构建、制定、执行等方面均体现出独特的性质。基于多源流理论，本章通过分析我国高层建筑消防政策的制定到出台的过程，期望在扩展城市安全消防事故决策理论研究视角中，丰富我国城市安全事故决策政策研究。

## 二、多源流理论分析框架

多源流理论是在"垃圾桶"决策模型的基础上发展而来的，该决策模型假设组织是由多种因素构成的一个集合体，有着未定的偏好、不清晰的技术和不固定的参与，问题、解决方案、参与者与选择机会四大源流独立地流入组织结构，这个组织结构又受到净能量承载量、进入结构、决策结构和能量分布四个变量的影响。② 在"垃圾桶"决策模型的基础上，美国学者约翰·金登在《议程、备选方案与公共政策》中提出多源流分析模型，即在政策系统中存在着三种过程源流：问题、政策以及政治源流。金登认为问题源流激发了公共政策产生和变更的潜在需求；政策源流则是由政府官员、研究人员、

---

① 杨敏，郑航生. 个体安全：关于风险社会的一种反思及研究对策[J]. 思想战线，2007（4）：82-89.

② 龚虹波. 垃圾桶模型述评——兼谈其对公共政策研究的启示[J]. 理论探讨，2005（6）：105.

媒体等组成的政策共同体提出的各种备选方案和政策建议；政治源流由诸如国民情绪、利益集团以及行动者等因素构成。① 每一个源流都具有自身的动力和规则，三者的结合使一个问题获得政策制定者关注的可能性大大提高，从而开启"政策之窗"。敞开的政策之窗可以为问题、政策建议以及政治的完美结合创造机会，进而也可以创造机会把由三种结合的因素整体地推上决策议程。② "政策之窗"常常出现在突发事件、政府换届、预算编制等时间点。③总体来说，多源流理论主要解释了一项政策的制定和出台是由内外部一系列因素共同作用的结果，在这一过程中，政策共同体之间的联系与互动以及相关政府决策者的作用，促成了三个源流的汇合，推动了政策的发展。虽然与传统的政策过程理论相比，多源流理论更加突出政策治理过程中的复杂性，但其对现实生活中的政策现象却有着极强的解释力。④

公共政策是由"政府、非政府各个组织和民众，为实现特定时期的目标，在对社会公共事务实施共同管理过程中所制定的行为准则"，其"本质是社会利益的集中反映"。⑤我国城市安全事故管理决策的探索、发展与完善的过程，是各级政府和社会各界相互合作、探讨、协商、努力的结果与社会参与的集中表达。多源流分析框架在其理论发展过程中得到了不断的修正与完善，通过结合该理论的分析论证，能够将此应用到我国城市安全事故管理决策分析中，发掘我国公共政策议程的多源流呈现出的诸多特点，进而对剖析我国城市安全事故政策的制定议程、备选方案和政策出台机制提供借鉴。

## 第二节　多源流视角解析城市高层消防安全事故管理决策

多源流理论试图解释为什么某些问题的议程受到决策者的注意，另一些问题则被忽略而不了了之了。运用多源流的分析框架，可将城市高层消防安全事故及其引发的政策制定以框架图（见图 5-1）呈现。

---

①② ［美］约翰·W. 金登. 议程、备选方案与公共政策[M].丁煌，方兴译. 北京：中国人民大学出版社，2004.

③ ［美］保罗·A. 萨巴蒂尔. 政策过程理论[M].彭宗超，钟开斌译. 北京：生活·读书·新知三联书店，2004.

④ 邓剑伟. 社会管理政策的多源流分析议程、方案与机制[J].东北大学学报（社会科学版），2013（3）：276-277.

⑤ 陈庆云. 公共政策分析（第二版）[M].北京：北京大学出版社，2011：1-3.

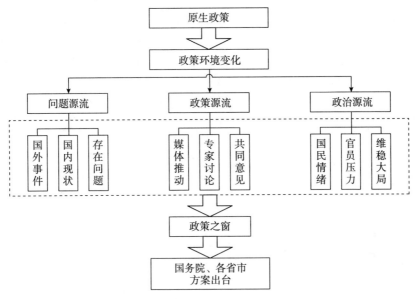

**图 5-1　城市高层消防安全事故及其引发的政策制定框架**

## 一、问题源流：关键事件激发政策需求

### （一）城市高层消防安全事故管理存在问题

近年来，随着我国经济社会的快速发展，高层及超高层建筑急剧增多，建筑高度不断攀升，体量跨度越来越大，功能更趋多元化，特别是一些高层大型城市综合体，经营业态多、人员密集，大火防范和扑救难度极大，消防安全问题尤为突出。据不完全统计，目前我国有高层民用建筑 36 万余栋，其中有超高层民用建筑 8500 多栋。高层建筑火灾时有发生，如 2009 年北京央视新址"2·9"、2010 年上海静安公寓"11·15"、2011 年辽宁沈阳皇朝王鑫酒店"2·3"等高层建筑火灾，造成了重大损失和影响。据统计，近 10 年来，我国共发生高层建筑火灾 3.1 万起，直接财产损失达 15.6 亿元。从 2017 年伊始截止到 2017 年 6 月，在短短半年内，全国共接报高层建筑火灾 2517 起，亡 61 人、伤 61 人，直接财产损失 4082 万元，与 2016 年同期相比，起数虽下降 7.6%，但亡人、伤人和损失分别上升 56.4%、90.6% 和 7%。① 以北京市为例，作为特大城市，北京市的高层建筑数量在我国城市中位居前列。据

---

① 中华人民共和国公安部. 关于吸取英国伦敦"6·14"火灾教训强化高层建筑火灾防控工作的通知[Z]. 2017-06-16.

北京市公安局网站数据显示，截至 2017 年 9 月，北京市共有 2.4 万余栋高层建筑，1880 栋在建高层建筑，[①] 消防隐患成为高层建筑火灾频发的主要原因。

如表 5-1 所示，本章选取了北京市近年来影响较大的十起高层建筑火灾事故，通过多起高层火灾发生的特点发现，我国城市高层消防安全事故接连发生的原因不仅与高层建筑自身存在的火灾危险性大，在高层住宅、酒店、办公楼等建筑中，室内装修家具、装饰材料等存在可燃物较多等情况导致的，还与我国高层消防安全事故管理的监管、实施、安全意识政策紧密相关。主要体现如下：

一是消防预案的不健全。高层消防预案的不健全甚至是无预案管理，是导致火灾救援迟缓或不到位的关键原因之一。我国大多数高层建筑的消防预案都存在着"照搬照抄、千篇一律"的问题，当真正遇到火灾后，预案的可实施性不高，在面临事故时，安全责任职责无法落实到具体部门和个人，致使居民、物业公司人员在救援过程中出现"干着急""无头苍蝇"等情况。如 2009 年北京央视新址大火，由于楼高 159 米，消防救援工作进行十分困难，大火在数小时内都未能熄灭，以致造成直接经济损失 1.6 亿元。此外，在高层消防安全建设中缺乏一个整体的消防网络，缺乏有效的沟通与协调方案，也是我国多起高层消防安全事故发生后，各方出现问题推诿、担责模糊的原因之一。

表 5-1　北京市近年来影响较大的十起高层建筑火灾事故

| 事故发生时间 | 发生地点 | 楼层数或高度 | 伤亡情况 |
| --- | --- | --- | --- |
| 2009 年 2 月 9 日 | 北京央视新址 | 159 米 | 1 死 7 伤 |
| 2011 年 4 月 8 日 | 海淀区太阳园小区 | 20 层 | 伤亡不明 |
| 2012 年 7 月 9 日 | 西城区裕中西里小区 | 24 层 | 1 人死亡 |
| 2013 年 11 月 17 日 | 朝阳区松榆东里 | 20 层 | 1 人死亡 |
| 2014 年 5 月 6 日 | 朝阳区化工路 | 22 层 | 伤亡不明 |
| 2014 年 9 月 22 日 | 朝阳区工人体育场南路 | 18 层 | 伤亡不明 |
| 2016 年 3 月 20 日 | 顺义区澜西园 | 20 层 | 3 人死亡 |
| 2016 年 3 月 23 日 | 海淀区寰泰大厦 | 30 层 | 伤亡不明 |
| 2017 年 1 月 5 日 | 通州区瑞都国际 | 30 层 | 伤亡不明 |
| 2017 年 8 月 26 日 | 昌平区天通苑本三区 | 12 层 | 1 人受伤 |

---

① 北京市公安局. 高层建筑整改万余处火灾隐患[EB/OL]. http：//www.bjgaj.gov.cn/web/detail_getArticleInfo_ 456380_ col1159. html，2017-09-14.

二是消防器材管理存在缺陷。首先，建设时间较长的高层建筑，消防设施无人管理。年久失修、开关不灵、消防供水系统无法正常使用，消防器材配备不齐或者过期或者损害或者丢失等问题屡见不鲜。在高层建筑中的消防器材存在火灾自动报警系统没有定期维护，消火栓系统无法启动，自动喷水灭火系统喷头堵塞的问题，且无专人操作维护和定期检查，从而导致消防设备设施的可靠性降低甚至无法使用。① 2016 年北京顺义区澜西园一住户家发生火灾后造成 3 人死亡，经事后调查发现，该住宅楼 11 层消防栓内无水可用。其次，消防车到火灾地点距离远，布局不合理，也会严重影响火灾扑救。有的高层防火分区过大或过小，有的电缆井、垃圾井等无独立的防火单元，每个楼层没有划分防火分区或不标准、避难层面积不够或者占用、高层建筑未强制要求设避难层等。防火分隔设施效果差、防火门关闭不严或弹力不够等原因严重影响火灾消防功能。

三是消防监管、责任落实缺失。当前我国大部分社区管理只注重治安与防盗，消防安全管理的意识不强，公安与消防等部门机构没有进行合理的审核与监管。消防设施的建设以及后期维护保养，并没有一个完善的监管体系，社区内很多消防应急设备和方案存在缺陷。2013 年 1 月，北京市消防局联合市教委、市局文保总队突击夜查海淀区各学校时发现，京师大厦存在中控室值班巡查记录不规范、消防设施联动控制操作不熟、部分建筑自动报警设施设置不合理、消防责任制度和应急处置预案不符合要求。除此之外，还存在消防安全管理责任不落实，消防专业技术管理人员配备不足，当遇到火灾突发事故时，消防管理人员临时应急处置能力差或者无法处置。

四是群众消防意识薄弱。群众安全意识不强，火灾事故应急处置和疏散逃生知识缺乏，多数人不具备火灾事故的应急处置能力和疏散逃生知识，自防自救能力差，特别是老人、儿童、残疾人缺乏火灾事故的预防和扑救知识，缺乏自我保护和疏散逃生能力。另外，消防法制观念淡薄，对消防权利义务不了解、危险性认识不足，违法违规使用易燃装修材料、乱拉乱接电线等违章行为造成火灾。如 2012 年北京市西城区裕中西里小区 24 层住户因煤气泄漏导致爆炸，随后引起火灾，造成 1 人死亡。

## （二）伦敦高层大火引发的消防问题反思与应对

2017 年 6 月 14 日凌晨，英国伦敦市中心西部一幢 27 层的公寓发生严重火灾，火势从 2 层快速往上蹿，很快整栋楼被火苗、浓烟吞没，大火烧穿了公寓楼顶。发生火灾的高层公寓楼叫"格伦费尔塔"，位于北肯辛顿一带，建

---

① 苟大彪. 论高层建筑的消防安全管理[J]. 中国安全生产科学技术，2014（10）：335-336.

于 1974 年，有 120 套公寓，公寓楼高 27 层。当时约有 45 辆消防车和大约 200 名消防员参与灭火，但是因为火势大，最终造成至少 79 人死亡。[①] 综合国内外媒体报道，伦敦这场火灾发生的主要原因在于：

一是消防设施落后，缺乏监管。该公寓楼未设置火灾自动报警系统和自动喷水灭火系统，或已设置但处于故障、瘫痪状态。而且该公寓楼周边的消防车通道十分狭窄，救援车辆难以通行和展开，致使灭火救援处置受限。据伦敦地区规划部门提供的翻新工程图纸显示，该公寓楼仅在核心位置设置了一部封闭楼梯。二是高层建筑消防标准的不完善，大楼建筑材料易燃。该公寓楼的第二至第四层起火后，因外墙材料可燃，导致火势快速蔓延扩大。不仅如此，大楼的铝锌复合材料外壳与混凝土墙壁之间还留有 5 厘米的"通风腔"，这个"通风腔"在大火燃烧时就可能成为提供氧气的"风洞"，产生风助火燃的后果。三是消防管理不到位。这栋大楼的居住条件较差，大楼管理部门并未能有效进行公寓楼的日常管理，该公寓的住户组织曾在 2016 年 11 月发表公开声明，爆料大厦在 2013 年曾因电路布线错误经历了一段时间的大范围电力故障，并曾警告大厦管理者消防通道遭到严重的堵塞，但大楼管理部门对于住户的担忧并未给予回应。

伦敦"6·14"火灾发生后两天，我国公安部立即下发了《关于吸取英国伦敦"6·14"火灾教训强化高层建筑火灾防控工作的通知》，要求各省市、自治区吸取伦敦火灾教训，采取针对性措施，强化高层建筑火灾防控，严防重特大火灾事故的发生，全力维护消防安全形势稳定。[②]

## 二、政策源流：媒体与专家的共同作用

高层火灾事故频发引发了社会各界对于城市消防安全的关注，多方人士从不同角度建言促进政策源会聚，其中，媒体与专家两类主体的作用不容忽视。

### （一）媒体推动：信息发布者与舆论监督者

在城市消防安全事故的政策过程中，媒体有效扮演了自身信息发布者与舆论监督者的社会角色，维护了整体社会秩序的安全与稳定。作为信息发布者，媒体在高层火灾事故中充分发挥了及时、准确报道灾难事故与持续关注事态发展的作用。其重要意义在于权威信息的及时、准确、持续发布，能够

---

① 英国伦敦大火致死 79 人，辞职的只是"区长"［N］. 湖北日报网，http：//news.cnhubei.com/xw/gj/201706/t3851052.shtml，2017－06－23.

② 中华人民共和国公安部. 关于吸取英国伦敦"6·14"火灾教训强化高层建筑火灾防控工作的通知［Z］. 2017－06－16.

减少流言、谣言的产生，不仅保障了公众的知情权、满足了人类对于安全的基本需求，更有助于政府与公众之间信息的双向沟通，对于公共政策的高质量出台起到了推动作用。通常情况下，公共安全事故在一定程度上是可以避免的。因此，媒体作为舆论的监督者，通过持续的报道将社会公众的舆论焦点转移到现象背后的原因与责任上，揭露事故发生的真相，探究现有政策的不足，进而推动公共政策的调整与修正。

多起高层火灾事故的发生直接反映了公共安全的漏洞，引起了媒体的广泛报道，也将社会的关注焦点吸引至"城市消防安全"这一专业领域。以中国知网为搜索引擎，就"高层火灾"这一主题在报纸类目下进行检索，找到各类报纸相关结果共 601 条。结合对所得报道的关键词分布进行计量可视化分析后发现，媒体报道的重点在于：①整个事故过程的信息传播；②事故发生原因与责任的追究；③灾难的预防及逃生技巧普及；④政府、公安消防等部门的政策行动。以报纸为代表的各类媒体合力，通过对高层火灾事故的连续报道使之成为社会热点问题，给政府部门施压，推动了多地城市消防安全条例的出台。

（二）专家讨论

据不完全统计，截至 2017 年 10 月，有关高层火灾的文献资料近 6500 条，其中期刊资料近 5000 份，硕博论文 550 篇，会议论文 328 篇，这些文献资料学科跨度大、研究方法丰富，就高层建筑消防安全管理的现状、隐患、对策等方面进行了详细的探讨，为有关条例的出台提供了重要参考。例如，从建筑科学与工程的角度，利用数值模拟、理论模型等方法对高层建筑的防火设计、报警系统、安全疏散、烟气控制等方面进行深入探究（李国强、徐志胜）；引用物联网技术发挥早防控、早预警、早处置的优越性（刘垠村）。行政管理领域的学者则从消防监督、管理模式、宣传教育、法律建设等方面展开了讨论，为有关条例的制定提供了支持；公安消防领域的专家则给出了与火灾扑救相关的指导。来自不同行业的建议相互作用，为最终消防安全条例的出台奠定了充分基础。

（三）共同意见：高层建筑火灾防控共识

在社会舆论的推动下，媒体与专家等社会各界人士都对以高层建筑火灾防控为重点的城市消防安全提出了诸多建议。就如何提高高层建筑火灾的防控达成了一定共识，这些得到认可的建议也就自然成为了政策形成中不可或缺的政策源流。

一是明确职责，加大监管力度。城市消防安全管理是一个完整的系统，不仅消防安全管理部门具有管理职责，物业公司、房地产部门以及社区委员会都应该承担起相应的安全职责。消防安全管理部门在整个系统的运行中具有最高的领导权，为了避免职责不清、责任推诿等现象，消防部门要形成详细的书面文件，对系统进行明确分工，使相关主体切实了解如何开展工作，并通过合理的监督机制，严格发挥监管作用，确保高层建筑消防系统的有效运行。物业公司作为消防安全管理的执行主体，是消防安全工作的核心。消防设施的维护与检修、消防通道的日常清理、安全逃生路线的设计以及相关工作人员的专业能力培训等任务都应该由物业公司来完成，这些工作与灾难事故爆发中的扑救工作紧密相关，在很大程度上影响到事故的危害性。房地产部门的建筑工程决定了灾难事故的潜在发生概率。防火分区的划分、消防通道的建筑、装修材料的使用、电气线路的铺设等建设实际上是高层建筑消防安全的源头。社区委员会作为城镇居民的自治组织，有义务对高层建筑的居住使用人群进行必要的安全教育，同时作为居民利益的代表方，监督其他主体的消防安全工作也是其职责之一。除此之外，各个部门间的协调也尤为重要。高层建筑结构复杂、波及范围广、救援难度大，如果在火灾发生时，部门之间职责混乱、无法协作行动，不能发挥系统优势，则很可能造成更大的损失。同时，加强与水电部门的沟通，也有助于灾难发生时局势的控制，尽可能维护高层建筑的消防安全。

二是有效行政，落实条例法规。事实上，对于高层建筑火灾的防范我国已经出台了很多的相关政策。自 2015 年 5 月 1 日起，由公安部天津消防研究所和公安部四川消防研究所会同有关单位编写的《建筑设计防火规范》已正式实施。[①] 这套规范的出台吸取了国内外的经验教训，并结合我国实际高层建筑的设计提出了明确要求，是设计单位在进行建筑防火设计过程中的重要依据。2008 年 10 月 28 日，十一届全国人大第五次常委会通过了《中华人民共和国消防法》的修订案，这套法律以"预防火灾和减少火灾危害，加强应急救援工作，保护人身、财产安全，维护公共安全"为原则，从火灾预防、消防组织、灭火救援、监督检查及法律责任多角度对我国消防工作提出了宏观指导。[②] 对于消防专业设施的维护保养，已经有《火灾自动报警系统施工及验收规范》的规定，而且根据《公安部令第 61 号》的要求，上海、江西、西安等省市已陆续出台了地方的建筑消防设施管理规定，在很大程度上为城市高层建筑消防安全与维护保养提供了保障。通过有效行政，使得已有法律法规得到彻底落实可以减少火灾隐患，降低火灾发生时的扑救难度，有助于问责机制的运行，对维护社会稳定、保障人民人身财产安全都具有重要意义。

---

① 公安部天津消防研究所，公安部四川消防研究所. 建筑设计防火规范 [GB 50016-2014] [Z].
② 中华人民共和国消防法 [Z].

三是宣传教育，进行消防演练。公众作为灾难事故中的主要救援对象，掌握基本的消防安全知识对于灾害的预防与事故中的自救都具有重要意义。为了更有效地进行消防安全教育，各消防安全重点单位应该根据组织人员的特征，选择恰当的渠道对其进行理论及实践的双重教育。可以借鉴英国的经验，经常性开展多样化的火灾模拟演练，在提高火灾防范安全意识的同时切实提高公众在灾难中的应对能力。消防公安部门也应该积极深入到单位、学校、社区等公众聚集的场所，加强与公众之间的互动联系，既能够传播消防安全意识，也有利于提高公共组织的公信力。

四是完善法律法规，形成刚性约束。尽管目前我国已经有了许多消防安全领域的公共政策，但是在各个政策之间却存在着职责交叉、规范标准不统一、问责制度不完善等问题，政策虽多，却无法形成一个协调的有机整体，不利于消防安全工作的健康发展。在未来，有关部门可以从火灾事故发展的过程入手，建立完整的制度体系。例如，完善高层建筑验收的验收制度、加强消防安全日常维护制度的建设、建立高层建筑消防从业人员培训考核制度、强化问责追究制度等，都可以减少高层建筑火灾发生的概率。同时，也可以合理使用奖罚分明的双向激励制度，鼓励物业公司、房地产部门及公众共同参与到消防安全工作中，提升高层建筑的安全性。

## 三、政治源流：政府与公众的双重压力

### （一）国民情绪

由于高层建筑火灾多发生于住宅区，受高层建筑自身特点的影响，这类事故一旦发生，会直接危及大量居民的人身财产安全，往往会造成严重的后果。然而近年来国内国际高层建筑火灾事故频发，伤亡情况不容乐观、问责体系不甚完善、善后工作不尽如人意，在极大程度上造成了国民情绪的不满乃至愤怒。以 2010 年 11 月 15 日上海市静安区胶州路高层居民住宅火灾事件为例。事故发生后约 15 分钟，以新民网为首的诸多媒体对火灾事故进行了滚动报道，在网络媒介的推动下，消息迅速引起了国民的广泛关注，多方人士对于事件表达了自身的观点。事件爆发后 24 小时内，以"网论：上海应尽快启动高楼居民预先演习机制""新民晚报：记住痛，是为了不再痛""吴琦幸：胶州路火灾后需反'高楼市城市发展'""徐光兴：胶州路火灾现场应有心理危机干预机制"为题的几篇文章热度最高，体现出国民、专家、媒体在第一时间对于事故影响及消防安全的极大关注。随后，"新民晚报：安全生产是有规律可循的""网论：又是无证施工，'金钱至上'四维何时能休""曹景行：胶州路大火暴露工程分包隐患及'GDP 盲目崇拜'""吕怡然：火

灾调查解释'半拉子监管'的危害""网论:建筑市场乱象凸显,政府需勇担深化改革之责""网论:从'11·15'火灾看媒体的责任与作用"等新闻评论从安全生产、政府责任、媒体作用等方面的理性分析得到了国民的认可。一时间,国民的问责情绪高涨,对于企业、政府的不满占领了社会舆论。在事故的后续报道中,善款数量说法不一、大量金额去向不清、问责官员惩治力度不足、撤职官员悄然复出等消息的放出,再一次激起了国民的愤怒情绪。民众、媒体对于事故的全面、持续的报道,直接体现了国民对于高层建筑火灾事件的关注,社会舆论的压力迫使政府有关部门不得不作出反应,尽快出台有关保障城市消防安全的方针政策。

### (二) 官员压力

北京、上海等一线大城市高层建筑火灾事故的发生,也充分引起了政府对于官员问责的重视。2009 年 2 月 9 日中央电视台大火事件发生后,71 名事故责任人受到责任追究,央视新址办主任徐威、副主任王世荣、央视国金公司总工程师高宏等 44 名事故责任人被移送至司法机关,依法追究刑事责任,另外 27 名相关事故责任人受到党纪、政纪处分。上海市胶州路公寓大楼"11·15"特大火灾受到了党中央、国务院高度重视,经国务院事故调查组取证,国务院同意依照有关规定,对 54 名事故责任人作出严肃处理,其中 26 名责任人被移送司法机关依法追究刑事责任,28 名责任人受到党纪、政纪处分。在严厉的惩治措施下,以国务院为首的各级政府部门都对城市消防安全给予了极大重视。2010 年 11 月 16 日,国务院办公厅发布了《国务院办公厅关于进一步做好消防工作坚决遏制重特大火灾事故的通知》(国办发明电〔2010〕35 号),明确提出要"严格落实消防安全责任制",把任务分解到各有关部门、单位和个人,同时"加大火灾事故责任追究力度"。[①] 2012 年 2 月 6 日国务院再次发布《国务院关于加强和改进消防工作的意见》(国发〔2011〕46 号),其中第十八条再次申明要"严格考核和责任追究"。国务院对于责任追究的反复强调,直接加大了各级人民政府、公安机关及其消防部门以及其他有关部门的晋升考核难度,在政治压力的作用下,地方官员也采取了一系列措施预防类似事故的再次发生。

### (三) 维稳大局

维护社会稳定始终是我国政府的重要职能。高层建筑火灾多发,伤及无辜人民的人身财产安全,造成社会舆论的极大不满,国际类似灾难事故的发

---

① 国务院办公厅. 国务院办公厅关于进一步做好消防工作坚决遏制重特大火灾事故的通知[Z]. 2010-10-16.

生也进一步激发了社会各界对于城市消防安全的关注。党中央、国务院都高度重视公共安全特别是消防安全工作，在党中央的号召下，江苏、浙江、山东等省人民政府陆续出台了有关高层建筑消防安全的管理规定。继国务院在"十二五""十三五"规划中提出重视消防安全后，2017 年 7 月 7 日，全国高层建筑消防安全综合治理电视电话会议在北京召开，国务委员、公安部党委书记、部长郭声琨指出"集中开展为期半年的以高层建筑消防安全为重点的综合治理，坚决确保消防安全形势持续稳定"，对创造安全稳定的社会环境具有重要意义。根据全国高层建筑消防安全综合治理电视电话会议精神和公安部、中央综治办、民政部、住房和城乡建设部、国家安监总局、国家能源局《关于印发〈高层建筑消防安全综合治理工作方案〉的通知》（公消〔2017〕218 号）要求，全国各级政府相继出台地方高层建筑消防安全管理规定，分解任务，明确职责，并积极开展消防演练活动，旨在加紧完成这一重要的民生保障任务，维护社会环境的稳定。

## 四、三流汇合：政策出台与完善

近年来发生的多起重大城市高层消防安全事故促成了问题源流、政策源流与政治源流交汇。导致"政策之窗"开启的应当是 2017 年 6 月 14 日发生的英国伦敦的特大高层消防安全事故以及随之发生在杭州住宅小区的高层大火事件。这两件事故暴露了诸多严重的问题：除了高层建筑自身在消防安全事故的风险性较高外，消防设施的老旧、落后与失修，相关部门的监管不力，物业管理责任落实不到位等也是造成诸多高层消防安全事故伤亡惨重的主要原因。无论是国际还是国内，各界人士、新闻媒体以及相关专家等纷纷提出谏言要改善我国消防安全环境，推进高层消防安全政策、制度的调整。

政策过程的议程设定有三种模式：一是外部推动模式。问题由事故发生后暴露出的诸多问题，接着充分扩展，首先成为系统性的公共议程，进而对决策产生影响力，引起重视，最终进入制度性的正式议程。二是动员模式。政府进入正式议程，即决策阶段，但要求广大公众对政策的实施给予支持。三是内部推动模式。有影响力的专家或是民间智库拥有影响决策的专门通道，通过议案的扩展范围以及特定的言语去了解相关体系或机构。就此次国务院以及各地高层消防安全政策的出台而言，外部推动者是相关媒体对高层消防安全事故的报道（如新华网、人民网）；政策的动员者为政府主管部门（如公安部门、消防局等）以及广大公众；内部推动者为专家与民间智库等。三方力量的合力推动了政策的出台。自中华人民共和国公安部公消〔2017〕191号关于吸取英国伦敦"6•14"火灾教训，强化高层建筑火灾防控工作的通知的下发、国务院部署对全国高层建筑消防安全开展综合治理后，我国各省份均发布了相关的方案与政策。

从国家层面来看，2017 年 7 月 27 日，由公安部、中央综治办、民政部、住房和城乡建设部、国家安监总局、国家能源局六部委发布了《关于印发〈高层建筑消防安全综合治理工作方案〉的通知》（公消〔2017〕218 号），要求全国按照政府同意领导、部门依法监管、单位全面负责、社会综合治理的原则，在全国范围内开展高层建筑消防安全综合治理，进一步摸清高层建筑基本情况，实现高层建筑安全隐患得到有效治理，管理责任得到有效落实。

从地方层面来看，各省纷纷响应号召，根据全国高层建筑消防安全综合治理电视电话会议精神和《关于印发〈高层建筑消防安全综合治理工作方案〉的通知》陆续发布地方性的治理工作方案。如 2017 年 7 月 18 日，上海市人民政府发布《上海市住宅物业消防安全管理办法》（以下简称《办法》），《办法》针对上海市居民小区导致火灾的主要因素，即电气故障和用电隐患风险高，内部消防设施缺失、安全度低、消防水源缺乏，疏散通道堆物现象严重，居民业主消防安全意识淡薄等，对上海市物业提出了要求，以加强住宅物业消防安全管理，预防和减少火灾危害。《办法》对物业制定和完善消防安全制度、操作规程和消防档案管理制度、消防设施的维护与管理以及消防巡查检查等做出了详尽的规定。同时，有关政府部门以及业主要做好配合工作，定期举行消防安全演练、监督检查等活动，共同维护好上海市居民的人身与财产安全。此《办法》于 2017 年 9 月 1 日正式施行。①

2017 年 8 月 18 日，北京市住房和城乡建设委员会发布关于落实《北京市高层建筑消防安全综合治理工作方案》（以下简称《方案》），《方案》要求对已投入使用的高层建筑以及新、改、扩建的高层建筑进行消防安全的检查和治理。对建设单位以及物业服务单位，《方案》要求规范责任制度，严格履行各自的消防管理职责，制定火灾应急预案，并定期开展消防隐患排查及组织工作人员和群众进行火灾演练活动。消防设备要符合相关标准规范要求，消防给水系统以及消火栓泵等消防器具要严格按照标准执行。该《方案》于 2017 年 8 月至 12 月在全市开展。②

2017 年 7 月 13 日，广州市住房和城乡建设委员会发布《广州市关于加强高层建筑物业管理消防安全工作的通知》（以下简称《通知》），要求广州市各区物业服务企业做好小区消防安全工作。通过强化高层民用建筑火灾隐患

---

① 上海市人民政府. 上海市住宅物业消防安全管理办法［Z］. http：//www.shanghai.gov.cn/nw2/nw2314/nw2319/nw2407/nw41492/u26aw53292.html.

② 北京市住房和城乡建设委员会. 北京市高层建筑消防安全综合治理工作方案［Z］. http：//www.bjjs.gov.cn/bjjs/xxgk/zwdt/430595/index.shtml.

整治工作责任、保障高层民用建筑消防设施完整好用、开展针对性消防宣传教育三个方面来落实消防安全责任、消防安全设施和消防安全意识。《通知》规定在 2017 年 9 月底前，所有高层民用建筑的物业服务企业要制定针对性逃生预案，组织业主、管理人员、安保人员进行不少于两次的逃生演练活动。该《通知》从即日起开始实施。①

# 第三节　完善城市高层消防安全事故管理决策的建议

伴随着城市的发展，频繁发生的高层消防安全事故推动了政府通过加强监管、制定高层消防安全管理方案、条例等一系列措施应对此类公共安全风险。运用多源流理论的分析框架，我们能够观察到整个高层消防安全事故及其政策制定过程。多起高层消防安全事故的发生，媒体争相报道，社会各界人士对我国消防监管以及高层建筑安全性的质疑引发了问题源流；诸多专家、民间智库就高层消防事故提出的谏言汇成了政策源流；由公众呼吁对我国高层消防安全加强监管的迫切愿望对政府和相关部门人员产生了巨大的压力，形成了政治源流；2017 年 6 月，国外与国内发生的两起高层消防安全事故开启了"政策之窗"，三源交汇，在短时间内促使了国务院以及各省份出台相关政策文件。马克思主义哲学认为，事物的普遍性寓于特殊性之中，任何事物都是共性与个性的统一。因此，透过对我国城市高层消防安全事故政策完善和出台的剖析，也可窥探出我国城市公共安全事故管理政策的启示。

## 一、汲取广泛的政策问题来源

根据分析我国高层消防安全事故管理政策的问题源流，可以看出引起我国高度重视的高层建筑消防管理事件并不是完全来源于发生在我国国内的事故，其直接原因是由于"6·14"英国伦敦火灾所暴露的消防安全漏洞这一源流的产生。通过对国内外高层消防安全数据的采集以及事件的分析，从而发现我国城市高层消防安全事故的现状和存在的问题，进而由国外事件的发生造成的后果来反思我国在该领域的不足，激发了我国城市高层消防安全的政策和治理需求。单独一个问题的发生难以"推到政策议程的显著位置，往往

---

① 广州市住房和城乡建设委员会．广州市关于加强高层建筑物业管理消防安全工作的通知[Z]．http://www.gz.gov.cn/gzgov/gsgg/201707/2e1e025f3d654d3b95383cdf41cdea73.shtml? from = groupmessage.

需要借助于其他类似事件并结合它们所强化的预存知觉等的共同作用"①，问题来源广泛、丰富，政策制定者和广大民众对此的关注也会增多，其被提上政策议程的概率也会提高。由此可以看出，我国城市公共安全事故管理政策的制定与完善的源流既可以从我国自身寻找不足，也可以从他国中发现问题，根据我国公共安全事故管理的实际情况，吸收采纳经验并吸取教训。

## 二、提倡多元的政策参与主体

金登在其著作的开篇引用维克多·雨果的名言："比强大军队的足音更为重要的是一种其时代已经到来的思想。"② 政策源流考虑的是政策问题解决的可行性以及公众对解决方案的可接受程度，更多的是研究政策议程设置中主体的活动。自"非典"时期以来，我国公共安全事故管理政策的制定更加注重政策的动态本质，不再仅限于相互割裂的管理模式，而是更趋向于"扁平化"。在这一点上，城市公共安全事故管理政策的制定与多源流理论框架相对契合。如前所述，在此次高层消防安全事故与相关政策的出台过程中，政策过程的参与者包括从国务院到地方各级政府部门，公安、消防、交通、住建委等部门，体制内和体制外的不同机构和团体。媒体、智库和公众的参与也值得关注。媒体发挥的是使事件成为舆论焦点的作用，并与专家、民间智库一同向政府部门提出意见和建议。在多源流理论框架中，这些参与者在政策的制定中都扮演了重要的角色，是广大人民群众的利益表达者。因此，在我国城市公共安全事故管理的政策制定过程中，可开辟一条公众利益表达的渠道，增强多元主体的参与度，扩大政策的输入来源。

## 三、提高科学的政策决策

城市公共安全事故管理政策是解决城市公共安全问题，求得社会安全、稳定的活动过程，科学、正确的城市公共安全事故管理政策有利于影响社会安全问题的解决。政策制定者所面临的问题是相当复杂的，需要综合诸多学科的知识去分析，进而提出相应的解决对策。③ 在此次城市高层消防安全事故相关政策出台的过程中，发挥最大作用的仍是政府部门。但是，专家、智库的作用开始显现，"在各种思维碰撞的过程中，一部分思想会随之消失，剩下

---

① 张柳. 多源理论视域中的我国政策议程分析[D]. 济南：山东师范大学硕士学位论文，2012.

② [美] 约翰·W. 金登. 议程、备选方案与公共政策[M]. 丁煌，方兴译. 北京：中国人民大学出版社，2004.

③ 李建华. 金登多源流模式理论及其启示——评述多源流模式理论 [J]. 湖南工业大学学报（社会科学版），2010（5）：37-38.

一部分会幸存下来，作为最终决策参考"①，这也是近年来突发公共安全事件应对常见现象——专家、智库推动公共政策议程设置与政策变迁。因此，政策的制定需要广开言路，多听取相关领域专家、智库学者的意见，使任何一项决策都依据决策活动过程的内在规律，依据科学的程序和决策客体的性质来进行，以此尽可能避免决策的失误或是对政策执行造成危害。

## 四、增强事故信息的透明度

城市公共安全事故具有突发性，容易造成社会的恐慌，若事故信息没有得到及时公布，更有"谣言四起"的可能性，进而造成更大的社会恐慌和不稳定。多源流理论中的"政策之窗"的开启往往在于政治源流的变化，这要求政府对于城市公共安全事故的发生不再掩饰，取而代之的应是事故信息的公开透明化，让公众充分享有知情权。这既有利于城市公共安全事故的解决，也有利于相关法律法规以及城市公共安全事故管理政策的完善。

总而言之，在我国全面推进改革发展的时期，"二孩时代"的到来，庞大的经济和人口规模，以及老龄化加剧的特殊社会结构，高速城市化的发展等都决定了我国当前面临的复杂而严峻的形势，加强城市公共安全事故管理迫在眉睫。公众在日常生活中，需掌握一定的自救技能与安全常识，积极参加社区、政府组织的安全演练活动，防止安全事件的发生和对自身利益造成的损失。各级政府以及相关部门应从安全事故中进一步认识到城市公共安全管理的重要性与必要性。我国城市公共安全事故管理的发展仍需要在现在的基础上不断地完善以适应当前社会的要求，从而由政策制度到具体落实，由上至下全面打造一个"安全中国"。

### 参考文献

［1］朱广黔. 城市公共安全管理现状及对策[J]. 人民论坛，2013（29）：40-41.

［2］公安部消防局. 政务公开报告. [EB/OL]. http：//www. 119. gov. cn/xiaofang/hztj/34602. htm，2017-06-22.

［3］侯小伏. 建立公共安全的社会共治制度[J]. 社会治理，2016（1）：112.

［4］[德]乌尔里希·贝克. 自由与资本主义——与著名社会学家乌尔里希·贝克对话[M]. 何博闻译. 杭州：浙江人民出版社，2001.

---

① 李永晟. 政策范式视域下政府多源流政策议程设置研究[D]. 长沙：湖南师范大学硕士学位论文，2015.

[5] 宋林飞 . 从"风险社会"走向和谐社会[J]. 江海学刊, 2007 (4)：12-14.

[6] 杨敏, 郑航生 . 个体安全：关于风险社会的一种反思及研究对策[J]. 思想战线, 2007 (4)：82-89.

[7] 龚虹波 . 垃圾桶模型述评——兼谈其对公共政策研究的启示[J]. 理论探讨, 2005 (6)：105.

[8] [美] 约翰·W. 金登 . 议程、备选方案与公共政策[M]. 丁煌, 方兴译 . 北京：中国人民大学出版社, 2004.

[9] [美] 保罗·A. 萨巴蒂尔 . 政策过程理论[M]. 彭宗超, 钟开斌译 . 北京：生活·读书·新知三联书店, 2004.

[10] 邓剑伟 . 社会管理政策的多源流分析议程、方案与机制[J]. 东北大学学报 (社会科学版), 2013 (3)：276-277.

[11] 英国伦敦大火致死 79 人, 辞职的只是"区长" [N] . 湖北日报网, http://news.cnhubei.com/xw/gj/201706/t3851052.shtml, 2017-06-23.

[12] 陈庆云 . 公共政策分析（第二版）[M]. 北京：北京大学出版社, 2011：1-3.

[13] 苟大彪 . 论高层建筑的消防安全管理[J]. 中国安全生产科学技术, 2014 (10)：335-336.

[14] 公安部天津消防研究所, 公安部四川消防研究所 . 建筑设计防火规范 [GB 50016-2014] [Z].

[15] 中华人民共和国消防法[Z].

[16] 闪淳昌 . 中国突发事件应急体系顶层设计[M]. 北京：科学出版社, 2017.

[17] 国务院办公厅 . 国务院关于加强和改进消防工作的意见（国发〔2011〕4 号）[Z]. 2012-02-06.

[18] 国务院办公厅 . 国务院办公厅关于进一步做好消防工作坚决遏制重特大火灾事故的通知[Z]. 2010-10-16.

[19] 上海市人民政府 . 上海市住宅物业消防安全管理办法[EB/OL]. http://www.shanghai.gov.cn/nw2/nw2314/nw2319/nw2407/nw41492/u26aw53292.html.

[20] 北京市住房和城乡建设委员会 . 北京市高层建筑消防安全综合治理工作方案[EB/OL]. http://www.bjjs.gov.cn/bjjs/xxgk/zwdt/430595/index.shtml.

[21] 广州市住房和城乡建设委员会 . 广州市关于加强高层建筑物业管理消防安全工作的通知[EB/OL]. http://www.gz.gov.cn/gzgov/gsgg/201707/2e1e025f3d654d3b95383cdf41cdea73.shtml? from=groupmessage.

［22］张柳．多源流理论视域中的我国政策议程分析［D］.济南：山东师范大学硕士学位论文，2012.

［23］李建华．金登多源流模式理论及其启示——评述多源流模式理论［J］.湖南工业大学学报（社会科学版），2010（5）：37-38.

［24］李永晟．政策范式视域下政府多源流政策议程设置研究［D］.长沙：湖南师范大学硕士学位论文，2015.

［25］许敏，伊乃春．城市危机管理［M］.北京：清华大学出版社，2013.

［26］杜志淳．中国社会公共安全研究报告［M］.北京：中央编译出版社，2012.

［27］李国强．我国高层建筑钢结构发展的主要问题［J］.建筑结构学报，1998（1）：29-31.

［28］徐志胜．高层建筑火灾防排烟的研究［J］.西部探矿工程，2003，15（12）：179-181.

［29］刘垠村．超高层建筑运用物联网技术进行消防安全及火灾预防的应用探讨［J］.科学咨询，2017（2）：40-41.

# 第六章　首都雾霾风险分析与合作治理决策研究

## 第一节　研究缘起与研究思路

### 一、研究背景与研究意义

近年来，中国以环境为代价大力发展经济，造成当前雾霾污染严重。美国耶鲁大学发布的《2016 年环境绩效指数报告》显示，世界第二大经济体中国的空气质量整体在世界上排名倒数第二，属空气污染的重灾区，中国的京津冀地区尤为严重，在全国空气质量最差的前 10 个城市中，有 7 个城市来自京津冀地区，① 而其中首都由于其特殊的地理位置，被工业污染物排放大省河北环绕，且三面环山"簸箕"地形，雾霾不宜扩散，造成了首都地区严峻的环境形势。

从整体来讲，根据北京市环保局发布的《2016 年北京市环境状况公报》②，北京市 2016 年 PM2.5 的年均浓度值为 73 微克/立方米，距离国家二级标准 35 微克/立方米还有 38 微克/立方米的距离。而据国务院发布的《大气污染防治行动计划》③ 中的十条措施要求，到 2017 年，北京市细颗粒物年均浓度控制在 60 微克/立方米左右。这说明北京要达到该目标还需要狠下功夫改善空气质量。

具体来看，根据《2016 年北京市环境状况公报》，2016 年空气质量达标天数为 198 天，其中，一级优 68 天，二级良 130 天，达标天数比 2015 年增加 12 天，比 2013 年增加 22 天；共发生重污染 39 天，比 2015 年减少 7 天，比 2013 年减少 19 天。从直观数字上来看，2016 年北京市雾霾状况似有改善，

---

① 环境保护部发布 2015 年全国城市空气质量状况［EB/OL］. http：//www. lixuefeng. cn/hot/8e6broc620160204c6n436910032. html，2016-03-24.

② 北京市环境保护局 .《2016 年北京市环境状况公报》发布［EB/OL］. http：//www. bjepb. gov. cn/bjhrb/xxgk/jgzn/jgsz/jjgjgszjzz/xcjyc/xwfb/815044/index. html，2017-09-02.

③ 国务院 . 国务院发布《大气污染防治行动计划》十条措施［EB/OL］. http：//www. gov. cn/jrzg/2013-09/12/content_ 2486918. htm，2017-09-02.

但根据北京大学统计科学中心在 2017 年 3 月发布的《空气质量评估报告（三）——北京地区 2013~2016 年区域污染状况评估》[1] 报告中显示：北京市目前的 PM2.5 水平相比 2013 年和 2014 年的浓度水平已经有了显著的下降，这一下降主要发生在 2015 年。在中心、北部和南部区域，2015 年的 PM2.5 浓度比 2014 年分别有 12.4%、16.3% 和 8.7% 程度的下降。尽管环保部门根据 11 个国控站点原始浓度计算得到的 2016 年自然年的 PM2.5 浓度比 2015 年下降了 9.9%，但该研究表明，在北京市中心区域，2016 年"季节年"比 2015 年增加了 1.4%，其中春夏两季的 PM2.5 水平同 2015 年同季持平，但秋季有 3.9% 的显著增加，冬季上升幅度为 3.1%。这说明 2016 年的实际 PM2.5 浓度与 2015 年相比有回升。

因此可见，首都依然面临着严峻的雾霾形势，雾霾对健康造成的威胁已经得到广泛的认同，世界卫生组织估计，每年有 200 多万人因吸入室内和室外空气污染中的细小微粒而死亡，[2] 雾霾治理已经成为首都的当务之急。

据《气候变化绿皮书：应对气候变化报告（2016）》[3] 显示，北京市 PM2.5 来源中，外来污染的贡献占到了 28%~36%。而且由于空气污染具有公共性、负外部性、政治性、综合性等特点，以往的属地治理模式（以行政单位为主体各自单独治理环境污染）资源配置低效，无法有效治理空气污染，甚至有加剧"排污竞争"的趋势。因此，"谁污染谁治理"的治理模式无法有效治理空气污染，各地区必须采用合作治理的方式，建立跨区域治理的有效合作机制来治理雾霾。

## 二、研究内容、思路与方法

本章以首都为研究对象对雾霾给首都带来的风险进行分析；以京津冀地区为研究对象探究京津冀地区经济发展、社会稳定以及雾霾防控这三者之间是否存在着均衡关系；接着落脚于京津冀的雾霾治理，以京津冀为研究对象，应用博弈论理论，分析政府补贴对京津冀雾霾防控策略的影响；最后以首都为研究对象对当前首都雾霾防治政策进行评价，如图 6-1 所示。

---

① 北京大学统计科学中心. 空气质量评估报告（三）——北京地区2013~2016 年区域污染状况评估[EB/OL]. http://www.stat-center.pku.edu.cn/Stat/Index/article_show/id/207，2017-09-02.

② 世界卫生组织. 应对全球清洁空气挑战[EB/OL]. http://www.who.int/mediacentre/news/releases/2011/air_pollution_20110926/zh/，2017-05-01.

③ 王伟光，郑国光. 气候变化绿皮书：应对气候变化报告（2016）[M]. 北京：社会科学文献出版社，2016.

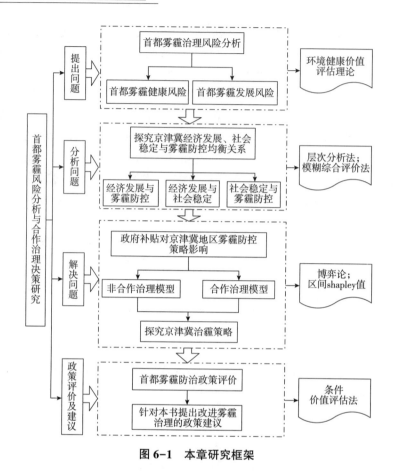

图 6-1　本章研究框架

# 第二节　首都雾霾的健康风险与经济损失

　　雾霾对健康造成的威胁已经得到广泛的认同，当前首都雾霾浓度已远远超过国家二级标准，因此给民众带来了巨大的健康风险。此外，由于雾霾而导致的能见度降低，会直接导致高速封闭、航班延误；[1] 而且形成的雾霾层会遮挡阳光，导致植物的光合作用下降，[2][3] 进而对农业产生影响，因此对首都

---

　　① 穆泉，张世秋.2013 年 1 月中国大面积雾霾事件直接社会经济损失评估[J].中国环境科学，2013（11）：2087-2094.

　　② Miao W. , Huang X. , Song Y. . An Economic Assessment of the Health Effects and Crop Yield Losses Caused by Air Pollution in Mainland China [J]. Journal of Environmental Sciences, 2017, 56 (6): 102.

　　③ Meibodi A. E. , Abdoli G. , Taklif A. , et al. . Economic Modeling of the Regional Polices to Combat Dust Phenomenon by Using Game Theory [J]. Procedia Economics and Finance, 2015 (24): 409-418.

的经济发展带来了巨大的风险。接下来，本节分别从数值估计的角度来衡量雾霾给首都带来的民众健康风险和经济损失风险。

## 一、首都雾霾健康风险分析

据美国环保署 2009 年发布的《关于空气颗粒物综合科学评估报告》，有足够的科学研究结果证明了大气细粒子能吸附大量致癌物质和基因毒性诱变物质，给人体健康带来不可忽视的负面影响，包括提高死亡率、使慢性病加剧、使呼吸系统及心脏系统疾病恶化，改变肺功能及结构、影响生殖能力、改变人体的免疫结构等。据北京市卫生局统计，每次只要出现重度雾霾的天气，来市属各大医院的呼吸科就诊的患者就增加二到五成。更为严重的是，空气污染还会影响人类的生育和婴幼儿的健康。无疑，北京市雾霾已经对人体健康造成严重影响，带来巨大的社会健康成本。因此，本节通过计算雾霾对北京造成的社会健康成本来衡量北京所面临的雾霾带来的健康风险。

### （一）评估方法

根据已有研究，颗粒物的短期或长期暴露均会对人体健康产生不良的效应，包括短期急性症状、提高慢性病患者死亡率、呼吸系统和心脑血管系统疾病恶化等，以至于医院中此类病症应诊增多。[1] 已有文献[2][3][4][5][6][7]使用暴露反应系数估算了 PM2.5 带来的呼吸系统疾病、心血管疾病、慢性以及急性支气管炎、门诊以及死亡等健康效应的变化并对此健康效应进行了价值估计。但现有文献对北京地区雾霾造成的健康风险研究仅使用了疾病成本法，在评估时没有考虑到死亡的额外损失，也没有考虑到慢性疾病与急性疾病价值估计的区别，造成评估的不准确。因此，本节利用疾病成本法[8]对雾霾造成的呼吸系统疾病、心血管疾病、急性支气管炎以及门诊带来的损失进行评估，利

①　杨卓森. 雾霾污染致人体健康效应的研究进展[J]. 职业与健康, 2014（17）: 2517-2520.

②　Miao W., Huang X., Song Y.. An Economic Assessment of the Health Effects and Crop Yield Losses Caused by Air Pollution in Mainland China [J]. Journal of Environmental Sciences, 2017, 56（6）: 102.

③　曹彩虹, 韩立岩. 雾霾带来的社会健康成本估算[J]. 统计研究, 2015（7）: 19-23.

④　黄德生, 张世秋. 京津冀地区控制 PM_(2.5) 污染的健康效益评估[J]. 中国环境科学, 2013（1）: 166-174.

⑤　Huang D., Xu J., Zhang S.. Valuing the Health Risks of Particulate Air Pollution in the Pearl River Delta, China [J]. Environmental Science & Policy, 2012, 15（1）: 38-47.

⑥　Lu X., Yao T., Fung J. C. H., et al.. Estimation of Health and Economic Costs of Air Pollution over the Pearl River Delta Region in China [J]. Science of the Total Environment, 2016（566-567）: 134-143.

⑦⑧　Delucchi M. A., Murphy J. J., Mccubbin D. R.. The Health and Visibility Cost of Air Pollution: A Comparison of Estimation Methods. [J]. Journal of Environmental Management, 2002, 64（2）: 139-152.

用伤残调整生命年法①估计北京地区雾霾导致的慢性支气管炎所损失的价值，使用调整人力资本法②对雾霾造成的慢性及急性死亡所损失的价值进行评估，综合估算雾霾给京津冀地区民众带来的健康风险。

根据环境健康价值评估理论，通常分为两个步骤评估控制 PM 2.5 所带来的健康成本：首先估算 PM 2.5 浓度降低带来的各健康终端的健康效应变化，然后对该健康效应进行货币化评估，计算雾霾带来的健康成本。据此参考已有文献③可以建立如下评估模型：

$$L = \sum_{i=1}^{M} L_i = \sum_{i=1}^{M} E_i \cdot L_{pi} \tag{6-1}$$

其中，L 为 PM 2.5 浓度降低带来的所有健康终端的效益总和；$L_i$ 为健康终端 i 相应的健康效益；$E_i$ 为健康终端 i 的风险变化量；$L_{pi}$ 为健康终端 i 的单位健康风险变化对应的价值。

健康终端的风险变化量需要使用环境健康风险评估计算，通常采用流行病学研究得到污染物浓度与健康效应之间的暴露—反应关系，从而计算出由于 PM 2.5 浓度变化而带来的健康效应变化量 E 如式（6-2）所示：④

$$E = p \cdot I \cdot \left(1 - \frac{1}{\exp(\beta(\rho - \rho_0))}\right) \tag{6-2}$$

其中，I 为 PM2.5 实际浓度下的人群健康风险；β 为暴露—反应系数；ρ 为 PM2.5 的实际浓度；$\rho_0$ 为 PM2.5 的参考基准浓度。

### 1. 疾病成本法

疾病成本法应用于测量疾病终端的成本，包括人们的医疗费用和误工导致的收入损失等，本节使用该方法对雾霾造成的呼吸系统疾病、心血管疾病、儿科、内科、急性支气管炎以及哮喘这六种疾病带来的损失进行评估，计算方法如式（6-3）所示：⑤

$$c_i = (c_{Pi} + GDP_P \cdot T_{Li}) \Delta I_i \tag{6-3}$$

其中，$c_i$ 为 PM 2.5 对健康终端 i 造成的疾病总成本；$c_{Pi}$ 为健康终端 i 的单位病例的疾病成本；$GDP_P$ 为地区人均国内生产总值的日均值；$T_{Li}$ 为因健康终端 i 的疾病导致的误工时间；$\Delta I_i$ 为健康终端 i 因 PM 2.5 污染导致的健康效应变化量。

---

① 曹彩虹，韩立岩. 雾霾带来的社会健康成本估算[J]. 统计研究，2015（7）：19-23.

② Huang D., Xu J., Zhang S.. Valuing the Health Risks of Particulate Air Pollution in the Pearl River Delta, China [J]. Environmental Science & Policy, 2012, 15 (1): 38-47.

③④⑤ 黄德生，张世秋. 京津冀地区控制 $PM_{(2.5)}$ 污染的健康效益评估[J]. 中国环境科学，2013（1）：166-174.

## 2. 伤残调整生命年法

有学者指出，疾病的成本法是对生命统计价值的最低估价，它完全忽略了伤痛与失去生命的价值，[1] 因此，Xue 等[2]采用了世界卫生组织、世界银行和哈佛大学联合研制出的一种新的关于"疾病负担"的测量方法来对环境健康价值进行评估，即"伤残调整生命年"（Dalys），它是指从发病到死亡所损失的全部健康寿命年，包括因早死所致的寿命损失年和疾病所致伤残引起的健康寿命损失年两部分，某疾病的 Dalys 取值越大，表示该疾病的健康损失越大，本节使用该方法对地区雾霾造成的慢性支气管炎的健康成本进行估计，其具体计算公式如式（6-4）所示：[3]

$$Dalys = \int_{x=\alpha}^{x=\alpha+\delta} cxe^{-\beta x}e^{-\gamma(x-\alpha)}dx \tag{6-4}$$

其中，$\alpha$ 为发病年龄；$\delta$ 为因早逝寿命损失年数；$\gamma$ 为贴现率，此处取值为现行银行中长期贷款利率7%；$c$、$\beta$ 为均常数。

## 3. 调整人力资本法

调整人力资本法是指用收入的损失去估价由于污染引起的过早死亡的成本，认为一个人的劳动价值是考虑年龄、性别、教育程度等因素情况下，每个人的未来收入津贴现折算成的现值。根据边际劳动生产力理论，人失去寿命或工作时间的价值等于这段时间中个人劳动的价值，[4] 采用调整人力资本法可考虑到由雾霾导致的慢性效应疾病和急性效应疾病引起的过早死亡的成本，使健康总成本估算更科学。因此，本节使用调整人力资本法对雾霾造成的慢性效应和急性效应死亡率进行估计。调整人力资本法具体的计算方法如式（6-5）所示：[5]

$$HCL = \sum_{k=1}^{t} GDP_k^{pv} = GDP_0 \times \sum_{k=1}^{t} \left[ (1+\alpha) \div (1+\gamma) \right]^k \tag{6-5}$$

其中，HCL 代表基于人均 GDP 的个人人力资本或人寿价值，$t$ 是人均损失的生命年，$GDP_k^{pv}$ 为第 $k$ 年人均 GDP，$GDP_0$ 代表基准年人均 GDP，$\alpha$ 代表人均 GDP 增长率，$\gamma$ 为社会贴现率。

---

① Aunan K., Pan X. C.. Exposure-response Functions for Health Effects of Ambient Air Pollution Applicable for China-A Meta—Analysis. [J]. Science of the Total Environment, 2004, 329 (1-3): 3-16.

② Xue J., Zhao L., Fan L., et al.. An Interprovincial Cooperative Game Model for Air Pollution Control in China. [J]. Journal of the Air & Waste Management Association, 2015, 65 (7): 818-827.

③ 曹彩虹，韩立岩. 雾霾带来的社会健康成本估算[J]. 统计研究，2015（7）：19-23.

④⑤ Huang D., Xu J., Zhang S.. Valuing the Health Risks of Particulate Air Pollution in the Pearl River Delta, China [J]. Environmental Science & Policy, 2012, 15 (1): 38-47.

## （二）数据处理

根据北京环境公报得到北京市 2016 年 PM2.5 的实际浓度是日均70μg/m³。本节将 2016 年末的常住人口作为暴露人群，根据北京市统计年鉴获得数据。北京市各健康终端的实际发病率（死亡率）以及各健康终端的基准发病率（死亡率）分别从相关的《社会经济统计年鉴》和《北京卫生统计年鉴》中获得，北京市各健康终端的暴露—反应系数和基准发生率如表 6-1 所示。

表 6-1  各健康终端的暴露—反应系数和基准发生率

| 疾病 | 暴露—反应系数 | 疾病基准发生率 |
|---|---|---|
| 呼吸系统疾病 | 0.00109 | 0.0133 |
| 心血管疾病 | 0.00068 | 0.0069 |
| 儿科 | 0.00056 | 0.0964 |
| 内科 | 0.00049 | 0.236 |
| 急性支气管炎 | 0.0079 | 0.0054 |
| 哮喘 | 0.0021 | 0.0124 |
| 慢性效应死亡率 | 0.00296 | 0.00452 |
| 急性效应死亡率 | 0.0004 | 0.00452 |
| 慢性支气管炎 | 0.01009 | 0.0019 |

通过查阅《北京统计年鉴》，可以得到 2016 年北京地区人均国内生产总值的日均值为 314.22（元/人×天），而一年当中由于雾霾所造成的务工时间约为 9.6 天/年。根据式（6-3）对北京市呼吸系统等七种疾病带来的损失进行成本评估如表 6-2 所示。

表 6-2  2016 年各健康终端单位病例治疗成本

| 疾病 | 单位病例治疗成本（元） |
|---|---|
| 呼吸系统疾病 | 14.58 |
| 心血管疾病 | 4.67 |
| 儿科 | 3.00 |
| 内科 | 6.42 |
| 急性支气管炎 | 7.79 |
| 哮喘 | 3.24 |
| 慢性支气管炎 | 637.65 |

通过调查发现，北京市慢性支气管炎的平均发病者年龄大约为 55 岁，人

均期望寿命为 82 岁，贴现率为现行银行中长期贷款利 4.9%，c、β 取值分别为 0.16 与 0.04，[1][2] 根据式（6-4），可得到北京地区慢性支气管炎的 Dalys 值约为 11.51。根据式（6-5），对于慢性效应死亡率[3]和急性效应死亡率采取调整人力资本法[4]进行计算，t 是人均损失的生命年，慢性效应疾病和急性效应疾病的北京市人均损失生命年取 5 年，$GDP_k^{pv}$ 是第 k 年人均 GDP，$GDP_0$ 代表基准年人均 GDP，取 2013 年为基年，2013 年的人均 GDP 为 93213 元/人，人均 GDP 增长率为 0.066，r 为社会贴现率，本节取值为现行银行中长期贷款利 4.9%。根据人力资本法得出的结果如表 6-3 所示。

表 6-3　各健康终端的个人人力资本

| 疾病 | HCL（基于人均 GDP 的个人人力资本）（元/人） |
|---|---|
| 慢性效应死亡率 | 488657.57 |
| 急性效应死亡率 | 488657.57 |

综合上述数据，得到 2016 年雾霾带来的民众健康风险如表 6-4 所示。

表 6-4　各健康终端的总成本

| 疾病 | 各健康终端的总成本（元） |
|---|---|
| 呼吸系统疾病 | 226391.59 |
| 心血管疾病 | 23249.45 |
| 儿科 | 171397.18 |
| 内科 | 783834.49 |
| 急性支气管炎 | 421490.61 |
| 哮喘 | 92773.54 |
| 慢性效应死亡率 | 7327119288.00 |
| 急性效应死亡率 | 930379067.20 |
| 慢性支气管炎 | 16402544.42 |
| 总成本 | 8275620036.48 |

---

① 沈洪兵，俞顺章. 残疾调整生命年（DALY）指标的原理及其统计方法[J]. 现代预防医学，1999（1）：66-68.

② 赵晨曦，王玉杰，王云琦等. 细颗粒物（PM_（2.5））与植被关系的研究综述[J]. 生态学杂志，2013（8）：2203-2210.

③ Huang D., Xu J., Zhang S.. Valuing the Health Risks of Particulate Air Pollution in the Pearl River Delta, China [J]. Environmental Science & Policy, 2012, 15 (1): 38-47.

④ Lu X., Yao T., Fung J. C. H., et al.. Estimation of Health and Economic Costs of Air Pollution over the Pearl River Delta Region in China [J]. Science of the Total Environment, 2016 (566-567): 134-143.

### （三）评估结论

本节综合考虑了 PM2.5 对各疾病的危害程度和损失的严重程度，在计算总成本时，考虑了各种疾病的特征，对于呼吸系统疾病、心血管疾病、儿科、内科、急性支气管炎、哮喘、慢性支气管炎这种可以通过生病缺勤造成的收入损失和医疗费用（包括门诊费、住院费和药费等）就选用疾病成本法来计算，而对于慢性疾病如慢性支气管炎的疾病，考虑到疾病的潜伏期，以及这种疾病对人们未来的生活所造成的影响（如过早死亡），采取调整人力资本法进行计算。对于慢性效应疾病和急性效应疾病的计算，考虑到了因早死所致的寿命损失年和疾病所致伤残引起的健康寿命损失年两部分，选用伤残调整生命年方法计算出损失年。对呼吸系统疾病、心血管疾病、儿科、内科、急性支气管炎、哮喘、慢性支气管炎、慢性效应疾病和急性效应疾病的分类以及采取的不同方法能够大大减少健康成本的重复计算，同时选取这些方法能够更加全面地反映 PM2.5 对人体的健康影响。

通过数值计算，可以得到 2016 年北京市雾霾对首都民众健康带来的风险约为 82.76 亿元，年人均成本为 380.86 元，可见雾霾对首都民众带来的巨大健康风险，但值得注意的是，目前对健康成本的衡量依赖于流行病学研究所得到的暴露—反映系数，但建立暴露—反应关系的过程本身仍存在很多不确定因素，如天气、其他污染物、居民暴露模式等。此外，影响雾霾的污染物除了 PM2.5 之外还有二氧化硫、氮氧化物、PM10 等，而本节只计算了 PM2.5 对健康带来的风险，并没有计算二氧化硫、氮氧化物、PM10 等污染物对健康带来的风险，这是因为这几种污染物和 PM2.5 对健康的影响是存在交叉的，所以计算得到的风险成本无法直接相加，尚未有学者建立一个包含二氧化硫、氮氧化物、PM10、PM2.5 等污染物，且剔除其交互影响的模型，因此，为了避免重复估计，本章只衡量了雾霾的主要成分 PM2.5 所带来的健康成本，这也意味着舍弃了二氧化硫、氮氧化物、PM10 等污染物对健康带来的风险，造成了风险估计偏低。

## 二、首都雾霾经济损失风险分析

目前，关于雾霾对社会影响的研究，多数关注健康方面。对于经济发展方面的研究，主要集中于对交通产生的影响。2013 年穆泉和张世秋[1]主要使用直接损失评估法对雾霾事件造成的交通直接经济损失进行评估，包含航班

---

[1] 穆泉，张世秋 . 2013 年 1 月中国大面积雾霾事件直接社会经济损失评估 [J]. 中国环境科学，2013（11）：2087-2094.

延误、高速封路收费、交通事故等。王桂芝等[1]同样以 2013 年 1 月北京市受到雾霾重污染事件为例，从静态与动态两种情形，使用投入产出模型评估雾霾造成的间接经济损失。农业作为国民经济中一个重要产业部门，雾霾对农业造成的影响同样受到重视。Miao W. 等[2]的研究表明，中国在主要作物产量方面受到空气污染的严重影响。李春华和赵隽宇[3]从需求及供给两个方面，使用投入产出模型估算雾霾导致的农业损失所造成的经济部门间接经济损失。

因此，本节将从交通业及农业两个方向，探索雾霾对首都经济造成的损失。基于社会公开报道的数据，计算雾霾对首都农业及交通业造成的直接经济损失，并且以交通业及农业为首，基于产业间的关联效应，估计雾霾对首都经济造成的间接损失。通过环境管制对各部门产出的影响，探究雾霾治理对首都经济发展造成的影响。根据雾霾对首都经济发展造成的损失，对现实情况进行风险评估，并提出雾霾治理建议。

## （一）评估方法

### 1. 直接经济损失评估方法

（1）交通业直接经济损失方法。

穆泉和张世秋[4]在研究中使用了航班损失评估方法、高速封路评估方法与交通事故评估方法三种方法。根据秦利燕等[5]的结论，高速公路上发生交通事故的主要原因是人，并且雾天平均每天事故次数低于晴天。因此，本节仅计算航班损失及高速封路损失。

航班损失分为航班延误损失与航班取消损失。两部分均基于穆泉和张世秋[6]研究的数据，经过地区生产总值增长的校正，得到延误、取消单位成本。结合 2016 年的新闻报道，整理航班延误、取消情况，从航空公司经济损失与旅客的经济损失两方面计算损失。高速封路评估方法同样基于穆泉和张世秋[7]研究的数据，经过地区生产总值增长的校正得到单位时间直接财务损失。以此为基础，根据高速封路路段数及平均封路时间，计算高速封路直接经济损失。

---

① 王桂芝，顾赛菊，陈纪波. 基于投入产出模型的北京市雾霾间接经济损失评估[J]. 环境工程，2016，34（1）：121-125.

② Miao W. , Huang X. , Song Y.. An Economic Assessment of the Health Effects and Crop Yield Losses Caused by Air Pollution in Mainland China [J]. Journal of Environmental Sciences，2017，56（6）：102.

③ 李春华，赵隽宇. 北京市雾霾灾害农业损失引起的部门间接经济损失评估[J]. 中国农学通报，2017（10）：118-124.

④⑥⑦ 穆泉，张世秋. 2013 年 1 月中国大面积雾霾事件直接社会经济损失评估[J]. 中国环境科学，2013（11）：2087-2094.

⑤ 秦利燕，邵春福，贾洪飞. 高速公路交通事故分析及预防对策研究[J]. 中国安全科学学报，2003，13（6）：64-67.

（2）农业直接经济损失方法。

Chameides W. L. 等[1]评估了 PM2.5 浓度对农作物产量的影响，发现雾霾目前导致中国 70%的农作物产量下降 5%～30%。根据以上研究结果，本节假定首都农业受雾霾影响的面积为 70%，减产比例为 15%。同时假定农业产值与农作物产量之间存在线性关系，以此计算农业因雾霾灾害减少的产值。

## 2. 间接经济损失评估方法

目前，国内外学者评估海洋、区域洪涝等灾害对经济的影响[2][3][4][5][6]大多使用投入产出法。大量研究结果表明，投入产出模型能够有效解决关联损失计算问题。因此，本节利用静态投入产出模型评估交通业、农业因雾霾给其他部门造成的关联损失。

投入产出模型以投入产出表（见表 6-5）为基础，建立对应的线性方程体系，综合分析描述国民经济各部门间的联系。

表 6-5　投入产出

| 投入产出 | 中间产品 | | | | | 最终产品 | 总产出 |
|---|---|---|---|---|---|---|---|
| | 部门 1 | 部门 2 | 部门 3 | … | 部门 n | | |
| 中间投入　部门 1 | $X_{11}$ | $X_{12}$ | $X_{13}$ | … | $X_{1n}$ | $f_1$ | $X_1$ |
| 部门 2 | $X_{21}$ | $X_{22}$ | $X_{23}$ | … | $X_{2n}$ | $f_2$ | $X_2$ |
| 部门 3 | $X_{31}$ | $X_{32}$ | $X_{33}$ | … | $X_{3n}$ | $f_3$ | $X_3$ |
| ⋮ | ⋮ | ⋮ | ⋮ | ⋮ | ⋮ | ⋮ | ⋮ |
| 部门 n | $X_{n1}$ | $X_{n2}$ | $X_{n3}$ | … | $X_{nn}$ | $f_n$ | $X_n$ |
| 最初投入（增加值） | $Y_1$ | $Y_2$ | $Y_3$ | | $Y_n$ | | |
| 总投入 | $X_1$ | $X_2$ | $X_3$ | … | $X_n$ | | |

①　Chameides W. L. , Yu H. , Liu S. C. , et al. . Case Study of the Effects of Atmospheric Aerosols and Regional Haze on Agriculture：An Opportunity to Enhance Crop Yields in China Through Emission Controls? ［J］. Proceedings of the National Academy of Sciences of the United States of America, 1999, 96 （24）：13626–13633.

②　顾振华. 基于投入产出模型的灾害产业关联性损失计量[J]. 河南工业大学学报（社会科学版），2011, 7（2）：31–34.

③　郑慧，高梦莎. 基于投入产出模型的海洋灾害间接经济损失评估[A]. 海洋强国战略论坛[C]. 2016.

④　张鹏，李宁，吴吉东等. 基于投入产出模型的区域洪涝灾害间接经济损失评估[J]. 长江流域资源与环境，2012, 21（6）：773.

⑤　Rose A. , Liao S. Y. . Modeling Regional Economic Resilience to Disasters：A Computable General Equilibrium Analysis of Water Service Disruptions［J］. Journal of Regional Science, 2005, 45（1）：75–112.

⑥　Hallegatte S. . An Adaptive Regional Input–output Model and Its Application to the Assessment of the Economic Cost of Katrina［J］. Risk Analysis an Official Publication of the Society for Risk Analysis, 2008, 28（3）：779–799.

直接消耗系数的表达式为：$a_{ij} = X_{ij}/X_j$（$i$, $j$ = 1, 2, …, n），表示第 j 部门的总投入 $X_j$ 中直接消耗的第 i 部门的货物或服务的价值量 $X_{ij}$ 在总投入 $X_j$ 中的比例。

根据投入产出表中的三个基本平衡关系：中间产品+最终产品＝总产出；中间投入+最初投入（增加值）＝总投入；各部门总产出＝该部门总投入。得到各部门间的关系为：

$$AX + F = X \tag{6-6}$$

其中，A 为直接消耗系数矩阵：$A = \begin{pmatrix} a_{11} & a_{12} & a_{13} & \cdots & a_{1n} \\ a_{21} & a_{22} & a_{23} & \cdots & a_{2n} \\ a_{31} & a_{32} & a_{33} & \cdots & a_{3n} \\ \vdots & \vdots & \vdots & \vdots & \vdots \\ a_{n1} & a_{n2} & a_{n3} & \cdots & a_{nn} \end{pmatrix}$；X 为各部

门总投入/产出形成的矩阵：$X = \begin{pmatrix} X_1 \\ X_2 \\ X_3 \\ \vdots \\ X_n \end{pmatrix}$；F 为最终产品形成的矩阵：$F = \begin{pmatrix} f_1 \\ f_2 \\ f_3 \\ \vdots \\ f_n \end{pmatrix}$。

式（6-6）可转换为：

$$X = (I - A)^{-1} F \tag{6-7}$$

其中，I 为单位矩阵，$(I-A)^{-1}$ 为里昂剔夫逆矩阵。

本节中将部门（行业）的最终产品损失作为直接经济损失，即 $\Delta F = \begin{pmatrix} \Delta f_1 \\ \Delta f_2 \\ \Delta f_3 \\ \vdots \\ \Delta f_n \end{pmatrix}$，则总损失为：$\Delta X = (I - A)^{-1} \Delta F \tag{6-8}$

则间接经济损失可用投入产出表内的中间投入减少量表示，即 $\Delta X - \Delta F$。

为提高评估的准确性，本节使用完全消耗系数进行计算。根据定义，直接消耗量和各轮间接消耗量相加之和是完全消耗系数。因此，完全消耗系数矩阵 B 可以在直接消耗系数矩阵 A 的基础上经过变换得到，即

$$B = (I - A)^{-1} - I \tag{6-9}$$

式（6-9）中的 A 为直接消耗系数矩阵，I 为单位矩阵，B 为完全消耗系数矩阵。式（6-9）可转化为：

$$\Delta X = (B+I)\Delta F \qquad (6\text{-}10)$$

即

$$\begin{pmatrix} \Delta X_1 \\ \Delta X_2 \\ \Delta X_3 \\ \vdots \\ \Delta X_n \end{pmatrix} = \left[ \begin{pmatrix} b_{11} & b_{12} & b_{13} & \cdots & b_{1n} \\ b_{21} & b_{22} & b_{23} & \cdots & b_{2n} \\ b_{31} & b_{32} & b_{33} & \cdots & b_{3n} \\ \vdots & \vdots & \vdots & & \vdots \\ b_{n1} & b_{n2} & b_{n3} & \cdots & b_{nn} \end{pmatrix} + \begin{pmatrix} 1 & 0 & 0 & 0 & 0 & \cdots & 0 \\ 0 & 1 & 0 & 0 & 0 & \cdots & 0 \\ 0 & 0 & 1 & 0 & 0 & \cdots & 0 \\ \vdots & \vdots & \vdots & \vdots & \vdots & & \vdots \\ 0 & 0 & 0 & 0 & 0 & \cdots & 1 \end{pmatrix} \right] \begin{pmatrix} \Delta f_1 \\ \Delta f_2 \\ \Delta f_3 \\ \vdots \\ \Delta f_n \end{pmatrix}$$

$$(6\text{-}11)$$

假设雾霾仅对某一部门造成了直接经济损失，其他部门没有产生直接经济损失，由式（6-11）可得，该部门总损失为：

$$\begin{pmatrix} \Delta X_1 \\ \Delta X_2 \\ \vdots \\ \Delta X_i \\ \vdots \\ \Delta X_n \end{pmatrix} = \left[ \begin{pmatrix} b_{11} & b_{12} & \cdots & b_{1i} & \cdots & b_{1n} \\ b_{21} & b_{22} & \cdots & b_{2i} & \cdots & b_{2n} \\ \vdots & \vdots & & \vdots & & \vdots \\ b_{i1} & b_{i2} & \cdots & b_{ii} & \cdots & b_{in} \\ \vdots & \vdots & & \vdots & & \vdots \\ b_{n1} & b_{n2} & \cdots & b_{ni} & \cdots & b_{nn} \end{pmatrix} + \begin{pmatrix} 1 & 0 & \cdots & 0 & 0 & 0 & \cdots & 0 \\ 0 & 1 & \cdots & 0 & 0 & 0 & \cdots & 0 \\ \vdots & \vdots & & \vdots & \vdots & \vdots & & \vdots \\ 0 & 0 & \cdots & 0 & 0 & 1 & \cdots & 0 \\ \vdots & \vdots & & \vdots & \vdots & \vdots & & \vdots \\ 0 & 0 & \cdots & 0 & 0 & 0 & \cdots & 1 \end{pmatrix} \right] \begin{pmatrix} 0 \\ 0 \\ \vdots \\ \Delta f_i \\ \vdots \\ 0 \end{pmatrix}$$

$$= \begin{pmatrix} b_{1i}\Delta f_i \\ b_{2i}\Delta f_i \\ \vdots \\ b_{ii}\Delta f_i \\ \vdots \\ b_{ni}\Delta f_i \end{pmatrix} + \begin{pmatrix} 0 \\ 0 \\ \vdots \\ \Delta f_i \\ \vdots \\ 0 \end{pmatrix} \qquad (6\text{-}12)$$

由式（6-12）得，第 i 部门的总损失可表示为：

$$\Delta X_i = b_{ij}\Delta f_i + \Delta f_i \qquad (6\text{-}13)$$

其中，$\Delta f_i$ 为雾霾造成的部门 i 的直接经济损失，$b_{ij}\Delta f_i$ 为雾霾造成的部门 i 的间接经济损失。其余没有产生直接经济损失部门的总损失，即间接经济损失为：

$$\Delta X_j = b_{ji}\Delta f_i \text{ 且 } j \neq i \qquad (6\text{-}14)$$

## （二）经济损失定量分析

### 1. 直接经济损失估计

（1）航班直接经济损失估计。

通过对 2016 年首都机场因雾霾而导致的航班延误及取消的官方新闻报道的整理，可知 2016 年共发生三次重大飞机延误和取消事件，如表 6-6 所示。

表 6-6　2016 年首都飞机延误和取消统计

| 时间 | 延误航班（次） | 取消航班（次） |
|---|---|---|
| 2016 年 11 月 5 日 | 511 | 512 |
| 2016 年 12 月 20 日 | 256 | 273 |
| 2016 年 12 月 31 日 | 16 | 26 |
| 总计 | 783 | 811 |

本节中所使用的单位损失成本数据来自穆泉和张世秋[7]的研究：国内航班取消和延误的单位平均成本估计值分别为 8.85 万元/班次、5.41 万元/班次。以 2013 年为基准年，根据北京市 2014~2016 年《国民经济和社会发展统计公报》得到：2014 年实现地区生产总值比上年增长 7.3%；2015 年实现地区生产总值比上年增长 6.9%；2016 年实现地区生产总值比上年增长 6.7%。因此，2016 年首都航班延误的单位平均成本估值为：5.41×（1.073）×（1.069）×（1.067）= 6.62（万元/班次）。

2016 年首都航班取消的单位平均成本估值为：8.85×（1.073）×（1.069）×（1.067）= 10.83（万元/班次）。

根据表 6-7 可以得到，2016 年雾霾造成的航班直接经济损失为 13966.59 万元。其中，航班延误直接经济损失为 5183.46 万元，航班取消直接经济损失为 8783.13 万元。

表 6-7　雾霾造成的航班延误/取消直接经济损失估算

| | 次数 | 成本（万元） | 总计（万元） |
|---|---|---|---|
| 延误航班 | 783 | 6.62 | 5183.46 |
| 取消航班 | 811 | 10.83 | 8783.13 |
| 总计 | | | 13966.59 |

（2）高速封路直接经济损失估计。

通过对首都受雾霾影响而造成的高速公路封路情况统计如表 6-8 所示。

表 6-8　高速公路封路情况

| 时间 | 封闭数量（段） | 平均封闭时长（小时） | 封闭总时长（小时） |
|---|---|---|---|
| 2016 年 11 月 5 日 | 4 | 5 | 20 |
| 2016 年 12 月 4 日 | 6 | 4 | 24 |

| 时间 | 封闭数量（段） | 平均封闭时长（小时） | 封闭总时长（小时） |
|---|---|---|---|
| 2016 年 12 月 20 日 | 9 | 5 | 45 |
| 2016 年 12 月 31 日 | 5 | 5 | 25 |
| 总计 | 24 | | 114 |

与航班直接经济损失计算方法相同，由穆泉和张世秋[①]的研究得知，2013 年首都高速封路单位直接财务损失为 62011 元/小时。因此，2016 年首都航班延误的单位平均成本估值为：6.2011×（1.073）×（1.069）×（1.067）= 7.59（万元/班次），即 2016 年雾霾高速封路直接经济损失为 865.26 万元。

（3）农业直接经济损失估计。

由北京市 2016 年国民经济和社会发展统计公报[②]得到：农业（农、林、牧、渔业）地区生产总值为 132 亿元。本节假定首都农业受雾霾影响的面积为 70%，按照 15%减产比例可得到雾霾造成的农业直接经济损失为：15%×70%×132＝13.86（亿元）。

## 2. 间接经济损失估计

（1）交通业间接经济损失估计。

根据前文可知，2016 年雾霾造成的航班直接经济损失为 1.396659 亿元，2016 年雾霾高速封路直接经济损失为 0.086526 亿元。将两部分的损失之和作为交通业直接经济损失，即 1.396659+0.086526＝1.483185（亿元）。根据式（6-13）得到雾霾造成的交通业总损失为 2.125922 亿元。基于 2012 年北京投入产出表数据，由式（6-14）可得其他部门的总损失即间接经济损失如表 6-9 所示。

表 6-9　交通业直接经济损失引起的各部门间接损失

| 部门 | 间接损失（亿元） |
|---|---|
| 农、林、牧、渔产品和服务 | 0.027190 |
| 煤炭采选产品 | 0.061453 |
| 石油和天然气开采产品 | 0.286888 |

① 穆泉，张世秋.2013 年 1 月中国大面积雾霾事件直接社会经济损失评估［J］.中国环境科学，2013（11）：2087-2094.

② Huang D.，Xu J.，Zhang S..Valuing the Health Risks of Particulate Air Pollution in the Pearl River Delta，China［J］.Environmental Science & Policy，2012，15（1）：38-47.

续表

| 部门 | 间接损失（亿元） |
|---|---|
| 金属矿采选产品 | 0.002920 |
| 非金属矿和其他矿采选产品 | 0.004289 |
| 食品和烟草 | 0.044050 |
| 纺织品 | 0.020494 |
| 纺织、服装、鞋帽、皮革、羽绒及其制品 | 0.008717 |
| 木材加工品和家具 | 0.010137 |
| 造纸、印刷和文教体育用品 | 0.076456 |
| 石油、炼焦产品和核燃料加工品 | 0.430928 |
| 化学产品 | 0.108565 |
| 非金属矿物制品 | 0.018521 |
| 金属冶炼和压延加工品 | 0.202302 |
| 金属制品 | 0.023409 |
| 通用设备 | 0.046559 |
| 专用设备 | 0.012087 |
| 交通运输设备 | 0.078155 |
| 电气机械和器材 | 0.029111 |
| 通信设备、计算机和其他电子设备 | 0.072247 |
| 仪器仪表 | 0.012395 |
| 其他制造产品 | 0.003106 |
| 废品废料 | 0.003915 |
| 金属制品、机械和设备修理服务 | 0.103532 |
| 电力、热力的生产和供应 | 0.252731 |
| 燃气生产和供应 | 0.023973 |
| 水的生产和供应 | 0.003392 |
| 建筑 | 0.020462 |
| 批发和零售 | 0.141270 |
| 交通运输、仓储和邮政 | 0.642737 |
| 住宿和餐饮 | 0.042762 |
| 信息传输、软件和信息技术服务 | 0.036947 |
| 金融 | 0.240705 |

续表

| 部门 | 间接损失（亿元） |
|---|---|
| 房地产 | 0.036640 |
| 租赁和商务服务 | 0.176115 |
| 科学研究和技术服务 | 0.037634 |
| 水利、环境和公共设施管理 | 0.001515 |
| 居民服务、修理和其他服务 | 0.030768 |
| 教育 | 0.005924 |
| 卫生和社会工作 | 0.000214 |
| 文化、体育和娱乐 | 0.009489 |
| 公共管理、社会保障和社会组织 | 0.002885 |
| 总计 | 3.393589 |

（2）农业间接经济损失估计。

根据前文计算得到 2016 年雾霾造成的农业直接经济损失为 13.86 亿元，根据式（6-13）得到雾霾造成的农业总损失为 18.40162448 亿元。基于 2012 年北京投入产出表数据，根据式（6-14）可得到其他部门的总损失即间接经济损失如表 6-10 所示。

表 6-10　农业直接经济损失引起的各部门间接损失

| 部门 | 间接损失（亿元） |
|---|---|
| 农、林、牧、渔产品和服务 | 4.541624478 |
| 煤炭采选产品 | 1.494810446 |
| 石油和天然气开采产品 | 0.734442217 |
| 金属矿采选产品 | 0.035514692 |
| 非金属矿和其他矿采选产品 | 0.04614955 |
| 食品和烟草 | 2.828666197 |
| 纺织品 | 0.098708284 |
| 纺织、服装、鞋帽、皮革、羽绒及其制品 | 0.036583668 |
| 木材加工品和家具 | 0.165472903 |
| 造纸、印刷和文教体育用品 | 0.685775947 |
| 石油、炼焦产品和核燃料加工品 | 1.025749095 |
| 化学产品 | 2.928306579 |

续表

| 部门 | 间接损失（亿元） |
|---|---|
| 非金属矿物制品 | 0.187621118 |
| 金属冶炼和压延加工品 | 1.889434706 |
| 金属制品 | 0.402612970 |
| 通用设备 | 0.29846462 |
| 专用设备 | 0.38211115 |
| 交通运输设备 | 0.289858375 |
| 电气机械和器材 | 0.219025772 |
| 通信设备、计算机和其他电子设备 | 0.454105829 |
| 仪器仪表 | 0.146895917 |
| 其他制造产品 | 0.018589818 |
| 废品废料 | 0.040131443 |
| 金属制品、机械和设备修理服务 | 0.343012344 |
| 电力、热力的生产和供应 | 3.055475382 |
| 燃气生产和供应 | 0.132700916 |
| 水的生产和供应 | 0.045569805 |
| 建筑 | 0.100128701 |
| 批发和零售 | 1.511650777 |
| 交通运输、仓储和邮政 | 1.886069886 |
| 住宿和餐饮 | 0.280375225 |
| 信息传输、软件和信息技术服务 | 0.149019908 |
| 金融 | 0.871146918 |
| 房地产 | 0.190751567 |
| 租赁和商务服务 | 0.794917120 |
| 科学研究和技术服务 | 0.851971526 |
| 水利、环境和公共设施管理 | 0.459682801 |
| 居民服务、修理和其他服务 | 0.165389506 |
| 教育 | 0.034493499 |
| 卫生和社会工作 | 0.002180580 |
| 文化、体育和娱乐 | 0.063632785 |
| 公共管理、社会保障和社会组织 | 0.080302630 |
| 总计 | 29.96912765 |

### (三) 环境管制对首都经济发展带来的风险

随着环境问题逐渐受到关注，国内外关于环境管制问题的研究十分丰富[1][2][3]，本节选用李钢等[4]的研究中使用的方法。李钢等的研究利用可计算一般均衡（CGE）模型，提出环境管制对不同地区不同部门产生的影响存在差异。首都雾霾的治理日益受到大众重视，各行各业的治理强度及治理成果问题亟待解决。本节将基于李钢等[5]提出的模型，利用《北京统计年鉴2016》中的数据，对首都雾霾治理问题进行分析（见表6-11）。

**表6-11　环境管制对各部门产值的影响**

| 行业 | 产值（亿元） | 环境管制对该行业的影响比例（%） | 环境管制对该行业的影响金额（亿元） |
|---|---|---|---|
| 农、林、牧、渔业 | 142.6 | -0.20 | -0.28520 |
| 采矿业 | 149.6 | -2.63 | -3.93448 |
| 制造业 | 2811.2 | -1.59 | -44.63700 |
| 电力、热力 | 750.2 | -0.78 | -5.851560 |
| 建筑业 | 961.2 | 0.42 | 4.03704 |
| 批发和零售业 | 2352.3 | -0.54 | -12.70240 |
| 交通运输、仓储邮政业 | 983.9 | -0.26 | -2.55814 |
| 住宿和餐饮业 | 397.6 | 0.35 | 1.39160 |
| 信息传输、软件和信息服务业 | 2383.9 | 0.23 | 5.48297 |
| 金融业 | 3926.3 | 0.03 | 1.17789 |
| 房地产业 | 1438.4 | 0.58 | 8.34272 |
| 租赁和商务服务业 | 1766.8 | -0.72 | -12.72100 |
| 科学研究和技术服务业 | 1820.6 | -0.17 | -3.09502 |
| 居民服务、修理和其他服务业 | 142.8 | -0.33 | -0.47124 |
| 教育 | 965.5 | -0.17 | -1.64135 |

---

① Ren S. , Li X. , Yuan B. , et al. . The Effects of Three Types of Environmental Regulation on Eco-efficiency：A Cross-region Analysis in China [J]. Journal of Cleaner Production, 2018, 173（1）：245-255.

② Yuan B. , Ren S. , Chen X. . Can Environmental Regulation Promote the Coordinated Development of Economy and Environment in China's Manufacturing Industry? -A Panel Data Analysis of 28 Sub-sectors [J]. Journal of Cleaner Production, 2017（149）：11-24.

③④⑤ 李钢，董敏杰，沈可挺. 强化环境管制政策对中国经济的影响——基于CGE模型的评估 [J]. 中国工业经济，2012（11）：5-17.

续表

| 行业 | 产值<br>（亿元） | 环境管制对该行业的<br>影响比例（%） | 环境管制对该<br>行业的影响金额（亿元） |
|---|---|---|---|
| 卫生和社会工作 | 577.6 | −0.22 | −1.27072 |
| 文化、体育和娱乐业 | 527.8 | −0.21 | −1.10838 |
| 公共管理、社会保障和社会组织 | 735.3 | 7.06 | 51.91218 |
| 环境管制总影响 | | | −17.93209 |

注：行业指 2016 年《北京统计年鉴》中的部门，产值来自 2016 年《北京统计年鉴》。

由表 6-11 可知，环境管制对不同行业产生的影响有较大差异。对公共管理、社会保障和社会组织部门产值的正向促进作用最大，对采矿业产值的逆向抑制作用最大。从总体而言，环境管制给首都经济带来 17.93 亿元的风险损失。

（四）评估结论

根据表 6-9 和表 6-10 可知，首都雾霾造成的交通业直接经济损失为 1.48 亿元，其引起的各部门间接损失总计为 3.39 亿元，超过交通业直接经济损失的 2 倍。首都雾霾造成的农业直接经济损失为 13.86 亿元，其引起的各部门间接损失总计为 29.97 亿元，同样超过农业直接经济损失的 2 倍。可见，雾霾造成的各部门间接经济损失相较于直接经济损失更值得关注。并且雾霾造成的农业直接经济损失所引起的各部门的间接经济损失总和较大。因此，农业科学技术的发展将会极大促进首都的经济发展。综上，首都雾霾造成经济损失风险共计为 48.71 亿元。此外，环境管制对首都经济带来 17.93 亿元的风险损失。但由于本节使用数据源均来自社会公开报道的数据，存在数据收集的不完备情况，会造成经济发展损失评估结果的不可靠。

综合以上分析计算，2016 年，雾霾给首都带来的健康风险为 82.76 亿元，包括交通和农业的经济损失风险为 48.71 亿元，共计 131.47 亿元，占 2016 年北京 GDP 的 0.54%，而对首都的雾霾进行治理，则会造成 17.93 亿元的损失，因此，在治理首都雾霾时，要注意协调民众健康和经济发展之间的关系。

# 第三节　京津冀经济发展、社会稳定与<br>雾霾防控均衡分析

随着京津冀一体化的提速，实现生态文明建设、京津冀经济发展、社会与生态环境的协调发展，对于京津冀区域经济社会发展有重要的战略意义。

对于京津冀地区严峻的雾霾形势，各级政府采取了一系列的防控措施治理雾霾①，已有研究表明②③，雾霾治理需要产业结构调整、设备升级等，势必造成大量资金投入，而且，排污企业的关停并转也会直接导致该地区短期内大量人员失业，甚至经济的衰退，从而对人民生活和社会稳定产生影响。一个地区的雾霾防控与该地区的经济发展和社会稳定状况密不可分。因此，研究京津冀地区 13 个城市的经济发展指数、社会稳定指数与雾霾防控指数对京津冀协同发展具有重要意义，此外，探究京津冀地区经济发展、社会稳定以及雾霾防控这三者之间是否存在着均衡关系，也将有助于在探索京津冀发展模式中做出更好的决策。

现有研究主要集中在京津冀一体化发展水平上，侧重于经济发展水平，忽视雾霾对经济发展与社会稳定的影响。④⑤ 然而，京津冀经济发展水平的评价方法研究也主要集中在以下两个方面：①定性分析，如李泽生⑥、寇大伟⑦等主要利用文献分析法定性地分析京津冀一体化发展水平；②定量分析，如潘利⑧、孙月欣和袁明明⑨等采用熵值法、复合指标法等经典数学方法直接得出经济发展综合指数得分，缺乏对不确定信息的度量。

已有文献尚未系统研究经济发展、社会稳定与雾霾防控的协调关系，本节探究京津冀区域经济发展、社会稳定与雾霾防控评价指标体系的建立，采用指数功效函数的改进模型⑩进行数据预处理，运用层次分析法确定指标权重，再利用模糊综合评价方法对京津冀区域经济发展指数、社会稳定指数与雾霾防控指数进行评价，并探讨经济发展、社会稳定与雾霾防控这三者之间的均衡关系。

---

① 建议增加空气重污染"准红色预警"[EB/OL]. http：//epaper. bjnews. com. cn/html/2016-01/21/content_ 619495. htm? div=-1, 2016-03-24.

② 甄春阳，赵成武，朱文姝. 从京津冀雾霾天气浅议我国能源结构调整的紧迫性[J]. 中国科技信息，2014（7）：45-46.

③ 魏嘉，吕阳，付柏淋. 我国雾霾成因及防控策略研究[J]. 环境保护科学，2014（5）：51-56.

④ 常春林，王一丞. 京津冀都市圈新型城镇化测评指标体系构建与评价[J]. 价格理论与实践，2014（5）：115-117.

⑤ 涂英柯，司林波，孟卫东. 京津冀区域经济一体化研究综述[J]. 商业时代，2013（26）：136-138.

⑥ 李泽升. 京津冀城市群一体化水平评价研究[D]. 石家庄：河北经贸大学硕士学位论文，2016.

⑦ 寇大伟. 京津冀协同发展现状、问题与对策——基于区域协调机制的视角[J]. 城市观察，2014（3）：89-96.

⑧ 潘利. 京津冀区域经济协调互动发展实证分析[D]. 石家庄：河北经贸大学硕士学位论文，2015.

⑨ 孙月欣，袁明明. 京津冀一体化发展现状[J]. 河北联合大学学报（社会科学版），2015（4）：27-33.

⑩ 彭非，袁卫，惠争勤. 对综合评价方法中指数功效函数的一种改进探讨[J]. 统计研究，2007（12）：29-34.

# 一、京津冀区域经济发展、社会稳定与雾霾防控综合评价

## （一）京津冀区域经济发展、社会稳定与雾霾防控评价指标体系构建

### 1. 评价指标选择

（1）雾霾防控。

雾霾的防控指数旨在探究地区对雾霾治理的需求程度，空气质量越差，则雾霾的防控指数越高。为了计算方便，本节使用当地污染物的浓度来衡量该地区雾霾的防控指数。已有研究表明雾霾的主要来源有燃煤供暖、机动车尾气、工业污染等，[①] 其主要成分为细颗粒物（PM2.5）、可吸入颗粒物（PM10）、二氧化硫（$SO_2$）、氮氧化物以及烟（粉）尘排放量。[②] 因此，本节采用 PM2.5 浓度、PM10 浓度、二氧化硫浓度、二氧化氮浓度及烟（粉）尘排放量这五项指标来评估地区雾霾防控指数。

（2）经济发展。

经济发展旨在衡量该地区的经济条件，参考已有研究对经济发展的评价[③][④]，本节采用人均 GDP、GDP 增速、固定资产投资、社会消费品零售总额以及第三产业增加值所占比重来衡量地区经济发展的现状，而且这五项指标与经济发展均为正向影响关系。

（3）社会稳定。

社会稳定涉及政治稳定、经济稳定、社会秩序正常以及人心安定等方面，参阅已有对社会稳定的评价[⑤]，本节采用恩格尔系数、消费者价格指数、城镇登记失业率、人均期望寿命、城镇人均居住面积以及城镇居民人均可支配收入来衡量一个地区的社会稳定程度。其中，人均期望寿命、城镇人均居住面积以及城镇居民人均可支配收入越高，社会越趋于稳定；恩格尔系数、消费者价格指数和城镇登记失业率越高，社会越不稳定。

### 2. 指标方向

根据上述分析，京津冀区域经济发展、社会稳定与雾霾防控评价的评价

---

① 魏嘉，吕阳，付柏淋. 我国雾霾成因及防控策略研究[J].环境保护科学，2014（5）：51-56.

② 郑施颖. 雾霾的主要成因及对空气质量的影响[J].资源节约与环保，2015（5）：112-114.

③ 白璐，赵增锋. 低碳经济发展评价指标体系构建及实证研究——以京津冀地区为例[J].江苏农业科学，2015（10）：561-564.

④ 宋宇辰，闫昱洁，王贺. 呼包鄂能源—经济—环境系统协调发展评价[J].国土资源科技管理，2015（6）：103-109.

⑤ 杨智. 转型时期社会稳定指标体系与评价指数体系研究[J].法学评论，2014（3）：138-145.

体系及指标方向如表 6-12 所示。

**表 6-12　京津冀区域经济发展、社会稳定与雾霾防控评价体系指标方向及指标权重**

| 一级指标 | 二级指标 | 三级指标 | 指标方向 | 权重 |
|---|---|---|---|---|
| 京津冀区域经济发展、社会稳定与雾霾防控指标体系 | 雾霾防控 | PM2.5 浓度（微克/立方米） | + | 0.32 |
| | | PM10 浓度（微克/立方米） | + | 0.17 |
| | | 二氧化硫浓度（微克/立方米） | + | 0.24 |
| | | 二氧化氮浓度（微克/立方米） | + | 0.18 |
| | | 烟（粉）尘排放量（万吨） | + | 0.09 |
| | 经济发展 | 人均 GDP（万元） | + | 0.20 |
| | | GDP 增速（%） | + | 0.20 |
| | | 固定资产投资（亿元） | + | 0.20 |
| | | 社会消费品零售总额（亿元） | + | 0.20 |
| | | 第三产业增加值所占比重（%） | + | 0.20 |
| | 社会稳定 | 恩格尔系数（%） | − | 0.14 |
| | | 消费者价格指数 | | 0.16 |
| | | 城镇登记失业率（%） | − | 0.22 |
| | | 人均期望寿命（岁） | + | 0.16 |
| | | 城镇人均居住面积（平方米/人） | + | 0.16 |
| | | 城镇居民人均可支配收入（元） | + | 0.16 |

## （二）权重确定

本节采用层次分析法，根据相关专家意见和统计资料数据，得到各级指标的两两判断矩阵，并通过一致性检验，最终计算出京津冀区域经济发展指数、社会稳定指数和雾霾防控指数评价模型的各指标权重系数。权重分配结果同样如表 6-12 所示。

## （三）数据的收集与获取

本节使用数据主要来源于《中国统计年鉴》《中国城市统计年鉴》《中国城市年鉴》《中国环境年鉴》《中国能源年鉴》和各城市《国民经济和社会发展统计公报》。全部数据均采用 2014 年的统计年鉴数据和官方权威统计数据，本节使用到的原始数据如表 6-13 所示。

## （四）数据无量纲化处理

由于各评分指标的原始数据量纲量级不同、指标指示方向不同，需要进行一定的处理才能应用于模型计算之中。本节采用指数功效函数的改进模型，该模型在综合评价社会发展水平中有独特的优势，相对于其他指数功效函数表现更为稳定。使用指数功效函数法对原始数据进行标准化处理后，各指标的评分范围为 [60, 100]，具体处理方法如下：[①]

$$S_{ij} = 60e^{-(x_{ij}-x_{js})\ln 0.6/(x_{jh}-x_{js})} \qquad (6-15)$$

其中，$S_{ij}$ 表示地区 i（或城市）第 j 项指标的得分，$x_{ij}$ 表示地区 i（或城市）第 j 项指标的原始数据，$x_{jh}$ 表示评分指标 j 所有原始数据中的满意值，$x_{js}$ 表示评分指标 j 所有原始数据中的不允许值。对于正向指标，数据实际值中的最大值为满意值，最小值为不允许值；对于逆向指标，数据实际值中的最小值为满意值，最大值为不允许值。

根据式（6-15）对表 6-13 中的数据进行预处理后得到的标准化数据结果如表 6-14 所示。

## （五）模糊综合评价

模糊综合评价法以模糊数学为基础，通过模糊集合理论和有关运算将难以定量的模糊对象进行定量分析，该方法现已运用在物流等多个研究领域。[②] 在进行涉及雾霾防控的多指标评价时，存在一些评价指标难以用精确的数字确定，而使用模糊综合评价法可以弥补此缺陷并更好地描述模糊性。因此，本节采用模糊综合评价法对京津冀地区经济发展指数、社会稳定指数与雾霾防控指数进行综合评价。

### 1. 确定因素集

由上文构建的京津冀区域经济发展、社会稳定与雾霾防控指标体系（见表 6-12）可以确定各级的评价因素分别为：

第一级评价因素：$U = \{U_1, U_2, U_3\} = \{$雾霾防控指数，经济发展指数，社会稳定指数$\}$；

第二级评价因素：$U_1 = \{U_{11}, U_{12}, U_{13}, U_{14}, U_{15}\} = \{$PM2.5 浓度，PM10 浓度，二氧化硫浓度，二氧化氮浓度，空气污染物治理成本$\}$；$U_2 = \{U_{21}, U_{22}, U_{23}, U_{24}, U_{25}\} = \{$人均 GDP，GDP 增速，固定资产投资，社会消费品零售总额，第三产业增加值$\}$；$U_3 = \{U_{31}, U_{32}, U_{33}, U_{34}, U_{35}, U_{36}\} = \{$恩格尔系数，消费者价格指数，城镇登记失业率，人均期望寿命，城镇人均居住面积，城镇居民人均可支配收入$\}$。

---

① 彭非，袁卫，惠争勤. 对综合评价方法中指数功效函数的一种改进探讨[J]. 统计研究，2007（12）：29-34.

② 戴航，张培林，孙孝文. 基于 AHP—模糊综合评价法的物流园区选址研究[J]. 物流技术，2014（7）：98-100.

表6-13 京津冀区域13个城市的原始数据

| 地区 | 雾霾防控指数 | | | | | 经济发展指数 | | | | | | | 社会稳定指数 | | | |
|---|---|---|---|---|---|---|---|---|---|---|---|---|---|---|---|---|
| | PM2.5年均浓度（微克/立方米） | PM10年均浓度（微克/立方米） | 二氧化硫排放量（万吨） | 氮氧化物排放量（万吨） | 烟（粉）尘排放量（万吨） | 人均GDP（万元） | GDP增速（%） | 固定资产投资（亿元） | 社会消费品零售总额（亿元） | 第三产业增加值（亿元） | 恩格尔系数（%） | 消费者价格指数 | 城镇登记失业率（%） | 人均期望寿命（岁） | 城镇人均住居面积（平方米/人） | 城镇居民人均可支配收入（元） |
| 北京 | 85.9 | 115.8 | 9 | 17 | 6 | 10 | 7.1 | 6926.6 | 8872.1 | 16627.04 | 30.8 | 101.6 | 1.31 | 82 | 31.54 | 44563.93 |
| 天津 | 83 | 133 | 22 | 31 | 9 | 10.5 | 10 | 10986.5 | 4470.4 | 7795.18 | 33.2 | 101.9 | 4.09 | 81 | 35.75 | 28979.82 |
| 石家庄 | 126 | 213.78 | 19 | 22 | 11 | 4.9 | 8.6 | 5076.4 | 2423.5 | 2172.6 | 31 | 102 | 3.61 | 74 | 36 | 26071 |
| 唐山 | 98.4 | 164.04 | 29 | 39 | 49 | 8.1 | 5.1 | 4146.24 | 1957.11 | 2070.85 | 35.5 | 101.5 | 4 | 75 | 27 | 28891 |
| 秦皇岛 | 60 | 114 | 8 | 10 | 9 | 3.9 | 5 | 791.65 | 571.28 | 577.68 | 35 | 101.7 | 3.37 | 75 | 32.47 | 26053 |
| 邯郸 | 114.2 | 187.28 | 19 | 21 | 22 | 3.3 | 6.5 | 3090.7 | 1228.9 | 1133.4 | 34.4 | 102.1 | 3.75 | 74 | 30 | 22699 |
| 邢台 | 131.4 | 186.78 | 11 | 13 | 11 | 2.3 | 6 | 1647.1 | 787.8 | 558.2 | 35 | 101.8 | 3.6 | 75 | 35 | 20007 |
| 保定 | 127.2 | 210.9 | 9 | 11 | 5 | 2.7 | 7 | 2172 | 1371.6 | 916.5 | 35.2 | 101.5 | 4.02 | 74 | 35 | 21751 |
| 张家口 | 35 | 77 | 8 | 11 | 5 | 3.1 | 5.2 | 1402.01 | 556.47 | 550.29 | 35.6 | 101.1 | 3.89 | 75 | 29 | 21651 |
| 沧州 | 88 | 138 | 5 | 8 | 6 | 4.3 | 8 | 2728.9 | 996.99 | 1189.12 | 35.8 | 101.8 | 3.5 | 75 | 34 | 24174 |
| 廊坊 | 100 | 159 | 6 | 10 | 4 | 4.6 | 8.2 | 1852.2 | 723.7 | 855.2 | 36 | 101.6 | 2 | 75 | 38 | 29416 |
| 衡水 | 107.6 | 161.08 | 4 | 8 | 3 | 2.6 | 8.2 | 945.2 | 546.9 | 395.2 | 32 | 102.1 | 3.68 | 74 | 31 | 19614 |
| 承德 | 52 | 111 | 8 | 12 | 4 | 3.8 | 7.8 | 1402.7 | 441.9 | 444.4 | 35 | 102.4 | 3.09 | 75 | 28 | 20983 |

表6-14　京津冀区域13个城市的标准化数据

| 地区 | 雾霾防控指数 | | | | | 经济发展指数 | | | | | | | 社会稳定指数 | | | |
|---|---|---|---|---|---|---|---|---|---|---|---|---|---|---|---|---|
| | PM2.5年均浓度（微克/立方米） | PM10年均浓度（微克/立方米） | 二氧化硫排放量（万吨） | 氮氧化物排放量（万吨） | 烟（粉）尘排放量（万吨） | 人均GDP（万元） | GDP增速（%） | 固定资产投资（亿元） | 社会消费品零售总额（亿元） | 第三产业增加值（亿元） | 恩格尔系数（%） | 消费者价格指数 | 城镇登记失业率（%） | 人均期望寿命（岁） | 城镇人均居住面积（平方米/人） | 城镇居民人均可支配收入（元） |
| 北京 | 78.58 | 69.36 | 66.45 | 69.59 | 62.03 | 96.82 | 74.36 | 81.59 | 100.00 | 100.00 | 100.00 | 82.16 | 100.00 | 100.00 | 74.08 | 100.00 |
| 天津 | 77.38 | 73.96 | 86.67 | 87.65 | 64.13 | 100.00 | 100.00 | 100.00 | 76.59 | 72.38 | 79.00 | 73.03 | 65.65 | 93.81 | 90.08 | 76.54 |
| 石家庄 | 97.18 | 100.00 | 81.52 | 75.57 | 65.57 | 70.52 | 86.67 | 74.37 | 67.65 | 66.86 | 98.05 | 70.21 | 65.53 | 60.00 | 91.13 | 68.48 |
| 唐山 | 83.96 | 83.05 | 100.00 | 100.00 | 100.00 | 86.04 | 60.62 | 70.98 | 65.77 | 60.15 | 63.02 | 85.46 | 61.00 | 63.96 | 60.00 | 72.55 |
| 秦皇岛 | 68.50 | 68.89 | 65.11 | 62.01 | 64.13 | 66.27 | 60.00 | 60.00 | 60.47 | 71.24 | 66.19 | 79.00 | 68.49 | 63.96 | 77.35 | 68.46 |
| 邯郸 | 91.29 | 90.58 | 81.52 | 74.33 | 74.09 | 63.85 | 69.94 | 67.33 | 62.93 | 62.59 | 70.21 | 67.51 | 63.87 | 60.00 | 68.97 | 63.91 |
| 邢台 | 100.00 | 90.41 | 69.23 | 65.15 | 65.57 | 60.00 | 66.45 | 62.63 | 61.27 | 60.25 | 66.19 | 75.95 | 65.65 | 63.96 | 87.00 | 60.48 |
| 保定 | 97.80 | 98.93 | 66.45 | 63.04 | 61.35 | 61.51 | 73.60 | 64.30 | 63.48 | 60.12 | 64.91 | 85.46 | 60.78 | 60.00 | 87.00 | 62.68 |
| 张家口 | 60.00 | 60.00 | 65.11 | 63.04 | 61.35 | 63.06 | 61.24 | 61.86 | 60.42 | 65.29 | 62.40 | 100.00 | 62.25 | 63.96 | 65.84 | 62.56 |
| 沧州 | 79.46 | 75.35 | 61.24 | 60.00 | 62.03 | 67.94 | 81.52 | 66.12 | 62.05 | 63.42 | 61.19 | 75.95 | 66.87 | 63.96 | 83.05 | 65.87 |
| 廊坊 | 84.67 | 81.50 | 62.50 | 62.01 | 60.67 | 69.22 | 83.20 | 63.27 | 61.03 | 67.20 | 60.00 | 82.16 | 88.09 | 63.96 | 100.00 | 73.33 |
| 衡水 | 88.15 | 82.13 | 60.00 | 60.00 | 60.00 | 61.13 | 83.20 | 60.46 | 60.38 | 61.10 | 88.88 | 67.51 | 64.69 | 60.00 | 72.25 | 60.00 |
| 承德 | 65.66 | 68.12 | 65.11 | 64.09 | 60.67 | 65.86 | 79.87 | 61.87 | 60.00 | 60.00 | 66.19 | 60.00 | 72.10 | 63.96 | 62.85 | 61.71 |

## 2. 确定评价集

评价集定义如下：$V = \{V_1, V_2, V_3, V_4, V_5\} = \{$优秀，良好，中等，及格，不及格$\}$，对不同评价集赋予不同分值。本节设等级优秀为$[90, 100]$；良好为$[80, 90)$；中等为$[70, 80)$；及格为$[60, 70)$；不及格为$[0, 60)$，并分别取95，85，75，65，45为各等级代表评分。[1]

## 3. 确定隶属矩阵

本节采用线性分析法确定定量指标的隶属度，该方法首先在一个连续的区间上确定一系列具有分界点作用的值，然后将指标实际值使用线性内插公式进行处理，即可得该指标值对应的隶属度。[2] 具体评价方法如下所述：

$$
r_j = \begin{cases} 1 - r_{j-1} & V_j \leq S_{ij} \leq V_{j-1} \\ \dfrac{S_{ij} - V_{j+1}}{V_j - V_{j+1}} & V_{j+1} < S_{ij} < V_j \\ 0 & S_{ij} \geq V_{j-1} \text{ 或 } S_{ij} \leq V_{j+1} \end{cases} \quad (r_0 = 0; \ i = 1, 2, \cdots, m; \ j = 1, 2, \cdots, n)
$$

$$(6\text{-}16)$$

根据式（6-2），计算评价指标 $S_{ij}$ 隶属于评价等级 V 的隶属度 $r_{ij}$，生成隶属函数 R：

$$
R = \begin{bmatrix} r_1 \\ r_2 \\ \vdots \\ r_i \end{bmatrix} = \begin{bmatrix} r_{11} & \cdots & r_{1j} \\ \vdots & & \vdots \\ r_{i1} & \cdots & r_{ij} \end{bmatrix}
$$

根据式（6-16），以北京市雾霾防控指标为例，数据经过处理后得到相应的模糊评价矩阵，结果如表6-15所示。

表6-15　北京市雾霾防控指数模糊关系评价矩阵

| 一级评价因素 | 二级评价因素 | 模糊综合评价 | | | | |
|---|---|---|---|---|---|---|
| | | 优秀 | 良好 | 中等 | 及格 | 不及格 |
| $U_1$ | $U_{11}$ | 0 | 0.86 | 0.14 | 0 | 0 |
| | $U_{12}$ | 0 | 0 | 0.94 | 0.06 | 0 |
| | $U_{13}$ | 0 | 0 | 0.65 | 0.35 | 0 |
| | $U_{14}$ | 0 | 0 | 0.96 | 0.05 | 0 |
| | $U_{15}$ | 0 | 0 | 0.2 | 0.8 | 0 |

①② 张丽娜. AHP—模糊综合评价法在生态工业园区评价中的应用[D].大连：大连理工大学硕士学位论文，2006.

### 4. 模糊综合评价结果

模糊综合评价公式如下所示：

$$B = A \circ R \tag{6-17}$$

其中 B 为综合评价矩阵，A 为权重系数矩阵，R 为相应的各级模糊关系矩阵。[1][2]

以北京市雾霾防控指数评价为例，根据式（6-17）得到北京市雾霾防控指数评价结果如表 6-16 所示。

表6-16　北京市雾霾防控指数模糊综合评价结果

| 一级评价因素 | 模糊综合评价结果 | | | | |
|---|---|---|---|---|---|
| | 优秀 | 良好 | 中等 | 及格 | 不及格 |
| 雾霾防控指数 | 0 | 0.274 | 0.514 | 0.212 | 0 |

本节取 "95，85，75，65，45" 为评价集 $V = \{V_1, V_2, V_3, V_4, V_5\}$ 的等级代表评分，则代表评分矩阵 $G = \{95, 85, 75, 65, 45\}$。

一级指标评价得分计算公式为：

$$D = GB^T \tag{6-18}$$

根据式（6-18）计算得到北京市雾霾防控指数评价得分为 76 分。同理可得北京市经济发展指数得分为 90 分，社会稳定指数得分为 91 分。

### （六）京津冀区域经济发展指数、社会稳定指数、雾霾防控指数评价结果

### 1. 京津冀区域经济发展指数评价结果

采用模糊综合评价法，得到京津冀 13 个城市的经济发展指数评价结果如表 6-17 所示。结果显示，京津冀区域经济发展指数评价最高分为北京 90 分，天津 89 分，仅次之，位于第三名的石家庄为 78 分，与第二名的天津差距达 11 分，而最低分张家口仅为 67 分。从这个结果来看，京津冀区域经济发展相对差距较大，且北京与天津这两个城市经济发展水平明显高于河北的 11 个城市。这说明京津冀区域的经济发展严重不协调。因此，在探索新的发展模式过程中，应注意协调北京和天津带动周围城市发展经济，抓住京津冀协同发展的新机遇。

---

① 戴航，张培林，孙孝文. 基于 AHP—模糊综合评价法的物流园区选址研究[J]. 物流技术，2014（7）：98-100.

② 张丽娜. AHP—模糊综合评价法在生态工业园区评价中的应用[D]. 大连：大连理工大学硕士学位论文，2006.

表 6-17 京津冀区域 13 个城市经济发展指数评分及排名情况

| 排名 | 城市 | 得分 | 排名 | 城市 | 得分 | 排名 | 城市 | 得分 |
|------|------|------|------|------|------|------|------|------|
| 1 | 北京 | 90 | 6 | 沧州 | 73 | 11 | 秦皇岛 | 68 |
| 2 | 天津 | 89 | 7 | 承德 | 71 | 12 | 邢台 | 67 |
| 3 | 石家庄 | 78 | 8 | 衡水 | 70 | 13 | 张家口 | 67 |
| 4 | 唐山 | 74 | 9 | 保定 | 70 | | | |
| 5 | 廊坊 | 74 | 10 | 邯郸 | 70 | | | |

## 2. 京津冀区域社会稳定指数评价结果

京津冀 13 个城市的社会稳定指数评价结果显示,在京津冀区域社会稳定指数中得分前三名为北京、天津、廊坊,得分分别为 91 分、84 分和 82 分;而最后三名衡水、邯郸、承德社会稳定指数得分分别为 72 分、71 分和 70 分。该结果表明北京在京津冀区域中社会稳定方面较为突出,从第二名的天津到最后一名的承德得分一直在稳步下降。其主要原因是北京地区拥有明显的低失业率和较高的人均可支配收入。所以在京津冀区域协调发展中应加强天津、河北的社会稳定与民生保障,确保京津冀区域均衡发展。京津冀区域社会稳定指数具体评价结果如表 6-18 所示。

表 6-18 京津冀区域 13 个城市社会稳定指数评分及排名情况

| 排名 | 城市 | 得分 | 排名 | 城市 | 得分 | 排名 | 城市 | 得分 |
|------|------|------|------|------|------|------|------|------|
| 1 | 北京 | 91 | 6 | 秦皇岛 | 75 | 11 | 衡水 | 72 |
| 2 | 天津 | 84 | 7 | 邢台 | 75 | 12 | 邯郸 | 71 |
| 3 | 廊坊 | 82 | 8 | 沧州 | 75 | 13 | 承德 | 70 |
| 4 | 石家庄 | 78 | 9 | 唐山 | 74 | | | |
| 5 | 保定 | 75 | 10 | 张家口 | 73 | | | |

## 3. 京津冀雾霾防控指数评价结果

京津冀 13 个城市的雾霾防控指数评价结果显示,在京津冀区域雾霾防控指数中得分最高的为唐山(92 分)、邯郸(88 分)以及石家庄(87 分),表明这三个城市的空气质量较差,亟须对雾霾进行防控治理,其原因为这三个城市第二产业占比较大,重工业造成大量的排污,造成这些地区空气质量较差;雾霾防控指数得分较低的有秦皇岛(71 分)、承德(70 分)以及张家口(67 分),表明这三个城市的空气质量较好,究其现实原因,是由于三者均为旅游城市，第三产业较为发达。雾霾防控指数具体评价结果如表6-19所示。

表6-19　京津冀区域13个城市雾霾防控指数评分及排名情况

| 排名 | 城市 | 得分 | 排名 | 城市 | 得分 | 排名 | 城市 | 得分 |
|------|------|------|------|------|------|------|------|------|
| 1 | 唐山 | 92 | 6 | 保定 | 80 | 11 | 秦皇岛 | 71 |
| 2 | 邯郸 | 88 | 7 | 衡水 | 77 | 12 | 承德 | 70 |
| 3 | 石家庄 | 87 | 8 | 廊坊 | 77 | 13 | 张家口 | 67 |
| 4 | 天津 | 84 | 9 | 北京 | 76 | | | |
| 5 | 邢台 | 82 | 10 | 沧州 | 74 | | | |

## 二、京津冀区域经济发展、社会稳定与雾霾防控均衡分析

根据上述的模糊评价结果可以简单看出，京津冀区域经济发展、社会稳定与雾霾防控这三者之间并不协调。这对于京津冀区域的整体发展极为不利，为了进一步探究京津冀区域经济发展、社会稳定以及雾霾防控之间的均衡关系，本节对三个指标进行两两线性回归分析，得到散点图，并根据散点图以及回归分析的结果来进一步判断三者之间的均衡关系。

### （一）京津冀区域经济发展与社会稳定之间的均衡分析

京津冀区域13个城市的经济发展指数与社会稳定指数的散点图如图6-2所示，经过线性回归分析，该模型满足F检验，说明经济发展指数与社会稳定指数存在显著性线性关系，其关系式为$y = 0.67x + 27.014$，即经济发展指数与社会稳定指数显著正相关。根据散点图可以看出，北京等七个城市落在了对角线附近，说明这些城市在经济发展和社会稳定二者之间达到了相对的平衡，这与直觉上的经济越为发达的社会则越为稳定相符合；而距离对角线较远的城市且位于对角线下方的有廊坊等五个城市，表明这五者在发展经济的同时而忽视了社会稳定的问题，应注重协调社会矛盾，提供更多的工作机会，控制失业率的升高；距离对角线较远而位于对角线上方的只有天津一个城市，说明天津在社会保障方面的工作较为突出。此外，通过散点图还可以看出，除了北京和天津两个城市，剩余的散点分布相对集中，说明北京和天津的经济发展水平远远超过剩余的11个城市，虽然这些城市的经济发展指数与社会稳定指数相对平衡，但总体水平并不高，因此，在设计京津冀区域协调发展模式时，应为这些地区提供更多的发展机会。

### （二）京津冀区域经济发展与雾霾防控之间均衡分析

对经济发展指数与雾霾防控指数进行线性回归分析时，方程没有通过F检验，说明二者的相关关系并不显著。从二者的散点图（见图6-3）来看，

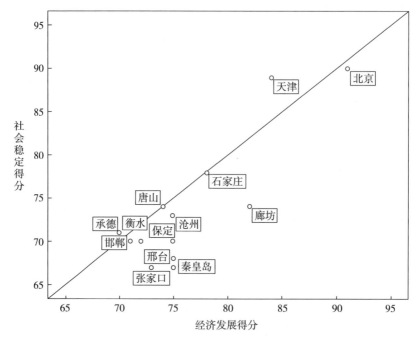

**图 6-2 京津冀区域经济发展与社会稳定散点图**

承德和天津两个城市落在了对角线上，且处于对角线附近的只有沧州，说明这三个城市在经济发展与雾霾防控之间达到了相对平衡，这种情况的出现与我国近几十年的发展模式有关，经济越为发达的城市，其第二产业的占比越大，相应地造成空气质量越差，在京津冀协调治理中，要重视协调发展模式，避免牺牲环境发展经济的做法；距离对角线较远且位于对角线左上方的城市较多，有唐山等六个城市，这种结果表明这六个城市亟须对雾霾进行治理，但是由于这些城市的经济发展不足以支撑这些城市进行大力度的雾霾治理，因此，在京津冀协调治理中，一方面需要帮助这些城市进行产业升级，帮助其发展高新技术产业，另一方面需要对这七个城市进行一定的补贴，帮助其进行产能升级，从而改善空气质量；距离对角线较远且位于对角线右下方的有北京、张家口、廊坊及秦皇岛四个城市，张家口、廊坊和秦皇岛三个城市由于地理原因优先发展旅游业，因此，空气质量较好，而北京作为首都，是我国的政治经济发展中心，在过去的十年已优先完成了产业升级，目前以第三产业为主，但是由于雾霾的扩散性，大部分的雾霾来自河北和天津这些周边城市，在京津冀的协调治理中，北京可以提供资金帮助重雾霾地区进行治理，以获得京津冀区域空气质量的整体提升。

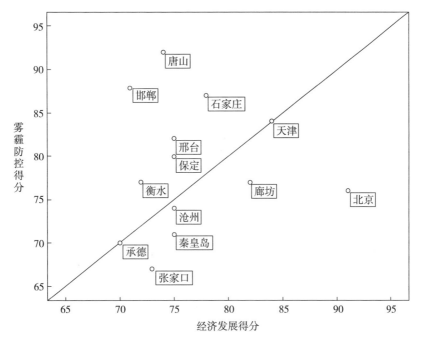

图6-3　京津冀区域经济发展与雾霾防控散点图

## （三）京津冀区域社会稳定与雾霾防控之间均衡分析

对社会稳定指数和雾霾防控指数进行回归分析时，方程没有通过 F 检验，说明二者的相关关系并不显著，但从京津冀社会稳定指数与雾霾防控指数散点图（见图6-4）可以看出，虽然整体散点分布较为分散，但依然有张家口、秦皇岛、承德、沧州以及廊坊这五个城市落在了对角线附近，说明这五个城市的雾霾防控和社会稳定达到了相对平衡，但由于对雾霾进行治理时，势必会造成社会稳定的下降，因此，虽然目前这五个城市在社会稳定与雾霾防控之间较为均衡，但京津冀区域协调治理时，应重视五个市的社会稳定情况，酌情处理；对位于对角线上方的唐山等六个城市（廊坊、沧州和秦皇岛被归类为落在对角线附近），不仅要对雾霾进行防控，更要重点关注这些城市的失业率、居民生活状况等，避免因为对雾霾的大力度治理而造成棘手的社会稳定问题；而对于北京和天津这两个城市，其现阶段的社会稳定指数可以保证这两所城市采取措施进行雾霾的防控。

该部分综合分析了影响京津冀区域发展的三项因素——经济发展、社会稳定以及雾霾防控，通过构建京津冀区域经济发展、社会稳定与雾霾防控指标体系对京津冀13个城市的三项发展指数进行评价，并对这三项指标进行两

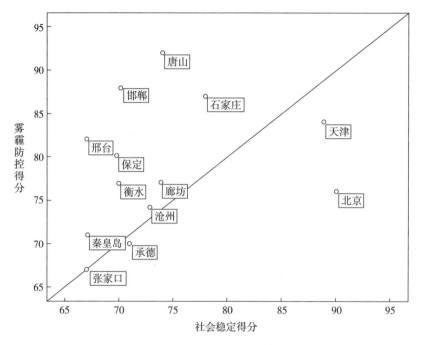

图6-4　京津冀区域社会稳定与雾霾防控散点图

两线性回归分析，得到相应的散点图，并根据散点图和回归分析结果对三项指标进行两两之间的均衡分析，分析结果显示：

（1）经济发展指数与社会稳定指数正相关，有一半的城市在经济发展和社会稳定二者之间达到了相对的平衡，但除了北京和天津两个城市之外，其余11个城市的整体经济发展水平和社会稳定水平都不高。

（2）经济发展指数与雾霾防控指数不显著相关，只有三个城市在二者之间达到了相对平衡的状态，二者的散点图中位于对角线右下方且经济发展较为发达的城市应在经济上帮助左上方的城市进行产业升级以及产能升级，帮助其发展高新技术产业并改善空气质量。

（3）社会稳定与雾霾防控也不显著相关，多数城市进行雾霾治理时，需重视这些治理措施对社会稳定产生的影响，避免造成社会混乱。

# 第四节　政府补贴对京津冀雾霾防控策略的区间博弈分析

面对京津冀地区日趋严重的雾霾污染，各级政府如何应对是首要解决的问题。基于雾霾污染的跨界传输特性，以往的属地管理模式资源配置低效，京津冀地区需要建立雾霾治理联防联控机制，协同应对大气污染问题。雾霾协同治理的已有研究，主要包含三个方面：

第一，雾霾成本构成分析。应对雾霾问题时，对治理成本进行合理估计是需要解决的关键问题之一。现有学者大多仅考虑了企业治霾的直接治理成本，[1][2][3][4][5] 仅有少量学者考虑了雾霾对民众健康的影响：曹彩虹和韩立岩[6] 使用暴露反应函数计算了雾霾对呼吸系统疾病的诊疗（门急诊）、住院及死亡所产生的影响，并采用疾病的成本法对疾病成本进行估价，进而得出雾霾产生的社会健康成本。有学者[7]使用收益转移方法（BTM）分别计算了伊朗和伊拉克两个国家由于灰尘而造成的健康、交通、农业这三方面的损失成本。但是，雾霾治理需要对淘汰落后产能对排污企业关停并转，这将直接导致该地区经济的衰退以及短期内大量人员失业，对政府来讲，这对当地经济发展和社会稳定产生影响。尚未发现文献从民众、企业和政府三个角度考虑治理雾霾时需要投入的成本。

第二，雾霾合作治理模型分析。已有对雾霾合作治理模型的研究多是建立使总体区域治理成本最小的单目标模型，比较合作与非合作治理的总成本

①　Zhao L. . Model of Collective Cooperation and Reallocation of Benefits Related to Conflicts over Water Pollution Across Regional Boundaries in a Chinese River Basin [J]. Environmental Modelling & Software, 2009, 24 (5): 603-610.

②　Shi G. , Wang J. , Fu F. , et al. . A Study on Transboundary Air Pollution Based on a Game Theory Model: Cases of SO$_2$ Emission Reductions in the Cities of Changsha, Zhuzhou and Xiangtan in China [J]. Atmospheric Pollution Research, 2017, 8 (2): 244-252.

③　Xue J. , Zhao L. , Fan L. , et al. . An Interprovincial Cooperative Game Model for Air Pollution Control in China [J]. Air Repair, 2015, 65 (7): 818-827.

④　刘红刚，陈新庚，彭晓春. 基于合作博弈论的感潮河网区污染物排放总量削减分配模型研究 [J]. 生态环境学报, 2011 (3): 456-462.

⑤　Wu D. , Xu Y. , Zhang S. . Will Joint Regional Air Pollution Control Be More Cost-effective? An Empirical Study of China's Beijing-Tianjin-Hebei Region [J]. Journal of Environmental Management, 2015 (149): 27-36.

⑥　曹彩虹，韩立岩. 雾霾带来的社会健康成本估算[J]. 统计研究, 2015 (7): 19-23.

⑦　Meibodi A. E. , Abdoli G. , Taklif A. , et al. . Economic Modeling of the Regional Polices to Combat Dust Phenomenon by Using Game Theory [J]. Procedia Economics and Finance, 2015 (24): 409-418.

来得到最优合作方式。①②③④⑤ 此外，Xie 等⑥提出了一个双目标的模型，一方面使上海、江苏、浙江以及安徽这四个省份的二氧化硫合作减排成本最小，另一方面使这些地区二氧化硫减排带来的健康效应最大。Zhao 等⑦引入了一个两层博弈模型，通过税收调控来使京津冀三地合作治理二氧化硫。虽然不少学者建立了雾霾合作治理模型，但目前雾霾治理成效并不明显，考虑到雾霾治理需要民众、企业以及政府三方支付成本，因此，各地区治理雾霾不积极有可能是治霾成本负担过重而造成的。但尚未发现学者根据雾霾治理成本来衡量各地区雾霾治理的策略，也未发现文献考虑政府补贴对雾霾治理策略的影响。

第三，成本分摊的公平性分析。合作治理过程中如果各地区治理成本分摊不公平，就会产生冲突，导致合作失败，因此如何科学分配合作联盟的收益成为区域合作治理雾霾的关键。薛俭等⑧建立大气污染治理的区域合作博弈模型，研究了几种常用的分配方法，认为针对大气污染合作治理费用分配更适宜采用 Shapley 值法，该方法能较大程度体现分配方案的公平性。Shi 等⑨建立了合作博弈模型并分析了中国长沙、株洲以及湘潭这三个地区的二氧化硫减排策略，使用四个合作成本分配机制对合作收益进行分配，并使用Shapley-Shubik 势力指数方法分析分配方案的公平性，得到 Shapley 值方法的公平性最好。因此，本节使用 Shapley 值法对政府的补贴进行分配。

---

① Meibodi A. E., Abdoli G., Taklif A., et al.. Economic Modeling of the Regional Polices to Combat Dust Phenomenon by Using Game Theory [J]. Procedia Economics and Finance, 2015 (24): 409–418.

② Shi G., Wang J., Fu F., et al.. A Study on Transboundary Air Pollution Based on a Game Theory Model: Cases of SO$_2$ Emission Reductions in the Cities of Changsha, Zhuzhou and Xiangtan in China [J]. Atmospheric Pollution Research, 2017, 8 (2): 244–252.

③ Xue J., Zhao L., Fan L., et al.. An Interprovincial Cooperative Game Model for Air Pollution Control in China [J]. Air Repair, 2015, 65 (7): 818–827.

④ 薛俭, 谢婉林, 李常敏. 京津冀大气污染治理省际合作博弈模型[J]. 系统工程理论与实践, 2014 (3): 810–816.

⑤ 罗冬林, 廖晓明. 合作与博弈: 区域大气污染治理的地方政府联盟——以南昌、九江与宜春 SO$_2$ 治理为例[J]. 江西社会科学, 2015 (4): 79–83.

⑥ Xie Y., Zhao L., Xue J., et al.. A Cooperative Reduction Model for Regional Air Pollution Control in China That Considers Adverse Health Effects and Pollutant Reduction Costs [J]. Science of the Total Environment, 2016 (573): 458–469.

⑦ Zhao L., Xue J., Li C. A. Bi-level Model for Transferable Pollutant Prices to Mitigate China's Interprovincial Air Pollution Control Problem [J]. Atmospheric Pollution Research, 2013, 4 (4): 446–453.

⑧ 薛俭, 李常敏, 赵海英. 基于区域合作博弈模型的大气污染治理费用分配方法研究[J]. 生态经济, 2014 (3): 175–179.

⑨ Shi G., Wang J., Fu F., et al.. A Study on Transboundary Air Pollution Based on a Game Theory Model: Cases of SO$_2$ Emission Reductions in the Cities of Changsha, Zhuzhou and Xiangtan in China [J]. Atmospheric Pollution Research, 2017, 8 (2): 244–252.

综上，已有文献多采用确定数来表示并计算雾霾的治理成本，但污染物的跨界传输率等信息较为模糊，如果直接用确定数来计算，会造成大量信息的丢失，目前有不少文献使用模糊数学理论来处理信息不确定问题。（崔春生等，2011；崔春生，2013）关于雾霾协同治理的研究需学者综合考虑以下几个方面：①综合考虑民众、企业以及政府在治理雾霾时支付的成本；②根据综合治理成本来衡量各地区应对雾霾问题时的治理策略；③考虑政府补贴对京津冀地区雾霾治理策略的影响；④将数据的模糊性引入到雾霾成本计算中。

因此，本节从信息不确定角度利用模糊数学理论综合考虑在治理雾霾时民众所产生的社会健康成本、企业产生的直接治理成本、政府产生的经济发展成本和社会稳定成本，建立京津冀雾霾非合作治理模型，分析京津冀三个地区单独治理雾霾时的治理策略；从区间合作博弈角度，建立京津冀雾霾治理区间合作博弈模型，分析京津冀三地在不同合作模式下的雾霾治理成本以及相应的雾霾治理策略；从居民健康的角度，研究政府采用补贴调控的手段如何影响京津冀地区雾霾防控策略；另外，从补贴分配的公平性角度，采用区间 Shapley 值的方法对京津冀治理雾霾的政府补贴进行分配。

# 一、理论基础及符号说明

## （一）区间数运算法则

区间数定义[60]：$I = [a, b] = \{x \mid a \leqslant x \leqslant b, a, b \in R\}$ 叫作一个区间数。区间数的运算公式如下所示：

（1）$[a, b] + [c, d] = [a+c, b+d]$；

（2）$[a, b] - [c, d] = [a-d, b-c]$；

（3）$[a, b] \times [c, d] = [\min(ac, ad, bc, bd), \max(ac, ad, bc, bd)]$；

（4）$[a, b] \div [c, d] = [a, b] \times \left[\dfrac{1}{d}, \dfrac{1}{c}\right], 0 \notin [c, d]$。

## （二）符号说明

为简化模型的描述，记北京、天津、河北分别为 B、T、H。因此局中人集合为 N（B，T，H），其余符号如表 6-20 所示。

表 6-20　符号、变量含义

| 名称 | 符号、变量含义 |
| --- | --- |
| $\gamma_i$ | $\gamma_i = \begin{cases} 0, & \text{表示省份 i 治理雾霾} \\ 1, & \text{表示省份 i 不治理雾霾} \end{cases}$ |

续表

| 名称 | 符号、变量含义 |
|------|----------------|
| $c_{i直}$ | 省份 i 直接治理成本区间数 |
| $c_{i经}$ | 省份 i 经济发展成本 |
| $c_{i稳}$ | 省份 i 社会稳定成本 |
| $E_{ij}$ | 省份 i 对省份 j 雾霾跨界影响区间数，当 i=j 时，表示本地影响 |
| $c_{i治}$ | 省份 i 治理雾霾成本区间数 |
| $c_{i不治}$ | 省份 i 不治理雾霾成本区间数 |
| $c_{治}$ | 三省合作治理雾霾成本区间数 |
| $c_{不治}$ | 三省均不治理雾霾成本区间数 |
| $sub_i$ | 政府对省份 i 治霾补贴区间数 |

## 二、京津冀雾霾非合作治理模型

### （一）雾霾治理综合成本分析计算

治理雾霾所需要的成本主要有：企业产能升级、污染治理设备安装与更新等造成的直接治理成本；淘汰落后产能使污染严重企业关停并转导致经济发展阶段性缓慢，也即经济发展成本；产能升级过程中导致就业岗位大幅减少，失业人员短期急剧增加带来巨大的社会稳定成本；大量病理研究表明，雾霾已对民众健康产生巨大影响，[①] 带来巨大社会健康成本。下面分别对这四个成本进行数值估计。

#### 1. 直接治理成本

根据大气污染防治行动计划（2013～2017 年）实施的投融资需求及影响[②]报告显示，京津冀区域大气污染防治行动计划实施的直接投资需要2490.29 亿元、其中优化能源结构、移动源污染防治、工业企业污染治理的投资需求分别为 636.55 亿元、769.14 亿元和 1084.60 亿元。优化能源结构以及工业企业污染治理主要针对第二产业，移动源污染防治则主要针对机动车，因此，本节以地区 2014 年第二产业生产总值以及地区机动车保有量为标准将治霾直接投资分配给京津冀三个地区，具体计算方法如下式所示：

$$C_{i直} = \frac{\text{地区 i 年第二产业生产总值}}{\text{京津冀总年第二产业生产总值}} \times (\text{京津冀年优化能源结构成本} +$$

---

① 曹彩虹，韩立岩. 雾霾带来的社会健康成本估算[J]. 统计研究，2015（7）：19-23.
② 环境保护部环境规划院，南京大学. 大气污染防治行动计划（2013～2017）实施的投融资需求及影响［R］. 2015.

京津冀年工业企业污染治理成本) $+\dfrac{\text{地区 i 机动车保有量}}{\text{京津冀总机动车保有量}}\times$

京津冀年移动源污染防治成本

## 2. 社会健康成本

据《气候变化绿皮书：应对气候变化报告（2016）》[1]，北京市 PM 2.5 来源中，外来污染的贡献占到了 28%~36%；天津市环境保护局于 2014 年 8 月公布的本市颗粒物源解析结果显示，天津市 PM 2.5 来源中本地排放占 66%~78%，区域传输占 22%~34%[2]；2014 年 8 月石家庄公布的空气颗粒物来源解析成果显示，石家庄市 PM 2.5 来源中本地的贡献率是 70%~77%，区域污染传输贡献率为 23%~30%[3]。本节使用石家庄市雾霾浓度估算整个河北地区雾霾浓度。

本节简单采用计算如下：

天津对北京污染输送率 = [天津 PM2.5 总量/（天津 PM2.5 总量 + 河北 PM2.5 总量）]×[28%，36%]，北京、河北对天津跨界污染输送率计算同理。2014 年北京雾霾带来的健康成本在 124.36~174.27 亿元[4]，占北京生产总值的 0.58%~0.82%。根据这些数据得到地区年社会健康成本近似为地区生产总值的 0.58%~0.82%。

## 3. 经济发展成本

根据大气污染防治行动计划（2013~2017 年）实施的投融资需求及影响[61]报告显示，由于雾霾治理而淘汰的落后产能造成 GDP 减少 2834.16 亿元。这与地区的产业结构密切相关，落后的产能主要来源于第二产业，因此，本节使用 2014 年地区年第二产业生产总值来对京津冀三地由于雾霾治理淘汰落后产能而造成 GDP 的减少量进行估计并以此作为治理雾霾而造成的经济发展成本，具体计算方法如下式所示：

$$C_{i\text{经}} = \dfrac{\text{地区 i 年第二产业生产总值}}{\text{京津冀总年第二产业生产总值}}\times$$

京津冀淘汰的落后产能造成的年 GDP 减少额

---

① 王伟光，郑国光．气候变化绿皮书：应对气候变化报告（2016）[M]．北京：社会科学文献出版社，2016.

② 中国环保网．天津发布颗粒物源解析结果 [EB/OL]．http：//www.chin aenvironment.com/view/viewnews.aspx? k=20140827151804718，2017-03-05.

③ 中国环境监测总站．石家庄市大气污染源解析结果公布　大气污染元凶现行[EB/OL]．http：//www.cnemc.cn/publish/totalWebSite/news/news_ 42659.html，2017-03-05.

④ 曹彩虹，韩立岩．雾霾带来的社会健康成本估算[J]．统计研究，2015(7)：19-23.

### 4. 社会稳定成本

社会稳定成本指对排污行业的产能削减造成的失业率所带来的社会成本。根据大气污染防治行动计划（2013~2017年）实施的投融资需求及影响[①]报告显示，淘汰落后产能造成减少就业岗位18.71万个。与经济发展成本的估算方法类似，采用2014年地区年第二产业生产总值来对京津冀三个地区减少就业岗位的人数进行估计，再使用地区的单位失业保障金来估计地区的社会稳定成本，具体计算方法如下式所示：

$$C_{i稳} = \frac{地区i年第二产业生产总值}{京津冀总年第二产业生产总值} \times$$

京津冀淘汰落后产能造成年就业岗位减少量×地区i年失业保障金

本节中所用到的数据均来自统计年鉴，但由于信息不确定，本节假设实际的数据在统计数据的1%上下浮动。根据这个假设，本节将统计数据进行模糊处理，得到京津冀三地的直接治理成本、经济发展成本、社会稳定成本以及社会健康成本，如表6-21和表6-22所示。

表6-21　京津冀雾霾治理成本区间　　　　　　单位：亿元

| 地区 | $C_{i直}$ | $C_{i经}$ | $C_{i稳}$ |
|---|---|---|---|
| 北京 | [101.44, 103.49] | [93.45, 95.33] | [0.76, 0.77] |
| 天津 | [120.44, 122.89] | [158.94, 162.15] | [1.08, 1.10] |
| 河北 | [271.21, 276.68] | [308.78, 315.02] | [1.76, 1.80] |

表6-22　京津冀社会健康成本区间　　　　　　单位：亿元

| $E_{ij}$ | | |
|---|---|---|
| $E_{BB}$ [79.59, 125.47] | $E_{TB}$ [14.97, 26.98] | $E_{HB}$ [19.95, 35.94] |
| $E_{TT}$ [60.21, 100.59] | $E_{BT}$ [8.10, 19.66] | $E_{HT}$ [11.07, 24.19] |
| $E_{HH}$ [119.45, 185.76] | $E_{BH}$ [20.50, 37.81] | $E_{TH}$ [18.74, 34.57] |

### （二）京津冀雾霾非合作治理模型的建立

根据上述雾霾综合治理成本，考虑跨界污染对各地区的影响，建立京津冀雾霾非合作治理模型如下：

$minC_i = (1-\gamma_i)C_{i治} + \gamma_i C_{i不治}$　　（$i \in N$）

s.t. $\gamma_i = 0$ 或 1。

---

① 环境保护部环境规划院，南京大学. 大气污染防治行动计划（2013~2017）实施的投融资需求及影响［R］. 2015.

$$C_{i治} = C_{i直} + C_{i经} + C_{i稳} + \sum_{j \in N}(\gamma_j E_{ji});$$

$$C_{i不治} = -C_{i经} + E_{ii} + \sum_{j \in N}(\gamma_j E_{ji})(i, j \in N \text{ 且 } i \neq j) \qquad (6-19)$$

根据上述模型，使用穷举法得到八种局中人非合作治理（单独治理）时的策略局势，不同局势下三个局中人的支付如表 6-23 所示。

**表 6-23 京津冀雾霾非合作治理策略组合**

| 局中人 | B, T, H | 支付值（$C_B$, $C_T$, $C_H$） |
|---|---|---|
| 局势（策略组合） | (0, 0, 0) | （[195.64, 199.59], [280.46, 286.12], [581.75, 593.5]） |
| | (0, 0, 1) | （[215.59, 235.53], [291.53, 310.31], [-189.33, -129.26]） |
| | (0, 1, 0) | （[210.61, 226.57], [-98.73, -61.56], [600.49, 628.07]） |
| | (0, 1, 1) | （[230.56, 262.51], [-87.66, -37.37], [-170.59, -94.69]） |
| | (1, 0, 0) | （[-13.86, 30.14], [288.56, 305.78], [602.25, 631.31]） |
| | (1, 0, 1) | （[6.09, 66.08], [299.63, 329.97], [-168.83, -91.45]） |
| | (1, 1, 0) | （[1.11, 57.12], [-90.63, -41.9], [620.99, 665.88]） |
| | (1, 1, 1) | （[21.06, 93.06], [-79.56, -17.71], [-150.09, -56.88]） |

综合表 6-23 的数据以及式（6-18），可以得到京津冀三个地区非合作治理雾霾的策略偏好，每个地区选择使自己受益最高的策略，得到模型的解为：$\gamma_B = \gamma_T = \gamma_H = 1$，即均不治理。综合三个地区的策略偏好，形成的局势为（1, 1, 1），此时的支付值为：

$$（C_B, C_T, C_H）= （[21.06, 93.06], [-79.56, -17.71], [-150.09, -56.88]）。$$

而这种情况下，京津冀三个地区单独治理雾霾的成本为：

①北京：$C_{B治} = [230.56, 262.51]$ 亿元；

②天津：$C_{T治} = [299.63, 329.97]$ 亿元；

③河北：$C_{H治} = [620.99, 665.88]$ 亿元。

总治理成本：$C_{总治1} = [1151.17, 1258.36]$ 亿元。

地方政府由于治霾而产生的巨大的直接治理成本、经济发展成本以及社会稳定成本，从而无法承担治理雾霾费用的现象与我国当前各地方政府消极治霾的现状一致，但雾霾带来的危害不容忽视，从民众健康角度考虑，目前这种局势显然是每一位民众都不愿看到的。因此，为了使地方政府积极加入到治理雾霾行动中来，中央政府需要采取干预手段来激励各地方政府积极应对雾霾。从计算结果不难发现，造成地方政府治霾懈怠的原因是成本负担过重，因此，本节考虑在经济上给予各地方政府激励——财政补贴，来促使京津冀改变自身的防控策略。由于对地方政府理性人假设，政府补贴的金额最小等于治理成本与不治理成本之间的差额，因此，各地方政府需要的政府补贴满足下式：

$$Sub_i = C_{i治} - C_{i不治} \tag{6-20}$$

因此，根据式（6-20），在京津冀各地方单独行动的情况下，为促使各地方政府治理雾霾而所需要的政府补贴分别为：

①北京补贴：$Sub_B = C_{B治} - C_{B不治} = [137.50，241.45]$亿元；

②天津补贴：$Sub_T = [317.34，409.53]$亿元；

③河北补贴：$Sub_H = [677.86，815.97]$亿元；

④京津冀总补贴：$Sub_{总1} = Sub_B + Sub_T + Sub_H = [1132.70，1466.95]$亿元。

## 三、京津冀雾霾治理区间合作博弈模型[①]

### （一）京津冀雾霾合作治理的超可加性

根据合作博弈理论[②]，合作博弈需要解决的关键问题之一是合作联盟的形成，而这个联盟形成的充要条件是满足超可加性，在雾霾合作治理的问题中可以理解为合作治理成本小于单独治理成本，用数学符号表示为：$\forall s \subseteq N$，$\sum_{i \in S} C_i \geq C_s$。其中，$C_i$ 为各地区单独治理成本，$C_s$ 为合作联盟总成本。

当前京津冀地区产业结构不合理，导致各地区的污染物排放量差异较大，同时京津冀经济发展严重不均衡，有些污染严重的地区自身无法治理雾霾，从而影响到了周边地区，因此京津冀需要合作治理雾霾。Wu 等[③]的研究表明，不同的产业结构导致各地区的排放量不同，也导致了不同地区雾霾治理的边际成本有很大差异。河北地区第二产业比重大，污染物排放量较大，本地区雾霾边际治理成本相应较小，北京地区虽然雾霾严重，但由于其产业构成主要为第三产业，自身排放量较小，很大部分雾霾来自周边地区跨界输入，从而本地区雾霾边际治理成本较高。京津冀合作治理雾霾，有助于污染物处理量从边际治理成本较高的地区向边际治理成本较低的地区转移，即从北京转移到河北。下面以北京、河北为例论证河北、北京合作治理雾霾满足超可加性：

假设河北、北京地区雾霾边际治理成本分别为 $v_1$、$v_2$，需要去除的污染量分别为 $q_1$、$q_2$。显然有，$v_1 < v_2$，$q_1 > q_2$。

① 本部分数据按照四舍五入前精确数据计算。

② 谢政. 对策论[M]. 北京：国防科技大学出版社，2004.

③ Wu D., Xu Y., Zhang S.. Will Joint Regional Air Pollution Control Be More Cost-effective? An Empirical Study of China's Beijing-Tianjin-Hebei Region [J]. Journal of Environmental Management，2015 (149)：27-36.

（1）各地单独治理：$C_B = v_2 q_2$，$C_H = v_1 q_1$，此时去除量均来自各地自身雾霾排放源，两地单独治理总成本为：$C_H + C_B = v_1 q_1 + v_2 q_2$；

（2）合作治理雾霾时，由于跨界污染严重，考虑到雾霾治理边际成本，北京可以优先协助河北治理减轻跨界污染理，此时各地治理成本分别为：$C'_B = v_1 q_2$，$C'_H = v_1 q_1$

两地合作治理总成本为：$C'_H + C'_B = v_1 q_1 + v_1 q_2$，

由于 $v_1 < v_2$，因此：$C_H + C_B = v_1 q_1 + v_2 q_2 > v_2 q_1 + v_2 q_2 = C'_H + C'_B$，

即合作治理成本小于单独治理成本，满足合作博弈理论的超可加性。

同理，由于产业机构不均，经济发展不平衡，京津冀合作治理雾霾均满足合作博弈理论的超可加性。接下来本节将建立京津冀雾霾合作博弈模型，通过实证分析来验证京津冀合作治理雾霾的有效性。

## （二）京津冀雾霾治理部分合作博弈模型的建立

当京津冀三个地区存在合作时，合作联盟内部所有局中人共同决定雾霾防控策略。因此，京津冀雾霾治理部分合作博弈模型为：

$$\min C_{ij} = (1 - \gamma_{ij}) C_{ij治} + \gamma_{ij} C_{ij不治} \quad (i, j \in N) \tag{6-21}$$

$$s.t. \ \gamma_{ij} = 0 \ 或 \ 1$$

其中

$$C_{ij治} = \sum_{i=i, j} (C_{i直} + C_{i经} + C_{i稳} + \gamma_k E_{ki})$$

$$C_{ij不治} = \sum_{i=i, j} \sum_{j=i, j} (-C_{i经} + E_{ii} + E_{ji} + \gamma_k E_{ki}) \quad (i, j, k \in N, k \neq i, j)$$

根据此模型，得到下面三种合作治理的情况。

### 1. 北京—天津合作治理

北京和天津的共同策略集为治理（0）与不治理（1），河北单独治理的策略仍为治理（0）与不治理（1）。根据上述模型，使用穷举法得到四种策略局势，不同局势下两个局中人的支付如表 6-24 所示。

表 6-24　北京—天津合作与河北雾霾防控博弈策略组合

| 局中人 | B&T, H | 支付值（$C_{BT}$, $C_H$） |
|---|---|---|
| 局势<br>（策略组合） | (0, 0) | （[476.1, 485.71], [581.75, 593.5]） |
| | (0, 1) | （[507.12, 545.84], [-189.33, -129.26]） |
| | (1, 0) | （[-89.51, 15.22], [620.99, 665.88]） |
| | (1, 1) | （[-58.49, 75.35], [-150.09, -56.88]） |

综合表 6-24 的数据以及式（6-21），可以得到北京—天津，以及河北这

两方的策略偏好，每个地区选择使自己受益最高的策略，即得到模型的解为：$\gamma_{BT}=\gamma_H=1$，即均不治理。综合三个地区的策略偏好，形成的局势为（1，1），此时的支付值为：

$(C_{BT}，C_H)=([-58.49，75.35]，[-150.09，-56.88])$

在这种情况下，两方治理雾霾所需要的治理成本分别为：

①北京—天津两方合作治理成本：$C_{BT}=[507.12，545.84]$亿元；

②河北治理成本：$C_H=[620.99，665.88]$；

③总治理成本：$C_{总治2}=[1128.11，1211.72]$。

根据式6-20计算得到政府对北京—天津以及河北的补贴分别为：

①北京—天津补贴：$Sub_{BT}=[431.77，604.34]$；

②河北补贴：$Sub_H=[677.86，815.97]$；

③京津冀总补贴：$Sub_{总2}=Sub_{BT}+Sub_H=[1109.63，1420.31]$。

## 2. 北京—河北合作治理

北京和河北共同策略集为治理（0）与不治理（1），天津单独治理策略仍为治理（0）与不治理（1）。同理，根据式（6-21）得到模型的解为：$\gamma_{BH}=\gamma_T=1$，即均不治理。综合三个地区的策略偏好，形成的局势为（1，1），此时的支付值为：

$(C_{BH}，C_T)=([-129.02，36.18]，[-79.56，-17.71])$。

在这种情况下，如果两方治理雾霾所需要的治理成本分别为：

①北京—河北两方合作治理成本：$C_{BH}=[811.09，854.64]$亿元；

②天津治理成本：$C_T=[299.63，329.97]$；

③总治理成本：$C_{总治3}=[1110.72，1184.61]$。

根据式（6-20）计算得到政府对北京—河北以及天津的补贴分别为：

①北京—河北补贴：$Sub_{BH}=[774.91，983.66]$；

②天津补贴：$Sub_T=[317.34，409.53]$；

③京津冀总补贴：$Sub_{总3}=[1092.25，1393.20]$。

## 3. 天津—河北合作治理

天津和河北的共同策略集为治理（0）与不治理（1），北京单独治理的策略仍为治理（0）与不治理（1）。同理，根据式6-21得到模型的解为：$\gamma_{TH}=\gamma_B=1$，即均不治理。综合三个地区的策略偏好，形成的局势为（1，1），此时的支付值为：

$(C_B，C_{TH})=([21.06，93.06]，[-229.65，-74.59])$。

在这种情况下，两方治理雾霾所需要的治理成本分别为：

①北京治理成本：$C_B=[230.56，262.51]$亿元；

②天津—河北两方合作治理成本：$C_{TH} = [890.80，937.09]$；

③总治理成本：$C_{总治4} = [1121.36，1199.60]$。

根据式（6-19）计算得到政府对天津—河北以及北京的补贴分别为：

①天津—河北补贴：$Sub_B = [137.50，241.45]$；

②北京补贴：$Sub_{TH} = [965.39，1166.74]$；

③京津冀总补贴：$Sub_{总4} = [1102.89，1408.19]$。

## （三）京津冀雾霾治理全局合作博弈模型的建立

当京津冀三个地区全局合作时，京津冀三地共同决定雾霾防控策略。此时，京津冀雾霾治理全局合作博弈模型为：

$$minC_{总} = (1 - \gamma_{总})C_{总治} + \gamma_{总}C_{总不治} \tag{6-22}$$

s. t. $\gamma_{总} = 0$ 或 1。

其中：$C_{总治} = \sum_{i \in N}(C_{i直} + C_{i经} + C_{i稳})$；$C_{总不治} = \sum_{i \in N}\sum_{j \in N}(-C_{i经} + E_{ji})$。

根据式（6-22）得到模型的解为：$\gamma_{总} = 1$，即均不治理。此时支付值为：$C_{总} = [-208.58，18.47]$。合作治理的总成本和总补贴分别为：

①京津冀三地合作治理所需总成本：$C_{总治5} = [1057.84，1079.21]$亿元；

②京津冀三地合作治理所需总补贴：$Sub_{总5} = [1039.37，1287.80]$亿元。

## （四）对比分析

对比京津冀三地单独治理时的总成本：$C_{总治1}[1151.17，1258.36]$，部分合作时的治理总成本：$C_{总治2}[1128.11，1211.72]$、$C_{总治3}[1110.72，1184.61]$、$C_{总治4}[1121.36，1199.60]$，京津冀三地合作时的总治理成本：$C_{总治5}[1057.84，1079.21]$。可以得到当京津冀三地合作治理雾霾时，所需的治理成本最小，此时治理成本为：$[1057.84，1079.21]$亿元。

另外，对比京津冀三地单独治理时所需要的政府总补贴：$Sub_{总1}[1132.70，1466.95]$，部分合作时所需要的政府总补贴：$Sub_{总2}[1109.63，1420.31]$、$Sub_{总3}[1092.25，1393.20]$、$Sub_{总4}[1102.89，1408.19]$，京津冀三地合作时所需总补贴：$Sub_{总5}[1039.37，1287.80]$，可以得到当京津冀三个地区合作时所需补贴最少，此时补贴为：$[1039.37，1287.80]$亿元。

因此，在全局合作治理雾霾时能够达到最小治理成本以及最小政府补贴，接下来讨论如何将该补贴合理地分配给京津冀三个地区。

## 四、基于区间 Shapley 值的政府补贴分配

Shapley 值分配方法是 Shapley[①] 在 1953 年提出的，基于成员对联盟的权

---

① Shapley L. S.. A Value for $ n $ -person Games [J]. 1953（28）：307-317.

重来分配联盟成员的成本，是合作博弈理论中重要的收益分配方法。于晓辉和张强[①]、孟凡永和张强[②]等研究了支付函数为区间数的区间 Shapley 值分配方法，具体方法如下式所示：

$$\varphi_i(v) = \sum_{i \in s, s \in N} W \mid R \mid \cdot [v(R \cup \{i\}) - v(R)] \qquad (6\text{-}23)$$

其中，$W \mid R \mid = \dfrac{(n - \mid s \mid)! \, (\mid s \mid - 1)!}{n!}$

根据式（6-23），北京、天津及河北三地的政府补贴特征值如表6-25~表6-27所示。

表6-25　2014年北京市合作治霾特征值

| R | ∅ | {2} | {3} | {2, 3} |
|---|---|---|---|---|
| $\tilde{v}(R)$ | 0 | [317.34, 409.53] | [677.86, 815.97] | [965.39, 1166.74] |
| $\tilde{v}(R \cup \{1\})$ | [137.50, 241.45] | [431.77, 604.34] | [774.91, 983.66] | [1039.37, 1287.80] |
| $\tilde{v}(R \cup \{1\}) - \tilde{v}(R)$ | [137.50, 241.45] | [22.24, 287.00] | [-41.0, 305.80] | [-127.37, 322.40] |
| $\mid R \mid$ | 0 | 1 | 1 | 2 |
| $W \mid R \mid$ | $\dfrac{1}{3}$ | $\dfrac{1}{6}$ | $\dfrac{1}{6}$ | $\dfrac{1}{3}$ |
| $W \mid R \mid \times [\tilde{v}(R \cup \{1\}) - \tilde{v}(R)]$ | [45.83, 80.48] | [3.71, 47.83] | [-6.84, 50.97] | [-42.46, 107.47] |

根据表6-25，北京市雾霾治理政府补贴区间为：

$\tilde{\varphi}_1(v) = [45.83, 80.48] + [3.71, 47.83] + [-6.84, 50.97] + [-42.46, 107.47] = [0.24, 286.75]$。

表6-26　2014年天津市合作治霾特征值

| R | ∅ | {1} | {3} | {1, 3} |
|---|---|---|---|---|
| $\tilde{v}(R)$ | 0 | [137.50, 241.45] | [677.86, 815.97] | [774.91, 983.66] |
| $\tilde{v}(R \cup \{2\})$ | [317.34, 409.53] | [431.77, 604.34] | [965.39, 1166.74] | [1039.37, 1287.80] |
| $\tilde{v}(R \cup \{2\}) - \tilde{v}(R)$ | [317.34, 409.53] | [190.32, 466.84] | [149.42, 488.88] | [55.71, 512.88] |

① 于晓辉，张强. 具有区间支付的合作对策的区间 Shapley 值[J]. 模糊系统与数学，2008（5）：151-156.

② 孟凡永，张强. 具有区间支付的模糊合作对策上的 Shapley 函数[J]. 北京理工大学学报，2011（9）：1131-1134.

续表

| R | ∅ | {1} | {3} | {1, 3} |
|---|---|---|---|---|
| \|R\| | 0 | 1 | 1 | 2 |
| W\|R\| | $\frac{1}{3}$ | $\frac{1}{6}$ | $\frac{1}{6}$ | $\frac{1}{3}$ |
| W\|R\| × [$\tilde{v}(R \cup \{2\}) - \tilde{v}(R)$] | [105.78, 136.51] | [31.72, 77.81] | [24.90, 81.48] | [18.57, 170.96] |

根据表 6-26，天津市雾霾治理政府补贴区间为：$\tilde{\varphi}_2(v) = [105.78, 136.51] + [31.72, 77.81] + [24.90, 81.48] + [18.57, 170.96] = [180.97, 466.76]$。

表 6-27　2014 年河北省合作治霾特征值

| R | ∅ | {1} | {2} | {1, 2} |
|---|---|---|---|---|
| $\tilde{v}(R)$ | 0 | [137.50, 241.45] | [317.34, 409.53] | [431.77, 604.34] |
| $\tilde{v}(R \cup \{3\})$ | [677.86, 815.97] | [774.91, 983.66] | [965.39, 1166.74] | [1039.37, 1287.80] |
| $\tilde{v}(R \cup \{3\}) - \tilde{v}(R)$ | [677.86, 815.97] | [533.47, 846.16] | [555.86, 849.40] | [435.03, 856.03] |
| \|R\| | 0 | 1 | 1 | 2 |
| W\|R\| | $\frac{1}{3}$ | $\frac{1}{6}$ | $\frac{1}{6}$ | $\frac{1}{3}$ |
| W\|R\| × [$\tilde{v}(R \cup \{3\}) - \tilde{v}(R)$] | [225.95, 271.99] | [88.91, 141.03] | [92.64, 141.57] | [145.01, 285.34] |

根据表 6-27，河北省雾霾治理政府补贴区间为：

$\tilde{\varphi}_3(v) = [225.95, 271.99] + [88.91, 141.03] + [92.64, 141.57] + [145.01, 285.34] = [552.52, 839.93]$。

综上，京津冀治霾政府补贴区间数分别为：北京市[0.24, 286.75]亿元，天津市[180.97, 466.76]亿元，河北省[552.52, 839.93]亿元。

这里从信息不确定的角度利用模糊数学理论综合考虑民众、企业以及政府三方承担的雾霾治理成本：直接治理成本、社会稳定成本、经济发展成本以及社会健康成本，并根据这些成本分别计算了在非合作下和合作情况下的京津冀雾霾防控策略，结果表明：无论是合作与否，相对于不治理雾霾，治理雾霾的成本较大，因此北京、天津、河北均选择不治理雾霾。考虑到雾霾对经济发展和民众健康的影响不容忽视，政府从经济良性发展和国民健康角度考虑，需要建立经济补偿机制，促进京津冀积极治理雾霾。本节在各地区均不积极治理雾霾的情况下，引入了政府补贴，并假设只有当治理成本与不治理的成本相等时，各地区才能够治理雾霾。基于非合作下和合作情况下的京津冀雾霾治理成本，得到不同情况下的政府补贴值。通过比较政府的补贴值发现，当京津冀三地合作治理的情况下，三地的治理成本最小，政府给予的补贴值相应也最少，满足集体理性，此时政府的总补贴值为 $[1039.37, 1287.80]$ 亿元。为了将补贴值公平合理地分配给京津冀三个地区，本节使用区间 Shapley 值法对政府补贴进行分配，得到京津冀三个地区最优的补贴值分别为：$[0.24, 286.75]$ 亿元、$[180.97, 466.76]$ 亿元、$[552.52, 839.93]$ 亿元。

所建立的京津冀雾霾非合作治理与合作治理模型可以为京津冀雾霾防控提供理论参考，而模型所得到的结果可以指导京津冀雾霾防控实践。针对京津冀区域雾霾防控，本节给出以下参考意见：第一，国家需进行宏观调控，建立经济补偿机制，并通过合理分配补贴，激励地方政府积极协同治理雾霾；第二，河北省具有明显重工业特征，实现产业结构升级相对困难，因此国家政府应对河北、天津给予一定程度的政策倾斜，加大对河北、天津地区的资金和技术扶持；第三，短期内进行雾霾治理，采取中央政府、北京、天津及河北四方共同承担治霾成本的方法，更具有经济可行性；第四，目前三地治霾模式依然是非合作模式，相比于非合作治霾模式，合作治霾不仅有利于政府进行宏观调控，而且有利于京津冀进行信息交流、资源共享。还能通过政府补贴分配机制使各省在雾霾联防联控中实现共赢，因此京津冀必须抓住协同发展的机遇，实现真正意义上的雾霾联防联控机制。

此外，以社会健康成本（雾霾造成的发病率、死亡率）近似估计雾霾的本地影响和跨界传输影响。事实上雾霾不仅影响到民众健康，还导致了一部分人群搬离京津冀地区，造成一定的人才流失，影响社会发展。与此同时，政府环保措施不当，严重的环境问题已经对当地人们心理产生负面影响，而且不同的地区对雾霾造成健康损害的感知程度存在差异，对各地区的治理意愿产生影响，未来将引入 0~1 的区间数来动态表达各地区的治理意愿，考虑不同地区对雾霾造成健康损害的感知程度等因素。

## 第五节　首都雾霾防治政策评价

近年来，中国政府对雾霾治理的重视不断加强，2014 年 1 月 4 日，国家首次将雾霾天气纳入 2013 年自然灾情进行通报。2014 年 2 月，习近平总书记在北京市考察时做出了"应对雾霾污染、改善空气质量的首要任务是控制

PM2.5，要从压减燃煤、严格控车、调整产业、强化管理、联防联控、依法治理等方面采取重大举措，聚焦重点领域，严格指标考核，加强环境执法监管，认真进行责任追究"的重要指示。近年来，国家和北京政府先后通过了一系列法律规范和行政规章治理大气污染尤其是机动车造成的大气污染，国务院于 2000 年发布《中华人民共和国大气污染防治条例》，2015 年修订实施了《中华人民共和国大气污染防治法》，北京市先后出台了《轻型汽车排放污染物排放标准》《车用压燃式、气体燃料点燃式发动机与汽车排气污染物限值及测量方法（台架工况法）》《北京市 2013~2017 年清洁空气行动计划》和《北京市 2013~2017 年机动车排放污染控制工作方案》等一系列治霾之策。

# 一、首都雾霾防治政策现状

## （一）首都雾霾防治总体政策

雾霾治理是一项系统性工程，为了推动雾霾治理的进行，北京市政府根据污染源的不同出台了大量相应政策（见表 6-28），主要涵盖了压减燃煤、控车减油、消减扬尘等八类减排政策。

表 6-28　首都雾霾防治政策概览

| 序号 | 政策名称 | 政策概要 |
|---|---|---|
| 1 | 源头控制 | 优化城市功能和空间布局；合理控制人口规模；严格控制机动车保有量；强化资源环保准入约束 |
| 2 | 能源结构 | 加强清洁能源供应保障；实现电力生产燃气化；推进企业生产用能清洁化；逐步推进城六区无煤化；城乡接合部和农村地区"减煤换煤"；远郊区县燃煤减量化；健全绿色能源配送体系；提高能源使用效率 |
| 3 | 机动车结构调整 | 大力发展公共交通；严格新车排放和油品供应标准；加快淘汰高排放老旧机动车；积极推广新能源和清洁能源汽车；促进行业机动车结构调整和污染减排 |
| 4 | 产业结构优化 | 淘汰压缩污染产能；整治小型污染企业；建设生态工业园区；推行清洁生产 |
| 5 | 末端污染治理 | 严格环保标准；实施氮氧化物治理；开展工业烟粉尘治理；加强挥发性有机物治理 |
| 6 | 城市精细化管理 | 严格控制施工扬尘污染；严格控制道路扬尘污染；严格控制生活垃圾污染；严格控制露天烧烤、餐饮油烟等污染；严格用车和油品质量监管；整治违法排污企业 |
| 7 | 生态环境建设 | 提高绿化覆盖率；扩大水域面积；实施生态修复 |
| 8 | 空气重污染应急政策 | 建立空气重污染应急响应联动机制，开展区域联防联控 |

注：根据北京市 2013 年以来相关政策整理。

## （二）首都雾霾移动源防治政策

北京市环保局发布的 PM2.5 来源解析成果显示，机动车移动源贡献率占到了 31.1％，是北京市本地污染贡献中应高度重视的首要因素，也是本章重点探讨的内容。

北京市政府在治理治理移动源污染政策方面，可分为长期性政策和应急性政策（见表 6-29），主要涵盖尾号限行、淘汰老旧机动车等 10 项。

表 6-29　北京市治理移动源污染政策概览

| 编号 | 政策 | 长期政策 | 应急政策 |
|---|---|---|---|
| M1 | 尾号限行 | 尾号轮换+分时段分区域限行 | 自 2017 年 2 月 15 日开始实行新修订的《北京市重污染天气应急预案（试行）》，实行单双号+分时段分区域限行；高排放车辆分区域限行；重型柴油车、渣土车辆、外地车辆等禁行 |
| M2 | 淘汰老旧机动车 | 2013～2017 年累计淘汰老旧机动车 100 万辆 | |
| M3 | 严控车辆排放 | 2013 年起实行京 V 排放标准<br>2017 年起升级为京 VI 燃油标准 | |
| M4 | 限购 | 摇号。"每月一摇"变为"俩月一摇"。压缩小客车指标数量 | |
| M5 | 公共客车油改气/电 | 公交车、出租车新能源升级 | |
| M6 | 柴油车加装控制污染装置 | 柴油车加装 DPF（颗粒物捕集器）和 OBD（自动检测器） | |
| M7 | 公共交通设计优化 | 增加地铁运营等公共交通方式 | |
| M8 | 征收拥堵费、停车费 | 出台北京市非居住区停车价格调整方案，拥堵费政策正在拟定中 | |
| M9 | 鼓励使用新能源小客车 | 《北京市私人购买纯电动车小客车管理办法》+《北京市示范应用新能源小客车管理办法》不需摇号，享受补贴 | |
| M10 | 设置公共自行车 | 在地铁站、重要公交站附近设置公共自行车 | |

注：根据北京市 2013 年以来相关政策整理。

（1）M1 尾号限行：行政区域内的中央国家机关，本市各级党政机关，中央和本市所属的社会团体、事业单位和国有企业的公务用车按车牌尾号每周停驶一天；其余社会车辆和外省市车辆按尾号限行，限行时间为 7 时至 20 时，范围为五环路以内道路。

（2）M2 淘汰老旧机动车：按照北京市 2013～2017 年机动车排放污染控制工作方案，到 2017 年，累计淘汰 100 万辆老旧机动车，尤其是高排放重污染机动车。

（3）M3 严控车辆排放：北京市 2008 年实行国 IV 排放标准，2013 年实行京 V 排放标准，预计 2017 年将实行最严格的京 VI 排放标准，全面与国际接轨；2012 年开始北京市执行京 V 燃油标准，2017 年开始执行最新的京 VI 燃油标准。

（4）M4 限购：自 2011 年开始，北京市对小客车实行"摇号"政策，开启了机动车总量控制的序幕。根据市政府规划，2017 年北京市小客车总量控制在 600 万辆以内。2014 年开始，政府进一步压缩小客车指标数量，一直到 2017 年每年全市只有 15 万个小客车指标。

（5）M5 公共客车油改气/电：截至 2015 年，北京市公共交通车辆达 28311 辆，比 2010 年增长了 18%。每年新增和更新公交车中新能源和清洁能源车比例力争达到 70%左右，2017 年实现新能源和清洁能源车总量占公交车辆比例达到 65%左右，五环路内天然气车达到 50%。2013~2017 年，出租车更新车辆中计划电动车、天然气汽车、混合动力车各 5000 辆，其余更新为第五、第六阶段机动车排放标准的汽油车，出租车行业车辆油耗比 2012 年减少 20%。大力发展新能源和清洁能源旅游车，2017 年五环路内的旅游客运天然气汽车比例力争达到 20%，示范运营纯电动旅游车达到 300 辆。对出租车执行严格的强制报废标准，鼓励出租车更换三元催化器。

（6）M6 柴油车加装控制污染装置：对柴油车加装 DPF（颗粒物捕集器）和 OBD（自动检测器），并定期检测。

（7）M7 公共交通设计优化：北京市目前有 18 条地铁线，全场 500 余千米，新建 16 号线北段、S1、S6 和平谷线。截至 2015 年，北京市公共交通运营线路已达 894 条，比 2010 年增长 23%。公共交通运营路线达 20740 千米，比 2010 年增长了 8.7%。

（8）M8 征收拥堵费、停车费：2010 年北京市出台《北京市非居住区停车价格调整方案》，调整了全市 18 个重点非居住区的停车价格，以削减城区交通流量。另外，拥堵费征收的有关政策目前北京市正在研究当中，尚未出台。

（9）M9 鼓励使用新能源小客车：北京市先后出台《北京市私人购买纯电动车小客车管理办法》和《北京市示范应用新能源小客车管理办法》，购买新能源小客车不需摇号，政府还给予财政补贴。2012 年 10 月 24 日，出台《北京市私人购买纯电动车小客车管理办法（试行）》，规定"私人购买纯电动小汽车不需摇号，直接享受补助。补助分为国家和北京市两部分，其中国家补助直接拨付生产企业，而北京市补助给购车单位和个人，标准都是同样按 3000 元/千瓦时给予，最高补助 6 万元/辆"。2014 年 1 月 1 日，出台《北京市示范应用新能源小客车管理办法》，规定"支持单位和个人购买和使用新能源小客车，并鼓励各类机构组织员工集体购买和使用新能源小客车，给予财政补助，按照国家和本市 1∶1 的比例确定补助标准。国家和北京市财政补助总额最高不超过车辆销售价格的 60%"。

（10）M10 设置公共自行车：北京市在重要交通需求端尤其是重要接驳站设置了 1000 个公共自行车租赁点，数量已达到 5 万辆。

## 二、首都雾霾防治政策评价方法

### （一）国内外大气污染政策评价方法

国内外学者重视利用数学模型预测大气污染带来的影响或大气污染防治政策的实施效果。

英国帝国理工学院环境政策中心 Oxley 等[①]于 2013 年建立综合评估模型 UKIAM，定义了反应不同部门或者部门分支的卫星导航警戒标绘仪（SNAP）65 种不同的污染来源，通过汇集有关二氧化硫、二氧化氮、氮氢化合物、PM10、PM2.5 等排放量的数据，制定与保护生态环境、城市空气质量和人类健康相关的大气扩散条件，为减少排放量制定潜在的减排政策日程表，探讨涵盖了平面到城镇、英国的污染源、排放物的大气色散、减排补充方案，以及欧盟标准模型和环境影响的整合，为英国制定政策提供评估数据。

西班牙马德里理工大学 Michel 等[②]于 2014 年在对大气污染物（二氧化碳、PM10、PM2.5、臭氧、三氧化硫、氨、空气浮尘污染物等）含量的 AERIS 模型分析基础上，对 2000~2020 年西班牙所设立的大气污染物减排政策所带来的影响进行评估，为西班牙未来的政策制定者和利益相关者提供了一个改善西班牙大气质量的适当诊断。该研究对大气污染危害影响的分析主要依据以下几个不同方面：根据 2008 年欧洲为西班牙大气质量管控部门所设定的大气二氧化碳和 PM10 含量指标的合乎规定的限定值；对生态系统有影响的大气中硫和氮含量的电位沉积所做的测定；雨林地区二氧化氮和二氧化硫临界水平的超标；分析臭氧对小麦、葡萄、玉米等农作物带来的危害；人类暴露臭氧和 PM2.5 环境下所导致的健康损害；由于粮食能源浪费、残障人士带来的人力资源缺失；建筑物受损；以 PM2.5 为主的大气粉尘污染等所增加的社会公共政策出台成本。

---

① Oxley T. , Dore A. J. , Apsimon H. , et al. . Modelling Future Impacts of Air Pollution Using the Multi-scale UK Integrated Assessment Model (UKIAM) [J]. Environment International, 2013, 61 (61C)：17-35.

② Vedrenne M. , Borge R. , Lumbreras J. , et al. . An Integrated Assessment of Two Decades of Air Pollution Policy Making in Spain：Impacts, Costs and Improvements. [J]. Science of the Total Environment, 2015 (527-528)：351-361.

西班牙马德里理工大学 Julio 等①于 2008 年提出一种评估排放预测的原始方法。排放量的预测依据各自具体的情况分析：无政策（正常情况）、有政策（有限制情况）、有附加政策（严格情况）。该研究采用多污染物和多部门的发射投影模型（CEP）预测国家污染排放，在国家层面上，涵盖了几乎所有的污染物种类和污染物排放部门，无论是人为的污染物还是自然界自发性的污染物。该模型可以为西班牙在 2001~2020 年进行污染物的预测。

M. Chiesa 等②于 2014 年对意大利米兰的减排政策进行了评估，该研究将 2010 年作为基准年，评估 2015 年之际减排政策在环境、经济方面的实施效果。主要从居民生活燃烧和交通两个维度考量 PM10 和氮氧化物的治理效益，同时对政策的有效性和执行度在政策制定部门进行调研，在居民层面对政策的满意度进行调研，从而探讨最适合米兰地区的减排政策。

邱兆文等③（2013）在交通量调查、气象数据处理和道路元 PM2.5 排放清单的基础上，应用 AERMOD 模型评估了我国某高速公路沿线 PM2.5 的浓度分布水平，为道路规划环境影响评价作出了参考。

## （二）本章采用的政策评价方法

本章使用 CVM 条件价值评估法对治理政策进行评价。1947 年 Ciriacy-wantrup 提出使用推导"水土保持"这类公共物品价值的办法，称为"CVM"（Contingent Valuation Method）④。这是 CVM 理论的萌芽，此后，国外学者对 CVM 理论的研究及应用大量出现。20 世纪 90 年代 CVM 传入中国，该方法被越来越多的国内学者认可，在生态资源、大气污染、健康领域等方面应用逐步明显。

马瑛等⑤在 2006 年利用 CVM 条件价值评估法研究新疆农业面源污染问题，探讨影响新疆棉农意愿的影响因素；蒋劭妍等⑥在 2017 年以 CVM 为工具

① Lumbreras J. , Andres B. J. M. D. , Rodriguez E. . A Model to Calculate Consistent Atmospheric Emission Projections and Its Application to Spain [J]. Atmospheric Environment, 2008, 42 (21): 5251-5266.

② Chiesa M. , Perrone M. G. , Cusumano N. , et al. . An Environmental, Economical and Socio-political Analysis of a Variety of Urban Air-pollution Reduction Policies for Primary PM10 and NO$_x$: The Case Study of the Province of Milan (Northern Italy) [J]. Environmental Science & Policy, 2014, 44 (C9): 39-50.

③ 邱兆文, 邓顺熙, 郝艳召. 基于 AERMOD 模型评估公路交通源 PM_ (2.5) 的浓度分布[J]. 安全与环境工程, 2014, 21 (3): 65-69.

④ Ciriacy-Wantrup S. . Resource Conservation: Economics and Policies [M]. California: University of California Press, 1952.

⑤ 马瑛, 王保力, 张芳等. 新疆棉农对农业面源污染防治的态度和支付意愿研究[J]. 中国农业资源与区划, 2016, 37 (7): 150-156.

⑥ 蒋劭妍, 曹牧, 汤臣栋等. 基于 CVM 的崇明东滩湿地非使用价值评价[J]. 南京林业大学学报（自然科学版）, 2017, 41 (1): 21-27.

研究上海崇明东滩湿地在维持鸟类生物多样性、净化大气和湿地水质及促淤成陆等方面的非使用价值；俞万源等[①]在 2013 年以客家文化旅游为研究对象，运用游客满意理论和 CVM 理论，探讨客家文化旅游开发策略；李瑞和胡留所[②]在 2015 年分析陕北资源富集区特殊的经济结构和生态环境现状，采用 CVM 法对陕北相应地域的生态环境恶化程度进行评估；曾贤刚等[③][④]在 2015 年运用 CVM 法从医疗健康的角度调查了北京市民对 PM2.5 风险的认知情况、公众的行为选择和支付意愿等；何可等[⑤]在 2014 年利用 CVM 条件价值评估方法对农业废弃物污染防控的非市场价值进行实证分析，研究了对农业废弃物污染防控的影响因素。

CVM 在大气污染治理方面也被国内学者逐渐应用。高新才等[⑥]在 2011 年利用国际上较为成熟的意愿调查价值评估法，对兰州市城区居民的大气环境支付意愿进行了评估，利用单因素方差分析得出只有收入水平是影响兰州居民支付意愿的显著因素，利用虚拟变量回归模型估计了不同收入群体的平均最大支付；魏同洋等[⑦]在 2015 年运用双边界二分式意愿调查法（CVM），评估作为北京市生态涵养区的延庆县生态保护和建设对改善北京市大气质量的价值。么相姝[⑧]在 2016 年采用双边界二分式意愿调查法估算了天津市大气环境质量改善的经济价值，并引入人口社会经济变量与大气环境质量认知变量识别了影响居民支付意愿的主要因素意愿差异，提出了宜采用"政府—企业—社会"三位一体的资金共担机制改善大气环境质量的建议。

通过对文献的查阅，学者们研究政策经常采用数学模型预测大气污染带来的影响或大气污染治理政策的实施效果，针对本章民众支付意愿这种无形效益的评估，条件价值评估法（CVM）是具有无可比拟的优势的。条件价值

---

① 俞万源，冯亚芬，梁锦梅. 基于游客满意度的客家文化旅游开发研究[J]. 地理科学，2013，33（7）：824-830.

② 李瑞，胡留所，L. G. Melnyk. 生态环境经济损失评估：生态文明的视角——以陕北资源富集区为例[J]. 财经论丛（浙江财经大学学报），2015，V198（9）：11-17.

③ 曾贤刚，许志华，鲁颐琼. 基于 CVM 的城市大气细颗粒物健康风险的经济评估——以北京市为例[J]. 中国环境科学，2015（7）：2233-2240.

④ 曾贤刚，谢芳，宗佺. 降低 PM2.5 健康风险的行为选择及支付意愿——以北京市居民为例[J]. 中国人口·资源与环境，2015，25（1）：127-133.

⑤ 何可，张俊飚，丰军辉. 基于条件价值评估法（CVM）的农业废弃物污染防控非市场价值研究[J]. 长江流域资源与环境，2014，23（2）：213-219.

⑥ 高新才，岳立，张钦智. 兰州市大气污染支付意愿影响因素分析[J]. 城市问题，2011（1）：62-65.

⑦ 魏同洋，靳乐山，靳宗振等. 北京城区居民大气质量改善支付意愿分析[J]. 城市问题，2015（1）：75-81.

⑧ 么相姝. 天津市居民大气环境质量改善支付意愿评估——基于双边界二分式 CVM 的视角[J]. 城市问题，2016（7）：81-86.

评估法采用问卷调查的方法，直接询问目标群体，通过模拟市场来得出消费者对环境改善的支付意愿（WTP）。它是引导个人对非市场环境物品或服务估价的一种相对直接的方法，它的显著优点是易于应用，而且不需要理论假设，其暗含的唯一假设就是受访者知道自己的个人偏好，因而有能力对环境物品或服务估价，并且愿意真实表达自己的支付意愿。因此本章采用 CVM 条件价值评估法对北京市雾霾治理政策进行研究。

本章设计调查问卷"北京市移动源 PM2.5 治理政策认知度测量表"（见表6-30），创造假想市场，发放调查问卷，获得不同人群对北京市治理机动车 PM2.5 政策的认知度和支付意愿，以及受访者的身份、年龄、学历、个人年收入等基本社会特征数据。认知度的评估从了解度和支持度两个维度展开。为了调查结果的准确性，本章先进行了 100 人的预调查。在预调查过程中发现对"新能源车"和"公共自行车"政策知晓情况的分别只有 3 人和 2 人，为保障问卷填写工作的顺利进行，将这两个政策从问卷中移出，增设了 1 个开放性问题，便于凝聚受访者的智慧。整理数据后运用 SPSS 进行分析。

**表 6-30　北京市移动源 PM2.5 治理政策认知度测量**

| 一级指标 | 二级指标 | M1 | M2 | M3 | M4 | M5 | M6 | M7 | M8 |
|---|---|---|---|---|---|---|---|---|---|
| 样本基本特征 | 身份 | | | | | | | | |
| | 年龄 | | | | | | | | |
| | 学历 | | | | | | | | |
| | 年收入 | | | | | | | | |
| | 是否会驾车 | | | | | | | | |
| | 是否为补贴受益者 | | | | | | | | |
| 政策认知度 | 政策了解度 | | | | | | | | |
| | 政策支持度 | | | | | | | | |
| 样本支付意愿 | 拥堵费 | | | | | | | | |
| | 效果评价 | | | | | | | | |
| | 愿否付出 | | | | | | | | |

# 三、首都雾霾防治政策评价分析

## （一）首都雾霾防治政策总体评价

2000 年以来，在北京市政府的大力治理之下，北京市大气污染治理的效果在波动中总体趋好，可吸入颗粒物尤其是 PM2.5 年平均浓度下降明显。

2000~2012 年，北京市监测可吸入颗粒物浓度下降了 32.7%（见图 6-5）。2013 年之后，中国开始把 PM2.5 列入监测对象，2016 年北京市 PM2.5 的年平均浓度已经比 2013 年刚开始监测时下降了 18.44%，达到 73μg/m³ 的水平（见图 6-6）。

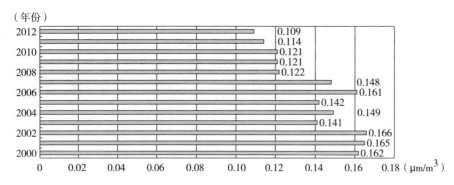

注：根据北京市环境公报（2000~2016 年）整理。

**图 6-5　2000~2012 年北京市可吸入颗粒物（PM10）年平均浓度**

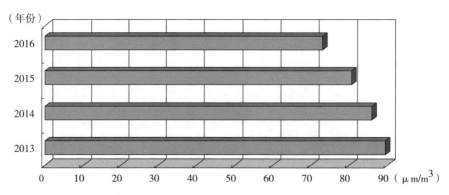

注：根据北京市环境公报（2000~2016 年）整理。

**图 6-6　2013~2016 年北京市 PM2.5 年平均浓度**

从 2013 年到 2016 年的纵向统计数据来看（见图 6-7），2015 年北京市全年空气质量有 186 天达到优良级别，2016 年北京市全年空气质量有 198 天达到优良级别，均超过了 50%，较 2013 年有了非常大的提升。不同程度的污染天数均比 2013 年有所下降，尤其是重度污染以上天数为 39 天，比 2013 年下降了 33%。

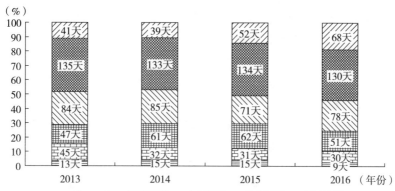

注：根据北京市环境公报（2000~2016年）整理。

**图 6-7  2013~2016 年北京市空气质量统计**

### （二）首都雾霾移动源防治政策总体评价

从上述北京市大气污染的构成来看，大气污染是多方面因素影响的结果，总体治理效果的提升不能说明机动车减排政策的有效性。单从北京市的交通行业来看，2010~2015 年，北京市交通行业减排治理的关键指标变化明显（见表 6-31），很明显可以看出，六年来北京市交通行业污染物排放下降了 25%，单位人公里出行能耗下降了 3%，同时在中心城绿色出行、公共交通行业新能源车辆、交通行业重点企业能源管控等方面增幅显著。

**表 6-31  北京市 2010~2015 年交通行业减排关键指标变化情况**

| 序号 | 关键指标 | 数据（%） |
|---|---|---|
| 1 | 交通行业污染物排放下降比例 | 25 |
| 2 | 单位人公里出行能耗下降比例 | 3 |
| 3 | 中心城绿色出行增长比例 | 75 |
| 4 | 公共交通行业新能源车辆比例 | 65 |
| 5 | 交通行业重点企业能源管控完成率 | 100 |

注：根据北京市发改委和北京市交通学会公开数据整理。

### （三）首都雾霾移动源防治具体政策评价

根据北京市环保局统计数据显示，2013 年北京市机动车的排放污染高达90 万吨，2015 年下降至 70 万吨，三年下降了 22.22%。从单车平均排放量的变化来看，2017 年为 0.12 吨，比 2013 年的 0.17 吨下降了 29.41%。

现行北京市的治理政策主要从限制机动车活动强度和单车排放量两方面双管齐下。其中，老旧机动车淘汰、公交车油改气/电、车辆排放标准提升和柴油车加装 DPF 均属于"限制单车排放量"范畴，限行、限购、新地铁建设、新能源车、公用自行车和正在研究中的拥堵费政策六项措施均属于"限制机动车活动强度"范畴。

就"老旧机动车淘汰"政策而言，2015 年北京市淘汰老旧机动车 38.9 万辆，减少包括 PM2.5 在内的污染物排放 9.16 万吨，全年每淘汰一辆老旧机动车可减排 0.24 吨。[①]

就"车辆排放标准提升"政策而言，2013 年开始北京执行新车排放"京Ⅴ"标准，它比"国Ⅳ"标准的单车排放下降 40%。[②]

就"公交车油改气/电"政策而言，2013 年至 2016 年，使用新能源改革过的环保型公交车比传统公交车 PM2.5 排放下降了 60%，同时氮氧化物也下降了 50%。[③]

就"柴油车加装 DPF"政策而言，重型柴油车 PM2.5 排放量是"国Ⅳ"小客车的 200 倍，[④] 中国汽车工业协会数据统计显示，加装 DPF 的柴油车尾气排放中 PM2.5 含量下降了 70%~90%。

就"限行和限购"两项政策来看，对路面机动车数量的控制直接减少了道路车辆活动强度，根据北京市环保局披露，机动车限行政策（包括尾号限行和单双号限行）对减排的贡献可达 40%；在红色预警期间，减排贡献平均也在 20%左右。

而地铁、新能源车使用和公用自行车三项政策因使用清洁能源或不使用能源，排放量微乎其微。拥堵费政策虽正在研究，但在国外已有实施的先例。

综合北京市总体大气治理效果和北京市交通行业减排关键指标变化情况，不管是从"限制单车排放量"角度还是"限制机动车活动强度"，本章探讨的北京市 10 项机动车减排治理措施均达到了明显的效果。

---

① 新华网. 北京机动车保有量达 561 万辆年排放污染物 70 万吨[EB/OL]. http：//news. xinhuanet. com/2016-01/14/c_128627204. htm, 2016-01-14.

② 人民网. 北京新车上牌须符京Ⅴ标准单车排放降 40%[EB/OL]. http：//finance. people. com. cn/n/2013/0303/c1004-20656956. html, 2013-03-03.

③ 新华网. 未来北京新增公交车新能源占比 70%[EB/OL]. http：//news. xinhuanet. com/yzyd/energy/20141103/c_ 1113087069. htm, 2014-11-03.

④ 中国环保在线. 北京加强机动车污染防控集中力量精准治霾[EB/OL]. http：//www. hbzhan. com/news/detail/112282. html, 2016-11-12.

## 四、首都雾霾移动源防治政策的民众认知度和支付意愿评估

### (一) 首都雾霾移动源防治政策认知度和支付意愿问卷的设计与实施

基于本书的目的和北京市污染的基本状况,调查问卷在全市城区发放,对象为在城区工作生活的各行各业的人群,主要涵盖三类,即政府工作人员、车企或油企工作人员和其他职业者,其中政府工作人员 310 人,车企或油企工作人员 330 人,其他职业者 1970 人。

调查问卷主要通过线上和线下两个途径发放。第一,线下途径。2016 年 4~6 月,通过社会工作关系,在北京市市政市容委员会(西城)、海淀区法院(海淀)、北京市电力公司(西城)、建国门街道办事处(东城)、八里庄街道办事处(海淀)、中国地质大学(北京市)团委、大兴区人力资源和社会保障局(大兴)、北京市运管局(丰台)、北京市工商大学嘉华学院(通州)、安吉一站汽车服务有限公司(石景山)、北创出租公司(大兴)、北方出租公司(大兴)、北京市渔阳联合汽车贸易有限公司(朝阳)、北方程远现代汽车 4S 店(石景山)、北汽绅宝 4S 店(朝阳)、北苑家园社区委员会(通州)、中石化北京市销售公司(房山)、北京市石化销售公司(通州)18 家政府机关和企业单位发放。第二,线上途径。通过微信朋友圈,在北京市各行各业工作的朋友中一对一发放问卷,组织填写。

调查问卷共发放 3000 份,回收 2652 份,其中有效问卷 2610 份,占北京市人口总样本量的 1.2‰。问卷的统计处理和分析采用 SPSS 19.0 进行。

运用 CVM 条件价值评估法的核心在于创建一个模拟市场,因此调查问卷通过对北京市治理污染政策的罗列使得受访者脑海里有一个初步的印象,进而结合日常工作生活中的实际感受来填写,使得受访者的填写尽可能符合自身状况。

问卷一共设计了 16 个问题,其中最后 1 个是开放性问题,其余 15 个都是选择性问题,研究中用 $Qx$ 表示,$x$ 表示问题序号。

涉及受访者基本社会特征的有 6 个问题,包括受访者的身份(Q1)、年龄(Q2)、学历(Q3)、年收入(Q4)、是否会驾车(Q5)、是否为老旧机动车淘汰的补贴受益者(Q12)。因空气是一种特殊的公共产品,性别的差异可能对它的感受差异性并不大,所以在问卷设计时并没有包含"性别"这一要素。

涉及受访者生活偏好的有 3 个问题,包含交通方式(Q9)、爱车排量

（Q10）、月行驶里程（Q11）。

涉及受访者认知度和支付意愿的有 6 个问题，包括了解哪些治理政策（Q6）、更支持哪些治理政策（Q7）、更不支持哪些治理政策（Q8）、是否支持征收拥堵费取消限行（Q13）、对治理机动车污染的效果评价（Q14）、是否愿意为治理污染做出努力（Q15）。

由于受访者对问卷内容可能产生误读或不理解，在问卷进入实质性调查过程中，首先进行了 100 人的问卷预填工作。为方便受访者简明扼要地了解北京市有关治理机动车 PM2.5 的政策，初期整理出了 10 项日常生活中公众耳熟能详的治理政策，但在使用问卷星预填问卷过程中发现"新能源车"和"公共自行车"政策知晓情况的只有 3 人和 2 人，为保障问卷填写工作的顺利进行，将这两个政策从问卷中移出，增设了 1 个开放性问题，便于凝聚受访者的智慧。

### （二）首都雾霾移动源防治政策的民众认知度和支付意愿分析

#### 1. 受访者群体对治理政策整体认知度分析

受访者群体对治理政策的认知度从两个方面体现：对治理政策的了解度、对治理政策的支持度。

（1）受访者对治理政策的了解度。

从对治理政策的了解度看，了解度超过半数的有 5 项，分别是 M1、M4、M3、M2 和 M7，其中对 M1（即"限行政策"）了解程度最高达到 96.90%，其次是占比例 88.89% 的 M4，即"机动车摇号上牌政策"，这两项的了解度相对其他政策而言明显较大，这说明受访者对这两项政策关注最集中，也说明了这两项政策对公众生活的影响较为突出。另外，了解度超过半数的还有 M3（63.60%）、M7（58.24%）、M2（56.70%）共三项，即新车排放标准、新地铁规划和老旧机动车补贴，这说明这五项政策对半数以上的公众生活影响较为突出。

M5、M6、M8 政策受访者了解度未超过半数，说明这些政策还有待进一步宣传，以赢得公众的共鸣（见图 6-8）。

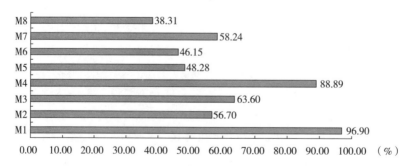

图 6-8 受访者对北京市机动车 PM2.5 治理政策了解度

（2）受访者对治理政策的支持度。

从对治理政策的支持度看，超过半数的只有4项，从高到低依次为M2、M7、M5和M3。其中，对M2政策即"老旧机动车补贴"支持度最高，为68.20%。

受访者支持度在半数以下的依次是M6（34.86%）、M1（31.80%）、M4（24.14%）和M8（19.54%）。支持度最低的为M8，即"征收拥堵费取消限行"（见图6-9）。

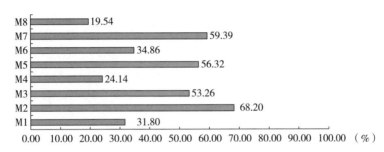

**图6-9 受访者对北京市机动车 PM2.5 治理政策支持度**

（3）小结。

综合受访者整体样本量对机动车 PM2.5 治理政策的了解度和支持度来看，M2、M7 和 M3 是受访者了解度和支持度都较高的政策，受到了公众的认可；M6 和 M8 政策是受访者了解度和支持度都较低的政策，尚需进一步宣传；M5即"公交车油改气/电政策"，虽然受访者对其了解度（48.28%）不太高，却是支持度（56.32%）相对高的政策，这说明此政策是受公众欢迎的，但依然有待进一步进行正面引导和宣传；公众对 M1 政策的了解度最高也是最耳熟能详的，同时也是支持度偏低的一项，这说明北京市限行政策尽管在 PM2.5 减排方面作用明显，但公众支持度却偏低（见图6-10）。

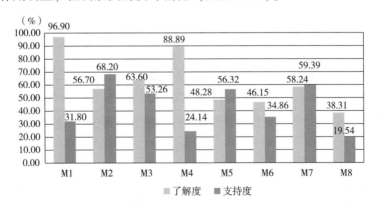

**图6-10 受访者对北京市机动车 PM2.5 治理政策认知度**

## 2. 不同身份群体对治理政策认知度评价分析

分别利用 SPSS 19.0 对受访者的不同社会特征和 M1 至 M8 项治理政策进行偏相关分析，将"年龄""学历""年收入水平""是否会驾车""是否为老旧机动车补贴受益者"作为控制变量，得出"身份"这一自变量分别与"了解度"和"支持度"之间的影响关系。

（1）不同身份群体对治理政策了解度评价分析。

结果显示，身份这一基本特征与 M2、M4、M6、M8 政策之间显著性均大于 0.05，不存在显著相关性，这表明受访者的身份与对这四项政策的了解度不存在较大影响。然而，身份这一基本特征与其他政策间显著性均小于 0.05，存在显著相关性，尤其是与 M5 和 M7 政策间存在更高的相关性，说明受访者的身份与对 M1、M3、M5 和 M7 政策的了解，尤其是对 M5 和 M7 政策影响较大（见表 6-32）。

表 6-32　受访者身份与了解度偏相关分析

|  | M1 | M2 | M3 | M4 | M5 | M6 | M7 | M8 |
|---|---|---|---|---|---|---|---|---|
| 偏相关系数 | -0.054 | 0.001 | 0.046 | 0.004 | -0.077 | 0.031 | 0.087 | -0.026 |
| 显著性（双侧） | 0.006** | 0.979 | 0.019* | 0.821 | 0.000** | 0.109 | 0.000** | 0.178 |

注：**代表在 0.01 水平上显著性相关，*代表在 0.05 水平上显著性相关。

（2）不同身份群体对治理政策支持度评价分析。

结果显示，"身份"这一基本特征与 M2 和 M3 政策之间显著性远远大于 0.05 的水平，不存在显著性。"身份"这一基本特征与 M1、M4、M5、M6、M7 和 M8 之间显著性小于 0.05 水平，存在显著性，这说明受访者身份和对 M1、M4、M5、M6、M7 和 M8 政策的支持度影响较大（见表 6-33）。

表 6-33　受访者身份与支持政策偏相关分析

|  | M1 | M2 | M3 | M4 | M5 | M6 | M7 | M8 |
|---|---|---|---|---|---|---|---|---|
| 偏相关系数 | 0.086 | 0.019 | -0.023 | -0.054 | -0.103 | -0.096 | -0.064 | 0.118 |
| 显著性（双侧） | 0.000** | 0.343 | 0.246 | 0.006* | 0.000** | 0.000** | 0.001** | 0.000** |

注：**代表在 0.01 水平上显著性相关，*代表在 0.05 水平上显著性相关。

（3）综合分析小结。

就政府工作者而言，他们对 M1 至 M8 政策的支持度普遍较低，其中以 M1、M4 和 M8 政策最为突出，均不到 25% 的支持率，其中支持率最高的是

M2（61.3%）。在对 M6 政策的了解度（9.70%）方面，政府工作者远低于其他受访者，对政府工作者而言，作为政策制定者和执行者的群体，这样的了解度和支持度水平不能不说是令人震惊的数字（见图 6-11）。

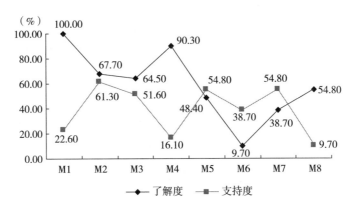

**图 6-11　政府工作者对北京市机动车 PM2.5 治理政策认知度**

就车企/油企工作者而言，关于 M1 和 M8 政策支持度显著低，而 M7、M5、M2、M3、M4、M6 政策支持度显著高，均超过 50%（见图 6-12）。

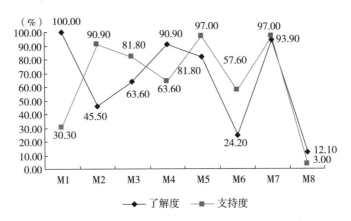

**图 6-12　车企/油企工作者对北京市机动车 PM2.5 治理政策认知度**

就其他工作者而言，他们对 M1 至 M8 政策的支持度普遍不高，只有对 M2 政策的支持度达到了 65.5%。对 M6（15.7%）政策的了解不够，对 M1、M4、M6、M8 政策支持度明显较低（见图 6-13）。

综合来看，政府工作者、车企/油企工作者和其他工作者三类群体普遍了解程度较高的政策只有 M1、M3 和 M4，普遍支持程度较高的政策只有 M2，普遍支持程度较低的是 M1 和 M6。

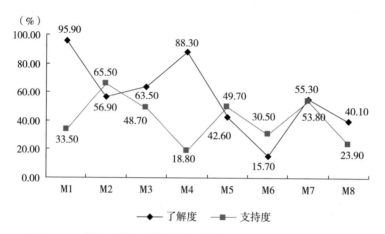

图 6-13　其他工作者对北京市机动车 PM2.5 治理政策认知度

　　这说明政府在政策酝酿和制定过程中还应广泛征求社会各界的意见和建议，强化沟通和反馈机制。政府工作人员应摒弃"官本位"思想，政策是面向全社会的，不区分职业和身份，在政策执行过程中应起到更好的引领和示范作用。

### 3. 不同年龄群体对治理政策认知度评价分析

　　分别利用 SPSS 19.0 对受访者的不同社会特征和 M1 至 M8 项治理政策进行偏相关分析，将"身份""学历""年收入水平""是否会驾车""是否为老旧机动车补贴受益者"作为控制变量，得出"年龄"这一自变量分别与"了解度"和"支持度"之间的影响关系。

　　（1）不同年龄群体对治理政策了解度评价分析。

　　偏相关分析结果显示，"年龄"这一基本特征与 M1、M3 和 M4 政策之间的显著性均大于 0.05 水平，尤其是 M4（0.845），这说明不同年龄群体对 M1、M3 和 M4 政策的了解差异性不大。"年龄"这一基本特征与 M2、M5、M6、M7 和 M8 政策之间的显著性均为 0.000，显著性强，这说明不同年龄群体对 M2、M5、M6、M7 和 M8 政策的了解有较大的差异性（见表 6-34）。

表 6-34　受访者年龄与了解政策偏相关分析

|  | M1 | M2 | M3 | M4 | M5 | M6 | M7 | M8 |
|---|---|---|---|---|---|---|---|---|
| 偏相关系数 | −0.032 | 0.153 | 0.031 | −0.004 | 0.071 | 0.080 | −0.093 | 0.069 |
| 显著性（双侧） | 0.108 | 0.000** | 0.109 | 0.845 | 0.000** | 0.000** | 0.000** | 0.000** |

注：**代表在 0.01 水平上显著性相关，*代表在 0.05 水平上显著性相关。

（2）不同年龄群体对治理政策支持度评价分析。

偏相关分析结果显示，"年龄"这一基本特征与对 M2 和 M3 政策的支持度之间的显著性都大于 0.05 水平，不存在显著性，表明不同年龄群体对这两项政策的支持度无较大差异性。"年龄"这一基本特征与对 M1、M5、M6、M7 和 M8 政策的支持度之间的显著性都小于 0.05 水平，存在较强显著性，表明不同年龄群体对 M1、M4、M5、M6、M7 和 M8 政策的支持程度差异性较大（见表 6-35）。

表 6-35　受访者年龄与支持政策偏相关分析

|  | M1 | M2 | M3 | M4 | M5 | M6 | M7 | M8 |
|---|---|---|---|---|---|---|---|---|
| 偏相关系数 | 0.023 | −0.022 | −0.067 | 0.002 | −0.098 | −0.094 | −0.090 | 0.144 |
| 显著性（双侧） | 0.241 | 0.259 | 0.001** | 0.922 | 0.000** | 0.000** | 0.000** | 0.000** |
| 显著性（双侧） | 0.000** | 0.343 | 0.246 | 0.006* | 0.000** | 0.000** | 0.001** | 0.000** |

注：**代表在 0.01 水平上显著性相关，*代表在 0.05 水平上显著性相关。

（3）综合分析小结。

就 20 岁以下受访者而言，他们对 M2、M6 和 M8 了解度偏低，对 M2、M3、M5 和 M7 政策的支持度明显较高，其中 M5 和 M7 最高。其中对 M6 和 M8 两项政策的了解度和支持度都同步偏低，而 M1 政策 100% 了解却只有 30.8% 的 20 岁以下受访者选择了支持（见图 6-14）。

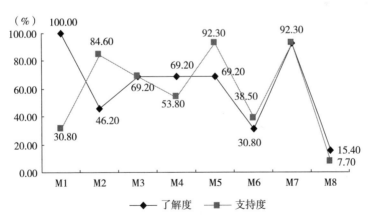

图 6-14　20 岁以下受访者对北京市机动车 PM2.5 治理政策认知度

就 21～30 岁受访者而言，他们对 M6 和 M8 政策了解度低，对 M1 和 M4 最为关注，对 M2、M3、M5 和 M7 政策支持度相对较高，对 M1、M4 和 M8 支持度较低（见图 6-15）。

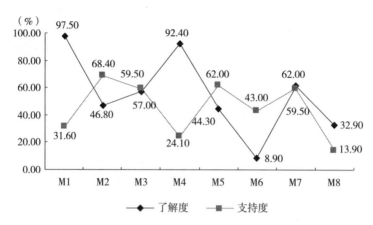

**图 6-15　21～30 岁受访者对北京市机动车 PM2.5 治理政策认知度**

就 31～40 岁受访者而言，他们对 M1、M3 和 M4 政策了解程度较高，对 M6 和 M8 政策了解度低，相比而言更加支持 M2 政策。从整体来看，这个年龄阶段的受访者对北京市治理机动车 PM2.5 的政策支持度普遍较低，尤其是 M1、M4、M6 和 M8（见图 6-16）。

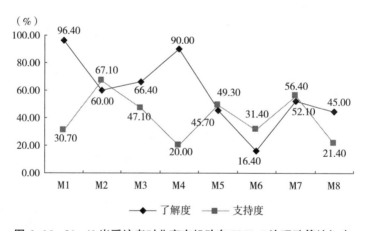

**图 6-16　31～40 岁受访者对北京市机动车 PM2.5 治理政策认知度**

就 41～50 岁的受访者而言，他们对 M1、M2、M3 和 M4 政策的了解度偏高，尤其是 M1 和 M4 政策，对 M6 和 M8 政策了解度低。但他们对整体治理政策的支持度偏低，特别是 M4、M6 和 M8（见图 6-17）。

就 50 岁以上的受访者而言，他们对治理政策的了解度普遍较高，对 M2、M3 和 M5 的支持度相对较高，对 M1、M4、M6、M8 的支持度较低，尤其是对 M1 政策的支持度 12.5% 是所有年龄段当中最低的（见图 6-18）。

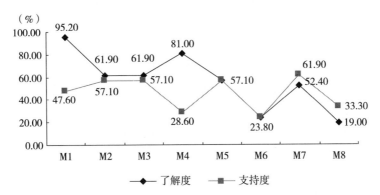

**图 6-17　41～50 岁受访者对北京市机动车 PM2.5 治理政策认知度**

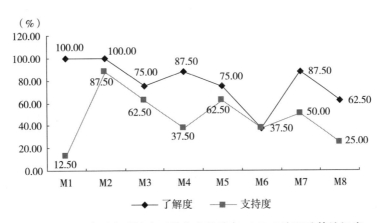

**图 6-18　50 岁以上受访者对北京市机动车 PM2.5 治理政策认知度**

综合不同年龄阶段对治理政策的认知度,可以得出以下结论,多数受访者对 M2、M3、M5 和 M7 政策支持度较高,其中 M2 是所有年龄段当中唯一支持度均在高位的政策。受访者普遍对 M1、M4、M6、M8 支持度低。对 M6 和 M8 政策了解程度普遍非常低。

随着经济社会的飞速发展,信息传播渠道日新月异,政府在政策宣传引导方面还不到位,应结合不同年龄段受众的特点着力做文章,充分利用电视、广播、报刊、网络、自媒体等多渠道进行立体式宣传,以达到全社会熟知并领会政策的目标,为政策的有效推行做好铺垫。

### 4. 不同学历群体对治理政策认知度评价分析

分别利用 SPSS 19.0 对受访者的不同社会特征和 M1 至 M8 项治理政策进行偏相关分析,将"身份""年龄""年收入水平""是否会驾车""是否为老旧机动车补贴受益者"作为控制变量，得出"学历"这一自变量分别与"了解度"和"支持度"之间的影响关系。

（1）不同学历群体对治理政策了解度评价分析。

结果显示，"学历"这一基本特征与对 M1 政策了解度的显著性为 0.959，显著性极低，这说明不同学历的人群对 M1 的了解度基本一致。而"学历"这一基本特征与对其他 7 项政策的显著性均为 0.000，显著性强，表明不同学历的人群对这 7 项政策的了解有显著性差异（见表 6-36）。

表 6-36　受访者学历与了解政策偏相关分析

|  | M1 | M2 | M3 | M4 | M5 | M6 | M7 | M8 |
|---|---|---|---|---|---|---|---|---|
| 偏相关系数 | 0.001 | -0.126 | -0.106 | -0.110 | -0.225 | -0.191 | -0.124 | 0.072 |
| 显著性（双侧） | 0.959 | 0.000** | 0.000** | 0.000** | 0.000** | 0.000** | 0.000** | 0.000** |

注：**代表在 0.01 水平上显著相关，*代表在 0.05 水平上显著相关。

（2）不同学历群体对治理政策支持度评价分析。

结果显示，"学历"这一基本特征与对 M1 和 M7 政策的支持度之间的显著性均大于 0.05 水平，表明不同学历群体对 M1 和 M7 政策的支持度没有显著性差异；"学历"这一基本特征与对 M2、M3、M4、M5、M6 和 M8 政策的支持度之间的显著性均小于 0.05 水平，这说明不同学历群体对 M2、M3、M4、M5、M6 和 M8 政策的支持度之间存在较大差异（见表 6-37）。

表 6-37　受访者学历与支持政策偏相关分析

|  | M1 | M2 | M3 | M4 | M5 | M6 | M7 | M8 |
|---|---|---|---|---|---|---|---|---|
| 偏相关系数 | 0.014 | -0.058 | -0.073 | -0.187 | -0.039 | 0.067 | -0.035 | 0.044 |
| 显著性（双侧） | 0.484 | 0.003** | 0.000** | 0.000** | 0.044* | 0.001** | 0.073 | 0.025* |

注：**代表在 0.01 水平上显著相关，*代表在 0.05 水平上显著相关。

（3）综合分析小结。

就高中以下学历群体而言，他们对 M1、M3、M4、M5、M7 政策了解度偏高，对 M2、M3、M5、M7 政策支持度偏高，对 M6、M8 政策缺乏了解，对 M1、M4、M6、M8 政策支持度较低（见图 6-19）。

就专科学历群体而言，他们对 M1、M2、M3、M4、M5、M7 政策了解度偏高，对 M6 和 M8 政策缺乏了解，M2、M3、M5、M7 政策支持度偏高，对 M1、M4 和 M8 政策支持度较低（见图 6-20）。

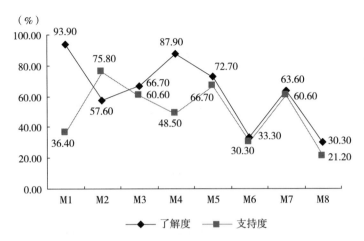

图 6-19　高中以下学历受访者对北京市机动车 PM2.5 治理政策认知度

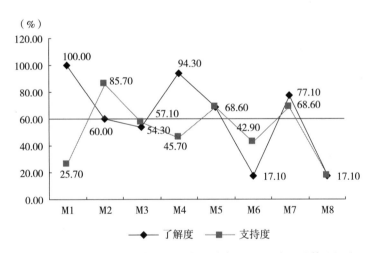

图 6-20　专科学历受访者对北京市机动车 PM2.5 治理政策认知度

就本科学历而言，他们对 M1、M3、M4 和 M7 政策了解程度较高，但对 M6 和 M8 政策了解缺乏，相对而言对 M2、M3、M5、M7 政策支持度稍高一些，对 M1、M4、M6 和 M8 支持度较低（见图 6-21）。

就研究生以上学历群体而言，他们对 M1、M2、M3、M4 和 M7 政策的了解度偏高，对 M5 和 M6 政策了解度偏低，这个群体与本科群体一样对治理政策的支持度普遍不高，支持度最高的是 M2，对 M1、M4 和 M8 支持度较低（见图 6-22）。

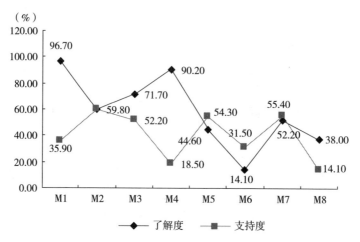

图6-21 本科学历受访者对北京市机动车 **PM2.5** 治理政策认知度

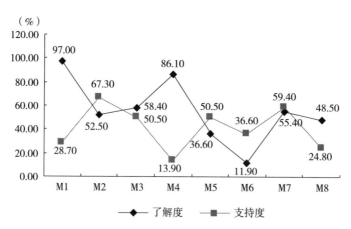

图6-22 研究生及以上学历受访者对北京市机动车 **PM2.5** 治理政策认知度

综合不同学历群体对治理政策的认知度，他们对 M1、M3、M4 和 M7 了解程度更高一些，普遍对 M6 和 M8 政策缺乏了解，对 M1、M4、M8 支持度低。同时也明显看出，随着学历的提升，对政策的支持度反而有降低趋势，这说明学历高的群体对工作生活的便利性要求更高。

### 5. 不同收入群体对治理政策认知度评价分析

分别利用 SPSS 19.0 对受访者的不同社会特征和 M1 至 M8 项治理政策进行偏相关分析，将"身份""年龄""学历""是否会驾车""是否为老旧机动车补贴受益者"作为控制变量，得出"年收入水平"这一自变量分别与"了解度"和"支持度"之间的影响关系。

（1）不同年收入群体对治理政策了解度评价分析。

结果显示，"年收入"这一基本特征与对 M1、M4、M6、M7 政策的了解之间显著性远大于 0.05 水平，表明不同年收入群体对 M1、M4、M6、M7 政策的了解差异性不大。"年收入"这一基本特征与对 M2、M3、M5 和 M8 政策之间的显著性均小于 0.05 水平，表明不同年收入对 M2、M3、M5 和 M8 政策的了解有较大影响（见表 6-38）。

表 6-38　受访者年家庭收入与了解政策偏相关分析

|  | M1 | M2 | M3 | M4 | M5 | M6 | M7 | M8 |
|---|---|---|---|---|---|---|---|---|
| 偏相关系数 | 0.093 | 0.179 | 0.201 | 0.161 | 0.008 | 0.009 | 0.160 | 0.181 |
| 显著性（双侧） | 0.892** | 0.000** | 0.000** | 0.362** | 0.020 | 0.656 | 0.350** | 0.000** |

注：**代表在 0.01 水平上显著性相关，*代表在 0.05 水平上显著性相关。

（2）不同年收入群体对治理政策支持度评价分析。

结果显示，"年收入"这一基本特征与对 M1、M3、M4、M5、M7 和 M8 政策的支持之间显著性均大于 0.05 水平，表明不同年收入群体在对 M1、M3、M4、M5、M7 和 M8 政策的支持上没有显著性差异。"年收入"这一基本特征与对 M2 和 M6 政策的支持之间显著性小于 0.05 水平，表明年收入水平对 M2 和 M6 政策的支持度有影响（见表 6-39）。

表 6-39　受访者年家庭收入与支持政策偏相关分析

|  | M1 | M2 | M3 | M4 | M5 | M6 | M7 | M8 |
|---|---|---|---|---|---|---|---|---|
| 偏相关系数 | -0.099 | 0.035 | 0.181 | -0.196 | -0.054 | 0.037 | 0.107 | -0.092 |
| 显著性（双侧） | 0.901** | 0.074* | 0.051** | 0.603** | 0.002* | 0.041 | 0.390** | 0.170** |

注：**代表在 0.01 水平上显著性相关，*代表在 0.05 水平上显著性相关。

（3）综合分析小结。

就 10 万元以下年收入群体而言，他们对 M1、M3、M4、M5 和 M7 政策了解度高，对 M6 和 M8 都缺乏了解，对 M2、M3、M5 和 M7 政策支持度较高，对 M1、M4、M6、M8 政策普遍支持度低（见图 6-23）。

就 10 万~15 万元年收入群体而言，他们对 M1、M4 和 M7 政策了解度高，而对 M5、M6 和 M8 政策缺乏了解，对治理政策的支持度上 M2 和 M7 政策略高，对 M1、M4 和 M8 政策支持度明显较低（见图 6-24）。

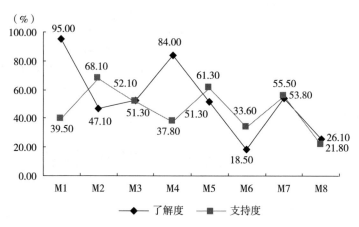

**图 6-23　10 万元以下年收入受访者对北京市机动车 PM2.5 治理政策认知度**

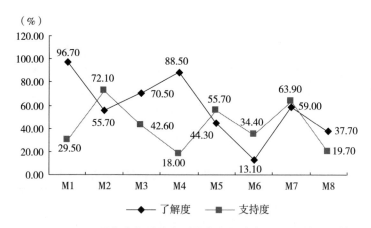

**图 6-24　10 万~15 万元年收入受访者对北京市机动车 PM2.5 治理政策认知度**

就 15 万~20 万元年收入群体而言，他们对 M1、M2、M3、M4 和 M7 政策了解程度明显较高，但对总体治理政策支持度却不高，尤其是对 M1、M4、M6 和 M8 政策显著较低，他们对 M6 了解缺乏（见图 6-25）。

对 20 万元以上年收入群体而言，他们对 M1、M2、M3、M4、M7 和 M8 政策的了解度明显较高，对 M6 了解缺乏，而对 M2、M3 和 M7 政策的支持度比 10 万~20 万元年收入群体明显提升，但对 M1、M4 和 M8 的支持率确实最低的（见图 6-26）。

综合不同年收入群体对治理政策的认知度，他们对 M1、M4 和 M7 政策了解度普遍偏高，对 M6 普遍认识不足，对 M2、M3 和 M7 政策普遍支持。对 M1、M4 和 M8 政策普遍存在支持度不足的问题，收入越高的群体对 M1、M4

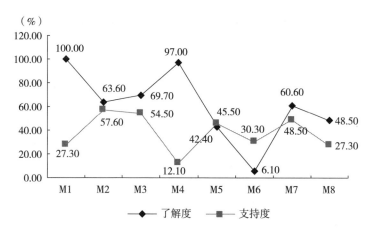

**图 6-25　15 万~20 万元年收入受访者对北京市机动车 PM2.5 治理政策认知度**

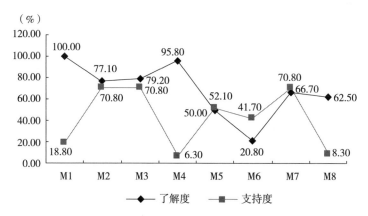

**图 6-26　15 万~20 万元年收入受访者对北京市机动车 PM2.5 治理政策认知度**

和 M8 政策的支持度越低。这说明，收入高的群体对机动车的实际需求和使用要求更高。

### 6. 是否会驾车对治理政策认知度的影响分析

分别利用 SPSS 19.0 对受访者的不同社会特征和 M1 至 M8 项治理政策进行偏相关分析，将"身份""年龄""年收入水平""学历""是否为老旧机动车补贴受益者"作为控制变量，得出"是否会驾车"这一自变量分别与"了解度"和"支持度"之间的影响关系。

（1）是否会驾车对治理政策了解度的影响分析。

结果显示，"是否会驾车"这一特征与所有治理政策均存在显著相关性，这表明会驾车和不会驾车的群体对治理政策的了解度不尽一致（见表 6-40）。

表 6-40　受访者是否会驾车与了解政策偏相关分析

| | M1 | M2 | M3 | M4 | M5 | M6 | M7 | M8 |
|---|---|---|---|---|---|---|---|---|
| 偏相关系数 | 0.062 | -0.124 | -0.238 | -0.103 | -0.101 | -0.061 | -0.175 | -0.131 |
| 显著性（双侧） | 0.002** | 0.000** | 0.000** | 0.000** | 0.000** | 0.002** | 0.000** | 0.000** |

注：** 代表在 0.01 水平上显著性相关，* 代表在 0.05 水平上显著性相关。

（2）是否会驾车对治理政策支持度的影响分析。

结果显示，"是否会驾车"这一特征与对 M4 和 M8 政策的支持之间显著性大于 0.05 水平，表明会驾车和不会驾车的群体在 M4 和 M8 政策的支持上缺乏显著性影响。"是否会驾车"这一特征与对 M1、M2、M3、M5、M6 和 M7 政策之间显著性小于 0.05 水平，表明会驾车和不会驾车的群体对 M4、M8 政策的支持上影响较大（见表 6-41）。

表 6-41　受访者是否会驾车与支持政策偏相关分析

| | M1 | M2 | M3 | M4 | M5 | M6 | M7 | M8 |
|---|---|---|---|---|---|---|---|---|
| 偏相关系数 | 0.129 | -0.090 | -0.123 | -0.030 | -0.061 | -0.076 | -0.135 | 0.030 |
| 显著性（双侧） | 0.000** | 0.000** | 0.000** | 0.128 | 0.002** | 0.000** | 0.000** | 0.126 |

注：** 代表在 0.01 水平上显著性相关，* 代表在 0.05 水平上显著性相关。

（3）综合分析小结。

通过表 6-42 和表 6-43 可以看出，在对治理政策的了解程度上，会驾车的群体比不会驾车的群体普遍更高；而在对治理政策的支持程度上，会驾车的群体比不会驾车的群体普遍更高，只有 M1 和 M8 例外，在这两个政策方面，会驾车的群体比不会驾车的支持度更低。也就是说，会驾车的群体对车辆使用的需求更高，但这个群体同样在满足自身利益的同时付费积极性却有待提高。

表 6-42　受访者是否会驾车与了解政策交叉

| 是否会驾车 | | 了解政策 | | | | | | | | 总计 |
|---|---|---|---|---|---|---|---|---|---|---|
| | | M1 | M2 | M3 | M4 | M5 | M6 | M7 | M8 | |
| 是 | 计数 | 2100 | 1310 | 1490 | 1950 | 1110 | 380 | 1340 | 900 | 2150 |
| | Q5 内的百分比 | 97.7 | 60.9 | 69.3 | 90.7 | 51.6 | 17.7 | 62.3 | 41.9 | |
| 否 | 计数 | 430 | 170 | 170 | 370 | 150 | 40 | 180 | 100 | 460 |
| | Q5 内的百分比 | 93.5 | 37.0 | 37.0 | 80.4 | 32.6 | 8.7 | 39.1 | 21.7 | |

表 6-43　受访者是否会驾车和最得公众支持政策交叉

| 是否会驾车 | | 支持政策 | | | | | | | | 总计 |
|---|---|---|---|---|---|---|---|---|---|---|
| | | M1 | M2 | M3 | M4 | M5 | M6 | M7 | M8 | |
| 是 | 计数 | 610 | 1510 | 1210 | 530 | 1250 | 790 | 1350 | 390 | 2150 |
| | Q5 内的百分比 | 28.4 | 70.2 | 56.3 | 24.7 | 58.1 | 36.7 | 62.8 | 18.1 | |
| 否 | 计数 | 220 | 270 | 180 | 100 | 220 | 120 | 200 | 120 | 460 |
| | Q5 内的百分比 | 47.8 | 58.7 | 39.1 | 21.7 | 47.8 | 26.1 | 43.5 | 26.1 | |

### 7. 是否老旧机动车补贴受益者对治理政策认知度的影响分析

分别利用 SPSS 19.0 对受访者的不同社会特征和 M1 至 M8 项治理政策进行偏相关分析，将"身份""年龄""学历""年收入水平""是否会驾车"作为控制变量，得出"是否为老旧机动车补贴受益者"这一自变量分别与"了解度"和"支持度"之间的影响关系。

（1）是否是老旧机动车补贴受益者对治理政策了解度的影响分析。

结果显示，"是否是老旧机动车补贴受益者"这一特征与对 M3、M4 和 M7 政策的了解之间显著性均大于 0.05 水平，显著性影响不大。"是否是老旧机动车补贴受益者"这一特征与 M1、M2、M5、M6 和 M8 政策的了解之间显著性均小于 0.05 水平，这表明"是否是老旧机动车补贴受益者"对这部分政策的了解影响较大（见表 6-44）。

表 6-44　受访者是否为老旧机动车补贴受益者与了解政策偏相关分析

| | M1 | M2 | M3 | M4 | M5 | M6 | M7 | M8 |
|---|---|---|---|---|---|---|---|---|
| 偏相关系数 | -0.045 | -0.051 | 0.013 | 0.010 | -0.040 | -0.114 | 0.032 | 0.054 |
| 显著性（双侧） | 0.022* | 0.010** | 0.509 | 0.627 | 0.040* | 0.000** | 0.104 | 0.006** |

注：＊＊代表在 0.01 水平上显著性相关，＊代表在 0.05 水平上显著性相关。

（2）是否是老旧机动车补贴受益者对治理政策支持度的影响分析。

结果显示，"是否是老旧机动车补贴受益者"这一特征与对 M1 和 M7 政策的支持之间显著性大于 0.05 水平，这表明不管是不是该补贴的受益者，他们对 M1 和 M7 政策的支持度没有显著影响。"是否是老旧机动车补贴受益者"这一特征与 M2、M3、M4、M5、M6 和 M8 政策的支持之间显著性小于 0.05 水平，"是否是老旧机动车补贴受益者"这一特征对 M2、M3、M4、M5、M6 和 M8 政策的支持度影响较大（见表 6-45）。

**表 6-45　受访者是否为老旧机动车补贴受益者与支持政策偏相关分析**

|  | M1 | M2 | M3 | M4 | M5 | M6 | M7 | M8 |
|---|---|---|---|---|---|---|---|---|
| 偏相关系数 | −0.030 | −0.138 | −0.148 | −0.061 | −0.088 | −0.100 | 0.019 | 0.056 |
| 显著性（双侧） | 0.125 | 0.010** | 0.000** | 0.002** | 0.000** | 0.000** | 0.328 | 0.004** |

注：**代表在 0.01 水平上显著性相关。

（3）综合分析小结。

通过上述分析可以看出，受访者中只有 11.9% 是老旧机动车补贴的受益者，这部分群体对 M2 政策的了解度和支持度都非常高。不管是否为补贴受益者，受访者对 M1 和 M8 政策的支持度都较低，对 M6 和 M8 了解度都较低（见图 6-27 和图 6-28）。这说明，公众在接受与自身利益相关的政策信息方面积极性高。

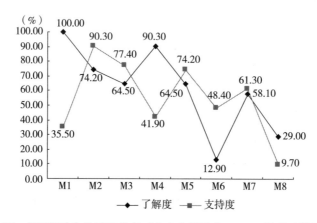

**图 6-27　老旧机动车补贴受益者对北京市机动车 PM2.5 治理政策认知度**

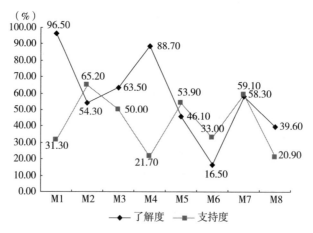

**图 6-28　非老旧机动车补贴受益者对北京市机动车 PM2.5 治理政策认知度**

### 8. 受访者对北京市治理机动车 PM2.5 政策的效果评价

通过图 6-29 可以得出结论，只有 2.7% 的受访者认为"效果显著"，33.3% 的受访者认为"有效果，但不突出"，21.1% 的受访者认为"越来越严重"，表示"没看出什么效果"的占 42.9%，这说明受访者对北京市治理机动车 PM2.5 政策持积极评价态度的只占 36%，尚不足半数，认知度较低。在认为"有效果，但不突出"的受访者中多数是车企/油企工作者（见图 6-30），这说明该行业人士对机动车减排的相应政策和专业知识更加明晰。

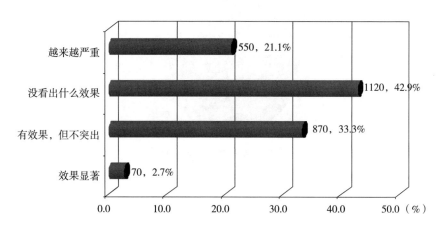

**图 6-29　受访者对北京市机动车 PM2.5 治理效果评价**

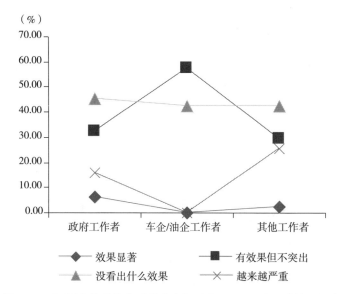

**图 6-30　不同身份受访者对北京市机动车 PM2.5 治理政策认知度**

### 9. 受访者对"征收拥堵费，取消限行"的意愿分析

在上述分析中，我们得知受访者对"限行政策"的支持率只有 31.38%，对"正在研讨中的征收拥堵费政策"支持率只有 19.54%，在 Q13 题目中，我们对"征收拥堵费，取消限行"这一综合政策进行了调查，得出支持度为 40.2%，支持度有所提升但依然未超过半数（见图 6-31）。公众的自我意识较强，公共意识尚有待提升。

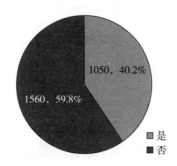

图 6-31　受访者对征收车辆拥堵费、取消限行的意愿

### 10. 受访者是否愿意为北京市治理机动车 PM2.5 做出努力的意愿分析

总体看来，受访者对北京市治理机动车 PM2.5 做出努力的意愿比较令人满意，总体支付意愿率达到 94.6%。不管哪个身份的群体，公众对清洁空气的需求是一致的。但通过图 6-32 和图 6-33 可以看出，政府工作者为北京市治理机动车 PM2.5 做出努力的意愿比其他工作者略低。北京市政府的限行政策中对社会车辆是"有时间和范围要求的限行"，而对政府公车却是更严一层次的"禁行"，可能对政府工作者本身的积极性造成一定影响。

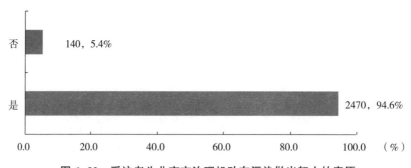

图 6-32　受访者为北京市治理机动车污染做出努力的意愿

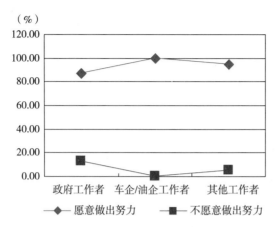

（%）

图 6-33　不同身份受访者为北京市治理机动车污染做出努力的意愿

由 CVM 条件价值评估法从受访者认知度和支付意愿角度得出如下结论：

（1）公众对治理政策的了解差异性较大，对公交车油改气/电、柴油车加装颗粒收集器和正在研究中的拥堵费政策了解度严重缺乏，这说明对这部分政策的正面宣传和引导亟待加强。

（2）公众对"限制道路车辆活动强度"和需要民众付费的有关治理政策支持度偏低，尤其是限行、摇号上牌、柴油车加装颗粒收集器和正在研究中的拥堵费政策。而对能直接受益或者不直接付费的政策，如老旧机动车补贴、新车排放政策、公交车油改气/电和新地铁规划政策支持度相对较高。这个倾向有两方面的原因，一方面可能跟人类的"趋利"本能有关，另一方面"限行"政策对公众的车辆使用权的正常行使造成了障碍。

（3）32.6%的群体开车出行，70.1%的群体开 1.1~2.0 升中小排量的汽车，治理政策的制定应注意激励该群体的积极性。

（4）43.3%的群体采用公共交通方式，且 84%的群体每日单程出行范围在 20 千米以内，公共交通出行、自行车出行的便捷性和路网的优化设计应高度重视。

（5）公众对治理政策的消极评价占主流，认为"没什么效果"和"越来越严重"的占到了 64%。这与近年来冬季这一特定时段雾霾的加重有直接原因，尽管整体治理效果趋好，但特定时段雾霾的严重情况直接影响了公众对治理效果的评价。

（6）政府工作者作为治理政策的制定者群体，自身对治理政策的支持度和认可度比其他职业者更低，为北京市治理机动车 PM2.5 做出努力的支付意愿比其他工作者也略低，这与北京市对公车和公务人员的管理严格有直接关系，这个群体的积极性尚需调动。

（7）公众对改善北京市治理机动车 PM2.5 污染做出努力的支付意愿率达到 94.6%，这说明公众有积极参与治理机动车 PM2.5 污染的意愿。

（8）"奥运蓝""APEC 蓝""阅兵蓝"等应急机动车管制政策尽管在机动车减排方面效果显著，但不是常态，应探索治理的长效机制。

# 第六节　结论与建议

## 一、基本结论

本章通过对首都雾霾健康风险和经济损失的分析，得出了雾霾对首都民众带来的严重的风险。在进行雾霾治理时，要注意协调与民众健康和经济发展之间的关系。接着研究了经济发展、社会稳定以及雾霾防控三者之间的均衡关系，得出三个结论：①经济发展指数与社会稳定指数正相关，有一半的城市在经济发展和社会稳定二者之间达到了相对的平衡，但除了北京和天津两个城市之外，其余 11 个城市的整体经济发展水平和社会稳定水平都不高。②经济发展指数与雾霾防控指数不显著相关，只有 3 个城市在二者之间达到了相对平衡的状态，经济发展较为发达的城市应在经济上帮助相对落后的城市进行产业升级以及产能升级，帮助其发展高新技术产业并改善空气质量。③社会稳定与雾霾防控也不显著相关，多数城市进行雾霾治理时，需重视这些治理措施对社会稳定产生的影响，避免造成社会混乱。在此基础上提出了政府补贴机制对京津冀区域雾霾治理的策略的影响。因为治理雾霾的成本较大，因此北京、天津、河北均选择不治理雾霾。考虑到雾霾对经济发展和民众健康的影响不容忽视，政府从经济良性发展和国民健康角度考虑，需要建立经济补偿机制，促进京津冀积极治理雾霾。政府补贴机制对指导实践做出了理论支撑。最后对于首都雾霾治理政策进行评估，从受访者身份、年龄、学历、年收入、是否会驾车、是否为老旧机动车淘汰的补贴受益者六个维度的社会特征分析其对治理政策的认知度和支付意愿的程度，得出不同身份群体对于治理政策的认知度和支付意愿的差异性，为加强公众宣传和引导提供了依据，还应注重鼓励民众参与的积极性，便捷公民出行、加强路网优化建设，并探索长效机制彻底改善雾霾天气，使"奥运蓝""阅兵蓝""APEC 蓝"常态化。

## 二、政策建议

我国应提升社会大众对雾霾的全面理性认识，促使民众认识到雾霾带来的健康风险，增强民众环境建设过程中的参与度，并宣传以环保绿色为基础的发展模式，促进企业明确雾霾带来的经济发展损失，增强社会责任感。

在设计京津冀区域协调发展模式的过程中，要针对每个城市的特点现状做好京津冀地区经济发展一体化与生态环境保护一体化，保证京津冀协同发展与城市可持续化发展在经济、社会与环境这三方面的协调。

在京津冀区域治理雾霾方面，国家需进行宏观调控，建立经济补偿机制，并通过合理分配补贴，激励地方政府积极协同治理雾霾共担成本并加大对河北、天津地区的资金和技术扶持。

在机动车减排方面，应加强公众对治理政策的正面引导，对使用小排量汽车的群体注意鼓励其积极性，加强公共交通出行、自行车出行的便捷性和路网的优化设计以及要探索长效机制加强机动车减排。

## 参考文献

［1］环境保护部发布 2015 年全国城市空气质量状况［EB/OL］. http：//www. lixuefeng. cn/hot/8e6broc620160204c6n436910032. html，2016-03-24.

［2］北京市环境保护局 .《2016 年北京市环境状况公报》发布［EB/OL］. http：//www. bjepb. gov. cn/bjhrb/xxgk/jgzn/jgsz/jjgjgszjzz/xcjyc/xwfb/815044/index. html，2017-09-02.

［3］国务院 . 国务院发布《大气污染防治行动计划》十条措施［EB/OL］. http：//www. gov. cn/jrzg/2013-09/12/content_ 2486918. htm，2017-09-02.

［4］北京大学统计科学中心 . 空气质量评估报告（三）——北京地区 2013~2016 年区域污染状况评估［EB/OL］. http：//www. stat-center. pku. edu. cn/Stat/Index/article_ show/id/207，2017-09-02.

［5］世界卫生组织 . 应对全球清洁空气挑战［EB/OL］. http：//www. who. int/mediacentre/news/releases/2011/air_ pollution_ 20110926/zh/，2017-05-01.

［6］王伟光，郑国光 . 气候变化绿皮书：应对气候变化报告（2016）［M］. 北京：社会科学文献出版社，2016.

［7］穆泉，张世秋 . 2013 年 1 月中国大面积雾霾事件直接社会经济损失评估［J］. 中国环境科学，2013（11）：2087-2094.

［8］Miao W. ，Huang X. ，Song Y. . An Economic Assessment of the Health Effects and Crop Yield Losses Caused by Air Pollution in Mainland China［J］. Journal of Environmental Sciences，2017，56（6）：102.

［9］Meibodi A. E. ，Abdoli G. ，Taklif A. ，et al. . Economic Modeling of the Regional Polices to Combat Dust Phenomenon by Using Game Theory［J］. Procedia Economics and Finance，2015（24）：409-418.

［10］杨卓森 . 雾霾污染致人体健康效应的研究进展［J］. 职业与健康，

2014 (17)：2517-2520.

　　[11] 曹彩虹，韩立岩．雾霾带来的社会健康成本估算[J]．统计研究，2015 (7)：19-23.

　　[12] 黄德生，张世秋．京津冀地区控制 PM_(2.5) 污染的健康效益评估[J]．中国环境科学, 2013 (1)：166-174.

　　[13] Huang D., Xu J., Zhang S.. Valuing the Health Risks of Particulate Air Pollution in the Pearl River Delta, China [J]. Environmental Science & Policy, 2012, 15 (1)：38-47.

　　[14] Lu X., Yao T., Fung J. C. H., et al.. Estimation of Health and Economic Costs of Air Pollution over the Pearl River Delta Region in China [J]. Science of the Total Environment, 2016 (566-567)：134-143.

　　[15] Delucchi M. A., Murphy J. J., Mccubbin D. R.. The Health and Visibility Cost of Air Pollution：A Comparison of Estimation Methods. [J]. Journal of Environmental Management, 2002, 64 (2)：139-152.

　　[16] Aunan K., Pan X. C.. Exposure-response Functions for Health Effects of Ambient Air Pollution Applicable for China-A Meta—Analysis. [J]. Science of the Total Environment, 2004, 329 (1-3)：3-16.

　　[17] Xue J., Zhao L., Fan L., et al.. An Interprovincial Cooperative Game Model for Air Pollution Control in China. [J]. Journal of the Air & Waste Management Association, 2015, 65 (7)：818-827.

　　[18] 沈洪兵，俞顺章．残疾调整生命年 (DALY) 指标的原理及其统计方法[J]．现代预防医学, 1999 (1)：66-68.

　　[19] 赵晨曦，王玉杰，王云琦等．细颗粒物 (PM_ (2.5)) 与植被关系的研究综述[J].生态学杂志, 2013 (8)：2203-2210.

　　[20] 王桂芝，顾赛菊，陈纪波．基于投入产出模型的北京市雾霾间接经济损失评估[J].环境工程, 2016, 34 (1)：121-125.

　　[21] 李春华，赵隽宇．北京市雾霾灾害农业损失引起的部门间接经济损失评估[J].中国农学通报, 2017 (10)：118-124.

　　[22] 秦利燕，邵春福，贾洪飞．高速公路交通事故分析及预防对策研究[J].中国安全科学学报, 2003, 13 (6)：64-67.

　　[23] Chameides W. L., Yu H., Liu S. C., et al.. Case Study of the Effects of Atmospheric Aerosols and Regional Haze on Agriculture：An Opportunity to Enhance Crop Yields in China Through Emission Controls? [J]. Proceedings of the National Academy of Sciences of the United States of America, 1999, 96 (24)：13626-13633.

［24］顾振华．基于投入产出模型的灾害产业关联性损失计量［J］.河南工业大学学报（社会科学版），2011，7（2）：31-34.

［25］郑慧，高梦莎．基于投入产出模型的海洋灾害间接经济损失评估［A］.海洋强国战略论坛［C］.2016.

［26］张鹏，李宁，吴吉东等．基于投入产出模型的区域洪涝灾害间接经济损失评估［J］.长江流域资源与环境，2012，21（6）：773.

［27］Rose A. , Liao S. Y. . Modeling Regional Economic Resilience to Disasters: A Computable General Equilibrium Analysis of Water Service Disruptions [J]. Journal of Regional Science, 2005, 45（1）：75-112.

［28］Hallegatte S. . An Adaptive Regional Input-output Model and Its Application to the Assessment of the Economic Cost of Katrina [J]. Risk Analysis an Official Publication of the Society for Risk Analysis, 2008, 28（3）：779-799.

［29］Ren S. , Li X. , Yuan B. , et al. . The Effects of Three Types of Environmental Regulation on Eco-efficiency: A Cross-region Analysis in China [J]. Journal of Cleaner Production, 2018, 173（1）：245-255.

［30］Yuan B. , Ren S. , Chen X. . Can Environmental Regulation Promote the Coordinated Development of Economy and Environment in China's Manufacturing Industry? - A Panel Data Analysis of 28 Sub - sectors [J]. Journal of Cleaner Production, 2017（149）：11-24.

［31］李钢，董敏杰，沈可挺．强化环境管制政策对中国经济的影响——基于 CGE 模型的评估［J］.中国工业经济，2012（11）：5-17.

［32］建议增加空气重污染"准红色预警"［EB/OL］.http://epaper. bjnews. com. cn/html/2016-01/21/content_ 619495. htm? div=-1，2016-03-24.

［33］甄春阳，赵成武，朱文姝．从京津冀雾霾天气浅议我国能源结构调整的紧迫性［J］.中国科技信息，2014（7）：45-46.

［34］魏嘉，吕阳，付柏淋．我国雾霾成因及防控策略研究［J］.环境保护科学，2014（5）：51-56.

［35］常春林，王一丞．京津冀都市圈新型城镇化测评指标体系构建与评价［J］.价格理论与实践，2014（5）：115-117.

［36］涂英柯，司林波，孟卫东．京津冀区域经济一体化研究综述［J］.商业时代，2013（26）：136-138.

［37］李泽升．京津冀城市群一体化水平评价研究［D］.石家庄：河北经贸大学硕士学位论文，2016.

［38］寇大伟．京津冀协同发展现状、问题与对策——基于区域协调机制的视角［J］.城市观察，2014（3）：89-96.

[39] 潘利. 京津冀区域经济协调互动发展实证分析[D]. 石家庄：河北经贸大学硕士学位论文，2015.

[40] 孙月欣，袁明明. 京津冀一体化发展现状[J]. 河北联合大学学报（社会科学版），2015（4）：27-33.

[41] 彭非，袁卫，惠争勤. 对综合评价方法中指数功效函数的一种改进探讨[J]. 统计研究，2007（12）：29-34.

[42] 郑施懋. 雾霾的主要成因及对空气质量的影响[J]. 资源节约与环保，2015（5）：112-114.

[43] 白璐，赵增锋. 低碳经济发展评价指标体系构建及实证研究——以京津冀地区为例[J]. 江苏农业科学，2015（10）：561-564.

[44] 宋宇辰，闫昱洁，王贺. 呼包鄂能源—经济—环境系统协调发展评价[J]. 国土资源科技管理，2015（6）：103-109.

[45] 杨智. 转型时期社会稳定指标体系与评价指数体系研究[J]. 法学评论，2014（3）：138-145.

[46] 戴航，张培林，孙孝文. 基于AHP—模糊综合评价法的物流园区选址研究[J]. 物流技术，2014（7）：98-100.

[47] 张丽娜. AHP—模糊综合评价法在生态工业园区评价中的应用[D]. 大连：大连理工大学硕士学位论文，2006.

[48] Zhao L.. Model of Collective Cooperation and Reallocation of Benefits Related to Conflicts over Water Pollution Across Regional Boundaries in a Chinese River Basin [J]. Environmental Modelling & Software, 2009, 24 (5): 603-610.

[49] Shi G., Wang J., Fu F., et al.. A Study on Transboundary Air Pollution Based on a Game Theory Model: Cases of $SO_2$ Emission Reductions in the Cities of Changsha, Zhuzhou and Xiangtan in China [J]. Atmospheric Pollution Research, 2017, 8 (2): 244-252.

[50] Xue J., Zhao L., Fan L., et al.. An Interprovincial Cooperative Game Model for Air Pollution Control in China [J]. Air Repair, 2015, 65 (7): 818-827.

[51] 刘红刚，陈新庚，彭晓春. 基于合作博弈论的感潮河网区污染物排放总量削减分配模型研究[J]. 生态环境学报，2011（3）：456-462.

[52] Wu D., Xu Y., Zhang S.. Will Joint Regional Air Pollution Control Be More Cost-effective? An Empirical Study of China's Beijing-Tianjin-Hebei Region [J]. Journal of Environmental Management, 2015 (149): 27-36.

[53] 薛俭，谢婉林，李常敏. 京津冀大气污染治理省际合作博弈模型[J]. 系统工程理论与实践，2014（3）：810-816.

[54] 罗冬林，廖晓明. 合作与博弈：区域大气污染治理的地方政府联

盟——以南昌、九江与宜春 SO₂ 治理为例[J].江西社会科学,2015(4):
79-83.

[55] Xie Y., Zhao L., Xue J., et al.. A Cooperative Reduction Model for
Regional Air Pollution Control in China That Considers Adverse Health Effects and
Pollutant Reduction Costs [J]. Science of the Total Environment, 2016 (573):
458-469.

[56] Zhao L., Xue J., Li C. A. Bi-level Model for Transferable Pollutant
Prices to Mitigate China's Interprovincial Air Pollution Control Problem [J]. Atmos-
pheric Pollution Research, 2013, 4 (4): 446-453.

[57] 薛俭,李常敏,赵海英.基于区域合作博弈模型的大气污染治理费
用分配方法研究[J].生态经济,2014(3):175-179.

[58] 崔春生,李光,吴祈宗.基于 Vague 集的电子商务推荐系统研究
[J].计算机工程与应用,2011,47(10):237-239.

[59] 崔春生.基于集团序方法的推荐系统输出[J].系统工程理论与实
践,2013,33(7):1845-1851.

[60] 董媛媛.区间数运算法则的研究[J].数学学习与研究,2015(3):
114-115.

[61] 环境保护部环境规划院,南京大学.大气污染防治行动计划(2013~
2017)实施的投融资需求及影响 [R].2015.

[62] 中国环保网.天津发布颗粒物源解析结果 [EB/OL].http://www.chin
aenvironment.com/view/viewnews.aspx? k=20140827151804718,2017-03-05.

[63] 中国环境监测总站.石家庄市大气污染源解析结果公布　大气污染
元凶现行[EB/OL].http://www.cnemc.cn/publish/totalWebSite/news/news_
42659.html,2017-03-05.

[64] 谢政.对策论[M].北京:国防科技大学出版社,2004.

[65] Shapley L. S.. A Value for $ n $ -person Games [J]. 1953 (28):
307-317.

[66] 于晓辉,张强.具有区间支付的合作对策的区间 Shapley 值[J].模
糊系统与数学,2008(5):151-156.

[67] 孟凡永,张强.具有区间支付的模糊合作对策上的 Shapley 函数
[J].北京理工大学学报,2011(9):1131-1134.

[68] Oxley T., Dore A. J., Apsimon H., et al.. Modelling Future Impacts
of Air Pollution Using the Multi-scale UK Integrated Assessment Model (UKIAM)
[J]. Environment International, 2013, 61 (61C): 17-35.

[69] Vedrenne M., Borge R., Lumbreras J., et al.. An Integrated Assessment

of Two Decades of Air Pollution Policy Making in Spain: Impacts, Costs and Improvements. [J]. Science of the Total Environment, 2015 (527-528): 351-361.

[70] Lumbreras J., Andres B. J. M. D., Rodriguez E.. A Model to Calculate Consistent Atmospheric Emission Projections and Its Application to Spain [J]. Atmospheric Environment, 2008, 42 (21): 5251-5266.

[71] Chiesa M., Perrone M. G., Cusumano N., et al.. An Environmental, Economical and Socio-political Analysis of a Variety of Urban Air-pollution Reduction Policies for Primary PM10 and NO$_x$: The Case Study of the Province of Milan (Northern Italy) [J]. Environmental Science & Policy, 2014, 44 (C9): 39-50.

[72] 邱兆文, 邓顺熙, 郝艳召. 基于 AERMOD 模型评估公路交通源 PM_ (2.5) 的浓度分布[J]. 安全与环境工程, 2014, 21 (3): 65-69.

[73] Ciriacy-Wantrup S.. Resource Conservation: Economics and Policies [M]. California: University of California Press, 1952.

[74] 马瑛, 王保力, 张芳等. 新疆棉农对农业面源污染防治的态度和支付意愿研究[J]. 中国农业资源与区划, 2016, 37 (7): 150-156.

[75] 蒋劲妍, 曹牧, 汤臣栋等. 基于 CVM 的崇明东滩湿地非使用价值评价[J]. 南京林业大学学报 (自然科学版), 2017, 41 (1): 21-27.

[76] 俞万源, 冯亚芬, 梁锦梅. 基于游客满意度的客家文化旅游开发研究[J]. 地理科学, 2013, 33 (7): 824-830.

[77] 李瑞, 胡留所, L. G. Melnyk. 生态环境经济损失评估: 生态文明的视角——以陕北资源富集区为例[J]. 财经论丛 (浙江财经大学学报), 2015, V198 (9): 11-17.

[78] 曾贤刚, 许志华, 鲁颐琼. 基于 CVM 的城市大气细颗粒物健康风险的经济评估——以北京市为例[J]. 中国环境科学, 2015 (7): 2233-2240.

[79] 曾贤刚, 谢芳, 宗佺. 降低 PM2.5 健康风险的行为选择及支付意愿——以北京市居民为例[J]. 中国人口·资源与环境, 2015, 25 (1): 127-133.

[80] 何可, 张俊飚, 丰军辉. 基于条件价值评估法 (CVM) 的农业废弃物污染防控非市场价值研究[J]. 长江流域资源与环境, 2014, 23 (2): 213-219.

[81] 高新才, 岳立, 张钦智. 兰州市大气污染支付意愿影响因素分析[J]. 城市问题, 2011 (1): 62-65.

[82] 魏同洋, 靳乐山, 靳宗振等. 北京城区居民大气质量改善支付意愿分析[J]. 城市问题, 2015 (1): 75-81.

[83] 么相姝. 天津市居民大气环境质量改善支付意愿评估——基于双边

界二分式 CVM 的视角［J］. 城市问题，2016（7）：81-86.

　　［84］新华网. 北京机动车保有量达 561 万辆　年排放污染物 70 万吨［EB/OL］. http：//news. xinhuanet. com/2016 - 01/14/c＿ 128627204. htm，2016 - 01-14.

　　［85］人民网. 北京新车上牌须符京Ⅴ标准单车排放降 40%［EB/OL］. http：//finance. people. com. cn/n/2013/0303/c1004-20656956. html，2013-03-03.

　　［86］新华网. 未来北京新增公交车新能源占比 70%［EB/OL］. http：//news. xinhuanet. com/yzyd/energy/20141103/c＿ 1113087069. htm，2014-11-03.

　　［87］中国环保在线. 北京加强机动车污染防控集中力量精准治霾［EB/OL］. http：//www. hbzhan. com/news/detail/112282. html，2016-11-12.

# 第七章　北京市社区公共安全风险管理研究

社区是一个国家公共行政结构中最基本的构成单位，是人们生产、生活的基本环境，是社会运行与管理的基本单位。随着社会的不断进步与发展，人们逐渐意识到社区所扮演角色的重要性，特别是在维护社会安全稳定与促进社会和谐的积极作用，如何提升适应城市经济、政治和文化发展需要的社区公共安全管理水平，已经成为一项亟待研究的重大课题。基于此，本章全面考察了目前我国以社区为基础的公共安全风险管理实践，并对北京市公共安全风险管理实践取得的成效及存在的问题进行了剖析。同时，本章在借鉴东南亚国家推行较为广泛的以社区为基础的灾害风险管理实践经验基础上，提出改进城市社区公共安全风险管理的对策建议。

## 第一节　研究背景

风险是安全与灾害之间的一种客观状态，是未来可能造成危害的不确定性状态。人类社会更多会面临自然风险。自然风险是可以被感知的，是可以明确建立灾害和损失之间关系的，而现代风险社会则是科学发展、工业发达、人口密集的产物，风险带来的灾害更加隐蔽，互相之间的影响更复杂，影响范围也更大。世界范围内的灾害每年所造成的损失大约在 2500 亿美元。全球每年如果在灾害风险管理方面投入 60 亿美元，将可在减少风险方面产生 3600 亿美元的总收益，这相当于减少了 20% 新的以及额外年经济损失。[①] 所以，风险管理是现代社会管理的重要组成部分。

中国是一个灾害多发的国家，而且正在进行人类历史上规模最大、速度最快的城市化。据统计，2015 年中国城镇人口比例已达 55.88%，城市常住人口将近全国人口的 1/3。我国本就是自然灾害频发的国家，加上城市规模以及城市人口存在急剧增长的态势，导致我国城市公共安全风险形势空前严峻，且有愈演愈烈之势。研究显示，中国 80% 以上的城市受到气象、海洋、洪水和地震等灾害的严重威胁。与此同时，各类型的安全生产事故、公共卫生事

---

① 复旦大学城市公共安全研究中心. 社区灾害风险评估指南及应用案例 [R] . 2014.

件、社会安全事件也时有发生，给公共安全造成严重威胁。

社区是城市的细胞和社会的基本单元，是城市公共安全风险管理的主要阵地和前沿哨所，是各类公共安全风险的直接受害者与主要应对者。而社区作为城市的基本组成部分，也是承受各类灾害事故的基本单元，很多灾害事故也都是在社区层面发生的。因此，提高城市社区公共安全风险管理能力，对于保证城市公众生命财产安全和城市可持续发展具有重要意义。[①] 习近平总书记在中共中央政治局就健全公共安全体系进行的第二十三次集体学习中指出："公共安全无处不在，要坚持标本兼治，坚持关口前移，加强日常防范，加强源头治理、前端处理，建立健全公共安全形势分析制度，及时清除公共安全隐患。关口前移就是要重视事故的预防，提高风险管理能力。"[②]

# 第二节　我国城市社区公共安全风险管理实践与特点

## 一、我国城市社区公共安全风险管理实践

我国城市公共安全风险管理工作的开展，是以示范社区建设的方式推进的。目前，在全国范围内推行的四个公共安全示范社区项目，按照其涵盖的风险类型可分为两类：一类是涵盖所有风险的综合风险管理，包括民政部主导的"综合减灾示范社区"项目和国家安全生产监督管理总局主导的"全国安全示范社区"项目；另一类是以某一单一风险管理为主的专项风险管理，包括中国地震局主导的"地震安全示范社区"项目和中国气象局主导的"气象防灾减灾示范社区"项目。

### （一）综合减灾示范社区模式

综合减灾示范社区是国家减灾委为减少社区灾害风险、减轻社区灾害损失，从国家层面全面推行的一项社区风险管理项目。该示范社区项目围绕"社区灾害隐患排查和治理、灾害监测和信息报告、编制社区综合减灾预案、加强社区综合减灾队伍建设、开展防灾减灾培训演练、加强社区灾害应急避难场所建设、做好社区减灾装备配备和应急救灾物资储备、强化防灾减灾知识宣传普及"等重点任务展开。

---

① 周永根．新世纪全球社区灾害风险管理战略关注重点与转型启示[J]．灾害学，2017，32（3）：171-175.

② 朱伟，刘梦婷．城市公共安全风险综合治理路径探析[J]．社会治理，2017（2）：53-60.

## 1. 发展历程

该项目起源于 2004 年，正式开始于 2007 年。2004 年 10 月，民政部开始在全国开展"减灾进社区"活动，并在一些城市进行试点。2005 年 10 月，国家减灾委、民政部正式启动"社区减灾平安行"活动。2007 年 8 月，中国政府颁布《国家综合减灾"十一五"规划》，提出了要在全国"创建 1000 个综合减灾示范社区"的规划目标、"加强城乡社区减灾能力建设"的主要任务和"社区减灾能力建设示范工程"的重大项目。在 10 年的发展中，这一模式形成了自身的独有特征，并对我国防灾减灾产生了十分重要的影响。

第一阶段（2007~2010 年）：2007 年 9 月，民政部下发关于"减灾示范社区"标准的通知，标志着综合减灾示范社区在我国正式推行。[①] 2008 年 4 月，民政部专门召开了部分省份社区综合减灾工作座谈会。2009 年 5 月，由中国政府发布的《中国的减灾行动》白皮书，明确把"加强社区减灾能力建设"作为我国减灾的九大中长期任务之一。其主要内容包括"完善城乡社区灾害应急预案，组织社区居民演练，完善城乡社区减灾基础设施，创建全国综合减灾示范社区，全面开展城乡民居减灾安居工程建设，在多灾易灾的城乡社区建设避难场所，建立灾害信息员队伍，加强城乡社区居民家庭防灾减灾准备，建立应急状态下社区弱势群体保护机制"。2010 年 5 月，国家减灾委办公室修订出台新的《全国综合减灾示范社区标准》，规定"全国综合减灾示范社区标准"要满足三个基本条件，即"社区居民对社区综合减灾状况满意率大于 70%；社区近三年内没有发生因灾造成的较大事故；具有符合社区特点的综合灾害应急救助预案并经常开展演练活动"。该标准还设置了示范社区的 10 项一级指标、36 项二级指标和 74 项三级指标。其中，10 项一级指标包括"组织管理机制、灾害风险评估、灾害应急救助预案、减灾宣传教育与培训活动、防灾减灾基础设施、居民减灾意识与技能、社区减灾动员与参与、管理考核、档案、特色"等。同时，国家减灾委把"减灾从社区做起"确定为全国第一个"防灾减灾日"主题。

第二阶段（2011~2013 年）：2011 年 6 月，国家减灾委员会发布《关于加强城乡社区综合减灾工作的指导意见》，提出要在"提升社区灾害预警预报和信息上报能力，社区综合减灾预案编制，社区综合减灾设施、装备配备和社区避难场所布局合理，社区自治组织、志愿者队伍和其他社区组织参与社区减灾，建立'全国综合减灾示范社区'"五个方面进行大力建设。2011 年 11 月，国务院办公厅颁布《国家综合防灾减灾规划（2011~2015 年）》，提

---

① 俸锡金．社区综合减灾示范模式的特征和影响分析 [J]．中国减灾，2017（7）：8-15．

出创建 5000 个"全国综合减灾示范社区"的规划目标、并规划了"加强区域和城乡基层防灾减灾能力建设"的主要任务和"综合减灾示范社区和避难场所建设工程"的重大项目。2011 年 12 月，民政部发布《全国综合减灾示范社区创建规范》，标志着全国综合减灾示范社区创建进入标准化管理阶段。2012 年 3 月，民政部救灾司分别在广西南宁、河南开封召开南北片区全国综合减灾示范社区创建工作座谈会。2012 年 6 月，民政部印发《全国综合减灾示范社区创建管理暂行办法》。民政部救灾司在浙江省宁波市召开全国社区减灾工作经验交流会。2013 年 9 月，国家减灾委办公室再次对《全国综合减灾示范社区标准》进行了修订。新标准与 2010 年的《全国综合减灾示范社区标准》相比，10 项一级评价指标没有变动，在二级指标方面做了进一步的精简，并对指标标准做了非常详尽的细化。尤其是在第二项一级指标"灾害风险评估部分"，新标准特别强调了针对风险的整治性措施，如在二级指标"灾害风险隐患清单"下，其具体评定标准要求做到"针对各类隐患及时制定防范措施并开展治理"，在"社区灾害脆弱人群清单"二级指标下，其具体评定标准要求做到"有脆弱人群结对帮扶措施"，在"社区灾害脆弱住房清单"二级指标下，其具体评定标准要求做到"有针对上述安全隐患清单的治理方案和时间表"。

第三阶段（2014 年至今）：2015 年 12 月，民政部救灾司在上海市召开了全国综合减灾示范社区创建工作座谈会。2016 年 12 月，民政部救灾司在浙江省杭州市召开全国社区减灾工作座谈会。同时，国务院办公厅出台《国家综合防灾减灾规划（2016~2020 年）》，提出"十三五"时期创建 5000 个全国综合减灾示范社区的目标，规划了加强区域和城乡基层防灾减灾救灾能力建设的主要任务。在社区层面，主要包括"开展社区灾害风险识别与评估，编制社区灾害风险图，加强社区灾害应急预案编制和演练，加强社区救灾应急物资储备和志愿者队伍建设。深入推进综合减灾示范社区创建工作，开展全国综合减灾示范县（市、区）创建试点工作。推动制定家庭防灾减灾救灾与应急物资储备指南和标准，鼓励和支持以家庭为单元储备灾害应急物品，提升家庭和邻里自救互救能力"。2017 年 5 月 12 日，全国第九个"防灾减灾日"系列活动在全国各地陆续举行，其活动主题是"减轻社区灾害风险，提升基层减灾能力"，突出了对《国家综合防灾减灾规划（2016~2020 年）》中关于"加强区域和城乡基层防灾减灾救灾能力建设"主要任务的落实。

**2. 评审与管理**

全国综合减灾示范社区的领导机构是国家减灾委员会，民政部、国家减灾委员会办公室负责指导、组织和协调全国综合减灾示范社区创建管理工作。

地方各级人民政府或者人民政府的减灾综合协调机构组织领导地方民政部门负责本行政区域全国综合减灾示范社区候选单位的审查、验收和推荐工作。

具体评审包括社区申请、材料初审、现场核查、推荐上报、复核公示五个环节（见图7-1）。该项工作按年度进行，每年一次。每年9月30日前各省将本年度全国综合减灾示范社区创建工作报告、候选社区推荐名单上报民政部、国家减灾委员会办公室，10月15日前上报社区申报材料。［省级人民政府民政部门推荐上报的年度全国综合减灾示范社区候选单位中，农村（含牧区）社区比例应不低于20%（直辖市和计划单列市除外），全国综合减灾示范社区在同一乡镇或街道的命名比例原则上不超过20%。］

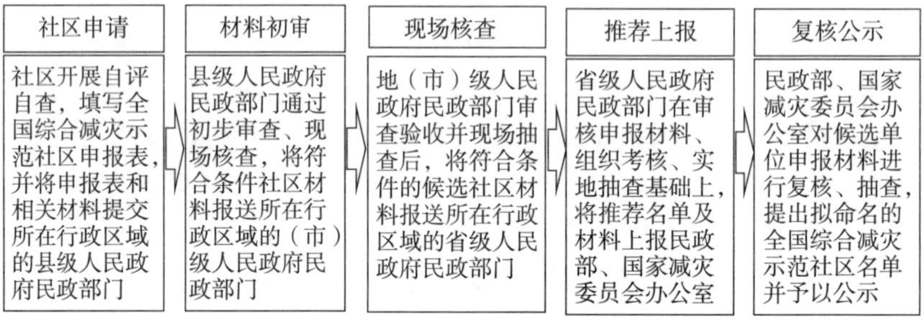

| 社区申请 | 材料初审 | 现场核查 | 推荐上报 | 复核公示 |
|---|---|---|---|---|
| 社区开展自评自查，填写全国综合减灾示范社区申报表，并将申报表和相关材料提交所在行政区域的县级人民政府民政部门 | 县级人民政府民政部门通过初步审查、现场核查，将符合条件社区材料报送所在行政区域的（市）级人民政府民政部门 | 地（市）级人民政府民政部门审查验收并现场抽查后，将符合条件的候选社区材料报送所在行政区域的省级人民政府民政部门 | 省级人民政府民政部门在审核申报材料、组织考核、实地抽查基础上，将推荐名单及材料上报民政部、国家减灾委员会办公室 | 民政部、国家减灾委员会办公室对候选单位申报材料进行复核、抽查，提出拟命名的全国综合减灾示范社区名单并予以公示 |

图 7-1　全国综合减灾示范社区评审程序

全国综合减灾示范社区实行动态管理。由省、地、县三级人民政府民政部门加强对已命名社区的日常管理，每年开展抽查评估。已命名社区的定期复核评估每满三年进行一次，抽查比例由省、地、县视实际情况而定。对抽查不合格的，由省级人民政府民政部门下发限期整改通知。省级人民政府民政部门每年将抽查情况报民政部、国家减灾委员会办公室备案。民政部、国家减灾委员会办公室每年对全国综合减灾示范社区进行抽查，及时总结推广经验，纠正存在问题，视情况通报抽查情况。由省级人民政府民政部门下发整改通知或者民政部、国家减灾委员会办公室抽查认定不符合标准的全国综合减灾示范社区，经整改后，在三个月内仍未达到《全国综合减灾示范社区标准》的，应撤销其"全国综合减灾示范社区"称号。

**3. 建设成效**

截至2016年底，我国累计建成"全国综合减灾示范社区"9568个，每年评定数量如图7-2所示。因各地城市化水平、经济水平、人口结构和灾害特点等的差异性，全国综合减灾示范社区的建设也表现出明显的区域差异。东部省份城市化水平高，城市社区数量和管理上优于中西部地区，因此东部地区的综合减灾示范社区创建力度大于中西部地区。截至2016年12月，东部地区 16 省（市）共创建 4582 个（占 48%），几乎占全国示范社区总量的一半；中西部地区基本持平，其中中部地区共创建 2605 个（占 27%），西部地区共创建 2381 个（占 25%）。① 在城乡差异上，我国长期以来存在城乡发展不平衡的现状，截至 2016 年 12 月，建成城市社区 6190 个（占 65%）、农村社区 3378 个（占 35%），农村示范社区不足 20% 的省份为 5 个，包括北京（14%）、天津（14%）、河北（16%）、辽宁（15%）和吉林（13%）。

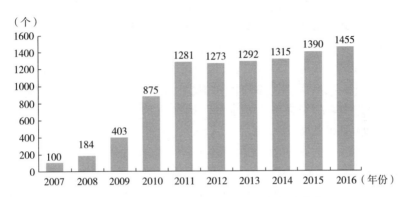

图 7-2　全国综合减灾示范社区年度数量统计

资料来源：根据民政部相关公示公告数据整理。

## （二）安全社区模式

"安全社区"是为了保障社区公共安全，提高居民的安全感而提出的概念。"安全社区"的雏形，诞生于瑞典 Falk Ping 社区 1975 年启动的伤害预防计划，后在世界卫生组织（WHO）的推动下，陆续在世界上其他国家逐渐开展。2002 年 3 月，国家安全生产监督管理局主办了安全社区建设研讨会。2002 年 6 月，世界卫生组织的安全社区促进项目在山东省济南市槐荫区青年公园街道正式启动。受国家安全生产监督管理局委托，中国职业安全健康协会负责在国内推广安全社区理念。② 近些年，我国推进安全社区的建设工作主要围绕参与"国际安全社区"评建和推进"全国安全示范社区"建设两方面来展开。

### 1. 国际安全社区建设

（1）概念提出与国际实践。

1989 年，世界卫生组织在事故与灾害预防大会上，联合 50 多个国家共同

① 俸锡金. 社区综合减灾示范模式的特征和影响分析 [J]. 中国减灾，2017（7）：8-15.
② 加一. 中国特色的"安全社区"建设之路[J]. 中国减灾，2011（19）：4-7.

发布了《安全社区宣言》，强调"人人平等享有安全与健康的权利……通过减少伤害风险，缩小不同经济社会群体间事故与伤害率的差异，能够实现安全共享。各级政府官员和决策者担负着让所有人在安全社区内拥有同等生活与工作机会的使命。创建安全社区时，必须充分认识和考虑本地情况、独特资源以及经济社会文化中影响伤害率的决定性因素"。

大会期间，世界卫生组织成立了社区安全促进合作中心（WHOCCCSP），总部设在瑞典斯德哥尔摩的卡罗林斯卡医科大学。该中心的主要作用是：协调全球安全社区网络工作，包括社区支持中心和认证中心；组织安全社区年会和区域性安全社区会议；协调有关伤害预防和安全促进的培训课程；编辑发送《安全社区每月通讯》；参与其他会议的组织；负责方法学的开发和技术转移；组织社区项目网络；参与世界卫生组织项目，开展研究工作。在社区安全促进合作中心的努力下，安全社区计划在发达国家和发展中国家得到了广泛的认同和快速发展。

在安全社区概念提出之初，学者们达成了安全社区建设的五项基本原则，即社区组织、流行病学及资讯、参与、决策、技术及方法。此后，随着安全社区实践的不断进展，五项原则经过不断完善和修改，最终形成了国际安全社区的七项基本准则（见表7-1）。世界卫生组织国际社区安全促进合作中心在七条准则的基础上，又在交通安全、体育运动安全、家居安全、老年人安全、工作场所安全、公共场所安全、涉水安全、儿童安全和学校安全九个方面详细规范了社区公共安全的七项具体指标，分别包括：成立组织与负责人；制定安全规章制度；长期开展安全促进工作；有针对脆弱群体的安全措施；有伤害记录制度；有安全制度、项目或措施的评价方法；积极参加国际国内安全活动。

**表7-1 国际安全社区基本准则**

| 序号 | 准则 | 基本解释 |
|---|---|---|
| 1 | 组织机构 | 有一个负责安全促进的跨部门合作的组织机构 |
| 2 | 预防计划 | 有长期、持续、能覆盖不同性别、年龄的人员和各种环境及状况的伤害预防计划 |
| 3 | 安全促进项目 | 有针对高风险人员、高风险环境，以及提高脆弱群体安全水平的预防项目 |
| 4 | 项目证据要求 | 有以证据为基础的促进项目 |
| 5 | 伤害记录制度 | 有记录伤害发生的频率及其原因的制度 |
| 6 | 评价方法 | 有安全促进项目、工作过程、变化效果的评价方法；活动参与 |
| 7 | 活动参与要求 | 积极参与本地区及国际安全社区网络的有关活动 |

申请成为国际安全社区网络成员是一个非常严格的过程。社区在申请前必须按照国际安全社区准则开展至少两年的安全促进与伤害预防工作（在我国大陆地区，申请国际安全社区认证的一般是在获得"全国安全社区"称号一年之后）。一般程序包括递交申请函—通知世界卫生组织社区安全促进合作中心—申请报告审核—报告审核意见反馈—现场认证—命名仪式—证后管理七个环节。

（2）国际安全社区在中国的实践。

我国最先引进安全社区理念的是香港地区。2000年，香港职业安全健康局引进了安全社区建设，成为全世界第六个安全社区支持中心。2003年，我国香港特区的屯门社区和葵青区被世界卫生组织确认为国际安全社区。2005年，香港特区的大浦社区，台湾的阿里山社区、泰山乡和内湖区得到世界卫生组织的国际安全社区认证。我国大陆地区的前期准备工作开展得也不晚。2002年5月，世界卫生组织安全促进中心派温斯朗教授考察了山东省济南市槐荫区青年公园社区。2004年该社区向世界卫生组织提出确认申请，2006年3月在中国职业安全健康协会的帮助下，青年公园社区的申请得到确认，并由世界卫生组织派代表授牌。自此，中国大陆地区第一个国际安全社区诞生。与此同时，全国范围内其他地区的安全社区工作逐步启动：2004年7月，河北开滦"安全社区"启动；2004年10月，北京朝阳"安全社区"启动；2004年11月、2005年5月、6月、7月，山西潞安、北京东城、上海浦东、北京西城的该项目相继启动。2007年，我国大陆地区有10个社区获得世界卫生组织社区促进协作中心的国际安全社区认证。2008年，中国职业健康协会成为世界卫生组织社区促进协作中心认可的第九个支持中心，负责中国内地的国际安全社区推进工作。此后，我国国际安全社区的建设工作有了进一步的发展。截至2016年12月，我国已建成了121个国际安全社区（其中大陆地区93个），如图7-3所示，在大陆地区的国际安全社区分布在北京、上海、辽宁、广东、山东、重庆、江苏、河北、山西、天津十个省（市）区域，其中，北京、上海、辽宁及广东的比重达到80%（见图7-4）。[①]

**2. 全国安全社区建设**

国际安全社区的概念引入我国以后，结合了中国国情，融入了中国特色，产生了全国安全社区、市级全社区等新载体。自2006年起，我国开始在全国范围内实施全国安全社区建设。

---

① 吴宗之. 国际安全社区建设指南[M].北京：中国劳动社会保障出版社，2015。根据国际安全社区新闻报道相关数据整理。

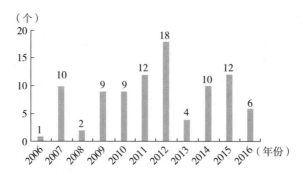

图7-3 大陆地区国际安全社区年度数量

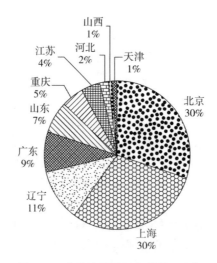

图7-4 大陆地区国际安全社区比例

（1）发展历程。

规范建设阶段（2006～2010年）。2006年初，中国职业安全健康协会参照世界卫生组织安全社区标准和国际劳工组织职业安全健康管理体系规范，编制了《安全社区标准（草案）》并由国家安监总局下发。该标准包含12项一级指标，45项二级指标。一级指标中加入了建立应急预案、创建安全社区档案、培训工作人员、风险评价等特色项目。2006年2月27日，AQ/T 2001-2006《安全社区建设基本要求》由国家安监总局颁布，自2006年5月1日起正式实施。这一文件是按照国际安全社区准则和指标的要求，充分考虑中国社区建设的特点与要求，按照安全社区和安全文化建设的相关要求提出的。该文件包括了范围、规范性引用文件、术语和安全社区基本要素4部分。其中，范围清晰地规定了此标准的适用对象，规范性引用文件遵循世界卫生组织安全社区准则的相关技术内容，术语界定了全部标准的准确内涵，加上对基本要素的明确，以此形成了我国安全社区建设的规范性、标准性文件。2007 年，我国命名了首批 21 个全国安全社区；2008 年 12 月，中国职业安全健康协会被认定为世界卫生组织社区安全促进合作中心安全社区支持中心。2009 年，国家安监总局印发《关于深入开展安全区建设工作的指导意见》和《安全社区评定管理办法（试行）》，标志着我国的安全社区建设进入更加规范的发展阶段。2010 年的全国安全建设工作会议提出要大力推进安全社区建设。中国职业安全健康协会制定了《全国安全社区现场评定指标》（暂行），包含 12 个一级指标、50 个二级指标。2010 年，全国新启动建设的安全社区数量创下新高，为启动安全社区建设工作以来年平均数的 4.4 倍。[①]

规模发展与创新发展阶段（2011～2015 年）。2011 年，国务院安全生产委员会先后下发《关于认真贯彻落实国务院第 165 次常务会议精神进一步加强安全生产工作的通知》和《关于进一步深入推进安全社区建设的通知》。地方各级政府积极响应，北京市在 2011 年颁布了《北京市市级安全社区基本条件》，与国家标准相类似，市级指标体系也延续了两级指标的规范，包括 12 项一级指标与 40 项二级指标。此后，上海也出台了《上海市市级安全社区基本条件》，根据具体实际，设计为 12 项一级指标、38 项二级指标。2012 年，安全社区建设已由北京、大连、山东、广东等大城市和东部发达地区延伸至中西部地区。山西、陕西、四川、重庆等地也开始立足自身的地理位置、人文条件、独特资源等条件制定本区域安全社区评价与建设指标，安全社区建设数量也逐年增加。安全社区的规范建设在全国范围内开始规模发展。在实践中进一步创新出了由政府主导、安监部门牵头、多元参与的联合共建模式、社会管理模式，由企业主导、物业管理部门牵头、相关部门配合、全员参与的建设模式，由企业主导、政企联合的建设模式四种模式。[②] 2015 年 11 月，国家安监总局进一步印发《国家安全监管总局关于持续加大安全社区推进力度 全面提升安全社区建设工作水平的通知》（安监总宣教〔2015〕104 号），提出到 2015 年底，我国 80%的省级区域开展安全社区建设，50%以上的省级区域有被命名的安全社区，建成全国安全社区 600 家。力争到 2020 年，启动安全社区建设单位 1 万家，覆盖人口 5 亿，实现省级行政区域、计划单列市与省会城市全覆盖；各省级行政区域基本建成安全社区地区支持中心，发展全国安全社区评审员不少于 500 名。

---

① 陆继锋. 安全社区建设历程回顾及其对城市社区公共安全治理的借鉴[J]. 四川警察学院学报，2016，28（5）：97-104.

② 刘欣. 我国安全社区建设现状分析［R］. 中国职业安全健康协会学术论文集，2013.

项目终止（2016年）。2016年11月4日，中国职业安全健康协会发布《关于废止全国安全社区评定相关文件的通知》，决定自11月4日起对涉及全国安全社区评定的19项文件予以废止，同时不再开展全国安全社区评定工作。2016年11月14日，国家安全监管总局发布《关于废止安全社区综合审定委员会有关文件的通知》，决定废止《国家安全监管总局办公厅关于调整安全社区综合审定委员会组成人员的通知》（安监总厅宣教〔2015〕61号）和《国家安全监管总局办公厅关于成立安全社区建设工作领导小组暨综合审定委员会的通知》（安监总厅宣教函〔2015〕155号）。同时，其他以国家安全监管总局等名义印发的文件中关于安全社区评审的内容和要求均不再执行。对于废止的理由，国家安监总局的文件中简略提到"按照中央巡视组关于安全社区工作的反馈意见"。2016年，中央第十巡视组对国家安全监管总局进行了巡视，其反馈意见中明确提到，存在违规开展安全社区评审工作。在地方层面，在国家安全监管总局废止相关文件之后，广东省、天津市、江苏省、重庆市等安全监管部门也相继出台文件，停止了省级范围内的安全社区评定工作。

（2）评审与管理。

中央层面，由国家安全监管总局具体负责指导全国安全社区建设工作，组织制定和发布安全社区建设规划和标准。具体执行机构是中国职业安全健康协会。协会成立了全国安全社区促进中心，在国家安全监管总局领导下，负责组织开展全国安全社区建设工作。地方层面，由各级地方政府主导，具体执行机构是地方政府及地方各级安全监管部门，负责指导本地区安全社区建设工作。

我国"全国安全社区"的评审包括申请与初审、现场评定、综合评定三个环节（见图7-5）。其中，现场评定主要的评价指标为中国职业健康协会（全国安全社区促进中心）制定的《全国安全社区现场评定指标（暂行）》，包含12个一级指标、50个二级指标（详见后文）。

"全国安全社区"试行动态管理，具体措施包括：

一是年度例行报告与抽检。获得"全国安全社区"称号的社区每年1月30日之前须向中国职业健康协会（全国安全社区促进中心）递交年度工作报告，内容包括上年度安全社区工作总结和持续改进计划。中国职业健康协会（全国安全社区促进中心）组织抽检。未提交工作报告的，中国职业健康协会（全国安全社区促进中心）要求社区限期提交年度工作报告。连续两年未提交工作报告和情况说明的，撤销其"全国安全社区"称号，并予以公告，同时报安全监管总局备案。

二是五年期后重新申请复评。"全国安全社区"称号有效期为五年。期满

| 申请与初审 | 现场评定 | 综合评定 |
|---|---|---|
| 符合申请条件的社区，填写相关文件，经所在地县级以上地方人民政府安全监管部门审核同意、向省安全监管局备案后，向中国职业安全健康协会（全国安全社区促进中心）提出评定申请，由中心予以备案 | 中国职业安全健康协会（全国安全社区促进中心）派出现场评定组(3~5人)，通过首次会议、现场考察、末次会议等程序，进行现场评定 | 现场评定组完成任务后，10个工作日内向中国职业安全健康协会（全国安全社区促进中心）提交报告。中心召开会议做出综合评定，书面报送安全监管总局备案并予以公告，颁发"全国安全社区"证书和牌匾 |

图 7-5　全国安全社区评审程序

三个月前，须由持证社区向中国职业健康协会（全国安全社区促进中心）提出重新评定（复评）申请，并提交复评申请书和工作报告，由中国职业健康协会（全国安全社区促进中心）派评定组进行现场评定。逾期未提出复评申请的，"全国安全社区"称号自动废止。

三是对发生重特大安全事故的社区撤销其称号。社区在保持"全国安全社区"称号期间，发生重特大安全责任事故或社会影响重大的事件，协会（促进中心）将撤销其"全国安全社区"称号，并予以公告，同时报安全监管总局备案。

（3）建设成效。

自开展安全社区建设工作以来，我国"全国安全社区"数量从无到有，类型也由单一的城区街道型扩展到企业主导型、农村乡镇型和园区学校型。截至 2015 年 7 月，全国范围内创建了"全国安全社区"575 个，覆盖了 19 个省级行政区域和煤矿、石化、油田等行业（见图 7-6）。[1]

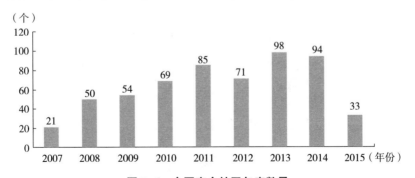

图 7-6　全国安全社区年度数量

---

[1] 根据年度全国安全生产社区建设会议相关报道、国家安监总局网站相关文件整理。

安全社区的建设在我国各省份之间存在着较大的分布差距。贵州、内蒙古、海南、西藏四个区域的安全社区建设工作并没有全面开展。其他省级行政单位的建设虽已初具规模，但是彼此之间的差距仍然存在。山东、辽宁、重庆、四川安全社区总量较多，分别为15%、13%、32%和11%，云南、青海安全社区总量比较少，均为0.037%。[①]

所有参与创建活动的社区都提升了社区公共安全建设的水平和质量。国家安监总局在2013年对已建成的345个全国安全社区在2013年和2011年所发生的各类安全事故进行了统计，发现在安全生产、道路交通、火灾事故和社会治安等事故领域，死亡人数和受伤人数都出现了明显的下降（见表7-2）。[②] 而2015年的进一步统计分析表明，已命名的安全社区，在生产、道路交通、火灾事故和社会治安案件等方面的事故发生率比其他社区分别下降40%、50%、65%和50%。[③]

表7-2　我国345个最新全国安全社区2013年比2011年事故下降率

单位：%

| 项目 | 生产事故 | 交通事故 | 火灾事故 | 社会治安 |
| --- | --- | --- | --- | --- |
| 受伤人数下降率 | 41.6 | 51.1 | 69.2 | 44.0 |
| 死亡人数下降率 | 40.8 | 34.4 | 67.9 | 31.6 |

### 3. 全国安全社区与国际安全社区的差异

一是国际安全社区建设注重"安全"与"健康"，蕴含了更多人文理念；我国的安全社区重点强调"安全"，增加了自己的特色指标，内容更丰富。

二是国际安全社区是非政府组织和居民的自觉行动，政府仅起支持作用，我国是政府主导、党委领导的行政行为，主要领导的思路和决心是决定单位能否创建成功、能否持续改进的关键。

三是创建单元从国外的社区变成城市的街道，并扩展到整个城市、农村的乡镇、大企业、物业公司、经济开发区、农垦社区等，呈现出多元化发展态势。

四是创建资格从满足条件即可直接申报国际安全社区逐渐化为市级、国

---

① 佟瑞鹏. 基于基尼系数法的全国安全社区数量分布规划[J]. 中国安全生产科学技术，2016，12（10）：172-177.

② 赵帆，石晶，黄溪. 国际化大都市的社区安全治理——北京东城国际安全社区建设状况调查[J]. 国家治理，2014（10）：11-12.

③ 我国安全社区建设取得成效[EB/OL]. http://xianhuo.hexun.com/2015-07-12/177472630.html.

家级、国际三个层面逐级申报，不得跨级，创建国际安全社区的最短时间从 1 年延长为 3 年。[①]

### （三）地震安全示范社区模式

"地震安全示范社区"是一个专有的称号，目前由中国地震局授权颁布，指"在开展震减灾宣传教育、抗震设防、地震应急准备以及地震群测群防等方面工作较突出的、符合地震安全示范社区建设标准的社区或一定规模的小区"。2008 年在国务院防震减灾联席工作会议上，时任国务院副总理回良玉明确指出"要大力推进城市地震安全示范社区工作"。此后中国地震局也提出了"开展地震安全社区示范建设"的要求。地震安全示范社区主要是在已建成社区的基础上，开展简单的以指导为主的补充建设工作，主要由政府投资。

#### 1. 发展历程

规范建设阶段（2008～2011 年）。自 2008 年起，中国地震局在全国范围内选取了七个示范点，地震安全示范社区建设工作的主要工作内容是志愿者队伍建设、地震应急避难场所建设、防震减灾科普宣传、宏观观测等。2010 年，江苏省地震局出台了相应的地方管理办法或实施意见，对建设标准规定了 9 项内容，其中有 1 项对保护弱势群体进行了特别说明。河北省地震局出台的地震安全示范社区管理办法中将应具备的条件分为八个方面，虽然分类方式与《地震安全社区建设管理办法》和江苏省的实施意见有很大区别，但在实际内容方面，也可以重新归类为类似的项目，只不过要求更为具体和详细。2011 年新疆犁州地震局制定了《伊犁哈萨克自治州地震安全示范社区管理办法》和《伊犁州防震减灾科普示范学校管理办法》，进一步规范地震安全示范社区管理和防震减灾科普示范学校管理，增强城市社区居民的防灾意识和发挥防震减灾科普示范学校的示范带动作用。

政策明晰与创新发展阶段（2012～2017 年）。2012 年 5 月中国地震局震害防御司下发了《地震安全示范社区管理暂行办法》（中震防发〔2012〕33 号），该办法对地震安全示范社区进行了初步定义，给出了应具备的基本条件，明确了申报程序与认定办法，使我国地震安全社区建设的推进和地震安全示范社区的规范管理，有了行政法规意义上的基本参考。按照此管理办法，多个省份开展了地震安全示范社区建设工作，一些多震省份如四川、云南、甘肃等结合近几年的防震减灾工作实践，在一些示范城市、示范社区开展了深入的工作，取得了良好的效果。自 2009 年首批国家级地震安全示范社区评

---

① 赵帆，石晶，黄溪. 国际化大都市的社区安全治理——北京东城国际安全社区建设状况调查 [J]. 国家治理，2014（10）：11-12.

定起，全国各地均积极开展了地震安全示范社区创建工作，截至 2017 年已经有 600 余个国家级和几千个省、市级地震安全示范社区产生，对照创建标准和要求，开始了查阅创建工作档案资料，实地查看社区基础建设，科普知识宣传专栏、社区地震应急避难场所标识标牌设置，应急救援物资储备及应急队伍建设，地震应急预案及演练等工作，取得了不少成效。

## 2. 评审与管理

领导和组织机构。中央层面领导机构为国家地震局。具体负责指导全国地震安全示范社区建设工作，组织制定和发布地震安全示范社区建设规划和标准。中央层面执行机构为国家地震局震害防御司，地方层面领导机构为各级地方政府，地方层面执行机构为各地方地震局，负责指导本地区地震安全示范社区建设工作。通过创建地震安全示范社区和防震减灾科普示范学校活动，发挥示范带头作用，从而提高全区居民的安全意识和防震减灾意识。

采用逐级申报机制。申报国家地震安全示范社区的材料由辖区地震部门逐级上报，省级地震部门进行初审，提出初审意见并将符合条件的材料报国家地震局。国家地震局对申报社区进行审核、评估，对通过认定的社区授予"国家地震安全示范社区"称号，并颁发牌匾（见图 7-7）。国家地震局对地震安全示范社区进行检查、评估。对达不到要求的，责令限期整改，通过整改仍然达不到要求的，取消资格。

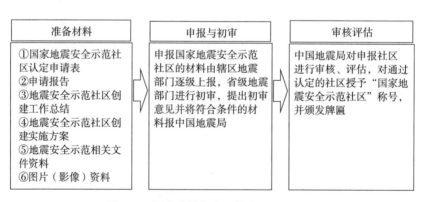

图 7-7　国家地震安全示范社区评审程序

## 3. 建设成效

截至 2017 年 8 月 2 日，我国累计建成"国家级地震安全示范社区"1046 个，每年评定数量如图 7-8 所示。2013~2014 年国家地震安全示范社区每年评比一次，随着各级政府的重视，加强开展地震安全社区建设，从政策上、资金上大力扶持示范社区建设工作，建立了一套行之有效的管理运行模式。

充分利用报纸、电视、网站等媒体，全方位、立体式地宣传创建防震减灾安全示范社区的重大意义、目标要求、方法步骤和主要措施，报道创建工作经验和成功做法，营造了全民关注、全员参与的防震减灾安全社区创建氛围。

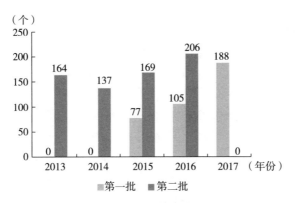

图 7-8　地震安全示范社区数量统计

2017 年 8 月 2 日，国家地震局震害防御司公布了第一批国家地震安全示范社区认定命名工作，共评选出 188 个地震安全示范社区，主要分布如图 7-9 所示，我们可以看出沿海地区地震安全示范社区建设比较完备，数量明显高于内陆地区。南北发展也存在不均衡，北方建设地震安全示范社区的数量远高于南方地区。云南省和四川省均为地震频发地区，云南 2017 年国家地震安全示范社区数量 15 个，四川省仅有 1 个被评为国家级示范区。

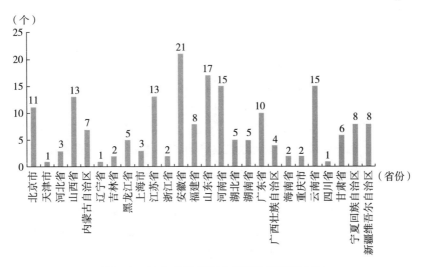

图 7-9　2017 年地震安全示范社区区域分布

### （四）气象防灾减灾示范社区模式

气象防灾减灾社区是以提升社区应对气象灾害能力为目的的公共安全风险管理项目。与其他几项社区公共安全项目建设所不同的是，气象防灾减灾建设示范社区并没有进行统一的全国性认证或评价工作。目前的主要做法是中国气象局在试点城市进行专项试点，在此基础上，把试点城市好的经验及做法向全国推广。

该项目始于2013年。时任中国气象局党组书记、局长郑国光在《2013年全国气象局长会议工作报告》中提出要"建设气象防灾减灾示范社区"。同年，中国气象局决定综合利用现代气象业务和基层气象防灾减灾体系基础，在全国14个城市选取1个社区开展气象防灾减灾社区建设试点。

2014年1月，中国气象局印发《关于加强城市气象防灾减灾和公共气象服务体系建设指导意见》（气发〔2014〕5号），提出用3~5年的时间，基本建成结构合理、技术先进、组织有力、机制完善的城市气象防灾减灾和公共气象服务体系。为进一步规范气象防灾减灾示范社区的建设内容，中国气象局编制并发布了《2014年城市气象防灾减灾体系建设工作方案》以及《城市内涝灾害风险普查数据采集指南》和《城市防灾减灾社区建设指南》，并以各地城市政府为依托，在47个城市开展了气象防灾减灾社区试点建设工作。根据文件要求，试点城市根据本地实际，综合利用现代气象业务和城市气象防灾减灾社区建设工作基础，选取试点区气象局或中心城区开展城市气象防灾减灾体系建设，初步建立较为完整的城市内涝风险预警服务业务体系，提升以社区为基本单元的气象灾害风险管理和预警信息发布能力，推动城市气象防灾减灾制度化和法制化建设，使试点城市气象防灾减灾水平、气象基础和保障能力得到提升。

2016年12月，中国气象局发布《气象防灾减灾示范社区建设导则》，规定了气象防灾减灾示范社区的组织保障、风险普查、风险评估、应急准备、信息传播、应急处置和宣传教育等要求，适用于气象防灾减灾示范社区的建设和管理。其中，在组织保障方面，明确了社区建设气象防灾减灾社区的基本职责：将气象防灾减灾工作纳入社区工作职责，制定相关工作制度与考核制度，并接受民政、气象、防汛等部门的指导；给予气象防灾减灾工作稳定的资金保障；负责组织开展社区气象灾害风险普查、风险评估、应急准备、信息传播、应急处置和宣传教育等工作；定期召开会议，通报气象防灾减灾工作进展，协调气象防灾减灾相关工作；与其相邻社区共建气象灾害联防制度。加强信息沟通、统筹安排物资、实现资源共享。

## 二、我国城市社区公共安全风险管理特点

在由中央部门推进的四项社区公共安全风险管理实践中，虽具有自上而下的行政推动因素，但还都是一种倡导性而非强制性政策。地方可以依据各自的实际来把握在各项公共安全示范社区创建中的节奏。而各地经济水平、人口结构、灾害特点等实际情况各不相同，创建的意愿和能力也不一样。所以，四项公共安全示范社区在全国区域和城乡的分布上呈现出了明显的分布不平衡，主要表现为区域分布不平衡和城乡分布不平衡。从区域分布上看，总体上来说，东部地区的建设意愿、建设能力和建设效果要领先于中西部地区。如在综合减灾示范社区建设中，截至 2016 年 12 月，东部地区 16 省（市）共创建 4582 个（占 48%），几乎占全国示范社区总量的一半；中西部地区基本持平，其中中部地区共创建 2605 个（占 27%），西部地区共创建 2381 个（占 25%）。而在全国安全示范社区建设中，山东、辽宁、重庆、四川安全社区总量较多，分别为 15%、13%、32% 和 11%，云南、青海安全社区总量比较少，均为 0.037%。而贵州、内蒙古、海南、西藏四个区域的安全社区建设工作并没有全面开展。此外，从城乡分布上看，绝大多数示范社区在城市，农村示范社区数量相对较少。

但总体上来说，我国城市社区公共安全建设工作取得了较大的成效，极大地促进了我国城市社区的公共安全指数，提升了城市社区居民的公共安全意识。无论是综合式还是专项式，其推进过程都呈现出中国城市社区公共安全风险管理的基本特点。

### （一）强化政府主导责任

为城市居民提供公共安全服务，是城市政府不可推卸的政府责任。无论是民政部主导的综合减灾示范社区，还是国家安全生产监督管理局主导的全国安全示范社区，以及由中国地震局主导的地震安全示范社区和中国气象局主导的气象防灾减灾示范社区，都显示出政府相关部门对城市公共安全问题的高度重视。各中央部门均采取了自上而下的行政体制，积极推动某一城市社区公共安全项目的建设。一是建立专门的项目推进机构；二是制定相关的规划、标准等制度性文件；三是开展定期的通过中长期规划、标准规范等的引导，通过示范社区评比的政策推动，通过经验交流、项目培训等的全方位支持，使得我国现代化的社区公共安全管理在短时间内有了快速的发展。

### （二）重视规范化与标准化建设

规范化体现在以政策的形式明确各项示范社区建设的基本要求、目标和标准等。在中央层面，《全国综合减灾示范社区标准》《全国安全社区现场评

定指标》《地震安全示范社区管理暂行办法》和《气象防灾减灾示范社区建设导则》都规定了示范社区建设中的组织机构保障、档案管理规范等。

在地方层面，也结合本省实际制定了适合本区域的规范性标准。如在安全社区项目建设中，继国家安全生产监督管理局制定的标准规范之后，各省、自治区、直辖市以及新疆生产建设兵团都进一步明确了与本地实际相结合的具体操作办法。从2012年开始，四川省、北京市、上海市等地区相继出台了省级行政单位的建设与管理基本规范。2015年，以北京市东城区为先导，印发了《进一步推进开展安全社区建设工作实施意见的通知》，为各街道办的具体工作做出了安排。

在地震安全示范社区项目建设中，各地在《地震安全示范社区管理暂行办法》指导下，先后制定了省（市）级范围的地震安全示范社区建设的办法和标准。如江苏省出台的工作实施意见中对建设标准规定了9项内容，其中8项与《地震安全社区建设管理办法》内容相符，有1项为对保护弱势群体的特别说明，在《地震安全社区建设管理办法》中未单列。河北省出台的地震安全示范社区管理办法中将应具备的条件分为八个方面，虽然分类方式与《地震安全社区建设管理办法》和江苏省的实施意见有很大区别，但在实际内容方面，也可以重新归类为类似的项目，但要求更为具体和详细。

在气象防灾减灾社区项目建设中，深圳初步形成了以《深圳市气象灾害预警信号发布规定》《深圳市台风暴雨灾害防御规定》《深圳市台风暴雨灾害公众防御指引》《深圳市气象灾害应急预案》等为主体的气象防灾减灾法规标准体系，将气象灾害防御写入深圳市政府公共安全白皮书；河北石家庄编制了石家庄公共气象服务白皮书；北京编制了"气象安全社区"标牌规范。

## （三）注重社区风险普查和风险评估

全国减灾示范社区的第二个评价标准是灾害风险评估，包括四个具体项目：一是灾害风险隐患清单，要求定期开展社区灾害风险排查，有社区内自然灾害、安全生产、公共卫生、社会治安等隐患清单，有针对各类隐患及时制定的防范措施；二是社区灾害脆弱人群清单，要求有社区老年人、儿童、孕妇、病患者和残障人员等脆弱人群清单，有脆弱人群结对帮扶措施；三是社区灾害脆弱住房清单，要求有社区居民住房和公共设施安全隐患清单，有针对上述安全隐患清单的治理方案和时间表；四是社区灾害风险地图，要求有社区灾害风险地图，标示灾害危险类型、强度（等级）、风险点或风险区的时间、空间分布及名称等。

全国安全示范社区第三个指标"事故与伤害风险辨识及其评价"、第四项指标"事故与伤害预防目标及计划"涉及风险管理。"事故与伤害风险辨识及其评价"要求社区做到：选择并运用适用的方法（如隐患排查、安全检查表、社区调查、伤害监测、专家经验等）对社区各类事故与伤害风险进行辨识与分析；辨识的事故与伤害风险符合社区实际情况；分析容易发生或受到伤害的高危人群、高风险环境和脆弱群体并确定重点人群、重点场所、重点问题；建立了各类生产经营和商贸、服务性单位的安全专项台账，及时掌握其安全动态。"事故与伤害预防目标及计划"要求社区做到：根据事故与伤害风险辨识与分析的结果、社区实际情况和社区成员的安全需求，制定了事故与伤害预防、控制目标，应有明确的针对重点人群、重点场所、重点问题的安全促进目标；制定了覆盖不同人群、环境和设施的并能够长期、持续、有效进行的事故与伤害预防和风险控制计划，尤其是针对重点人群、重点场所、重点问题的安全促进计划。

全国地震安全示范社区第四条标准为"对可能因地震引发次生灾害的危险源定期排查并进行风险评估"。而在具体实践中，则注重建立社区地震灾害风险管理工作格局，完善地区地震灾害风险管理体制和长效机制，规范标准体系，明确配套保障制度，实现地震灾害风险识别、风险评估、风险监测、风险预警、应急准备和应急处置全过程综合管理（见图7-10），切实增强风险管理工作的预见性、针对性、科学性和主动性，实现对风险的有效控制和应对。

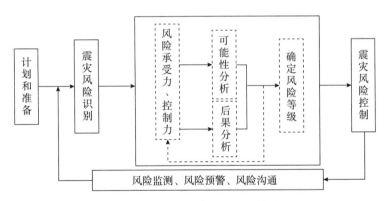

**图7-10　地震安全示范社区风险管理流程**

在气象防灾减灾示范社区的建设导则中，列出"风险普查"和"风险评估"两项重要内容。风险普查要求做到：社区应每年组织开展一次社区气象灾害风险普查工作，包括气象灾害灾情数据（灾害的气象致灾因子、强度、地点、死伤人员、灾害损失等）、社区基础地理信息数据（基础遥感信息、道路、水系河流、基础设施等）、社区气象灾害风险数据（人口、交通、医院、学校、风险隐患点、避难场所等）；风险评估要求做到开展社区气象灾害风险评估、绘制气象灾害的风险地图。

### （四）赋予地方政府较强的自主空间

四项公共安全示范社区的创建，均是倡导性工程而非强制性，因此各地方在国家级标准的规范引导下，也进行了自主创新探索。

全国综合减灾示范社区的创建标准体系中专门设置了"创建特色"这一指标，其目的就是鼓励各地根据城市社区实际，进行因地制宜的创新。因此，各地区在落实和推进该项工作中，体现出一定的地域创新和特色性。很多省份根据本区域的城市化水平、经济水平、人口结构和灾害特点等，制定了本省域范围内的省级综合减灾示范标准，建设侧重有所不同。如河北省制定了《河北省省级综合减灾示范社区标准》，在防灾示范社区建设中特别重视农村减灾示范社区的创建工作，结合新农村、文明村、美丽乡村建设，积极动员条件好的农村社区开展创建活动，并加强指导，扩大综合减灾示范社区在广大农村地区的辐射效应。山东省也制定了《山东省综合减灾示范社区标准》，部分城市将城市网格化管理模式和技术与防灾减灾示范社区建设相结合，由各网格长负责所辖区域的防灾减灾工作，动员网格内志愿者、社会组织及专业力量等深入到街巷小区、居民家庭，开展防灾减灾宣传教育和演练等活动，形成"社区—网格—家庭"纵向管理网络，实现"科学减灾、精准救灾"，提升社区综合减灾的科学化水平。

在全国安全示范社区建设中，与综合减灾示范社区一样，各地在实际申报国家级安全示范社区的同时，也结合本省实际开展了省级的安全示范社区建设。如北京市在 2011 年颁布了《北京市市级安全社区基本条件》和《北京市市级安全社区评定管理办法》。在北京市政府和北京市安监局的影响下，北京市各区县也逐步开展了安全社区的建设，以社区居民委员会和街道办开展相关工作。

在地震安全示范社区建设中，大连比较有代表性。早在 2009 年，大连市就提出了建设"地震安全城市"理念。2010 年，大连市地震局联合企业、院校、协会等社会力量，在西安路改造二期工程中开展地震安全示范社区建设。2012 年，大连市"永嘉·尚品天城"成为全国首个获得"地震安全示范社区"称号的社区。该项目在国内率先提出"社区、物业和业主共同参与安全社区管理"的理念，规划设计了包括社区防震避震应急制度、应急队伍、应急措施、居民家庭应急方案相结合的应急组织体系。

在气象防灾减灾示范社区建设中，北京市气象局选取朝阳区和海淀区为体系实施区县，实现城市智能化气象服务；天津市在河西区、南开区和和平区建立"八有"城市气象防灾减灾试点社区，针对城市内涝问题开展工作；上海市气象局针对试点社区，建立影响预报和风险预警业务，开展网格化直通式预警，融入智慧社区建设，实现区县风险普查推广；杭州市、区、街道、社区四级气象防灾减灾组织体系基本建成；武汉市建立了气象灾害分区预警系统，并在市网格化社会服务与管理系统中建立气象信息相关的栏目，实现交换与共享；广州市气象局提升了监测预警精细化水平，升级了城市气象服务渠道，完善了气象防灾减灾制度，紧密了防灾减灾体系部门合作；深圳市气象局的建设工作依托气象大数据的有效挖掘与共享应用、智能一体化业务平台，结合城市防灾减灾机制的逐步完善，广泛利用和拓展信息发布渠道，已经在民生气象服务、基层防灾减灾工作中发挥了关键性的作用。

# 第三节　北京市社区公共安全风险管理实践

作为国家首都，北京是全国的政治中心、文化中心、国际交往中心、科技创新中心。北京市拥有 2100 多万人口，是世界超大城市。人口稠密、建筑密集、经济要素高度积聚，政治、文化及国际交往活动频繁，加之北京中心城区经济社会活动集中，城乡接合部流动人口多，远郊区经济社会发展相对滞后，存在诸多容易引发公共安全问题的社会因素。

## 一、北京市公共安全基本情况

2016 年新修订的《北京市突发事件总体应急预案》将北京市公共安全划分为自然灾害、事故灾难、公共卫生事件和社会安全事件四大类、23 分类、52 种（见表 7-3）。

表 7-3　北京市常见公共安全类型

| 四大类 | 分类 | 主要种类 |
|---|---|---|
| 自然灾害 | 水旱灾害 | 水灾、旱灾 |
| | 气象灾害 | 暴雨、冰雪、雾霾、大风、沙尘暴、雷电、冰雹、高温 |
| | 地震灾害 | 破坏性地震灾害 |
| | 地质灾害 | 突发地质灾害（滑坡、泥石流、地面塌陷等） |
| | 生物灾害 | 突发林木有害生物事件灾害、植物疫情、外来生物入侵 |
| | 森林火灾 | 森林火灾 |

续表

| 四大类 | 分类 | 主要种类 |
|---|---|---|
| 事故灾难 | 工矿商贸企业等安全事故 | 危险化学品事故、矿山事故、建设工程施工突发事故 |
| | 火灾事故 | 火灾事故 |
| | 交通运输事故 | 道路交通事故、轨道交通运营突发事件、公共电汽车运营突发事件、铁路行车事故、民用航空器飞行事故 |
| | 公共设施和设备事故 | 供水突发事件、排水突发事件、电力突发事件、燃气事故、供热事故、地下管线突发事件、道路突发事件、桥梁突发事件、网络与信息安全事件（公网、专网、无线电）、人防工程事故 |
| | 核事件与辐射事故 | 辐射事故、核事件 |
| | 环境污染和生态破坏事件 | 重污染天气、环境突发事件 |
| 公共卫生 | 传染病疫情 | 重大传染病疫情（鼠疫、炭疽、霍乱、非典、流感等） |
| | 群体性不明原因疾病 | 群体性不明原因疾病 |
| | 食品安全和职业危害 | 食品安全事件、职业中毒 |
| | 动物疫情 | 重大动物疫情（高致病性禽流感、口蹄疫等） |
| | 其他严重影响公众健康和生命安全的事件 | 药品安全事件 |
| 社会安全 | 恐怖袭击事件 | 恐怖袭击事件 |
| | 刑事案件 | 刑事案件 |
| | 经济安全事件 | 生活必需品供给事件、粮食供给事件、能源资源供给事件、金融突发事件 |
| | 涉外突发事件 | 境内涉外突发事件、境外涉及本市突发事件 |
| | 群体性事件 | 上访、聚集等群体性事件、民族宗教群体性事件、影响校园安全稳定事件 |
| | 其他 | 新闻舆论事件、旅游突发事件 |

资料来源：引自"北京市突发事件总体应急预案（2016 年修订）"，http：//www. bjyj. gov. cn/yjya/bsyj/ztya_ bs/t1227494. html。

《北京市"十三五"时期应急体系发展规划》对北京市公共安全问题进行了较为全面的分析，总体看来，北京市是一个公共安全问题频发的城市。

一是自然灾害形势严峻。北京市近年来由自然灾害带来的受灾人口和直接经济损失都呈较大幅度的下降趋势，但受全球气候变化的影响，北京的自然灾害日趋频繁。如表 7-3 所示，北京城市的主要自然灾害包括水旱灾害、气象灾害、地震灾害、地质灾害、生物灾害和森林火灾等。"北京市突发事件总体应急预案（2016 年修订）"受全球气候变化影响，强降雨、冰雪、高温、浓雾等极端天气是北京市面临的主要灾害。首都圈以及华北地区存在发生五级及以上中强破坏性地震的可能性。外来有害生物对农林生产和生态环境可能造成较大危害。同时，受自然灾害影响，易形成环环相扣的灾害链，对北京市经济社会发展、城市运行和生态环境等造成严重威胁。

二是事故灾难易发高发。北京市机动车保有量已超过 560 万辆，六环路内日均出行总量已超过 3000 万人次，城市交通和过境交通压力持续增大。危险化学品存储点位和运输车辆多，易发生危险化学品泄漏、爆炸、污染等事故和突发环境事件。随着城市基础设施建设进程的加快，各类生产安全事故风险可能增加。地下管网、超高层建筑、人员密集场所等领域的安全问题日益凸显，火灾和路面塌陷事故仍时有发生。网络与信息安全事件发生的风险加大。

三是城市运行压力增大。北京作为超大型城市，人口、资源、环境方面的矛盾日益突出，各类"城市病"所诱发的突发事件风险较大，保障城市安全稳定运行的任务异常艰巨繁重。大气污染防治任务十分紧迫。能源保障基本依靠外部输入，使城市运行脆弱性增大。城市公共基础设施处于满负荷运转状态，且随着使用年限的增长安全隐患逐步显现。轨道交通日均客流量超过 1000 万人次已成常态，大客流冲击压力加大，安全运营风险持续存在。

四是公共卫生安全不容忽视。受全球气候异常变化、世界经济一体化进程加快、北京市对外交往活动日益增多等综合因素影响，发生各种输入性新发或烈性传染病疫情的可能性将进一步增大，发生由外埠食品药品及相关产品污染导致全市性食品药品安全事件的概率不断增加。

五是社会安全形势严峻。随着改革发展步入深水区和攻坚期，各类社会矛盾易发多发，因征地拆迁、金融投资、教育管理、就业和社会保障、医疗卫生、环境污染引发的上访、聚集等群体性事件及个人极端暴力事件和重大刑事案件仍时有发生。北京始终处于反恐防恐最前沿，面临的暴恐现实威胁加大。涉外突发事件数量有可能大幅增长，事件性质敏感程度不断增大。随着全媒体时代的来临，新闻舆论事件的应对工作将面临更大压力和挑战。

此外，伴随着现代社会国际化、网络化、信息化发展趋势，导致突发事件的关联性、衍生性、复合性和非常规性不断增强，跨区域和国际化趋势日益明显；互联网等新兴媒体的快速发展，使突发事件信息传播速度和范围出现显著变化，舆情管理难度不断增大；部分重特大突发事件超出传统常规判断，极端化、小概率特点凸显，给城市安全和应急管理带来了更加严峻的挑战。

## 二、北京市社区公共安全风险管理实践

作为全国政治中心,北京市政府一直高度重视城市公共安全管理工作。在中央层面推进以社区为基础的城市公共安全风险管理的政策背景下,北京市也开展了综合减灾示范社区、安全社区,通过加强顶层设计、开展示范项目、动员社会力量参与等多项举措,深入推进北京市社区公共安全风险管理,成效显著。

### (一)北京市"综合减灾示范社区"建设实践

#### 1. 总体情况

自 2007 年 9 月民政部正式推行"全国综合减灾示范社区"建设开始,截至 2016 年底,北京市共建成"全国综合减灾示范社区"411 个,占全国总数的 4.3%。2007 年,北京市建设 6 个"全国综合减灾示范社区",之后每年的数量大幅提升,2012 年后,每年稳定建设 50 个"全国综合减灾示范社区"(见图 7-11)。在 16 城区中,以朝阳、东城、西城、丰台、石景山、海淀尤为突出,累计占总数量的 58% 以上(见图 7-12)。

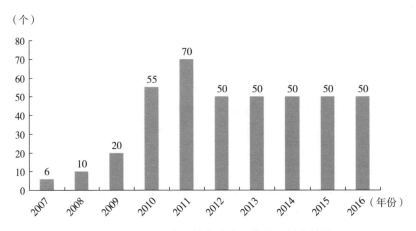

**图 7-11 北京市全国综合减灾示范社区年度数量**

在此基础上,北京市立足于建设世界城市的城市定位,着眼创建国际化、高标准的综合减灾示范社区,以不断提升北京市社区综合防灾减灾能力。2012年,北京市制定了《北京市人民政府关于加强本市城乡社区综合防灾减灾工作的指导意见》《北京市综合防灾减灾社区标准(试行)》等一系列文件,为推进北京市级综合减灾示范社区建立了良好的组织和制度保障,同时,北京市政府召开了一系列政府专题会议,全面推进北京市综合减灾示范社区建设工作。

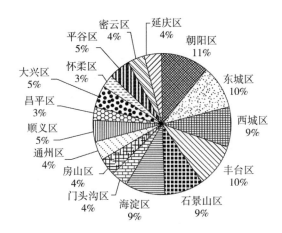

**图 7-12　北京全国综合减灾示范社区区域分布**

　　在组织保障方面，综合减灾示范社区工作由北京市政府统一领导、民政部门牵头，同时建立由发展改革、教育、公安、财政、人力社保、国土、住房和城乡建设、市政市容、水务、商务、文化、卫生、安监、广电、民防、地震、气象、消防、红十字等部门和单位参与的联席会议等协调机制。其中，北京市民政局负责全国综合减灾示范社区的推选和北京市综合减灾示范社区的规划建设和评选工作，区县一级民政部门具体组织辖区内的综合减灾示范社区创建工作。社区一级成立综合防灾减灾工作领导小组，明确召集人和成员职责，根据分工在日常工作中开展综合防灾减灾相关工作。领导协调小组成员具体包括：社区基层党组织书记和社区主任、社区民警以及辖区内有关单位负责人等。

　　在资金保障方面，将社区综合防灾减灾经费纳入北京市级财政预算。市级财政根据民政部门开展综合防灾减灾工作的实际需要，安排年度专项资金预算；各区县财政、民政部门按照当地常住人口、城乡区域特点，结合开展综合防灾减灾工作客观需求，编制年度专项资金预算，并制定相关文件，加强对社区综合防灾减灾相关资金使用的规范管理。在社区综合防灾减灾预警及通信传播系统建设、社区应急避难场所的完善与规范、社区综合防灾减灾装备配备、应急救灾物资储备、基层灾害信息员的职业资质培训鉴定及应急队伍的建设等方面给予必要的经费支持和政策扶持。

　　在建设内容和标准规范方面，《北京市人民政府关于加强本市城乡社区综合防灾减灾工作的指导意见》明确了北京市级综合减灾示范社区建设的主要任务，即"建立社区综合防灾减灾工作领导协调机制、编制社区综合防灾减灾应急救助预案、开展社区灾害隐患排查评估和治理、加强社区综合防灾减灾队伍建设、加强灾害及突发事件的监测和信息报告、开展社区综合防灾减灾培训和应急演练、加强社区灾害应急避难场所建设、做好社区综合防灾减灾装备配备和应急救灾物资储备、强化社区综合防灾减灾知识宣传普及"。《北京市综合防灾减灾社区标准（试行）》则通过 3 个一级指标、17 个二级指标明确了市级综合减灾示范社区建设工作的具体标准（见表 7-4）。

表 7-4　北京市级综合减灾示范社区评价标准

| 一级指标 | 二级指标 | 评定标准 |
|---|---|---|
| 1. 组织管理 | 1.1　组织领导 | （1）社区成立综合防灾减灾工作领导小组，小组成员具体包括：社区基层党组织书记和社区主任、社区民警以及辖区内有关单位负责人等<br>（2）设立各种应急工作执行小组，包括治安交通小组（由社区民警和治安员组成）、医疗救护小组（由社区卫生部门有关人员组成）、宣传信息小组（由社区负责宣传工作的有关人员组成）、综合保障小组［由社区居（村）委会、辖区企事业单位和物业公司或管理企业的有关人员组成］、其他工作小组 |
| | 1.2　资金管理 | 社区制定政府拨款使用计划，通过预算、决算、社区募集资金年度审计表、专项投入资金年度审计表的形式，加强对社区综合防灾减灾建设专款的严格管理，规范使用 |
| | 1.3　制度建设 | 制定社区综合减灾规章制度，规范开展风险评估、隐患排查、灾害预警、预案编制、应急演练、灾情报送、宣传教育、人员培训、档案管理、绩效评估等工作 |
| | 1.4　志愿帮扶 | （1）制定志愿者组织工作制度，签订志愿服务协议等<br>（2）发展社区志愿者服务队伍，吸收一切能够自愿、义务、无偿地参与社区综合防灾减灾工作的社区人员 |
| 2. 应急准备 | 2.1　风险处置 | （1）社区灾害风险评估，包括季节性评估、应急性评估和日常性评估<br>（2）社区灾害风险排查（组织机构到位、排查事项完备、排查记录详尽）<br>（3）社区灾害风险隐患处置（自行处置、与专业部门有效联合处置及及时详尽上报信息） |
| | 2.2　预案制定 | （1）根据社区实际情况，制定综合防灾减灾应急救助预案<br>（2）明确社区综合防灾减灾工作领导协调小组和应急小组责任人、联系方式<br>（3）设立应急响应启动条件，针对社区弱势群体等制定先期处置应对救助措施<br>（4）确定社区灾害信息员，开展社区灾害风险隐患日常监测工作<br>（5）及时准确向社区居民发布灾害预警信息 |

续表

| 一级指标 | 二级指标 | 评定标准 |
|---|---|---|
| 2. 应急准备 | 2.3　预案内容 | (1) 有效的组织保障<br>(2) 科学的预警响应（专业部门发布预警后）<br>(3) 充分的物质保障<br>(4) 合理的专业分工 |
| | 2.4　预案评估 | (1) 自我评估与修正。每季度、每年度分别进行自我评估<br>(2) 专家评估。从不同专业角度对自评的综合防灾减灾应急救助预案进行评估<br>(3) 网络交流。通过互联网等媒体，加强与国内外社区的交流 |
| | 2.5　应急演练 | (1) 每年在"国际减灾日"、国家"防灾减灾日"积极开展综合防灾减灾应急救助预案演练等活动<br>(2) 将综合防灾减灾应急救助预案的制定与实际演练紧密结合 |
| | 2.6　宣传培训 | (1) 根据各自的特点及可能面临的灾害风险，有侧重点地进行防灾减灾方面的宣传教育与培训<br>(2) 设置综合防灾减灾知识专栏<br>(3) 充分利用广播、电视、电影、网络、手机短信和电子显示屏等多种途径，开展经常性的宣传教育<br>(4) 开展日常性的居民综合防灾减灾宣传教育<br>(5) 组织社区每个家庭，结合本社区综合防灾减灾建设实际，制定家庭灾害风险应对计划<br>(6) 定期组织社区管理人员参加综合防灾减灾培训 |
| 3. 设备设施 | 3.1　避险措施 | (1) 在明显位置设立方向指示牌、绘制社区综合避难图<br>(2) 配备必要的综合防灾减灾设备 |
| | 3.2　安置场所 | (1) 设置符合相关专业标准、设计规范并能够确保安全的应急疏散避险场所<br>(2) 要考虑到残疾人的特殊需求，开辟残疾人轮椅专用通道<br>(3) 配备男女专用房间（帐篷）、应急食品、水、电、通信、卫生间等生活基本设施<br>(4) 配备心理咨询室 |
| | 3.3　疏散转移 | 社区内应急疏散避险场所、关键路口、危险源等处应当设置醒目的安全应急标记 |
| | 3.4　资源共享 | 建立社区之间的联动机制 |
| | 3.5　避险示警 | 公布社区防灾减灾电子地图 |
| | 3.6　标注制作 | 政府机构等办公地的区域标注<br>社区应急疏散避险场所的区域标注<br>社区应急疏散避险场所的标注<br>疏散避险路线的绘制<br>风险源的标准 |
| | 3.7　物资储备 | (1) 救援工具（如水泵、铁锹、担架、灭火器等）<br>(2) 通信工具（如喇叭、对讲机等）、照明工具（如应急灯等）<br>(3) 应急药品和生活类物资（如棉衣被、食品、饮用水等）<br>(4) 居民家庭配有针对社区特点的减灾器材和救生工具（如逃生绳、收音机、手电筒、哨子、灭火器、常用药品）等 |

截至 2016 年底，北京市已累计建成 1000 个以上全国综合减灾示范社区和北京市级综合减灾示范社区。在综合减灾示范社区创建工作中，北京市民政局同时着力推进了几项防灾减灾重点项目：一是社区紧急广播系统。2012年，北京市设立专项资金推行市级综合防灾减灾社区紧急广播系统项目试点工作。该系统在社区发生自然灾害或其他突发事件时，可以通过广播将预警、疏导、救助等信息及时、有效传播到居民手中。平时该系统也可以用于开展防灾减灾知识宣传教育活动。二是创建社区防灾减灾电子地图。电子地图共有 9 类、50 项内容，包括社区室内外避险安置场所、居民疏散路线、风险源、社区人口情况、社区管辖区域、各社区防灾减灾机构组成、社区志愿者队伍以及各级政府和居（村）委会名称及办公地点等各类信息 7 万余条。电子地图既可用于市和区县两级应急部门和各专项指挥部在应急状态下进行指挥，也方便社区居民了解周边风险源及逃生路线等信息，在应对灾害等突发事件时可发挥重要作用。三是所有区县、街乡和社区配备灾害信息员。北京市民政局通过集中培训与"送教下乡"相结合、逐步推进"区县—街乡—社区"三级灾害信息员培训工作。实现了社区灾害信息员全覆盖。[①]

**2. 典型案例：北京市西城区综合减灾示范社区建设**

2008 年，北京市西城区政府就相应启动了综合减灾示范社区的建设工作。2014 年，北京市西城区政府与北京市签署《共建综合减灾示范区合作框架协议》，将"共建综合减灾示范区县"作为西城区品牌项目，获得了北京市民政局的政策和资金扶持。在综合减灾示范社区创建工作中，西城区政府坚持"政府主导、专业团队合作、社区运作、公众参与"的工作模式，使得西城区综合示范减灾工作取得明显成效。截至 2016 年底，北京市西城区政府已经创建"国家级综合减灾示范社区"31 个、"北京市级综合减灾示范社区"126个，创建覆盖率达到 60%。[②]

（1）政府主导。2014 年，西城区政府与北京市民政局签署了《共建综合减灾示范区合作框架协议》，成立了综合减灾示范区创建工作领导小组，制定了创建实施方案，明确由西城区民政局作为承接单位牵头负责推动综合减灾示范建设，统筹全区减灾资源，全面推动西城区综合减灾事业可持续发展。同年，北京市西城区民政局社会福利科与民政部国家减灾中心政策研究部合作编制出台了《北京市西城区综合减灾示范街道标准》（试行版），成为全国第一个街道级综合减灾示范标准，为综合减灾示范街道创建提供遵循依据。

---

① 李红兵. 创新社会管理，切实加强社区综合减灾能力建设[J]. 中国减灾，2014（3）：20-21.

② 北京民政局. 北京市西城区持续推进减灾工作标准化建设[EB/OL]. http：//www. jianzai. gov. cn/DRpublish/jzdt/0000000000021292. html.

内容包括两条基本要求和组织管理、灾害风险评估、应急预案、减灾设施和装备、防灾减灾志愿者队伍、宣传教育培训、社会多元主体参与、创建特色8项基本要素25条具体要求，同时制定出了相应的"标准打分表"。[①]

（2）专业团队合作。西城区民政局在综合减灾示范社区建设中的政策与标准制定、灾害风险管理队伍与紧急救援队伍建设、市民防灾减灾宣传教育上，充分发挥专家优势资源。在综合减灾示范街道标准创制中，西城区民政局邀请了民政部国家减灾中心、北京市师范大学作为技术支持方参与标准制定工作；邀请民政部政策研究中心、中国地震局地球物理研究所、北京师范大学减灾与应急管理研究院、中国水利水电科学研究院、中国农业大学、中国气象局及北京市减灾协会等专家展开了综合减灾示范街道创建研讨会。在灾害风险管理队伍建设上，邀请联合国开发计划署（UNDP）、亚洲备灾中心（ADPC）专家进入什刹海、白纸坊街道社区，开展社区灾害风险管理培训。在紧急救援队伍建设上，与北京市紧急救援基金会合作，充分利用基金会的师资力量开展了基层防灾减灾救援技能的培训。在宣传教育上，西城区民政局运用专家资源成立西城区综合减灾智库，借助中关村减灾科技联盟资源，引进科技公司企业，开展了多种形式的防灾减灾宣传教育活动。[②]

（3）社区运作。西城区政府要求各街道和社区均成立区综合减灾工作领导小组、建立综合减灾工作机制、组织召开街道层级和社区层级的领导小组会商，加强街道层级和社区层级灾害风险评估与隐患治理、科学区分应急避险点和应急避险场所、合理设置避险点和应急避难场所辐射范围、加强防灾减灾志愿者队伍建设与统一调度管理等。

（4）社会多元主体参与。西城区政府特别注重社区多元主体参与实施本社区的风险管理，体现在多个方面。在建立基层救援队伍方面，西城区政府组织社区灾害管理人员、一线城管执法人员、社区居民、辖区学校、物业公司等企事业单位员工报名参与，初步建立了以居民群众为主体的基层救援队伍。在宣传教育上，通过对居民的调查问卷，了解居民需求，再针对性地组织专家开展综合减灾培训宣传。在社区防灾减灾电子地图绘制中，由社区居民绘制包含本社区基本信息、政府机构所在、风险源、疏散逃生路线、疏散场所等信息在内的地图，同时根据居民绘制的地图，试点实地标识应急疏散场所及疏散路线。

---

① 王东明. 基于调查研究的政策创制过程——以《北京市西城区综合减灾示范街道标准》为例[J]. 中国减灾，2014（12）：54-55.

② 林燕. 社区灾害治理的新尝试——北京市西城区"参与式"社区减灾工作观察[J]. 中国民政，2015（8）：58-60.

## （二）北京市"安全社区"建设实践

### 1. 总体情况

北京市安全社区创建工作启动于2004年,当时由北京市民政局负责此项工作。朝阳区望京、亚运村、麦子店、建外四个街道率先启动安全社区创建工作。2006年,北京市社区建设和城市管理体制改革领导小组办公室下发《关于扩大安全社区创建范围的意见》,决定扩大北京市安全社区创建试点范围。截至2016年底,北京市已建成24家国际安全社区、39家全国安全社区(见图7-13和图7-14)。

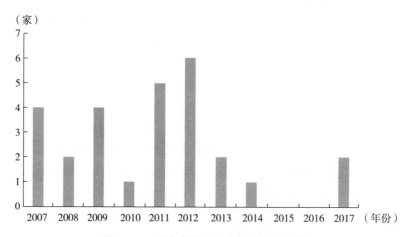

图7-13　北京市国际安全社区年度数量

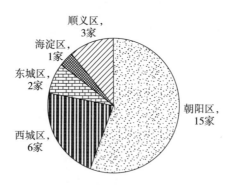

图7-14　北京市国际安全社区城区分布

但北京市安全社区建设存在各区县之间安全社区的建设数目与建设开展时间上有较大的差距。以北京市中心六大主要城区为例,朝阳区作为最典型市区,建设时间早,且已经建成全国安全社区35个、国际安全社区24个。

但海淀区、石景山区和丰台区的建设情况相对弱势，上述三个市区的安全社区建设数量均不超过 10 个，国际安全社区的数量则更少或没有。

2009 年，北京市根据《国家安全监管总局关于深入开展安全社区建设工作的指导意见》，将安全社区创建工作从北京市民政局负责转为北京市安全监管局牵头，并委托北京市安全生产协会具体负责。责任改为由北京市安全监管局牵头。2010 年，北京市安全监管局会同市教委、市民政局、市卫生计生委、市社会办、市公安局消防局、市公安局交通管理局七部门成立了北京市安全社区建设促进委员会，并联合下发了《关于开展安全社区建设工作的实施意见》。同时，明确北京市安全生产宣传教育中心为促进委员会办公室，并制定印发了《市级安全社区基本条件（试行）》《市级安全社区评定管理办法（试行）》，启动了北京市市级安全社区的建设工作。在北京市政府和北京市安监局的影响下，北京市各区县也逐步开展了安全社区的建设，以社区居民委员会和街道办开展相关工作。

2015 年，为持续深入开展北京市安全社区建设工作。北京市城管委、市质监局新增为北京市安全社区建设促进委员会成员单位，同时修订了《北京市市级安全社区管理办法》及《北京市市级安全社区评定标准》（京安监发〔2016〕99 号），起草了《北京市安全社区建设五年规划》（京安发〔2016〕9 号），并明确"北京市安全文化促进会"为促委会办公室成员单位，并作为全国安全社区北京支持中心，具体负责北京市安全社区建设的申请、指导和证后管理工作，进一步强化北京市安全社区建设工作的运行机制。

新修订的《北京市市级安全社区评定标准》规定了申请评定北京市市级全社区的前提条件：第一，持续开展安全社区建设工作两年以上。第二，有效预防、减少事故和伤害的发生，生产安全、交通安全、消防安全、社会治安事故连续两年控制在当地政府下达的考核指标内；其他各类事故和伤害得到有效控制，且低于本市平均水平。第三，在建设过程中未发生较大（含）以上生产安全责任事故。第四，建设单位将安全社区工作列入"领导班子工程"，由街镇党政一把手担任安全社区建设机构组长。

该标准共有 10 项一级指标、48 项二级指标，采取打分制（见表 7-5）。各指标总分 100 分，最小评分单元为 0.5 分。每项二级指标评分标准共分为：有无此项内容、有无证据、有无效果三部分。对 48 项二级指标相关内容有创新且效果显著的，可加 1 分，但加分总分值不得超过 10 分。在对各项指标对照查验基础上，社区获得总分 80 分（含 80 分）及以上，且各二级指标均不为 0 分的，授予北京市安全社区称号；社区获得总分 70 分（含 70 分）及以上，且各二级指标均不为 0 分的，可申请在要求的时间内整改而延续该次评定；社区获得总分低于 70 分，或某二级指标为 0 分的，则不予通过。

表7-5 《北京市市级安全社区评定标准》（2016年修订）

| 一级指标 | 二级指标 | 现场评定方法 | 分值 |
|---|---|---|---|
| **1. 机构与职责**<br>**（10分）** | （1）建立了跨界合作的安全社区创建工作领导机构，成员涵盖辖区内相关部门、社会组织、企事业单位及其负责人、人大代表及居民代表，负责组织、部署、协调安全社区建设和绩效评审工作 | 查阅资料<br>人员访谈 | 2分 |
| | （2）设立安全社区建设办公室，明确一定数量的具体工作人员。制定长期和年度安全社区工作目标和工作计划建议，定期发布工作信息、定期研究各阶段性推进情况及开展绩效评估等工作。评估考评应形成书面工作报告 | 查阅资料<br>人员访谈 | 2分 |
| | （3）成立符合辖区实际情况的若干个安全促进工作组，成员包括社区相关职能部门和社会单位管理人员、专业技术人员、社会组织代表、志愿者及辖区居民代表等，负责组织实施安全促进项目 | 查阅资料<br>人员访谈<br>现场查看 | 2分 |
| | （4）建立安全社区创建跨界组织机构工作机制，明确各自职责分工，特别是办公室和各工作组有序开展指导工作 | 查阅资料<br>人员访谈 | 2分 |
| | （5）有必要的、各渠道的资金投入，解决地区实际问题，保障安全社区建设顺利进行 | 人员访谈<br>查阅资料<br>现场抽查 | 2分 |
| **2. 信息沟通与**<br>**全员参与**<br>**（8分）** | （6）积极组织和广泛参与安全社区建设有关的各类交流活动 | 现场抽查 | 2分 |
| | （7）建立了相关安全信息收集、沟通、传递和反馈渠道，保持辖区内纵向各层级和横向各部门以及安全社区网络的沟通积极、顺畅 | 查阅资料<br>现场抽查 | 2分 |
| | （8）组织辖区成员以不同形式广泛参与各类安全主题或专题的促进活动。有持续参与辖区安全促进工作的志愿者和社会组织，充分发挥其作用且活动有效 | 查阅资料<br>人员访谈 | 2分 |
| | （9）建立健全辖区成员报告危险、意见和建议以及反映安全需求信息的渠道并保持畅通；对居民反映的安全诉求和需求进行收集、处置和反馈 | 人员访谈<br>现场抽查 | 2分 |
| **3. 社区安全诊断**<br>**（10分）** | （10）选择并运用实地走访观察、隐患排查、安全检查表、社区调查、伤害监测、专家咨询、居民代表座谈等方法，对辖区各领域开展风险辨识和安全诊断，安全诊断覆盖整个辖区，并形成数据真实、细致完整、研判准确、结论明确的分析报告 | 查阅资料<br>人员访谈 | 2分 |
| | （11）依据分析报告，制定了覆盖不同人群、环境和设施的，并能够长期、持续、有效进行的事故与伤害预防和风险控制计划，尤其是针对重点人群、重点场所、重点问题的安全促进目标和计划 | 查阅资料<br>人员访谈<br>现场查看 | 2分 |

续表

| 一级指标 | 二级指标 | 现场评定方法 | 分值 |
|---|---|---|---|
| 3. 社区安全诊断（10分） | （12）建立事故与伤害记录机制，尤其是生产安全、交通安全、消防安全、社会治安等方面明确了事故伤害收集渠道、信息内容，规范了记录的种类、格式和填写要求，定期收集分析事故伤害相关数据；事故与伤害资料数据真实，能够反映其发生的频次和原因 | 查阅资料现场查看 | 2分 |
| | （13）制定专门工作组或专人负责各类伤害记录的收集、整理与分析并将结果能够反馈给安全社区建设领导机构和相关工作机构，结果应用于绩效分析、预防与纠正措施及策划安全促进项目等方面 | 查阅资料人员访谈 | 2分 |
| | （14）建立了辖区内各类生产经营和商贸、服务性单位的安全专项台账，及时掌握其安全动态 | 查阅资料人员访谈 | 2分 |
| 4. 安全基础管理（12分） | （15）建立了安全管理队伍，健全了覆盖辖区内所有社区的安全管理网络，安全生产基础扎实，机构健全、机制顺畅，实现社区安全管理全覆盖 | 查阅资料人员访谈 | 1分 |
| | （16）安全生产方面：辖区配备了安全生产专职安全员队伍，并专职专用；辖区生产经营单位均配备了专职或兼职的安全生产管理人员，设置了安全生产专项经费；开展了安全生产教育培训活动；从业人员能掌握安全操作技能和事故应急处置措施；特种作业人员100%持证上岗；三同时制度执行率100%；根据岗位工种配备劳动保护用品及佩戴率90%以上；12350安全生产举报投诉电话宣传普及率达到60%以上；城市运行维护保养及人员密集场所生产经营单位普遍投保安责险；作业场所职业病危害因素检测合格率及职业病接触者健康体验率达到95%以上 | 查阅资料现场抽查 | 3分 |
| | （17）消防安全方面：主要场所消防器材的合格率达到100%；消防培训覆盖70%以上的餐饮、娱乐等九小场所；居民四个能力建设知晓率普遍提升；辖区内无消防重大隐患，小区消防通道、居民楼道畅通，社区排查每季度不少于1次；公共消防设施有明确的机构或人员维护；辖区人员密集场所整体消防安全状况良好 | 查阅资料现场抽查 | 2分 |
| | （18）社会治安方面：当地派出所对辖区的治安警情通报率达到100%；社区民警配备率达到100%；80%流动人口签订安全风险告知与承诺书；50%以上的社区建设有覆盖面大于80%的视频监控系统；有按照居民总数3‰以上比例建立的辖区治安志愿者队伍；入室盗窃、抢劫等可防性案件逐年减少 | 查阅资料现场抽查 | 2分 |

续表

| 一级指标 | 二级指标 | 现场评定方法 | 分值 |
|---|---|---|---|
| 4. 安全基础管理（12分） | （19）交通安全方面：积极组织开展交通"五进"活动；辖区内交通安全管控无明显盲点，所有易发事故的重点路段、区域设有技术监控或人员管理，设置隔离、警示标志等硬件设施；社区安装路灯路段大于80%；50%的社区停车合理规划，秩序良好 | 查阅资料现场抽查 | 2分 |
| | （20）燃气安全：辖区无较大以上燃气管线占压隐患，对于已发现的占压隐患应经明确整改责任、整改方案和整改时限。非居民使用液化气用户应与合规的燃气供应企业签订供用气合同，并备案。居民用户燃气安全知识知晓率90%以上。认真完成燃气巡检入户任务，常见易改隐患整改率达到90%以上。无居民使用直排式热水器，无地下室或高层建筑使用液化石油气瓶情况。辖区内无重大燃气安全隐患，无燃气爆炸伤亡事故 | 查阅资料现场抽查 | 2分 |
| 5. 安全促进项目（18分） | （21）依据事故与伤害预防、控制目标和安全促进计划、策划并确定安全促进项目，有实施方案和具体措施，项目结构完整，有较好的系统性和针对性。申报单位成立的安全促进项目组数量不应少于7个 | 查阅资料现场查看 | 3分 |
| | （22）安全促进项目覆盖了安全生产（工作场所）、消防安全、交通安全、社会治安、居家安全等主要方面。安全生产促进项目应关注从业人员的生产安全、职业安全与职业健康 | 查阅资料现场查看 | 3分 |
| | （23）安全促进项目覆盖辖区内社区、企业及相关单位的目标人群不少于60%，重点场所、重点人群全覆盖 | 查阅资料现场抽查 | 3分 |
| | （24）每个促进项目组应有明确责任人员，并能够履行职责，发挥作用，组织实施各个安全促进项目 | 人员访谈现场查看 | 3分 |
| | （25）能够体现社会组织、志愿者和辖区单位的参与情况，证明已多渠道整合了各类资源积极参与 | 查阅资料现场抽查 | 3分 |
| | （26）安全促进项目有明显的工作过程，工作效果能够提供相应的对比数据或客观证据加以证明，并用于持续改进 | 人员访谈现场抽查 | 3分 |

续表

| 一级指标 | 二级指标 | 现场评定方法 | 分值 |
|---|---|---|---|
| 6. 安全教育与培训（10 分） | （27）多方位、多渠道吸纳和整合辖区内安全宣传教育设施和资源，应建有 100 平方米以上的安全宣教基地，基地内应设置安全模拟或实操设备设施，每月至少对辖区内居民、企业或社会开放 1 次，用于开展安全教育，有便于社会公众或居民预约服务的联络方式 | 查阅资料现场抽查 | 3 分 |
| | （28）采取多种形式组织实施安全培训教育工作，利用辖区内电子显示屏、社区电视、网络、刊物、图书场馆、安全专栏等开展安全教育，培训教育要重点覆盖高风险环境、高风险人群、脆弱群体 | 查阅资料人员访谈 | 2 分 |
| | （29）社区应设有一个面积不低于 4 平方米的安全生产知识宣传专栏，专栏应有专人负责管理，结合辖区特点，每月至少更换 1 次内容 | 查阅资料现场抽查 | 2 分 |
| | （30）辖区所有生产经营单位主要负责人和安全生产管理人员均接受初次不少于 32 学时的安全培训，每年再培训不少于 12 学时。新入职人员，岗前安全培训不少于 24 学时；辖区内高危性行业主要负责人和安全生产管理人员初次培训时间不少于 48 学时，每年再培训不少于 16 学时。新入职人员不少于 72 学时，并每年再培训不少于 20 学时 | 查阅资料现场抽查 | 2 分 |
| | （31）辖区内学校、幼儿园及相关培训机构每季度至少开展 1 次主题或专题安全教育或安全实践课程，有工作安排或教案等 | 查阅资料现场抽查 | 1 分 |
| 7. 应急准备与处置（10 分） | （32）建立应急管理机构，建立与辖区突发事件风险相对应的专兼职、互防互助队伍或指定专兼职应急救援人员，并定期开展训练，能够保证快速、有效地进行应急救援处置 | 查阅资料现场抽查 | 2 分 |
| | （33）针对辖区自然灾害、事故灾难、公共卫生和社会安全等突发事件制定不同层次、具有可操作性的预警机制、应急预案或应急处置措施。预警提示应覆盖整个辖区 | 查阅资料现场抽查 | 2 分 |
| | （34）按标准、要求或预案规定配备了相应的应急物资及装备，建立使用状况档案，定期检测和维护，使其处于良好状态 | 现场抽查 | 2 分 |
| | （35）辖区生产经营单位有应急预案演练计划，每年至少组织一次综合应急预案演练或者专项应急预案演练，每半年至少组织一次现场处置方案演练 | 查阅资料 | 2 分 |
| | （36）辖区采取多种形式开展有针对性的应急知识宣传、应急技能培训和必要的应急演练，演练要有详细的、可操作性强的实施方案。辖区 50% 以上人群具有基本的自救互救知识和应急避险能力 | 查阅资料现场抽查 | 2 分 |

续表

| 一级指标 | 二级指标 | 现场评定方法 | 分值 |
|---|---|---|---|
| 8. 监测监督与预防纠正（8分） | （37）辖区应当建立健全安全管理网格，明确专人负责社区日常安全管理工作，社区安全员认真履职，有较好的工作技能 | 查阅资料现场抽查 | 2分 |
| | （38）辖区内按照国家和本市要求开展标准化达标创建工作，生产经营单位达标率不低于年度工作计划，且达标率逐年提高 | 查阅资料现场抽查 | 2分 |
| | （39）能够有专人对辖区内市政设施定期进行巡查，并有记录 | 现场抽查 | 1分 |
| | （40）每年至少开展一次覆盖辖区所有生产经营单位的安全生产及相关安全检查行动。特别是要对小微企业的关键岗位、要害部位进行检查 | 查阅资料人员访谈现场查看 | 2分 |
| | （41）辖区内电梯年检率100%，生产经营单位、社区、物业公司应指定有资质的单位对电梯进行维护保养 | 查阅资料现场抽查 | 1分 |
| 9. 安全社区档案（6分） | （42）建立了全面的、翔实的安全社区建设工作档案。制定了安全社区建设档案的管理办法，明确档案的使用、发放、保存和处置要求 | 查阅资料现场抽查 | 2分 |
| | （43）建立翔实的辖区生产经营单位基础档案及包括日常安全检查情况在内的监管档案 | 查阅资料 | 2分 |
| | （44）安全社区档案的保存、管理符合辖区实际情况，满足各单位和部门工作需要 | 查阅资料现场抽查 | 2分 |
| 10. 评审与持续改进（8分） | （45）有评审的制度与方法，包括建设目标、年度工作计划、促进项目与工作措施、效果对比等方面。明确了评审的牵头部门、实施部门、专家等参与人员、评审形式和内容、工作绩效考核方法等 | 查阅资料人员访谈 | 2分 |
| | （46）每年自行组织不少于一次的安全社区建设整体工作的评审，对开展的安全促进项目进行了计划、过程和效果评审，评审要有会议纪要等证据类文件，不能以工作总结代替评审 | 查阅资料人员访谈 | 2分 |
| | （47）评审结果以解决的实际问题和数据等定量内容为主，能够反映安全社区建设工作的实际效果并用于指导持续改进工作 | 查阅资料人员访谈 | 2分 |
| | （48）根据随机抽查结果，大多数成员对辖区总体安全状况和实施的重点安全促进项目表示满意 | 查阅资料人员访谈 | 2分 |

截至 2016 年底，北京市共创建 72 家市级安全社区（见图 7-15 和图 7-16），此外还有 55 个地区正在积极创建安全社区，覆盖东城、西城、朝阳、海淀、丰台、石景山、门头沟、房山、通州、顺义、大兴、昌平、平谷、怀柔、密云、延庆共 16 个区。

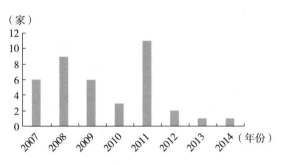

**图 7-15　北京市全国安全社区年度数量**

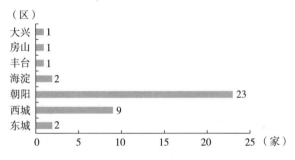

**图 7-16　北京市全国安全社区各主要城区数量**

## 2. 典型案例：北京市朝阳区望京街道安全社区建设

朝阳区的安全社区实践开始于 2004 年，是全国范围内开始时间最早的城市社区。2007 年，朝阳区望京街道入选了第一批"全国安全社区"，同时被世界卫生组织评为"国际安全社区"，并于 2008 年 4 月被国家减灾委和民政部评选为第一批"综合减灾示范社区"。在安全社区创建的推进工作上，望京社区形成了资源整合、全员参与、持续改进的"三位一体"的推进体系。

望京街道办事处正式成立于 2000 年 6 月 28 日，由花家地、南湖渠、望京三大居住区组成。位于朝阳区东北部，周边与朝阳区酒仙桥、东湖、将台、崔各庄、大屯、太阳宫六个街道（地区）接壤。面积为 10.36 平方千米，人口约 26 万人，下辖 22 个社区。2004 年 10 月望京街道作为朝阳区的试点街道，正式启动了"安全社区"的创建工作。在"建设亚洲一流宜居区"的总体发展目标基础上，该社区又陆续设立了：改善交通、建设社区环境、创建安全社区、创建学习型社区、发展文化艺术体育事业、建设健康保障和促进体系共六个具体目标。最终于 2007 年入选了第一批"全国安全社区",同时被世界卫生组织评为"国际安全社区"。并于 2008 年 4 月被国家减灾委和民政部评选为第一批"综合减灾示范社区"。

在安全社区创建的推进工作上,望京社区形成了资源整合、全员参与、持续改进的三位一体的推进体系。

资源整合主要体现在组织架构的更新和管理网络的完善上:安全社区推进委员会、安全健康促进中心、应急指挥宣传教育中心相继建立。安全推进委员会设立 10 个工作小组,分别负责安全教育推广、社会稳定、消防安全、居家安全、健康促进、安全生产、环境安全、交通安全、考核评估、安全信息交流工作,并相继制定与完善了《会议制度》《项目评估制度》《监察检查制度》《信息沟通制度》《培训教育制度》共 5 项制度。健康安全促进中心下设了 3 个功能分区、22 个安全健康促进工作室,开展了居家安全、老年人安全、儿童安全、交通安全、公共场所安全、工地安全、工作场所安全、食品卫生安全等 32 类安全知识培训。应急指挥宣传教育中心则整合了地区派出所、综治办等地区维稳人力资源;人口综合信息、社会单位综合数据库等地区科技资源,以及地区安防监控管理设施资源等多方面资源最终建成了平时用于宣传和演练危机事件发生时用于指挥的平台。该中心制定的《公共突发事件应急预案》包括了《人防工程事故灾难应急处置预案》《应急避难场所疏散预案》等 30 多种应急分预案。

全员参与的推进环节中,除了健全与完善多方协调机制、诉求沟通机制、信息反馈机制、人民调解工作机制、关爱扶助工作机制和文化促进机制共六项机制之外,还推动了针对不同类型人群的多种活动,如关注老年人健康安全、关注低收入群体的生活和健康、为参加人提供康复服务、保障弱势群体出行安全、积极服务外来务工人员等,并积极引导社区群众参与到如艾滋病防治宣传教育、消防安全进社区、爱国卫生运动等有关安全社区创建的各项活动之中。持续改进则主要表现在监督和评估两个方面。在监督上,建立责任督查机制:成立检查小组,对重点项目进行抽查;建立效能监察机制:对工作小组的情况进行全程监察和量化评估考核;建立社会监测管理体系,不断完善各类伤害记录制度:建立了日通报、周汇总、月分析和重大情况通报制度,实现了对治安伤害、公共场所伤害、卫生健康和交通伤害的监测。与此同时,强化评估则体现在星级化管理活动和争优创新活动的各类评分标准上。制定了爱国卫生星级评定内容及其评分标准、绿化星级评定内容及评分标准、"门前三包"责任单位星级评定内容与评分标准、社区文化争优创先活动评定内容及评分标准、安全社区与社区服务争优创先活动评定内容与评分标准、物业管理争优创先活动评比内容以及党建争优创先活动评分表等多种评估标准和评价指标。

望京安全社区所创建的包括幼儿园安全项目、学校安全项目、健康促进项目、消防安全项目、居家安全项目、餐饮业安全项目、工地安全项目、交通安全项目共八项具体项目在内的项目管理体系也是较为成功的经验。在八项具体项目的管理中，主要包括：建设跨部门合作机构、确立各类伤害预防计划、制定安全重点促进项目、完善伤害记录、效果评价与持续改进机制等几类措施。每个项目的具体实施都有针对项目或者项目人群的详细规范和具体操作以及明确的评价标准与方法。除此以外，幼儿园安全项目还主要通过课堂互动游戏、安全设备促进项目以及特色安全教育活动等让儿童融入具体情境中增强体验增加经验。学校安全项目额外增加了学生的评价反馈机制，有详细的伤害事件记录表和学校安全评估细目表等。安全促进项目更加注重参与机制，用以普及生活健康和意外伤害预防知识，实行中心集中培训和社区分散辅导的双向互动培训。

### （三）北京市地震安全示范社区建设实践

#### 1. 总体情况

在中央层面推进全国地震安全示范社区建设之初，北京市相关部门就积极部署各区县参与国家级地震安全示范社区建设工作，并同步启动北京市级地震安全社区建设工作。

2008年10月，北京市地震局向北京市科委申请"首都地震安全示范社区建设项目"获得通过，项目具体由北京市地震局、昌平区地震局、西城区地震局和中国地震局搜救中心等共同完成。该项目联合建设部门、高校的专家研究制定了对《首都地震安全示范社区老旧建筑物地震安全性能评估指南》，首次提出了"破坏可修烈度"的概念，为社区既有建筑物地震安全性能评估探索了又一可行方法，并从"房屋结实、群众明白、组织到位"三方面提炼出了地震安全社区建设的主要指标，对北京市全面开展地震安全社区建设发挥了良好的示范带动和技术指导作用。

2012年，北京市地震局制定《北京市地震安全社区建设基本要求》，结合2012年开展的北京市安全社区评选工作，北京市地震局会同有关专家组，对北京市所有参评社区展开调研，从七个方面进行北京市地震安全社区的核定评审工作：①是否建有社区委员会等机构，且该机构能够牵头组织震害预防工作的开展；②是否编制有社区预案；③是否有登记在册的社区地震志愿者；④是否定期开展科普宣传活动；⑤是否定期组织震害预防演练；⑥是否定期排查社区内的震害隐患；⑦是否有指定的疏散安置避难场所供居民使用。

随后,北京市进一步完善并简化了北京市地震安全示范社区的评审工作(见图7-17)。所有示范社区的评审采取申报—认定制,由社区组织相关材料,报送北京市地震局,市地震局受理后,对材料进行审查,在30个工作日内做出决定,并对结果予以通报(见图7-18)。要求准备的材料包括:

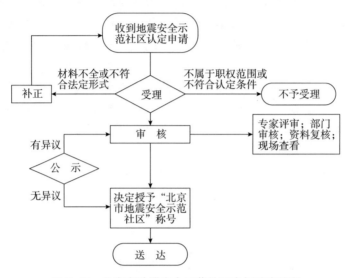

**图7-17 北京市地震安全示范社区申报认定流程**

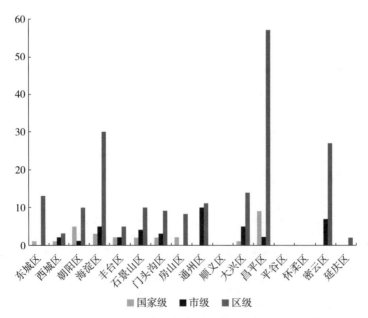

**图7-18 地震安全示范社区数量**

（1）本社区的介绍材料（包括社区基本情况，地震安全社区创建工作方案及开展情况说明，社区防震减灾领导机构、志愿者队伍名单，社区居民情况汇总表，应急物资储备清单、安全社区管理制度等）。

（2）本社区建筑抗震设防要求的标准（每栋楼填报一张建筑情况汇总表，包括居民人数、面积、高度、层数、建设年代、结构、设防情况，抗震性能鉴定和加固情况，可能存在的安全隐患等）和设防标准证明材料。

（3）社区应急预案、应急避险场所相关材料（包括预案制定及演练、预案修订情况，应急场所基本介绍、分布图、应急避难场所的日常管理规定、启用预案）。

（4）开展防震减灾宣传活动情况（包括防震减灾宣传培训相关材料、防灾应急演练材料、防震减灾宣传品制作、购买和发放清单）。

（5）北京市地震安全社区申请表。

（6）能证明已被认定为区县级地震安全社区的文件、证书、图片等相关材料。

（7）与地震安全社区创建活动有关的图书、报刊、手册、照片、图片、视频材料及其他材料。

截至 2016 年底，北京市共创建 21 个国家级、74 个市级、144 个区级地震安全示范社区，6 处国家级、10 处市级、46 处区级防震减灾科普基地和 35 所市级、54 所区级防震减灾科普示范学校，建成地震与建筑科学教育馆。与此同时，相关部门制作了数批有针对性的防震减灾科普宣传材料，为北京每名中小学生免费发放了地震科普课外读本。广泛开展"5·12防灾减灾日""7·28唐山地震纪念日"等系列宣导活动，大力推进防震减灾知识进学校、进社区、进机关、进企业、进农村、进家庭。北京市公众防震减灾宣传教育受众率达到 75%，防震减灾意识显著增强，防灾避险技能显著提升。[①]

**2. 典型案例：北京市海淀区地震安全示范社区建设**

海淀区地震局于 2011 年初启动地震安全示范社区建设，并结合国家和北京市地震安全示范社区的建设标准，启动区级地震安全示范社区建设。截至2016 年底，海淀区共建设 4 个国家级地震安全示范社区，10 个北京市级地震安全示范社区，37 个区级地震安全示范社区。海淀区在建设地震安全示范社区过程中，积累了较为优秀的经验。

一是结合本区域特点，深入调查研究，为地震安全示范社区创建提供基本遵循和指南。2012 年，海淀区地震局制定了《海淀区地震安全示范社区工

---

① 北京市"十三五"时期防震减灾规划［Z］. http://zhengwu.beijing.gov.cn/gh/dt/t1439007.htm.

作方案》和《海淀区地震安全示范社区评定标准》。该标准从组织机制完善、宣传教育经常、物资器材充分、志愿者队伍结构合理、具备为防震减灾提供可靠的服务保障能力共 5 个方面、31 个具体事项对社区地震防灾减灾能力建设给予评定。从 2016 年，海淀区地震局对全区 30 个已建成的和 7 个在建的地震安全社区进行了集中调研，采取召开座谈会、问卷调查、走访交流等形式，摸清社区创建基本状况、基本需求等底数，找准社区创建工作薄弱环节和亟须解决的问题，开展精准指导和帮扶创建。通过调研和总结，梳理编写了《海淀区地震安全社区建设指南》，为创建工作提供了基本遵循和依据。

二是做好防震减灾宣传教育。每年"5·12"防灾减灾日、"7·28"唐山地震纪念日期间，海淀区地震局深入社区紧紧围绕"减轻社区灾害风险，提升基层减灾能力"主题，采取张贴科普宣传挂图、发放宣传材料和宣传品、科普讲座、文艺演出、观看宣传片等形式，开展点多、受众广、形式多样的"宣传周"活动，扩大防震减灾宣传影响力和覆盖面，提高社区居民的防震减灾意识和技能。同时，构建防震减灾"互联网+宣传"新模式，积极推进微信、短信、QQ 科普进社区活动，开展短平快宣传，采取发布防震减灾知识技能相关文字、图片、视频等内容，使广大居民群众能够不受时间、空间限制，随时随地受到教育、获取技能。

三是常态化开展演练培训，不断提高社区地震应急准备质量和效益。海淀区地震局把地震应急演练作为提高社区应急综合能力的根本途径和最高形式，先后组织了社区居民疏散安置、自救互救、家庭避震等应急演练活动，使社区居民明确了"地震来了怎么办"的系列问题。把地震应急救援队伍建设作为地震应急准备的重要内容，每年分期分批组织相关社区地震应急救援志愿者到专业培训基地进行为期 2~4 天的专业培训，逐步将防震减灾服务从"送服务"变为"种服务"。

### (四) 北京市气象灾害安全示范社区建设实践

#### 1. 总体情况

2012 年 7 月 21 日，北京及其周边地区遭遇 61 年来最强暴雨及洪涝灾害，给北京市民生命财产造成巨大损失。灾害中，北京市政府气象预警信息没有被市民及时接收和准确理解，暴露出北京市政府在气象防灾减灾工作中的薄弱环节。2013 年，北京市气象局联合北京市民政局等相关单位，启动城市气象安全社区创建工作，提升基层对气象灾害的应急处置能力和居民的气象防灾减灾意识。北京市坚持"政府主导、部门联动、社会参与"推进气象安全社区建设的工作机制，取得显著成效。

（1）政府主导。北京市政府先后制定了多项有关推进北京市气象防灾减灾工作的相关制度，如《北京市人民政府关于进一步加强气象灾害监测预警和突发事件预警信息发布有关工作的意见》（京政发〔2012〕9号）、《北京市人民政府关于进一步推进首都气象事业发展率先实现气象现代化的意见》（京政发〔2013〕2号），并按照中国气象局气象安全社区建设标准，制定了《北京市气象安全社区认证实施工作指导意见》。北京市气象安全社区认定工作具体由北京市气象局负责，其具体职责包括认证具体标准、认证程序、实施方案的制定等。具体流程包括申报、评审和认证三个环节。社区提出申报后，由市气象局专家组通过现场查访、对上报材料审核等进行评审，评审依据为"八有"标准，即有组织领导、有人员配备、有工作场所、有接收传播设备或机制、有应急处置措施、有科普宣传、有应急物资和有工作档案。在北京市气象局总体工作部署下，北京市各区和各街道办事处也陆续成立气象防灾减灾领导小组，负责组织辖区内各社区做好气象安全社区建设、气象安全社区认证及相关工作。其中，街道气象防灾减灾领导小组成员一般包含主管领导、气象协理员和气象信息员。

（2）部门联动。北京市气象局开展的气象安全社区建设工作，特别注重与各部门之间的联动配合。市气象局联合民政局、安监局等推动气象安全社区认证工作。联合市网格办，在市、区级平台实现对接，将气象灾害防御和城市运行与社会管理结合起来。如一些区县实景监测探头区气象台，切实提高了气象信息监控与应急能力。同时，将气象信息员工作职责纳入北京市15.6万名网格员工作中，实行一岗双责。极端天气下，网格员会加强对社区的巡逻，将社区第一手情况及时反映到城市管理平台。网格员和气象局的双向交流机制，使得气象工作有的放矢。

（3）社会参与。在气象安全社区的气象信息传播软硬件设备建设上，市气象局充分利用社会资源，推进气象信息广覆盖。与移动、联通、电信合作建立强天气预报提示及预警信息手机短信全网发布绿色通道等；多渠道、立体发布预警信息，基本形成可覆盖全市的气象灾害预警信息发布网络。

截至2016年底，北京市已建立1963个气象安全社区，全市社区覆盖率达85%。气象安全社区通过及时向社区居民发布暴雨、高温、台风、雷电、冰雹、大风等气象灾害预警信息，以及相关防御知识，解决气象防灾减灾"最后一公里"的问题。

**2. 典型案例：朝阳区气象安全社区建设实践**

朝阳区是北京市城市气象防灾减灾体系建设专项实施区县之一。近些年，朝阳区高度重视气象防灾减灾工作，在国家和北京市一系列制度文件基础上，朝阳区政府结合区域特点，制定了《朝阳区气象灾害防御规划》（2011~2020

年）和《朝阳区气象灾害应急保障预案》，并且制定了区级的气象安全社区认证指标（见表7-6），不断完善指导区域气象工作的气象灾害防御制度，使得气象防灾减灾工作得以扎实推进。

表7-6　朝阳区气象安全社区认证指标

| 级别 | 类别 | 项目 | 标准分 | 内容及评分原则 |
|------|------|------|--------|----------------|
| 一级指标 | 组织领导 | 负责人 | 20 | 有分管气象灾害防御工作的领导，负责组织和协调气象灾害防御工作 |
| | 组织建设 | 场所 | 5 | 依托现有办公场所，确定固定场所开展气象灾害防御工作 |
| | | 服务设施 | 5 | 工作场所应配置能实时接收气象灾害监测信息、气象预警信息的设备，如电脑、手机或显示屏等 |
| 二级指标 | 人员配备 | 工作人员 | 5 | 社区有一名或一名以上兼任气象信息员 |
| | | 志愿者队伍 | 5 | 依托社区灾害信息员、社区治安队伍、社区消防队伍、社区志愿者队伍人员、网格员，发展气象志愿者队伍，协助开展气象灾害应急处置 |
| | | 信息收集 | 5 | 及时收集由气象引起的各种灾害受灾情况和气象服务需求，并及时向气象局报告 |
| | 基础设施 | 预警设备 | 15 | 利用公众电子显示屏、网络、短信或宣传栏等至少一种方式向社区居民传播最新气象预报、预警等信息 |

"十二五"期间，朝阳区气象安全社区认证率达到60%，气象灾害应急预案覆盖到社区。2015年，朝阳区气象局结合气象灾害易影响重点乡和气象防灾减灾的重点需求，选取了高碑店、东风、崔各庄三个乡和安贞街道安贞西里、酒仙桥驼房营西里等五个社区作为试点，开展气象防灾减灾标准化乡和社区建设。投入了"朝阳智慧社区"智能服务系统、社区气象科普互动电子沙盘和气象科普宣传栏，实现了气象综合信息在户外触摸屏的显示，进一步夯实了社区、村气象防灾减灾能力，对试点社区的居民了解天气知识、主动防御气象灾害提供了方便，同时提升了朝阳区整体的气象防灾减灾能力和精细化气象服务水平。

# 第四节　北京市公共安全社区风险
管理存在的问题

## 一、多头管理问题

目前由四个中央部门牵头的四项公共安全示范社区建设，存在明显的多头管理问题，在具体项目推进中容易造成协调困难、资源浪费、流于形式等问题。

一方面，社区公共安全风险机构设置繁多杂乱，各部门之间因职能、级别等划分而各自独立，导致政策不一、综合协调步调不齐的乱局，甚至出现互相推诿或重复撞车的尴尬局面。[①] 在各项示范社区建设中，其建设内容、评价指标、评比流程、评审时间存在很大差异，社区干部的专业知识、公共安全风险管理水平不高，难以有效地承担起领导和组织协调工作，会导致不同项目中的重复性工作和资源浪费。另一方面，各项目最终的落实和执行者都是基层的社区组织。这就使得社区干部基本处于疲于应付的状态，容易出现疲软、"懒政"，这必然导致一些项目创建中质量水平不够高、重形式轻内容的问题。[②]

在北京市的综合减灾示范社区项目建设和全国安全示范社区建设中，就存在明显的部门工作重复、资源浪费、效果不佳的情况。北京市在 2012 年由民政局牵头绘制了 "北京社区防灾减灾电子地图" （http：//www.beijingmap.gov.cn/bjmzjfz/），并于当年 5 月上线。公众可以在地图中选择查询避险路线、室内过渡性安置场所、室外过渡安置场所、风险源等防灾救灾信息。地图设计分为两个部分，一个是专门用于政府指导救灾的政务内网，另一部分则面向社区居民，帮助他们查询、了解本社区的情况，提高防灾减灾意识。该电子地图的绘制对北京市的社区防灾减灾的基本情况（包括人员组成、队伍建设等），进行了一次整体的梳理，共收录了 73891 条信息，覆盖社区数量 6292 个、街道 323 个，基本覆盖了全北京市。然而，该地图上线后，使用率和市民的普及率却很低。在社区的演练和平时的宣传中，社区工作人员主要是向居民发放宣传册，而标注小区避险场所的详细避险图并没有多少应用。在 2016 年的记者调查中，许多社区居民表示，不仅没有使用过电子地图查询社区周边的避险场所等防灾减灾信息，甚至未曾听说过

---

① 周丽敏等．风险剧增、社区减灾及国际经验[J]．行政科学论坛，2017（8）：18-26.

② 中国人民大学危机管理研究中心与中国人民公安大学城市安全研究中心联合课题组．社区公共安全现状与风险防控策略[J]．中国机构改革与管理，2016（9）：42-45.

这份电子地图的存在。

2017 年，北京市安全生产委员会决定开展城市安全风险评估工作，拟用 2 年左右的时间，建立全北京市安全风险管控机制，绘就安全风险电子地图。其试点范围涵盖北京市城市运行管理的水、电、气、热、公共交通等 13 家国有企业、11 家市属公园，选取东城、西城、大兴、朝阳、通州、延庆六个区的危险化学品单位（包括生产、经营、储存、使用）、人员密集场所单位（包括规模以上商业零售、规模以上餐饮、星级饭店、体育运动场馆、文化娱乐场所）、建筑施工项目、生活垃圾处理设施、规模以上工业企业、"两客一危"企业、矿山、非煤矿山及尾矿库等 7 个行业领域，拟用 2 年左右的时间，完成安全风险评估和风险管控工作。

## 二、风险管理不够精细

公共安全风险管理是涵盖"风险识别、风险评估、风险监测、风险控制、风险预警、应急准备和应急处置"全过程的综合管理。精细化的风险管理，要求进行全方位、全流程的风险监测，并在信息共享的基础上，开展科学的统计和分析。

从目前实施的四项公共安全示范社区建设的指标来看，存在风险管理过程不全面、风险评估过于表面化的问题。在综合减灾示范社区建设中，虽然列出灾害风险评估作为重要评价指标，但这一指标的具体操作仅仅是列出社区灾害脆弱人群清单、社区灾害脆弱住房清单以及绘制社区灾害风险地图。在安全示范社区建设中，虽有事故与伤害风险辨识及其评价这一指标，但具体操作上只列出"选择并运用适用的方法（如隐患排查、安全检查表、社区调查、伤害监测、专家经验等）对社区各类事故与伤害风险进行辨识与分析"。在气象防灾减灾示范社区建设中，单独列出风险普查、风险评估两项指标，具体操作较为详细，但这一导则刚刚推出，具体操作方法与技术尚未得到实施。

而在具体的风险识别中，各项目概念适用不统一，有的表述为"风险源"，有的表述为"风险隐患"，有的表述为"致灾因子"，等等。这往往给实际操作者带来困难。各部门或地方往往结合自己的实践与理解对相关概念进行再界定，这就导致在具体风险识别中出现排查混乱、各行其是等混乱局面，从而出现实际汇总的风险排查结果是整体"打包"上报，缺乏有效的分层分类，给上级政府部门后期的数据分析、评估和监督等带来很大的困难。

北京市的安全社区创建过程中，部分创建单位过度看中结果，存在突击应对检查的侥幸心理，忽视建设周期和建设程序，仅仅重视检查评审，造成安全社区创建往往是仓促上阵，临阵磨枪，部分工作还流于表面。另外有的地区存在攀比心理照搬照抄，缺乏前期诊断、伤害数据分析和问题发现的重要过程。创建项目低质、同质化严重，亮点创意不足，针对性不强。

## 三、缺乏社会参与的长效机制，公众防灾减灾意识仍有待提高

以社区为基础的几项公共安全风险管理建设均强调社会多元力量的广泛参与。社会参与以满足多样化公众需求为基础，[①] 一项针对北京市安全社区建设公众认知的调查显示，公众的安全需求存在差异。有 64.1% 的受访者希望加大交通执法力度，治理社区乱停车；48.4% 的受访者希望加强检查监督，保证公共场所消防通道通畅；66.2% 的受访者希望增加安全监控和防护，改善社会治安。[②] 但自上而下的项目推进方式，主要依靠权威的行政体制，非常容易忽视公众防灾减灾认知、需求和能动性。一些调研研究显示，社区居民并未真正参与社区公共安全风险管理的全过程，如风险评估、应急预案编制等活动很少吸收当地居民参与；社区居民参与预案演练的积极性不高，责任感不强。

此外，在一些针对北京城区公众安全意识的调查研究中，公众已有一定的安全意识，但在现实生活中，对各类安全教育活动了解或关注较少，且自愿主动参加安全教育活动的意愿不够强烈。2015 年，中国扶贫基金会联合北京师范大学社会发展与公共政策学院共同发布了《中国公众防灾意识与减灾知识基础调查报告》，从学校、城市和农村三个方面分析了我国居民的防灾意识的现状。调查发现，防灾意识薄弱和防灾准备不足是城市居民中普遍存在的问题，城市小学的防灾减灾教育普及率较高，为 95.5%，但学生在具备基本安全意识的同时，依然缺乏基本的灾害应对知识。同样，城市小学教师的培训比例也较高，为 86.4%，但只有六成教师表示有信心组织学生应对灾害，实际上能够正确回答避震题目的仅有不到三成。相对于学校，城市和农村的防灾减灾意识更加薄弱，只有不到 4% 的城市居民在日常生活中做到了基本的防灾准备，24.3% 的受访者关注灾害知识，城市居民的培训比例低于教师群体，为 63.7%，在知识层面掌握基本减灾技能的仅有 10.5%。[③]

---

① 周永根. 新世纪全球社区灾害风险管理战略关注重点与转型启示[J]. 灾害学，2017，32 (3)：171-175.

② 赵帆，石晶，黄溪. 国际化大都市的社区安全治理——北京东城国际安全社区建设状况调查[J]. 国家治理，2014 (10)：11-12.

③ 中国扶贫基金会. 中国公众防灾意识与减灾知识基础调查报告[EB/OL]. http：//society. people. com. cn/n/2015/0507/c1008-26961296. html.

# 第五节　改进北京城市公共安全风险管理的对策建议

## 一、国际经验借鉴：以社区为基础的灾害风险管理

以社区为基础的灾害风险管理（CBDRM）将社区减灾和备灾作为重点，鼓励所有人参与，强调普通群众尤其是最脆弱群体的参与；在提高公众意识和采用各种策略上对不同观点采取开放态度，由社区成员辨认减轻灾害风险的措施，将减轻灾害风险策略与社区发展的其他方面统筹考虑；鼓励社区以外的组织和个人对社区灾害风险管理提供支持，尊重社区内的各种文化因素（见表7-7）。目前，这一模式在日本、泰国、印度尼西亚、越南等部分国家采用，但各国在具体运用中相应结合了本国实际情况，对CBDRM相关理念与内容进行了完善。[①]

**表7-7　以社区为基础的灾害风险管理内容**

| 项目 | 内容与步骤 | | 主要指标 |
|---|---|---|---|
| 1. 社区组织/机构（CBO） | 1.1 | 社区领导竞聘并参与风险评估、行动规划和培训 | 领导的公认度 |
| | 1.2 | 组建社区建设和风险评估团队 | 团队身份认同 |
| | 1.3 | 组建新CBO，若社区组织不能代表社区居民的利益 | 各团队合作加强、发挥集体决策功能 |
| | 1.4 | CBO管理包括建立工作规范、程序和职责；定期召开会议制定灾害风险管理行动；定期参加相关培训；协助社区居民向地方政府和其他机构申请援助 | |
| 2. 社区减轻灾害风险基金 | 2.1 | 当地政府建立财政支持机制 | |
| | 2.2 | 社区建立基金制度，支持备灾和应对措施；CBO和社区脆弱群体共同参与建立社区基金使用标准 | |
| | 2.3 | 社区基金由CBO代为管理 | CBO账户 |
| | 2.4 | CBO工作人员接受基金管理岗前培训 | 财务管理人员培训 |
| | 2.5 | 社区基金来源于社会脆弱群体、其他社会力量和利益相关者的贡献 | 社区成员的贡献报告 |
| | 2.6 | 社区基金的使用由CBO依据相关标准并与脆弱群体协商后决定 | 资金拨付标准 |
| | 2.7 | 与社区成员共同讨论社区基金的管理和使用报告 | |

---

① 周洪建. 国外"以社区为基础的灾害风险管理"模式特色及启示[J]. 中国减灾，2017（9）：20-23.

续表

| 项目 | 内容与步骤 | 主要指标 |
|---|---|---|
| 3. 社区致灾因子、脆弱性和能力地图（HVCM） | 3.1 政府和非政府组织支持社区定期编制 HVCM | • 致灾因子风险图<br>• 高危脆弱群体确定<br>• 贫困人口确定与分布地图；脆弱群体与贫困的关系<br>• 风险评估数据的发布 |
| | 3.2 HVCM 注明社区致灾因子、脆弱性和能力分布情况 | |
| | 3.3 HVCM 由 CBO 组织，不同脆弱群体积极参与 | |
| | 3.4 HVCM 放置于公共场所如寺庙、教堂、学校等 | |
| | 3.5 周期性编制 HVCM，最好在特殊季节开始前，如雨季等 | |
| 4. 社区灾害风险管理规划 | 4.1 当地政府支持社区定期开展社区灾害风险管理规划 | • 社区居民收入增加<br>• 社区居民生产前投入加大<br>• 社区居民在生活设施和需求上投入增加<br>• 社区居民在儿童教育和家庭健康上的投入增加 |
| | 4.2 制定资金分配方案保障规划实施 | |
| | 4.3 CBO 负责制定灾害风险减轻和应对规划 | |
| | 4.4 规划的制定需要社区各脆弱群体积极参与 | |
| | 4.5 详细描述不同群体和整个社区面临的致灾因子、脆弱性和能力 | |
| | 4.6 明确与致灾因子和脆弱性相关的措施 | |
| | 4.7 明确实施风险减轻措施的职责、资源和时间框架 | |
| | 4.8 每年修订一次风险减轻和应对规划 | |
| 5. 社区培训系统 | 5.1 政府支持建立社区培训中心，充分利用本地非政府组织、学术机构、政府官员、社区领导和专家资源 | 社区培训中心落成，并有专职人员 |
| | 5.2 制定资金分配方案资助培训中心 | 地方财政预算中列出培训经费 |
| | 5.3 当地政府官员接受 CBORM 培训和对培训者的培训 | 培训报告 |
| | 5.4 培训手册用当地语言编写 | 培训手册副本 |
| | 5.5 对 CBO 成员、普通社区居民开展周期性训练 | 社区培训日历副本 |
| | 5.6 通过个人和家庭调查对培训效果进行定期检查评估 | 社会调查报告 |
| | 5.7 基于社区培训需求更新培训内容 | 新课程 |
| 6. 社区灾害演练系统 | 6.1 当地政府支持社区定期组织灾害演练 | • 家庭和社区层面协作救灾需要更多合作<br>• 居民按商定程序与步骤在紧急情况下立即疏散<br>• 应急响应救助的加强降低了人员伤亡率 |
| | 6.2 制定资金分配方案支持灾害演练 | |
| | 6.3 CBO 定期组织开展社区灾害演练 | |
| | 6.4 CBO 接受灾害演练培训 | |
| | 6.5 CBO 向社区居民介绍地方政府应急响应系统 | |
| | 6.6 社区演练突出特殊群体的需求（儿童、老人、残疾人、孕妇等） | |
| | 6.7 及时总结演练的经验与教训，确定需要改进的领域 | |

| 项目 | 内容与步骤 | 主要指标 |
|---|---|---|
| 7. 社区学习体系 | 7.1 当地政府支持社区建立学习系统，并将其写入当地法律法规中 | • 社区居民有持续的收入<br>• 社区居民因灾后卫生习惯的改变享受健康<br>• 社区居民因具备更好的备灾和响应举措而面临更小的压力 |
| | 7.2 制定资金分配方案，支持定期的学习材料编制 | |
| | 7.3 CBO 定期组织社区集中学习 | |
| | 7.4 社区 HVCM 地图放置于公共区域 | |
| | 7.5 使用当地常用的沟通渠道 | |
| 8. 社区灾害预警系统 | 8.1 当地政府支持发展社区灾害预警系统 | 个人、家庭和社区成员采取适当的预防措施，避免灾害的影响 |
| | 8.2 制定资金分配方案，支持社区预警系统建设 | |
| | 8.3 预警系统可预测风险发生、传递预警信息和提示社区成员的行动 | |
| | 8.4 社区预警系统建立的基础是对社区灾害频率的认识 | |
| | 8.5 社区预警系统与当地、省级甚至国家预警系统联网 | |
| | 8.6 社区居民熟悉预警信号和信息 | |
| | 8.7 预警信息发布的渠道要适合脆弱人群 | |

总体来看，CBDRM 具有如下特点：

一是以减灾和备灾为工作重点。对可能出现的灾害预先处理，将许多可能发生的灾害消灭在萌芽或成长的状态。而对于无法避免的灾害，能预先提出控制和预防措施。

二是重视社区群众的广泛参与。社区广泛参与有助于政府灾害管理行动实施，也有助于社区对灾害管理措施达成共识，促进风险管理工作的顺利开展，同时也扩大了灾害风险管理的覆盖面。

三是高度关注脆弱群体。在 CBDRM 模式中，脆弱群体得到充分的重视与尊重，尤其体现在社区基金使用标准方面。

四是重视社区减灾"软实力"建设。CBDRM 模式的主要内容包括八部分，除第八部分社区灾害预警系统需要较强的硬件建设外，其余部分均以社区的软实力建设为主，尤其是开展社区灾害风险管理人员、社区居民培训等举措，更是社区减灾软实力建设的典型做法。

五是将灾害风险管理列入社区发展过程中。在社区发展的过程中有必要将灾害风险管理纳入其中，一则可以提高整个社区的灾害风险意识，加强在减灾公共基础设施方面的投资，二则可以降低灾害脆弱性，促使社区分析造成灾害易发的原因及解决措施，减少灾害的发生频率。最具说服力的是，CBDRM

模式中明确提出，地方财政预算要列出相关经费，支持社区风险管理工作。

## 二、提升北京城市公共安全风险管理的建议

### (一) 加强部门协调与资源整合

目前多头分散的城市公共安全风险管理现状，建议加强与社区公共安全风险管理有关成员单位的协调沟通，从中央层面推动不同示范社区牌子的整合工作，以利于提升各种资源利用效率，进一步深化社区公共安全风险管理。[①] 具体建议如下：

一是通过项目进行整合，可以某一部门主导的示范社区项目为主，对其他几个示范社区项目相同的工作进行整合。

二是通过技术进行整合。可尝试建立社区公共安全风险管理信息系统，实现社区公共安全风险识别、重大风险源监控、突发事件应急联动救援等信息互通共享。

### (二) 注重社区公共安全风险管理的精细化

精细化是指对社区公共安全风险管理进行精细的设计，保证在制度、流程以及方法上能做到全面准确、科学有效。

精细化的公共安全风险管理，首先，要依靠专业的风险管理队伍。因此，应注重风险排查队伍、应急值守队伍、紧急救援队伍、专家队伍等队伍建设，确保在风险管理各个环节有充足和专业的力量支撑。

其次，要进行科学的风险评估。风险评估是社区公共安全工作开展的基础，指的是通过适当的方法，综合评估某一区域可能面临的风险、该区域的脆弱性和减灾能力等。风险评估的目标在于"理解所辖区域"，了解区域内已经发生以及可能发生的灾害风险，了解区域内经济、社会、物理、环境特征属性，了解本区域已经为灾害风险做了哪些准备、还有哪些欠缺，并综合分析这些材料，对所辖区域的风险特征形成全面的理解和认识，为公共安全工作做好准备。[②] 目前，我国城市社区公共安全风险评估做得比较好的是上海市和深圳市。2009~2011 年，上海市民政局与上海复旦大学城市公共安全研究中心合作，探索建立上海市社区综合风险评估模型，包括社区风险评估模型的开发以及社区风险地图的绘制两部分。社区风险评估模型的开发主要包括社区脆弱性评估、社区致灾因子评估以及社区减灾能力评价三部分。社区风险地图包括五类内容：危险源、重要区域、脆弱性区域、安全场所以及应对

---

① 殷本杰. 全国综合减灾示范社区创建工作思考[J]. 中国减灾，2017（5）：34-37.

② 复旦大学城市公共安全研究中心. 社区灾害风险评估指南及应用案例［R］. 2014.

措施。2013年，深圳市罗湖区应急办与哈尔滨工业大学深圳研究生院进行了密切合作，启动罗湖区公共安全风险评估项目。该项目将罗湖区公共安全风险分为了四大类，即自然灾害类、事故灾害类、公共卫生类和社会安全类，每个大类又涵盖了罗湖区常见、典型的突发事件，形成了《罗湖区公共安全风险评估报告》。

最后，要实施全过程的风险管理。不仅包括风险识别、风险评估，更应该注重风险监测预警以及对公众的风险意识教育。

### （三）加强社会参与

政府主导的公共安全风险管理的局限性主要体现在：由于社区处在层级的最底层，政府推动的公共安全管理在社区层面难以得到落实，不仅行政成本巨大，而且安全管理效果甚微。而风险和事故灾难隐患存在于基层、社区，如果依靠政府主导的层级式安全管理，社区将一直处于被动地位，缺乏动力，安全管理工作很难奏效。因此，基于以社区为基础的灾害风险管理（CBDRM）的经验借鉴，建立一个以政府为主导，引导社会组织和机构、社区利益攸关者都能广泛参与的参与式社区公共安全风险管理模式。

上海市在社区风险评估方面做出了非常好的探索，政府、科研单位、居民、社会组织都参与了上海市社区风险评估和风险地图的绘制，在参与过程中，各方分别承担相应的任务，多元参与机制也推动了社区减灾工作的可持续性发展。为其他城市社区公共安全风险管理提供了一种可操作、可复制的基本模式（见图7-19）。

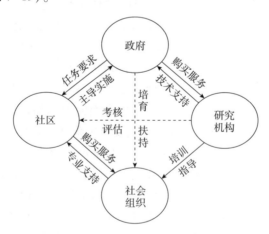

图7-19  上海市多元主体参与的社区风险评估政策模式

一是政府的政策引导和统筹协调。上海市制定了社区风险评估实施的政策措施，由民政局牵头并协调民防、公安、消防、气象、卫生等部门共同参与实施。同时，在技术层面，为了规范化实施社区风险评估，委托研究机构开发上海社区风险评估模型，建立风险评估体系；在实施层面，通过引入社会组织替代政府进入社区，指导并带动社区民众开展风险评估工作。

二是研究机构的专业分析和技术支持。复旦大学城市公共安全研究中心作为科研单位，成立了专项课题组，实地参与社区风险排查，做了大量的工作，并参与编制上海市《城镇社区防灾减灾指南》。同时，专项课题组还对社区干部、居民和上海市四个专业性社会组织进行培训，让他们参与到社区风险的排查和治理中，并对他们收集的数据在后台进行整理。社会组织和社区居民参与的优势在于，他们往往对社区周围环境比较熟悉，提出的问题更具有针对性。

三是社会组织作为政府和研究机构在社区的延伸，用专业知识和方法带动社区民众的参与。经过上海市民政局和复旦大学城市公共安全研究中心共同培训的四个社会组，能够很好地替代政府和研究机构，在社区风险评估现场活动中，为居民普及社区风险知识，引导居民现场讨论致灾因子并指导居民完成社区风险地图的绘制。

四是基层社区是主要的现场组织者，社区民众是重要的参与者。在上海推动的社区风险评估实践中，各社区民众不仅接受了风险知识的培训，而且在培训的基础上，依据自身经验和感受评估致灾因子，之后再参与风险地图的讨论与绘制，充分发挥其主观能动性，为社区安全贡献力量。

## 参考文献

［1］吴宗之．国际安全社区建设指南［M］.北京：中国劳动社会保障出版社，2015.

［2］滕五晓．社区安全治理——理论与实务［M］.上海：上海三联书店，2014.

［3］严励．城市公共安全的非传统影响因素研究［M］.北京：法律出版社，2015.

［4］陈连进等．城市公共安全研究：以泉州市为例［M］.北京：气象出版社，2015.

［5］复旦大学城市公共安全研究中心．社区灾害风险评估指南及应用案例［R］.2014.

［6］周永根．新世纪全球社区灾害风险管理战略关注重点与转型启示［J］.灾害学，2017，32（3）：171-175.

［7］朱伟，刘梦婷．城市公共安全风险综合治理路径探析［J］.社会治理，2017（2）：53-60.

［8］彭海洋．城市边缘社区公共安全问题研究［J］.合作经济与科技，2014（4）：109-110.

［9］张晓峰．浅析我国公共安全管理与秩序行政［J］.专科学校学报，2005（5）：54-56.

［10］倖锡金．社区综合减灾示范模式的特征和影响分析［J］.中国减灾，2017（7）：8-15.

［11］加一．中国特色的"安全社区"建设之路［J］.中国减灾，2011（19）：4-7.

［12］殷本杰．全国综合减灾示范社区创建工作思考［J］.中国减灾，2017（5）：34-37.

［13］周洪建．国外"以社区为基础的灾害风险管理"模式特色及启示［J］.中国减灾，2017（9）：20-23.

［14］周丽敏等．风险剧增、社区减灾及国际经验［J］.行政科学论坛，2017（8）：18-26.

［15］中国人民大学危机管理研究中心与中国人民公安大学城市安全研究中心联合课题组．社区公共安全现状与风险防控策略［J］.中国机构改革与管理，2016（9）：42-45.

［16］文越．各地综合减灾示范社区创建特色［J］.中国减灾，2017（7）：31-33.

［17］胡成等．城市核心区地震安全示范社区创建中的灾害风险管理方法［J］.北京城市学院学报，2013（5）：6-12.

［18］赵帆，石晶，黄溪．国际化大都市的社区安全治理——北京东城国际安全社区建设状况调查［J］.国家治理，2014（10）：11-12.

［19］佟瑞鹏．基于基尼系数法的全国安全社区数量分布规划［J］.中国安全生产科学技术，2016，12（10）：172-177.

［20］陆继锋．安全社区建设历程回顾及其对城市社区公共安全治理的借鉴［J］.四川警察学院学报，2016，28（5）：97-104.

［21］刘欣．我国安全社区建设现状分析［R］.中国职业安全健康协会学术论文集，2013.

［22］李红兵．创新社会管理，切实加强社区综合减灾能力建设［J］.中国减灾，2014（3）：20-21.

［23］王东明．基于调查研究的政策创制过程——以《北京市西城区综合减灾示范街道标准》为例［J］.中国减灾，2014（12）：54-55.

［24］林燕．社区灾害治理的新尝试——北京市西城区"参与式"社区减灾工作观察［J］.中国民政，2015（8）：58-60.

# 第八章　北京市人口老龄化的
## 社会风险、成因及其应对

　　人口老龄化是人类文明进步的重要标志，同时也给经济社会发展带来严峻挑战，已经成为世界各国需要共同面对的重要问题。人口老龄化社会将成为一种常态社会，[①] 我国在 2000 年就已经进入了老龄化社会，21 世纪以来，我国人口老龄化的速度日益加快，截至 2016 年底，我国 60 岁以上人口达23086 万人，占总人口的 16.7%；65 岁以上人口达 15003 万人，占总人口的10.8%。[②] 北京市是我国人口老龄化程度较高和速度较快的地区之一，给北京市经济社会发展带来严峻挑战，如果处理不好，可能会导致老龄社会风险与社会危机。作为国家首都和世界城市，如何应对人口老龄化的挑战，防范和治理老龄社会风险，已经成为北京市经济社会发展过程中的重要任务。尤其是在全面深化改革、实现治理体系与治理能力现代化的过程中，更加应该明确北京市人口老龄化的挑战和风险，分析其中可能存在的后果及其原因，并采取有效措施综合应对。

# 第一节　北京市人口老龄化的进程、现状与特征

## 一、北京市人口老龄化的现状与进程

　　2016 年末北京市常住人口 2172.9 万人，其中常住外来人口 807.5 万人，占常住人口的比重为 37.2%，外来人口相对较多；在常住人口中，城镇人口为 1879.6 万人，占常住人口的比重为 86.5%，城镇化率较高；年末全市户籍人口[③] 1362.9 万人，比上年末增加 17.7 万人；在常住人口中，60 岁以上人口348.4 万人，比重达到 16%，65 岁以上人口 230.4 万人，比重达到 10.6%（见表 8-1）。[④]

---

① 彭希哲，胡湛. 公共政策视角下的中国人口老龄化[J]. 中国社会科学，2011（3）：121-138.
② 资料来源：《2016 年国民经济和社会发展统计公报》。
③ 需要注意的是，户籍人口并非都是常住人口，存在部分户籍人口迁居京外的现象。
④ 资料来源：《2016 年北京市国民经济和社会发展统计公报》。

表 8-1　2016 年北京市常住老年人口年龄构成

| 年龄组（岁） | 常住人口数（万人） | 占总人口比重（%） |
| --- | --- | --- |
| 60~64 | 118.0 | 5.4 |
| 65~69 | 80.4 | 3.7 |
| 70~74 | 52.9 | 2.4 |
| 75~79 | 44.3 | 2.0 |
| 80~84 | 33.2 | 1.5 |
| 85 及以上 | 19.6 | 0.9 |
| 合计 | 348.4 | 16 |

资料来源：北京市统计局。本表数据为人口抽样调查推算数据，为 2016 年末数。

常住人口与户籍人口数据有所不同，以可获得的最新数据为例，截至 2014 年底，全市户籍总人口 1333.4 万人，其中，60 岁及以上户籍老年人口 296.7 万人，占总人口的 22.3%；65 岁及以上户籍老年人口 200 万人，占总人口的 15.0%（见表 8-2）；80 岁及以上户籍老年人口 51.6 万人，占总人口的 3.9%。2014 年底，按 15~59 岁劳动年龄户籍人口抚养 60 岁及以上户籍人口计算，北京市老年抚养系数为 33.3%，比上年增加 1.8 个百分点；按 15~64 岁劳动年龄户籍人口抚养 65 岁及以上户籍人口计算，老年抚养系数为 20.2%，比上年增加 0.4 个百分点。[①]

表 8-2　2014 年北京市老年人口构成　　　　　单位：万人,%

| 年龄组 | 户籍人口 | | 常住人口 | |
| --- | --- | --- | --- | --- |
| | 人数 | 比重 | 人数 | 比重 |
| 60~64 岁 | 296.7 | 22.3 | 321.6 | 14.9 |
| 65 岁及以上 | 200 | 15.0 | 212.3 | 9.9 |

资料来源：户籍人口数据来源于《2014 年北京市老年人口信息与老龄事业发展状况报告》，常住人口数据来源于《2014 年北京市经济社会发展统计公报》。

北京市人口老龄化的进程可以反映在历次人口普查数据中，北京市在 1990 年已经进入老龄化社会，60 岁以上人口达到 10.1%，并且呈现加速增长的态势（见表 8-3）。但是，由于其他地区相继进入老龄化阶段，并加快推进老龄化进程，近年来北京市的老龄化程度与全国平均水平基本接近。[②]

---

① 资料来源：《2014 年北京市老年人口信息与老龄事业发展状况》。
② 根据《2016 年国民经济和社会发展统计公报》数据，全国 60 岁以上人口 23086 万人，占总人口的 16.7%，65 岁以上人口 15003 万人，占总人口的 10.8%。

表8-3　中华人民共和国成立以来北京市老年人口比重变化

| 年份 | 1953 | 1964 | 1982 | 1990 | 2000 | 2010 | 2016 |
| --- | --- | --- | --- | --- | --- | --- | --- |
| 65岁及以上人口比重 | 3.3 | 4.1 | 5.6 | 6.3 | 8.4 | 8.7 | 10.6 |
| 60岁以上人口比重 | 5.6 | 6.6 | 8.5 | 10.1 | 12.5 | 12.5 | 16 |

资料来源：1953~2010年数据来源于历次人口普查数据，2016年数据来源于《2016年北京市经济社会发展统计公报》。

## 二、北京市人口老龄化的主要特征

北京市的人口老龄化体现出以下几个方面的特点：

一是较早进入老龄化社会，老年人口数量多。第四次全国人口普查数据显示，1990年北京市60岁及以上老年人口数为110万人，老年人口占北京市总人口的比例达到10.1%，符合国际上老龄化的标准，即进入了老龄化社会。与全国平均水平相比，北京市的老龄化水平提前了10年，是我国较早进入老龄化社会的城市之一，目前的户籍老龄化程度位居全国第二。

二是老龄化的速度较快，增速趋稳。不仅北京市进入人口老龄化社会的时间比全国水平要早，而且老年人口数量增长速度也不断加快。第六次全国人口普查数据显示，北京市60岁及以上的人口为250.1万人，占总人口的12.5%。与2000年第五次人口普查数据相比，北京市60岁及以上人口数量增加了140.1万人，增加了127.4%。根据预测，北京市60岁及以上老年人口数在2017年左右将超过300万人，接近20%；2025年达到400万人，老年人口比例为30%；2050年将达到650万人，老年人口比例将突破30%。未来北京市人口老龄化将进一步加深，常住人口中60周岁及以上老年人口比例将从2010年的15.2%提升到2020年的20%，65周岁及以上老年人口比例将从2010年的10.9%提升至2020年的13.6%。[1] 由于其他地区相继进入了老龄化阶段，并且速度在加快，与全国相比，近年来北京市老龄化的增速依然较快，但相对趋稳。

三是外来人口对北京市人口老龄化程度的影响明显。以可获得的2014年数据为例，在2014年全市60岁及以上的户籍老年人口中，非农业人口238.5万人，占80.4%；农业人口58.2万人，占19.6%。[2] 2014年户籍人口1333.4万人，其中非农业户人口1089.8万人，占总人口的81.7%，农业户人口243.6万人，占总人口的18.3%。[3] 从户籍人口的老龄化情况来看，非农业户

---

① 林宝.北京市人口老龄化问题与战略选择[J].北京社会科学，2011（1）：9-13.

② 资料来源：《2014年北京市老年人口信息与老龄事业发展状况》。

③ 资料来源：《2015年北京统计年鉴》。

人口老龄化程度达到 21.88%，农业户人口老龄化程度达到 23.89%，农业户人口老龄化程度要超过非农业户。2014 年北京市常住人口中 60 岁以上人口 321.6 万人，占 14.9%。[①] 截至 2015 年底，全市 60 岁及以上户籍老年人口约 313.3 万人，占户籍总人口的 23.4%，户籍人口老龄化程度居全国第二位；全市常住老年人口 340.5 万人，占常住人口总数的 15.7%。[②] 可见，户籍人口的老龄化程度要高于常住人口的老龄化程度，也就是说外来人口的增加在一定程度上减弱了北京市的老龄化程度，当然，也存在超过 25 万外来老年人口，依然是一个不能忽视的老年群体。2014 年北京市常住人口中城镇人口 1859 万人，占 86.4%，农村人口 292.6 万人，占 13.6%，[③] 常住人口的城镇化率（86.4%）高于户籍人口（81.7%）的非农化率。以上明显说明外来人口对于北京市人口结构及城镇化的影响。

四是呈现出高龄化的特点。在 2014 年北京市 60 岁及以上户籍老年人口中，60~69 岁老年人口 156 万人，占 52.6%；70~79 岁老年人口 89.1 万人，占 30%；80~89 岁老年人口 48 万人，占 16.2%；90 岁及以上老年人口 3.6 万人，占 0.2%。[④] 从 2010 年至 2014 年五年的高龄人口数量变量情况来看，高龄化的程度日益加深，80 岁及以上、90 岁及以上人口的比重明显上升，特别是 80 岁及以上的人口从 2010 年的 2.8% 上升到 2014 年的 3.9%（见表 8-4）。

表 8-4　2010~2014 年北京市分年龄组户籍老年人口状况

单位：万人,%

| 年龄组 | 2010 年 | | 2011 年 | | 2012 年 | | 2013 年 | | 2014 年 | |
|---|---|---|---|---|---|---|---|---|---|---|
| | 人数 | 占总人口比例 | 人数 | 占总人口比例 | 人数 | 占总人口比例 | 人数 | 占总人口比例 | 人数 | 占总人口比例 |
| 80 岁及以上 | 35.1 | 2.8 | 38.6 | 3.0 | 42.6 | 3.3 | 47.4 | 3.6 | 51.6 | 3.9 |
| 90 岁及以上 | 2.3 | 0.2 | 2.6 | 0.2 | 2.9 | 0.2 | 3.3 | 0.3 | 3.6 | 0.2 |

资料来源：《2014 年北京市老年人口信息与老龄事业发展状况报告》。

五是老龄化程度的地区差异明显。截至 2014 年底，全市 16 个区县中，60 岁及以上户籍老年人口绝对数量排在前三位的是朝阳区、海淀区和西城区，分别为 51.3 万人、45.1 万人和 35.7 万人。60 岁及以上户籍老年人口占该区县总人口比例排在前三位的是丰台区、石景山区和东城区，分别为 26.2%、

①③　资料来源：《2014 年北京市国民经济和社会发展统计公报》。
②　资料来源：《北京市老龄事业发展十三五规划》。
④　资料来源：《2014 年北京市老年人口信息与老龄事业发展状况报告》。

25.6%和25.4%。80岁及以上老年人口排在前三位的是朝阳区、海淀区和西城区，分别为9.2万人、8.9万人和8.1万人。80岁及以上户籍老年人口占60岁及以上户籍老年人口比例排在前三位的是西城区、东城区和海淀区，分别为22.7%、22.1%和19.7%。城六区户籍老年人口占全市户籍老年人口的2/3，老龄化程度（24.7%）高于郊区（21.1%）。[①]

# 第二节　北京市人口老龄化面临的主要社会风险

风险是指可能存在较大损失的不确定性，具有普遍性、不确定性和潜在性等特点，风险可能导致巨大的损失和危机，需要防患于未然，推进风险的预防与治理。社会风险则是指可能导致社会冲突，危及社会稳定和社会秩序的可能性，如果可能性成为现实，社会风险就演变成为了社会危机。老龄化社会的风险则是由于人口老龄化及其产生的相关社会问题可能对经济社会发展的危害和挑战，如果任其自然发展，则可能会演化成为老龄社会危机。老龄化面临的社会问题对政府公共服务与社会治理形成巨大挑战。在我国社会转型的过程中，工业化、城镇化、现代化、人口老龄化、家庭结构的变化并行推进与相互影响，传统社会风险与现代社会风险相互交织，可能放大社会的风险，加大社会治理的难度。人口政策等社会政策的变革以及我国经济社会的非均衡发展，使得老龄化问题更加复杂，甚至有学者认为，"人口老龄化不再是一场静悄悄的革命，而是时刻悬于政府和社会头上的'达摩克利斯之剑'"。[②]

## 一、老年贫困风险

当个体进入老年后，由于劳动能力的减弱直到消失，获得收入的能力随之下降和消失，不得不依靠外部的支持或制度化的保障来度过晚年生活，需要政府、家庭和社会的支持。日益加快的人口老龄化进程和老年抚养系数的攀升带来了较大的养老压力。

近些年来，中央和地方积极加强财政投入和社会保障制度建设，逐步提高养老保障标准，为保障全体老年人的基本生活、提高老年生活质量发挥了积极作用。但是，由于一些原因，一些地区还存在较多的绝对贫困人口和更多的相对贫困人口。

随着绝对贫困标准的提升，北京市城市老年绝对贫困人口有所扩大。根

---

① 资料来源：《北京市老龄事业发展十三五规划》。
② 王彦斌，许卫高. 老龄化、社会资本与积极老龄化[J]. 江苏行政学院学报，2014（3）：60-66.

据北京市最低生活保障标准和历次城乡老年人口状况调查数据，2015 年北京市城市老年绝对贫困人口规模达到 23.3 万人，已经接近 15 年前的 3 倍。相对贫困人口一般以当地平均收入的 50%作为相对贫困线，根据有关学者的测算，2000 年、2006 年、2010 年、2015 年北京市老年相对贫困率分别为 36.1%、29.1%、24.3%和 19.8%，虽然相对贫困的比率在下降，但绝对数量有增无减，分别为 61.3 万人、68.5 万人、59.7 万人和 67.4 万人。而且存在着老年贫困高龄化的趋势，高龄老年人的贫困风险更高，80 岁及以上的高龄老年人相对贫困率从 2000 年的 11.9%上升至 2015 年的 14.2%。在城乡分布上，城乡老年贫困差距有所缩小，但城市老年贫困问题趋显。① 因此，未来需要积极应对老年贫困的风险与挑战。

## 二、社会排斥风险

养老问题不仅是一个经济问题，更是一个社会问题，在经济社会发展过程中，应该体现出对老年人的包容性，既包括对本地全部户籍老年人的平等相待，也包括对外来老年人尤其是常住外来老年人的包容对待。作为弱势群体之一的老年群体，面临着更大的生活风险，而应对风险的能力却比较弱，因而需要政府和社会给予更多的关注和帮助。

作为以本地老年人为对象的社会排斥类型主要是指相对本地户籍人口中的其他群体而言的，在社会政策、社会保障、公共服务的提供过程中，如果不能充分考虑老年人的身心需求，在社会活动中没有考虑老年人的社会参与，则容易使老年人产生社会排斥感。在老年人权利意识日益增强的背景下，这种感觉可能更为强烈。作为北京市的老年人，相当一部分为高级知识分子，很多是机关事业单位、国有企业的退休干部，他们具有一定大局意识的同时也具有较强的权利意识，如果他们的权益受到损害，会产生更加明显的不公平感，不仅损害了北京市的形象，也不利于社会的和谐稳定。

以外来老年人为对象的社会排斥是更加值得注意的老年社会排斥类型之一。北京常住人口中拥有近 1/3 的外来人口，而且有超过 25 万的常住外来老年人口，如果包括非常住的外来老年人口，数量更多。作为北京市的外来老年人口，是弱势中的弱势，他们的文化程度、收入水平、社会地位相对较低，财富和资源有限，应对生活风险的能力更弱。② 相当一部分是随子女迁入，在城市中处于更加不利的地位，有着更加强烈的社会融入需求。在政策制定与实施过程中，容易忽视了外来老年人的权益与需求，体现在住房、医疗、社

---

① 黄国桂，陈功. 北京老年贫困状况的变化趋势及对策研究[J]. 北京社会科学，2017（5）：90-98.
② 杨舸. 流动人口与城市相对贫困：现状、风险与政策[J]. 经济与管理评论，2017（1）：13-22.

会保障、公共服务等方面，甚至排斥和歧视外来老年人，大大降低了外来老年人的融入感、认同感和归属感，也不符合新型城镇化的发展方向。

## 三、疾病与失能风险

随着老年人生理机能的减弱，身体免疫力不断下降，疾病风险日益加大。高龄老年人中绝大多数患有慢性病或其他疾病，大多数完全没有生活自理能力或者只有部分生活自理能力，需要借助于外部的帮助才可以完成基本的生活。根据2008年第四次全国卫生服务调查数据，全国调查地区65岁以上的老年人两周患病率为465.9‰，其中城市（580.9‰）明显高于农村（398.2‰），而患病率最低的为15~24岁年龄组的人，其患病率仅为49.7‰。大城市的老年人患病率最高，达到741.5‰，明显高于中等城市（465.0‰）和小城市（440.1‰）老年人的患病率。

根据四次国家卫生服务调查数据，老年人失能率不断增长，而且随着年龄组递增失能率成倍增长。60岁组老年人口合计失能率为0.68%，70岁组为2.15%，80岁组为6.49%，90岁组为18.56%，百岁及以上的高达29.19%。[1]老年人口失能率随着年龄增长而快速上升。失能老年人口数量的增加，使得社会经济负担越来越严重。

在医疗保障体系和护理服务体系不完善的背景下，加剧了家庭的养老照护服务压力。在人口老龄化、高龄化的背景下，老年人的疾病风险与失能风险加剧了国家医疗保障的压力，使得国家不得不加大投入用于老年人的医疗保障与生活护理支出。老年人的医疗费用支出已经成为个人和家庭中的一笔重要支出，全国城乡老年人口状况调查数据显示，有10%左右的老年人其个人支付的医疗费用占其收入的比重达到了25%左右，有5%的老年人其个人支付的医疗费用占其总收入的比重达到50%以上。[2]同时，政府用于医疗卫生的支出规模也比较大，据初步核算，2015年全国卫生总费用预计达40587.7亿元，其中政府卫生支出12533.0亿元（占30.88%）。[3]

## 四、精神失常风险

"老年人的精神需求源于衰老和社会环境条件的变化而产生的主观心态失

---

① 潘金洪，帅友良，孙唐水，张吟鹤，薛晓华，周长青．中国老年人口失能率及失能规模分析[J].南京人口管理干部学院学报，2012（4）：3-7.

② 耿德伟．中国老龄人口的收入、消费及储蓄研究[D].北京：中国社会科学院研究生院博士学位论文，2012.

③ 资料来源：《2016年中国卫生与计划生育事业发展统计公报》。

衡，是为维持和恢复主观心态失衡，实现充实、满足和尊严而引发的一种渴求状态。"[1] 有研究发现，老年人孤独感随年龄增长呈上升趋势，并与其健康有着密切关系。[2] 与成年人相比，老年人有着更为迫切的精神需求，渴望受到尊重、渴望参加社会活动。尤其是城市中的空巢老人、[3] 失独老人、孤寡老人等特殊老年群体，比一般的老年人有着更为强烈的精神需求。随着经济发展水平的提高、居民收入的增长、养老保险制度的不断完善，老年人的经济保障和物质需求问题有所缓解，精神需求的问题越来越突出。

当一个人进入老年阶段后，面临着社会角色的转变，工作时期积累的财富将逐步被消耗，积累的社会资源也将慢慢减弱，社会活动逐步减少，社会地位随之降低，与退休前形成明显的落差。正是这种落差，影响到老年人的精神状态，影响其晚年的生活质量和幸福感，导致一些老年人产生明显的失落、孤独、寂寞、沮丧、自卑、抑郁甚至绝望情绪。老年犯罪包括故意伤害、抢劫、杀人放火、强奸等类型，在一定程度上也说明了老年人的精神问题，空虚的老年心理世界是老年人走向犯罪的重要原因之一。[4] 作为首都北京，城市中的老年心理问题不仅包括了本地户籍老年人口的心理失常及其社会越轨行为，而且更加需要关注外来老年人口的精神问题及其可能造成的社会危害。

# 第三节　北京市老龄社会风险的成因

## 一、结构性因素

社会结构的转型与变迁是我国各类社会风险产生的核心根源。斯梅尔塞认为，集体行为的发生有六个"必要且充分"的基本条件，其中结构性压力条件至关重要。[5] 由于结构性压力的存在，促使人们主动去面对和解决问题，过大的压力可能会形成结构性紧张，在缺乏有效的"解压"机制的情况下，可能会导致产生群体性的非理性行为，在老龄化社会，可能产生老年群体性事件。

---

① 周绍斌. 从物质保障到精神保障——老年保障的新趋势[J]. 福建论坛（人文社会科学版），2007（7）：128–131.

② 杜鹏，孙鹃娟，张文娟，王雪辉. 中国老年人的养老需求及家庭和社会养老资源现状——基于2014年中国老年社会追踪调查的分析[J]. 人口研究，2016（6）：49–61.

③ 据中国老年科研中心调查，2014年全国城市老年人空巢家庭（包括独居）的比例已经达49.7%，与2000年相比增加得非常迅速，提高了7.7个百分点，其中地级以上大中城市的调查显示，老年人的空巢家庭（包括独居）比例更高，已经达56.1%。

④ 李洁. 老年犯罪的文化社会学分析[J]. 求索，2013（3）：172–175.

⑤ Smelser N. Theory of Collective Behaviour [M]. New York：Free Press，1962.

改革开放以来，我国加快推进社会结构转型与体制转轨，积极推进城市化、市场化与现代化进程，从传统的农业社会走向现代社会；加强城乡经济体制改革，从计划经济体制过渡到社会主义市场经济体制；城市化进程稳步推进，人口流动的步伐加快；人口政策的转变使得家庭结构核心化、小型化。社会的转型是一个较长的过程，实现现代化的社会发展目标绝非易事。在社会转型的过程中，由于没有现成的经验可循，快速的社会变迁容易导致利益分配不均，利益失衡加剧，社会成熟度不高放大了风险产生的概率和风险治理的难度。①

社会转型与老龄化相互影响，老龄化加剧了社会转型的复杂性和难度，会带来更多的挑战、风险和危机。相当多数量的老年贫困属于延续性贫困，贫困老人陷入贫困的促动力大多根植在晚年之前的生活经历中，急剧的社会变迁对于老年贫困的发生具有非常强的诠释力。② 从我国和北京市社会转型的现实来看，老年人经历了改革之前的"文化大革命""上山下乡"等事件，改革之后又遭受了国有企业改革导致下岗、失业问题，家庭结构变化导致的空巢危机和照料危机，以及周期性的经济危机，这些重要事件的发生都影响到老年人权益，甚至可能产生老年生存危机。此外，由于户籍制度的松动、城市化进程的加快，越来越多的外地老年人进入北京市生活，包括随子女迁居的老年人和长期在北京工作退休的非京籍老年人。由于土地城市化快于人口城市化，外来老年人表面上生活在城市，但生活却被边缘化，受到各种排斥和不公平对待，难以真正融入城市，加大了社会距离、心理距离，进而可能引发社会风险。③

## 二、制度性因素

科学、合理的社会制度和政策是解决社会问题、服务社会发展的重要工具，有助于规范相关主体的行为、协调利益关系，预防和化解相关社会风险。但是，不科学、不合理的制度不但不能解决问题，甚至还有可能滋生问题、助长风险，成为社会风险产生的重要根源，甚至可能成为社会危机的导火索。老年贫困问题和养老服务不足表面上体现的是经济原因，是投入的不足和经济方面的不公平，实质上体现的是相关社会制度和政策的不完善，形成了无形或有形的社会排斥。有学者指出，"在中国，要实现各群体之间的社会融合，不仅要翻越无形隔离墙，更要翻越有形隔离墙，在多数情况下，强大的

---

① 尹建军. 社会风险及其治理研究[D]. 北京：中共中央党校博士学位论文，2008.

② 徐静，徐永德. 生命历程理论视域下的老年贫困[J]. 社会学研究，2009（6）：122-145.

③ 鲍宗豪. 快速城市化进程中的社会风险[J]. 探索与争鸣，2012（10）：12-14.

有形隔离墙是难以逾越的"。① 这实际上反映了社会制度和政策所导致的社会排斥及其可能导致的社会冲突和社会风险。

从现有的社会政策和公共服务制度来看，情况并不理想，缺乏系统规划与科学论证，无论是数量还是质量均难以满足老年人的需求，难以应对老龄化风险。以解决老年经济贫困的养老保险制度为例，其制度模式和制度设计的不完善难以让老年人公平分享改革发展成果，而且在一定程度上反映了代际之间、不同户籍群体之间、不同区域群体之间、不同职业群体之间，甚至群体内部（比如不同事业单位之间）的不公平和矛盾。一些学者甚至认为，养老保险制度不但没有起到调节收入分配、促进社会公平的作用，在一定程度上还扩大了收入差距，起到了"逆向公平"的作用。老年相对贫困问题的存在，反映的就是养老保险制度的不完善和公平性不足。在老年人的精神保障方面，虽然有一定的法律约束，但缺乏具体、有效的实施办法，约束性的内容较多，而激励性、建设性的内容不足。此外，在养老服务、老年人权益等方面的政策和制度供给不足，难以满足老年人的养老需求和权益保障需求。

## 三、发展性因素

随着经济发展水平的提升，老年人的各类需求日益增长，不仅包括基本的生活保障需求，还包括社会参与、服务需求、精神需求等方面，老年人需求的内容日益多样化，需求的标准和层级也在提升，对服务品质的要求更高。老年人的权益意识和群体意识日益增强，更加考验老龄政策的完善与政府的老年公共服务能力。与老年人日益增长的各类需求相比，老年保障体系与老年服务体系的发展显得相对滞后，难以满足老年人的需求。

在改革开放的过程中，老年人的保障与服务能力得到了显著提升，但是，由于不同老年人的需求水平不同、收入能力不同，对服务的满足程度与满意度也会不同，不同老年人对改善的受益程度不同，因而产生了相对剥夺感和不公平感，这是容易导致社会对立、冲突风险的重要因素，容易成为社会危机的导火索。当个体将其现实处境与参照对象进行比较并发现自己处于劣势时，就会产生相对剥夺感。② 比较结果的差距越大，相对剥夺感就越强烈，攻击行为就越可能发生，相对剥夺感有时甚至比绝对剥夺的受挫感更危险，它

---

① 陈友华，苗国. 制度隔离背景下的流动人口社会融合：何以可能？[J]. 人口与发展，2014（3）：11-14.

② S. W. Zhang, E. P. Wang, Y. W. Chen. Relative Deprivation Based on Occupation: An Effective Predictor of Chinese Life Satisfaction [J]. Asian Journal of Social Psychology, 2011（2）：148-158.

常常成为群体性抗议事件的重要诱因。[①] 在老龄社会背景下，由于相关老龄政策的不完善、不公平，容易产生老年人的利益失衡，与在职人员进行比较、不同老年人之间进行比较，如果在外部因素的刺激下，不排除产生老年人的群体性事件，危及社会稳定。

## 四、个体性因素

个体性因素主要是指由于作为个体的老年人的需求、认识、能力方面的差异，以及政策制定者、公共服务提供者等相关主体的认识、能力、素质差异，可能导致相关制度和政策的不完善，对部分老年人的忽视和需求供给不足，从而容易引发群体性风险和社会性风险。个体性因素来自于个体，表面上反映的是个性问题而非群体问题或社会问题。在社会结构、社会制度和政策、社会环境等因素的作用下，可能使得个体风险向群体风险和社会风险转化，社会风险直接源于个体对相关社会问题的感知。

从老年人的角度，老年人具有相似的身心特点，但是个体的需求依然千差万别，社会制度和政策需要考虑共性需求和个体差异，增强制度、政策的科学性与精准性。目前相关制度和政策在对老年人共性需求考虑不足的同时，对不同类型老年人的个性化、差异化需求更是难以充分考虑。个体对相关制度和政策的感知、认识是存在明显差异的，既有积极的认识和情绪，也有消极的认识和情绪，个体的情绪存在相互影响与蔓延的可能。当前老年人的预期不稳导致公众焦虑与不安情绪蔓延，任何有关养老金收支缺口的预测或判断都会引发公众对这一制度的质疑，许多人担心自己将来领不到足够的养老金，会影响到老年的生活，进而对这一制度及作为担保人的政府失去信心。[②]养老保险制度的不公平也会使得老年人产生社会不公平的认知与感受。老年人对政府和社会的信任不足，对社会不公的感知，是老龄化社会问题、风险和危机产生的重要根源。

从其他主体来看，对老年人、老龄化的认识直接影响到老年人的社会地位和权益保障，无论是政策制定者与实施者，还是普通大众。不同的老龄观会产生对老年人的不同认识（积极还是消极）、不同的老龄政策、不同的社会效果。老年人究竟是社会贡献者还是社会负担、歧视还是平等对待老年人、排斥还是包容老年人，对这些问题的不同看法会产生不同的行为与效果。在现实中，一些人并没有正确对待老年人与老龄化问题，将老年人看作社会的负担，而忽视其退休前的劳动贡献，导致不同程度地忽视、排斥、冷落对待

---

①　胡联合. 群体性事件的演化机理及其启示[J]. 探索, 2017（1）：124-133.

②　郑功成. 加快社会保障改革, 提升社会治理水平[J]. 社会治理, 2015（1）：32-40.

老年人，侵犯老年人权益的现象屡屡发生，潜伏着老龄化的风险与危机。

# 第四节 合作共治：老龄社会风险的应对

应对人口老龄化的社会风险是一项复杂的系统工程，应该充分发挥政府、市场、社会、家庭、社区等不同主体的作用，实现合作共治。

## 一、政府层面

政府是应对老龄社会风险的主导力量，老龄化问题及风险的存在，很大程度上归结于政府相关职责的缺失或不足，需要强化政府在应对老龄社会风险中的主导作用。

（一）大力推进老年保障体系建设，构建全面、公平、可持续的老年保障体系

老年保障的实质是老年风险保障，老年保障具有抵御老龄社会风险、维持和促进社会稳定的功能。构建一个科学、完善的老年保障体系是应对老龄风险的必然要求，主要包括老年经济保障、医疗保障、服务保障、精神保障等方面。在经济保障方面，应该坚持以保险为主，救助、保险与福利相结合，完善目前的养老保险制度，建立"基础统一、多元多层"的养老保险制度，建立公平、可持续的养老保险制度。进一步推进养老保险制度的整合，提高基本养老保险统筹层次，实现基础养老金全国统筹，探索建立人人均等享受的国民养老保险制度或国民年金制度，建立普惠型的老龄津贴或高龄津贴制度，增强养老保险的公平性。在医疗保障方面，进一步提高补偿水平，探索支付方式改革，降低老年人的医疗负担；同时，完善医疗服务体系，提高基层医疗服务水平，改进医生服务态度，为老年人提供高效、质优、价低、方便可及的医疗服务。在服务保障方面，需要全面加强养老服务体系建设，需要重点发展居家养老服务和社区养老服务，提高养老机构的服务能力，通过政府购买服务的方式助推进民办养老机构的发展，加强养老服务人才的培养，提高养老服务的专业化水平。在精神保障方面，应该通过资金、设施等方面加强老年人的精神干预和支持，预防和化解老年人的心理和精神危机，建立全面的精神保障机制，包括心理促进机制、物质（设施）支持机制、文化教育机制、社会控导机制。[①]

（二）加强老年法制建设，制定和完善公平、包容的老龄政策

无论是老年保障体系的完善，还是老年人权益的维护，都需要有健全、完

---

善的法律法规。需要继续完善《老年人权益保障法》，细化相关条款，明确不同主体在老年人权益保障中的责任，增强法律的可操作性。应该从国家层面探索制定《养老保险条例》或者《养老保险法》，对养老保险体系进行顶层设计和系统谋划。应该在相关法律法规的基础上，结合地方实际，制定和完善公平、包容的老龄社会政策。相关政策要求处理好户籍老年人与外来常住老年人的关系，公平对待外来老年人。重点关注老年群体中的空巢老人、失独老人、贫困老人以及遭受意外事件的老人等风险较高、能力较弱的特殊老年群体。

### (三) 加强财政资金投入，建立和完善老年保障待遇调整机制

老年人各类需求的满足与老龄化社会风险的预防与化解，有赖于增加政府的资金投入。同时，需要优化财政投入的方向和结构，财政投入体现政府责任和公平性，重点聚焦于特殊老龄群体，聚焦于满足老年人的基本生活需求和基本服务需求，聚焦于老龄化风险的重点领域，比如加强财政对基本养老保险、老年基本医疗保险、高龄津贴、老年社会救助、高龄老人护理服务、老年基本公共服务设施建设等方面的投入。合理划分中央和地方的责任以及不同层级政府之间的责任，作为国家首都，适当加大中央财政对北京市的投入责任，不推卸地方政府责任。建立各类老年保障待遇调整机制，使之与经济发展水平、工资水平、物价水平等因素动态协调，让老年人公平共享改革发展成果，降低老年人的相对剥夺感。

### (四) 建立老龄社会风险的识别、评估与预警机制

国内对社会风险预警与评估的研究相对较多，[①] 而专门针对老龄社会风险预警与评估的研究非常缺乏。老龄化社会风险将成为未来我国常态化的社会风险，因而非常有必要建立老龄社会风险的识别、评估与预警机制。作为首都北京，由于其率先进入老龄化，老龄化的风险更加复杂，应该结合实际率先探索建立老龄化风险的识别、评估与预警机制。需要在深入开展社会风险和老龄化相关理论研究的基础上，立足于老年人的利益诉求和现实问题，综合运用各类统计数据、调查数据进行分析，建立老龄社会风险指标体系，特别要运用大数据思维、方法和技术开展老龄化风险的识别与评估。相关主管部门或者联合有关高效和科研机构撰写"首都老龄社会风险指数报告"，及时研判老龄化社会风险，并提出预防和治理建议。

## 二、社会层面

老龄化风险的治理与防范需要社会的参与，培育和发掘社会资本，建立

---

① 张超. 社会风险指标体系及其评估[J]. 世界经济与政治论坛，2015（6）：154-167.

社会资源整合机制,① 构建多元社会支持体系。第一，社会成员应该正确看待老年人。老年是每个正常人生命的必经阶段，善待老年人就是善待自己的未来。树立积极老龄化的思维，不应该把老年人看作家庭和社会的累赘，而应该承认老年人在年老前的贡献，关爱、帮助老年人是全体社会成员的责任。第二，需要大力发展老年社会工作、医务社会工作者、老年志愿服务队伍，本着公益、志愿的精神加强对老年人的关怀与帮助，精准发现老年人生活中存在的各种问题，对贫困老人、孤寡老人、空巢老人、失能老人提供一对一的帮助，更好地满足老年人的需求。第三，加强社会资源的投入，充分吸引和运用社会公益慈善资源支持老年保障体系建设和老龄事业的发展，更多、更好地惠及老年人。第四，发展老年社会组织与非营利性养老服务机构，包括权益维护型和生活服务型的组织，如各类老年人协会组织，通过老年社会组织维护老年人权益，为老年人提供全方位的优质服务，满足老年人的各类需求。

## 三、市场层面

市场作为一个重要的老年保障供给主体之一，通过市场提供多样化、多层次的产品与服务，有助于满足不同人群差异化的养老需求。市场的作用主要体现在：一是积极参与养老服务体系建设，增强养老服务的供给，为老年人提供各类养老服务，尤其是为中高收入的老年人提供市场化的养老服务，参与政府购买养老服务的提供。二是积极参与多层次养老保险体系建设，为老年人提供安全、稳定的养老金预期，降低老年人的养老顾虑与焦虑情绪；参与基本养老保险基金的管理与投资，实现基金的安全与保值增值；发挥市场在补充养老保险、个人储蓄养老方面的作用，推进职业年金、企业年金的市场化发展。三是积极参与提供多样化的医疗、护理服务以及市场化的老年精神保障服务，使老年人在有需要的时候能够购买到相应的服务。

## 四、家庭层面

有调查研究发现，选择在自己家或子女家养老的老年人占 94.16%。② 家庭养老依然是我国最核心的养老模式，与政府、市场、社会相比，家庭养老具有独特的情感优势，在老龄社会风险的预防与治理过程中，应该充分发挥家庭的作用。虽然由于人口结构的变化导致了家庭的小型化和核心化给养老

---

① 王三秀. 积极老龄化与我国老年贫困治理路径新探索[J]. 江淮论坛，2016（1）：132-137.

② 杜鹏，孙鹃娟，张文娟，王雪辉. 中国老年人的养老需求及家庭和社会养老资源现状——基于 2014 年中国老年社会追踪调查的分析[J]. 人口研究，2016（6）：49-61.

带来了巨大压力，但是不能以此为借口回避家庭的责任。第一，家庭成员应该尊敬、了解、关心、包容老年人，为老年人提供力所能及的帮助，努力满足老年人的身心需求。第二，家庭成员应该加强与老年人的交流与沟通，与老年人分享信息，经常陪伴、看望老年人。第三，家庭成员应该理解老年人，正确处理好与老年人的代沟问题，不与老年人发生争执和冲突，营造良好的家庭代际关系。当然，政府也应该从时间、金钱、设施等方面为家庭养老创造更好的条件。

## 五、社区层面

社区是社会治理的基层组织，更加贴近老年人和家庭，在满足老年人的需求、加强老年人的管理与服务、预防和治理老龄社会风险方面具有重要作用。第一，大力发展社区养老服务，培育各类社区养老服务组织，在社区中为老年人提供各类生活服务，如就餐服务、换洗服务、医药服务、护理服务、陪伴服务等。第二，发挥社区基层组织、党团组织和养老服务组织的作用，积极开展各类老年活动，如老年文艺会演、老年书法大赛、老年摄影大赛、棋类大赛等，组织老年人外出参观、旅游，丰富老年人的精神生活。第三，改进社区治理方式和老年管理服务方式，吸引老年人参与社区管理工作，开展社区老年志愿服务和公益活动，组织低龄老人为高龄老人提供服务，增强老年人的社区参与感。在社区管理与服务的过程中，兼顾不同类型老年人的需求与感受，尤其是那些自理能力不足的老年人和外地户籍的老年人，增强他们的社区归属感和认同感。

**参考文献**

［1］Smelser N.. Theory of Collective Behaviour［M］. New York：Free Press，1962.

［2］S. W. Zhang, E. P. Wang, Y. W. Chen. Relative Deprivation Based on Occupation：An Effective Predictor of Chineselife Satisfaction［J］. Asian Journal of Social Psychology，2011（2）：148-158.

［3］鲍宗豪. 快速城市化进程中的社会风险［J］. 探索与争鸣，2012（10）：12-14.

［4］陈友华，苗国. 制度隔离背景下的流动人口社会融合：何以可能？［J］. 人口与发展，2014（3）：11-14.

［5］杜鹏，孙鹃娟，张文娟，王雪辉. 中国老年人的养老需求及家庭和社会养老资源现状——基于2014年中国老年社会追踪调查的分析［J］. 人口研究，2016（6）：49-61.

［6］耿德伟．中国老龄人口的收入、消费及储蓄研究［D］.北京：中国社会科学院研究生院博士学位论文，2012.

［7］胡联合．群体性事件的演化机理及其启示［J］.探索，2017（1）：124-133.

［8］黄国桂，陈功．北京老年贫困状况的变化趋势及对策研究［J］.北京社会科学，2017（5）：90-98.

［9］李洁．老年犯罪的文化社会学分析［J］.求索，2013（3）：172-175.

［10］林宝．北京市人口老龄化问题与战略选择［J］.北京社会科学，2011（1）：9-13.

［11］潘金洪，帅友良，孙唐水，张吟鹤，薛晓华，周长青．中国老年人口失能率及失能规模分析［J］.南京人口管理干部学院学报，2012（4）：3-7.

［12］彭希哲，胡湛．公共政策视角下的中国人口老龄化［J］.中国社会科学，2011（3）：121-138.

［13］王三秀．积极老龄化与我国老年贫困治理路径新探索［J］.江淮论坛，2016（1）：132-137.

［14］王彦斌，许卫高．老龄化、社会资本与积极老龄化［J］.江苏行政学院学报，2014（3）：75-81.

［15］徐静，徐永德．生命历程理论视域下的老年贫困［J］.社会学研究，2009（6）：122-145.

［16］杨舸．流动人口与城市相对贫困：现状、风险与政策［J］.经济与管理评论，2017（1）：13-22.

［17］尹建军．社会风险及其治理研究［D］.北京：中共中央党校博士学位论文，2008.

［18］张超．社会风险指标体系及其评估［J］.世界经济与政治论坛，2015（6）：154-167.

［19］郑功成．加快社会保障改革，提升社会治理水平［J］.社会治理，2015（1）：32-40.

［20］周绍斌．从物质保障到精神保障——老年保障的新趋势［J］.福建论坛（人文社会科学版），2007（7）：128-131.

［21］周绍斌．论老年精神保障机制的建构［J］.广东社会科学，2006（2）：180-183.

# 第九章　北京市老年相对贫困与养老保险制度公平发展

　　人口老龄化是当前我国的重要国情之一，我国的人口老龄化正处于快速行进的过程中。20 世纪 90 年代初，北京市在全国率先进入了老龄社会，并且体现出老年人口数量多、老龄化速度快、高龄化等特点。人口老龄化给北京市经济社会发展带来了挑战和风险，未来需要采取有效措施积极应对。老年贫困风险是老龄化社会的风险之一，老年贫困包括绝对贫困和相对贫困两种类型，随着北京市经济发展水平的提升和社会保障体系的完善，老年绝对贫困的发生率明显下降，但是，由于绝对贫困标准的提升，老年绝对贫困人数的绝对量有增无减。在存在绝对贫困问题的同时，相对贫困问题更加突出，收入分配差距的扩大，加剧了老年贫困。与老年绝对贫困问题相比，老年相对贫困的社会风险更大，将可能导致社会不公，引起群体对立甚至冲突，影响社会稳定与和谐。养老金是老年人的重要收入来源之一，养老保险制度是调节收入分配的重要工具，老年相对贫困的存在在一定程度上反映了养老保险制度的问题，尤其是公平性问题。因此，预防和解决老年相对贫困问题，需要从首都社会治理的高度，积极审视养老保险制度的公平性，推进养老保险制度的公平发展。

## 第一节　老年相对贫困及其社会后果

### 一、贫困与老年贫困

　　对贫困概念的理解是老年贫困研究的基础。"贫困本身是一个模糊的概念，它不具备确定性，随着时空以及人们思想观念的变化而变化。"[1] 关于贫困的定义，不同的学者从不同的立场和视角有不同的理解。较多学者主要从经济贫困、收入和物质匮乏的层面理解贫困的内涵。朗特里较早指出："如果一个家庭的总收入不足以维持家庭人口最基本的生存活动要求，那么，这个

---

[1]　Oppenheim C. . Poverty: The Facts [M]. London, Child Poverty Action Group, 1993.

家庭就基本上陷入了贫困之中。"① 史密斯、汤森、萨缪尔森等均强调贫困是指家庭收入的匮乏，难以维持最起码的生活需求和活动需要。一些学者对贫困的内涵做了进一步延伸，将能力、机会、权力等要素纳入了贫困概念的范围。阿马蒂亚·森认为"贫困者之所以贫困，根本在于穷人应该享有的基本权利往往被系统性地剥夺，从而使他们陷入贫困的恶性循环"。② 世界银行指出："贫困不仅指收入低微和人力发展不足，它还包括人对外部冲击的脆弱性，包括缺少发言权、权利和被社会排除在外。"③ 国内一些学者也对贫困的定义进行了综合探讨，包括关信平④、童星和林闽刚⑤、康晓光、⑥ 叶普万和王军⑦等，这些学者主要从经济、物质、文化、精神、社会权利等多个维度探讨贫困的含义。

老年贫困是贫困的类型之一，贫困呈现出老年化特征。⑧ 关于老年贫困的定义，我们认为，老年贫困是指在特定的时空和社会文化条件下，老年人的生活水准低于当地社会平均水平，甚至难以维持最起码的老年生活需要和正常的社会参与活动需求。老年贫困包括了老年生活的各个方面和维度，这里主要讨论的是经济方面，即老年经济贫困。根据贫困的程度划分，老年贫困包括了绝对贫困和相对贫困两种类型。老年绝对贫困是老年人由于劳动能力的减弱和收入的匮乏难以维持最起码的生活水平的状态，老年相对贫困是一些老年人的收入水平虽然达到了最低生活水准的要求，但是，由于各种原因，与高收入和较高养老金水平的老年人相比，处于较低水平而且差距较大的状态。老年相对贫困主要以不同老年人的收入和社会平均收入为参照标准。从老年贫困的发展趋势来看，随着经济发展水平的提升和社会保障体系的完善，老年绝对贫困现象日益减少，绝对贫困与相对贫困并存，但老年相对贫困问题日益突出。因此，这里主要关注老年相对贫困问题。

## 二、老年相对贫困的社会后果

老年绝对贫困与相对贫困此消彼长，老年相对贫困问题越来越突出。与

---

① 樊怀玉. 贫困论：贫困与反贫困的理论与实践[M]. 北京：民族出版社，2002.

② [印] 阿马蒂亚·森. 贫困与饥荒：论权利与剥夺[M]. 王宇等译. 北京：商务印书馆，2004.

③ 世界银行. 2000/2001 年世界发展报告[M]. 北京：中国财政经济出版社，2001.

④ 关信平. 中国城市贫困问题研究[M]. 长沙：湖南人民出版社，1999.

⑤ 童星，林闽刚. 我国农村贫困标准线研究[J]. 中国社会科学，1994 (3)：86-98.

⑥ 唐晓光. 中国贫困与反贫困理论[M]. 南宁：广西人民出版社，1995.

⑦ 叶普万，王军. 全球视野内的中国贫困问题研究[J]. 山东社会科学，2003 (5)：16.

⑧ 陈银娥，何雅菲. 人口结构与贫困：来自中国的经验证据[J]. 福建论坛（人文社会科学版），2013 (7)：17-22.

老年绝对贫困相比，老年相对贫困更加容易引起不同群体之间的攀比、对立和冲突，加剧社会不公平，导致不良的社会后果。具体来看，老年相对贫困可能导致以下几个方面的社会后果：

一是进一步凸显社会不公，不利于社会公平正义。公平正义是社会发展的重要目标，老年相对贫困的实质是权益的不公平和老年社会中不公平，在社会整体收入差距较大、社会公平状况不理想的背景下，老年相对贫困问题进一步凸显了社会不公平，不利于社会公平正义，不利于老年人公平共享发展成果。

二是容易使老年人产生相对剥夺感与社会排斥感，不利于社会认同与社会融合。在与参照系（收入较高者）的比较下，老年相对贫困者容易形成相对剥夺感，甚至产生被排斥的感觉，影响老年人的社会参与，不利于增强老年人的社会认同感，对于社会融合与社会凝聚力的形成产生负面影响，不利于社会建设与发展。

三是可能导致群体对立与冲突，不利于社会稳定和谐。老年相对贫困容易使得不同职业和收入水平的老年人之间、老年人与成年人之间产生隔阂、对立甚至冲突。如果不积极预防和处理，甚至可能产生群体性的冲突，导致群体性事件的发生和社会危机，直接危及社会稳定，加大了社会治理的难度。

四是可能导致老年人心理失衡，容易出现社会越轨行为。由于身体机能的减弱，老年人的心理具有脆弱性，容易出现老年心理问题。如果再加上由于老年相对贫困引起的外部刺激，更加容易导致老年人的心理失衡，产生贫富心态和强烈的不公平感，容易导致老年人产生危害他人和社会的越轨行为，比如产生偷窃、抢劫、杀人、强奸等违法犯罪行为。

# 第二节　北京市老年相对贫困现状、 成因及与养老保险的关系

## 一、北京市老年人的收入来源及相对贫困状况

考察老年相对贫困状况，首先应该了解老年人的收入来源情况。无论如何，随着老年人劳动能力的下降，其劳动收入能力逐步下降甚至消失，不得不依赖于外部来源渠道，主要是养老金收入，城镇老年人更是如此。随着养老保险制度的不断完善、覆盖面的不断扩大、待遇水平不断提升，越来越多的老年人加入到养老保险的范围中来，截至 2016 年底，北京市参加城镇职工基本养老保险的人数为 1459.1 万人，年末参加城乡居民养老保险的人数为

215.7 万人。① 目前北京市城镇老年人的收入来源中，90%以上来源于自己的离退休金或养老金，大大高于农村老年人（见表 9-1）。因此，老年人的相对贫困主要反映在其离退休养老金的差距方面。

表 9-1　北京市老年人的收入来源　　　　　　　　单位：%

| 收入来源项目 ＼ 城乡老年人 | 城镇老年人 | 农村老年人 | 合计 |
|---|---|---|---|
| 自己的离退休金和养老金 | 90.8 | 36.6 | 84.0 |
| 自己劳动或工作所得 | 0.7 | 6.2 | 1.4 |
| 配偶的收入 | 1.4 | 12.1 | 2.8 |
| 其他家庭成员的资助 | 4.6 | 21.8 | 6.8 |
| 政府、社团的补贴、资助 | 1.8 | 19.6 | 4.0 |
| 其他 | 0.7 | 3.7 | 1.1 |

资料来源：2010 年第三期中国妇女社会地位抽样调查数据。

从北京市城镇居民家庭人均可支配收入中的离退休金和养老金收入来看，2015 年全市城镇居民家庭的养老金收入为 13297 元，但是，不同收入组家庭的养老金收入水平差距较大。低收入组家庭的养老金收入仅为 4103 元，为全市城镇家庭平均养老金收入的 30.86%，即不到平均收入的 1/3；高收入组家庭的养老金收入为 21381 元，是全市城镇居民家庭平均养老金收入的 1.61 倍，高收入家庭的养老金收入是低收入家庭的 5.2 倍，收入差距非常之大，在很大程度上反映了北京市的老年人口相对贫困状况（见表 9-2）。如果进一步计算，相对贫困人口一般以当地平均收入的 50%作为相对贫困线，根据有关学者的研究和测算，2015 北京市老年相对贫困率分别为 19.8%，虽然相对贫困的比率逐步在下降，但相对贫困人口的绝对数量有增无减，2000 年、2015 年分别为 61.3 万人、67.4 万人。老年贫困呈现高龄化的趋势，高龄老人的贫困风险更高，80 岁及其以上的高龄老年人相对贫困率从 2000 年的 11.9%上升至 2015 年的 14.2%。从高龄老人占老年贫困总人口比例的历年变化来看，其比例也呈现上升的趋势。在城乡分布上，城乡老年贫困差距有所缩小，但城市老年贫困问题趋显。②

---

① 资料来源：《2016 年北京市国民经济和社会发展统计公报》。
② 黄国桂，陈功. 北京老年贫困状况的变化趋势及对策研究[J]. 北京社会科学，2017（5）：90-98.

表 9-2　2015 年城镇居民家庭人均可支配收入　　　　　　单位：元

| 收入等级<br>收入项目 | 全市<br>平均 | 低收入户<br>（20%） | 中低收入<br>户（20%） | 中等收入<br>户（20%） | 中高收入<br>户（20%） | 高收入户<br>（20%） |
|---|---|---|---|---|---|---|
| 可支配收入 | 52859 | 23442 | 37709 | 49314 | 64206 | 103748 |
| 转移性收入 | 14066 | 4754 | 10375 | 15692 | 20132 | 22774 |
| 养老金或离退休金 | 13297 | 4103 | 9822 | 15042 | 19407 | 21381 |
| 社会救济和补助 | 30 | 105 | 21 | 6 | 2 | 1 |
| 赡养收入 | 82 | 120 | 52 | 61 | 96 | 77 |
| 其他经常转移收入 | 99 | 154 | 165 | 48 | 27 | 83 |

资料来源：2016 年《北京统计年鉴》。

## 二、老年相对贫困的成因

从北京市老年相对贫困的成因来看，导致老年相对贫困的原因是多方面的，既有迈入年老之前的延续性贫困，也有年老之后的继发性贫困，具体来看，主要包括以下几个方面：

一是工作时期的收入能力与收入水平差距过大。可以概括为收入型相对贫困或者延续型相对贫困，即从在职期间收入的差距来看老年相对贫困。工作时期的职业岗位、劳动能力与收入水平直接影响其在职期间和退休后的生活。在职期间的收入水平直接影响老年人的退休储蓄和养老保险缴费、待遇水平，因而收入能力、收入水平的差距导致储蓄水平的差异和退休后养老金的差距。从 2015 年北京市城镇在岗职工的平均工资水平来看，差距比较大。2015 年全市在岗职工年平均工资为 113073 元（见表 9-3），按登记注册类型分，外商投资企业职工年平均工资最高，为 152406 元；股份合作制企业职工的年平均工资最低，为 42692 元，前者是后者的 3.57 倍。按国民经济行业划分，金融行业职工的年平均工资为 285795 元，农业企业职工的年平均工资为 40761 元，不足前者的 14.3%；住宿和餐饮业（54731 元）、居民服务、修理和其他服务业职工（49481 元）的年平均工资水平也比较低，均不足全市城镇职工年平均工资的 50%。从北京市各支区的城镇单位职工年平均工资来看，首都核心功能区城镇职工年平均工资最高，为 152446 元，其次是城市功能拓展区，为 113476 元，最低的是生态涵养发展区，为 68589 元，仅为首都核心功能区城镇职工年平均工资的 45%。从具体地区的城镇职工年平均工资来看，最高的西城区为 167818 元，最低的延庆区为 55389 元，后者仅为前者的

33%，为全市城镇职工年平均工资的49%。①

表9-3　2015年北京市各地区城镇单位在岗职工平均工资　　单位：元

| 地区 | 在岗职工平均工资 |
|---|---|
| 全市 | 113073 |
| 首都核心功能区 | 152446 |
| 东城区 | 129745 |
| 西城区 | 167818 |
| 城市功能拓展区 | 113476 |
| 朝阳区 | 116848 |
| 丰台区 | 78254 |
| 石景山区 | 92057 |
| 海淀区 | 126435 |
| 生态涵养发展区 | 68589 |
| 门头沟区 | 74441 |
| 怀柔区 | 84628 |
| 平谷区 | 58236 |
| 密云区 | 71881 |
| 延庆区 | 55389 |
| 城市发展新区 | 87758 |
| 房山区 | 75236 |
| 通州区 | 71249 |
| 顺义区 | 95553 |
| 昌平区 | 84794 |
| 大兴区 | 93926 |

注：城镇单位是指不包括私营企业和个体工商户的独立核算法人单位。

资料来源：2016年《北京统计年鉴》。

---

① 资料来源：2016年《北京统计年鉴》。

二是在职期间和老年时期支出水平及承受能力的差距。可以概括为支出型相对贫困，即由于老年人在职期间和老年时期支出的不均衡及承受能力差异对老年相对贫困的影响。从北京市不同收入等级家庭的收支情况来看，低收入户家庭人均消费支出占可支配收入的比重为79.3%，而高收入户家庭的人均消费支出占可支配收入的比重为61%，低收入家庭的支出压力明显更大。低收入家庭的恩格尔系数（26.5%）明显高于高收入家庭（16.6%）。教育、文化和娱乐支出在低收入家庭中的比重（11.6%）要明显高于高收入家庭（10.8%），中低收入家庭的医疗保健支出（7.3%）也明显高于高收入家庭（6.8%）（见表9-4）。可见，低收入家庭的教育、医疗卫生支出负担相对较大，低收入家庭的支出相对较大与收入的相对较低之间的矛盾更加容易导致老年相对贫困的发生。

表9-4　2015年北京市城镇居民家庭人均收支情况

| 收入项目 \ 收入等级 | 全市平均 | 低收入户（20%） | 中低收入户（20%） | 中等收入户（20%） | 中高收入户（20%） | 高收入户（20%） |
|---|---|---|---|---|---|---|
| 人均可支配收入（元） | 57275 | 25812 | 41555 | 53829 | 69501 | 109429 |
| 人均消费支出（元） | 38256 | 20476 | 28909 | 36156 | 46586 | 66743 |
| 人均消费支出占可支配收入的比重（%） | 66.8 | 79.3 | 69.6 | 67.2 | 67.0 | 61.0 |
| 人均消费支出（%） | 100.0 | 100.0 | 100.0 | 100.0 | 100.0 | 100.0 |
| 食品烟酒支出（恩格尔系数） | 21.1 | 26.5 | 24.9 | 23.1 | 19.7 | 16.6 |
| 衣着支出 | 6.9 | 7.2 | 7.3 | 7.5 | 6.3 | 6.7 |
| 居住支出 | 31.7 | 27.1 | 28.7 | 28.5 | 34.1 | 35.4 |
| 生活用品及服务支出 | 6.6 | 6.1 | 6.4 | 6.5 | 6.7 | 6.8 |
| 交通和通信支出 | 13.3 | 13.5 | 13.0 | 13.5 | 12.7 | 13.6 |
| 教育、文化和娱乐支出 | 10.6 | 11.6 | 10.0 | 10.4 | 10.4 | 10.8 |
| 医疗保健支出 | 6.9 | 5.7 | 7.3 | 7.2 | 7.1 | 6.8 |
| 其他用品及服务支出 | 3.0 | 2.2 | 2.4 | 3.3 | 3.0 | 3.4 |

注：构成数据未做机械配平。

资料来源：2016年《北京统计年鉴》。

## 三、老年相对贫困与养老保险的关系

养老保险制度差异及待遇差距过大是导致老年相对贫困的重要原因，可以称之为"制度型老年相对贫困"。养老保险制度是老年人经济保障的重要制度安排，科学、合理的养老保险制度对于预防和缓解老年贫困（无论是绝对贫困还是相对贫困）具有重要作用。但是，也不能一概而论，前提条件就是养老保险制度的覆盖面、保障水平、科学性与公平性，相反，如果养老保险制度覆盖面窄、保障水平低、不科学、不公平，可能会使一些老年人陷入绝对贫困的境地，甚至有可能加剧老年人的相对贫困。刘海宁、穆怀中通过实证研究认为，城镇社会养老保险具有消除贫困的功能，"统账结合"的养老保险制度能较好地、分层次地解决老年贫困问题，但是，需要提高覆盖面和遵缴率。①

从理论上来看，养老保险的筹资机制、补偿机制、融合性与便携性、转轨方案都不同程度地影响其收入分配调节作用，其核心作用可以从资金筹集模式和待遇确定模式两个方面来体现。现收现付型筹资模式和给付确定型待遇确定模式通过养老保险资金的统一筹集和支付行为，具有较大的收入分配调节作用；基金积累型筹资模式和缴费确定型给付模式则主要是个人生命周期内从年轻时期（在职时期）向年老时期（非在职时期）的收入调节。需要注意的是，现收现付制与给付确定制并非一一对应关系，基金积累制与缴费确定制也并非完全对应关系。很多国家的养老保险制度往往是不同筹资模式和待遇确定模式的混合，确定其收入分配作用的大小则更加复杂。② 姚建平以美国为例，分析了社会养老保险制度的反贫困作用。美国的"老年、遗属和残疾保险（OASDI）"在计发办法上具有累退倾向，在受益对象上不限于退休者本人，还包括配偶、遗属和残疾人，在实际给付时关于受益类型、课税、最低和最高收益、随生活成本进行调整等政策规定，对于低收入者保护倾向非常明显。

从养老保险制度的收入分配调节作用来看，学者的研究有不同的观点，既显示了积极的作用，也显示了消极的作用。杨震林和王亚柯（2007）③ 以及王晓军和康博威（2009）④ 等学者通过测算认为，我国现行的社会养老保险制度安排存在明显的收入再分配作用。也有一些学者认为目前的养老保险制度在调节收入分配方面存在不同程度的问题。杨俊（2010）认为，当社会统筹养老保险制度的缴费率在合理范围内增加时将改进社会福利水平，同时社会福利的分配将更趋于公平，而过高的缴费率会损害社会福利和分配公平。彭浩然和申曙光（2007）认为，与原养老保险制度相比，新养老保险制度明

---

① 刘海宁，穆怀中. 城镇居民基本养老保险消除老年贫困功能研究[J]. 理论界，2005（5）：107-109.

② 王延中，龙玉其，江翠萍，徐强. 中国社会保障收入再分配效应研究——以社会保险为例[J]. 经济研究，2016（2）：2-11.

③ 杨震林，王亚柯. 中国企业养老保险制度再分配效应的实证分析[J]. 中国软科学，2007（4）：39-48.

④ 王晓军，康博威. 我国社会养老保险制度的收入再分配效应分析[J]. 统计研究，2009（11）：75-81.

显减弱了代内再分配效应，并且可能会引起严重的代际不公平。更有学者认为，伴随养老保险制度的改革和发展，离退休人员的养老金收入差距从1988～2007年的20年间扩大了近40%（李实等，2013）。[①]

## 第三节　北京市养老保险制度及其公平性审视

### 一、北京市养老保险制度的现状

北京市不断建立和完善各类养老保险制度，在国家养老保险法律法规和政策的指导下，北京市结合自身实际出台了各类养老保险办法，不断推进养老保险制度改革，走在全国前列，取得了积极成效。先后出台了《北京市农民工养老保险暂行办法》《北京市基本养老保险规定》《关于贯彻实施北京市基本养老保险规定有关问题的通知》《北京市新型农村社会养老保险试行办法》《北京市新型农村社会养老保险试行办法实施细则》《北京市城乡无社会保障老年居民养老保障办法》《北京市城乡无社会保障老年居民养老保障办法实施细则》《北京市城乡居民养老保险办法》《北京市城乡居民养老保险办法实施细则》《北京市机关事业单位工作人员养老保险制度改革实施办法》，为不同人群建立了不同的养老保险制度，构建了相对完整的养老保险制度体系框架。

从现有的制度设计来看，主要包括三类：城镇职工基本养老保险、城乡居民养老保险、机关事业单位人员基本养老保险。北京市城镇职工基本养老保险制度基本上按照国家的制度规定实施，个人缴费比例为8%，全额计入个人账户，缴费基数为本市上一年度职工月平均工资的60%～300%，企业缴费比例为20%。城镇个体工商户和灵活就业人员按照20%的比例缴费，其中8%计入个人账户。北京市城乡居民养老保险实行个人账户与基础养老金相结合，采取按年缴费的方式缴纳，最低缴费标准为上一年度农村居民人均纯收入的9%；最高缴费标准为上一年度城镇居民人均可支配收入的30%。城乡居民养老保险待遇由个人账户养老金和基础养老金两部分组成，个人账户养老金由个人账户支付，基础养老金标准每人每月280元，由区县财政负担。机关事业单位人员实行社会统筹与个人账户相结合的基本养老保险制度，基本养老保险费由单位和个人共同负担。单位缴费比例为20%，个人缴费比例为8%。职业年金单位缴费比例为8%，个人缴费比例为4%。

---

[①]　李实，赵人伟，高霞. 中国离退休人员收入分配中的横向与纵向失衡分析[J]. 金融研究，2013（2）：1-18.

随着养老保险制度的改革和完善，北京市养老保险的覆盖面不断扩大，覆盖人数不断增加，保障水平不断提高。2016 年末参加城镇职工基本养老保险的人数达到 1459.1 万人，参加城乡居民养老保障人数为 215.7 万人。[①] 逐年提高养老保障标准，企业离退休人员平均养老金、城乡居民基础养老金、城乡居民福利养老金年均增长 10% 以上，[②] 为保障老年人的生活发挥了重要作用。

## 二、北京市养老保险制度公平性的反思

养老保险的公平性是指不同（地区、收入、职业、性别等）人群在享受养老保险权益方面的公正与平等程度，包括同一代老年人之间的养老金收入差距比较和代际之间（老年人养老金收入水平与在职人员收入水平）的比较。提升养老保险的公平性是预防和缓解老年相对贫困的必然要求，北京市老年相对贫困问题的存在，要求对现有的养老保险制度进行反思。对北京市养老保险制度公平性的反思，不仅有利于北京市养老保险体系的完善和老年贫困问题的解决，也有利于为其他地区提供参考和借鉴。总体来看，北京市不断推进养老保险制度改革，着力提升养老保险制度的公平性与可持续性。特别是由于城乡居民养老保险制度的建立、城乡无社会保障老年居民生活保障办法的出台、城乡居民基础养老金制度的建立、机关事业单位养老保险制度改革的推进，北京市养老保险体系的公平性得到了改善。但是，受制于国家养老保险制度不完善的影响，以及其他方面的原因，北京市养老保险制度的公平性还存在提升的空间。主要表现在以下几个方面：

一是在待遇水平方面，不同类型养老保险制度的待遇差距较大。这是导致老年相对贫困最直接的原因。机关事业单位人员、企业职工、城乡居民之间的养老金待遇差距较大，已成为全国公认的事实，北京市也同样如此。由于养老金待遇与个人缴费的关联性较大，在不同职业、地区职工收入差距较大的背景下，不同地区与职业老年人的养老金待遇差距也必然较大。不同人群之间过大的养老金待遇差距不仅可能导致相互攀比，而且容易加剧老年相对贫困。

二是在待遇给付机制方面，缺乏累退机制。养老保险的待遇给付包括给付的资格条件（主要是缴费年限和退休年龄）和计发办法两个方面。从给付条件来看，过低的缴费年限有利于扩大养老保险的覆盖面，有利于机会公平，但是也为养老金待遇差距留下了隐患，由于缴费年限的差距（最长的可超过 35 年，而最低缴费年限仅为 15 年）容易导致待遇差距较大。在退休年龄方面，男、女退休年龄以及提前退休年龄之间差距较大，相差 5~10 年，较早的

---

① 资料来源：《2016 年北京市国民经济和社会发展统计公报》。
② 资料来源：《北京市"十三五"时期老龄事业发展规划》。

退休年龄可能有助于退休期间总体退休金收入的相对增加，但是，容易导致不同退休年龄之间每月领取的养老金待遇水平过大。如果再考虑性别因素，女性的工资水平一般比男性低，因此，更是加剧了不同退休年龄老年人的养老金水平。养老金待遇计发的"累退"机制不够也不利于低收入者养老金水平的提高，容易导致老年相对贫困。此外，养老金待遇调整机制的不完善也不利于老年人共享发展成果，容易导致老年人产生与在职人员工资增长相对应的攀比和不公平心理，即产生代际不公平感。年轻人与老年人之间为分享经济增长或分担经济下降的矛盾将越来越突出，代际间的矛盾将会随着人口老龄化加剧而变得日益重要。[1]

三是在筹资机制方面，可以从费基、费率、责任分担机制等方面来分析。在费基方面，不同人群养老保险制度的费基不同，差异较大，企业职工以本人上年度月平均工资为基数，城乡居民以城乡居民收入为准，则没有固定的缴费基础数，北京市主要参照城乡居民纯收入，规定了最高（城镇居民人均可支配收入的30%）和最低（农村居民人均纯收入的9%）缴费限制。机关事业单位人员的缴费基数也不一样，包括基本工资、津贴、补贴等构成部分。[2] 相比而言，机关事业单位人员的缴费基数更宽，城镇职工的缴费基数相对较低，甚至一些企业为了逃避缴费责任故意压低缴费基数。养老保险制度还规定了最低缴费基数限制，容易给低收入者和贫困职工造成缴费压力，影响制度的公平性。从费率水平来看，城镇职工的名义费率相对较高，不利于低收入者参加养老保险。从筹资的责任分担机制来看，城乡居民的基础养老金主要由地方政府（北京市由各区县政府）财政负担，容易导致财政能力相对较弱地区的支出压力。

四是制度模式中的"个人账户"设置不利于体现公平。"社会统筹与个人账户相结合"是我国养老保险的基本模式，这一模式还存在诸多不完善的地方，其中的个人账户设置存在较大争议，既没有很好地体现激励性，更不利于养老保险的公平性，甚至容易导致"逆向公平"。甚至有学者认为，"城镇职工基本养老保险中的个人账户已经被过去20年的实践证明是个无效的制度"。[3] 从理论

①　侯慧丽，程杰. 老龄化社会中养老金代际代内收入差距与养老金再分配[J]. 人口与发展，2015（1）：12-21.

②　机关工作人员的个人缴费工资基数包括：本人上年度工资收入中的基本工资、国家统一的津贴补贴（警衔津贴、海关津贴等国家统一规定纳入原退休费计发基数的项目）、规范后的津贴补贴（地区附加津贴）、年终一次性奖金。事业单位工作人员的个人缴费工资基数包括：本人上年度工资收入中的基本工资、国家统一的津贴补贴（国家统一规定纳入原退休费计发基数的项目）、绩效工资。

③　李珍，黄万丁. 城镇职工基本养老保险个人账户向何处去[J]. 国家行政学院学报，2016（5）：49-54.

上来说，个人账户的权益完全归个人所有，有助于增强个人缴费的积极性，但是，在实践中由于个人账户的"空账"运行和投资收益不理想、管理比较分散，不仅损害了参保者的权益，而且容易造成养老金收入的差距，不利于制度的公平性，容易导致老年相对贫困。

五是养老保险制度比较分散不利于体现公平。目前，我国养老保险制度主要依据人群差异量身定制，制度比较分散，制度形式趋于统一，但制度内容依然差异较大。北京市在制度整合方面率先实现了居民养老保险制度的城乡统筹发展，并推进了机关事业单位养老保险制度改革，全部实行"社会统筹与个人账户相结合"的制度模式，在养老保险制度的形式公平方面迈出了重要步伐。但是，不同制度的结构和参数差异依然较大，养老保险的实质公平没有得到充分体现。机关事业单位人员、企业职工、城乡居民养老保险制度的筹资机制与待遇给付机制依然存在较大差别。由于职业年金制度的强制实施和单位缴费支持，企业年金属于自愿参与的项目，使得机关事业单位人员与企业职工之间的养老金待遇水平依然保持较大的差距。另外，由于职业年金单位缴费能力的差异，容易导致事业单位内部负担的畸轻畸重，导致内部的差距和不公平。

六是养老保险制度的户籍限制和转移接续问题影响外来老年人的养老金权益。这是影响北京市户籍老人与外来常住老人养老金差距的重要因素。由于城乡居民养老保险主要针对本市户籍而不符合参加机关事业单位养老保险和城镇职工基本养老保险的城乡居民，外来人口不能参加本市城乡居民养老保险，参加城镇职工基本养老保险的人数也非常少。这是一种典型的不公平，容易导致非本地户籍老人相对贫困问题的出现。由于养老保险统筹层次不高和转移接续的不顺畅，使得外来务工人员不能很好地加入本地城镇职工养老保险制度，影响其退休后的养老金权益。

# 第四节　促进养老保险制度公平发展 预防老年相对贫困的建议

人口老龄化将带来诸多的经济社会问题，老年贫困问题是其中之一。老年相对贫困更加容易使得老年人产生不公平感，不利于体现社会的公平正义与包容发展。因此，在应对人口老龄化社会风险的过程中，需要高度重视解决老年相对贫困问题，使全体老年人公平共享改革发展成果。养老保险制度是老年人最重要的经济来源，养老保险制度的公平发展有助于促进解决老年相对贫困问题。针对养老保险制度公平性不足，结合北京实际，提出以下几个关于促进养老保险制度公平发展、预防老年相对贫困的对策建议。

## 一、建立非缴费型养老金制度和国民基本养老保险制度

科学的非缴费型养老金制度是降低老年贫困率的重要制度安排。[①] 非缴费型养老金制度是典型的福利型养老金，主要针对那些生活困难的贫困老人，待遇的获得不以缴费为前提，而是根据家计状况调查决定，待遇标准全国完全统一。资金来源完全由财政负担，其中东部地区由地方财政负担，西部地区完全由中央财政负担，中部地区由中央和地方各分担一半。国民基本养老保险面向全体国民，遵循"制度统一、标准适度、全国统筹"的原则，即建立全国统一的、不分身份和职业的国民基本养老保险制度，完全实行现收现付模式，保持年度平衡。保持制度的全国统一而不是地方分割，实现身份和待遇的相对公平而非绝对相同，筹资实行政府或单位为主、个人适当缴费，筹资水平和待遇水平以"保基本"为目标，与地方（以省为单位）工资水平和消费水平相联系，并建立指数化调整机制。非缴费型养老金制度和国民基本养老保险制度的建立，有利于缩小待遇差距，加强低收入者和贫困人口的保障，筑牢养老保险制度的公平底座，预防老年相对贫困的发生。

## 二、扩大养老保险覆盖面，实现人人公平享有基本养老保险

实现养老保险的全覆盖，确保人人公平享有基本养老保险是实现老年相对公平、预防老年相对贫困的重要前提。目前我国已为不同人群建立了不同的养老保险制度，基本实现了养老保险的"制度全覆盖"，但是，由于种种原因，尚有部分人群没有纳入养老保险的范围，主要是非正规人员、农民工、城乡居民、贫困人口等特殊群体，这些人恰恰是最需要养老保险的人群。根据人社部的数据，我国基本养老保险的覆盖率为80%左右，还有接近20%的扩面空间。下一步的重点是实现养老保险的"制度全覆盖"走向"人群全覆盖"，应该加强扩面攻坚，在完善养老保险制度设计、改善管理服务的同时，进一步强化对特殊人群体的支持措施，完善财政转移支付机制，建立合理的缴费补贴机制，创新筹资方式，整合养老保险资金资源，实现养老保险的机会公平。

## 三、深化养老保险体系改革，调整养老保险制度模式与结构

建立公平可持续的养老保险制度是未来我国养老保险制度改革的目标，为实现这一目标，应该实施系统性的改革方案，加强顶层设计和系统规划，

---

① 孙洁，孙守纪. 非缴费型养老金计划及其减贫效果比较研究——美国和加拿大的比较分析[J].学习与实践，2013（8）：91-100.

在现有的制度模式与制度设计的基础上全面深化养老保险改革。处理好养老保险体系中政府与市场的关系、公平与效率的关系。在强调公平保障的同时，也应该兼顾效率。强化公平保障中的政府责任，同时，积极运用市场资源与市场机制，实现政府与市场在养老保险体系发展中的合作共治。可以探索建立"基础统一、多元多层"的养老保险制度。① 深化养老保险体系改革不是推倒重来，而是立足于现有的养老保险制度设计和实践进行改革和调整。重点是对"社会统筹与个人账户相结合"的基本养老保险制度进行调整，建议将社会统筹部分以国民基本养老保险的方式来体现，实行现收现付，体现社会公平。降低"统账结合"模式中个人账户的比重，将其改造成市场化的支柱，建立不同类型的职业年金制度和个人自愿养老保险储蓄制度，由商业保险公司运营。

## 四、统筹考虑企业年金、职业年金等非基本养老保险制度发展

实现养老保险制度的公平发展、预防老年相对贫困，应该在多个养老保险层次中综合治理，不仅在基本养老保险层次要坚持和强化公平优先，而且在非基本养老保险层次也不能有过大的差距，不能因为非基本养老保险制度的过大差距影响和削弱了基本养老保险层次的公平效果。企业年金、职业年金制度应该适度体现职业差异，但是不能有过大的差异和差距，避免产生不同职业和单位人员之间的攀比和相对不公平感。应该从多层次养老保险体系建设的角度统筹考虑企业年金与职业年金制度设计，避免产生机关事业单位人员的"内部不公平"和机关事业单位人员和企业职工及其他人群之间的"外部不公平"。对职业年金制度和企业年金制度进行调整，统筹考虑二者的制度模式、筹资水平与待遇水平，建议可以考虑将二者的名称统一规定为"职业年金"，强制性与自愿性相结合，实行自动加入机制。此外，还需要统筹考虑机关事业单位编制内外人员和编制内合同制工人的职业年金问题。

## 五、完善养老保险制度设计，建立公平的养老保险筹资机制与给付机制

资金筹集与待遇给付是影响养老保险制度公平性的核心环节，因此，需要在加强顶层设计和完善制度模式的基础上进一步完善养老保险的筹资机制与待遇给付机制。在筹资方面，坚持权利与义务相结合，同时考虑个人的收入水平与缴费能力，取消个人缴费门槛（最低缴费基数）限制，建议根据个人的实际收入水平按比例进行缴费，有利于低收入者与贫困群体加入养老保

---

① 龙玉其. 建立"基础统一、多元多层"的养老保险制度[J]. 新疆社科论坛，2011（2）：72-75.

险，对这些人群缴费还应该加强财政和公共资金的支持。对于高收入群体，应该做实缴费基数，提高养老保险费的征缴力度，避免逃费漏费行为，实现应缴尽缴。在待遇给付方面，应该明确以公平为导向的待遇计发办法，适当提高低收入者的养老金替代率，体现"累进"的筹资和"累退"的待遇特征，强化基本养老保险的互助共济功能和收入再分配作用。由于养老保险待遇的刚性特征，不宜过多降低目前机关事业单位养老保险的待遇水平，而是要补短板，提升其他群体的养老金待遇水平，特别是要进一步提高城乡居民基础养老金水平。

## 六、建立科学、公平、动态的养老金待遇调整机制

完善养老保险待遇调整机制是实现养老保险公平发展、确保老年人公平共享发展成果的必然要求。建议尽快出台养老金待遇调整办法，规范养老金待遇调整行为，降低养老金待遇调整的随意性。需要统一考虑不同群体养老金的待遇调整问题，实现同步、公平调整。需要规范养老金待遇调整的原则、调整时间、调整依据、计算办法等内容。建议养老金待遇调整参照当地（以省为单位）在职人员上年度的平均工资增长率和物价水平两个重要方面进行，实行指数化的调整办法。通过待遇的科学、动态调整，既实现不同老年人的相对公平，也实现退休人员与在职人员的相对公平。在养老金待遇调整方面，当前一个重要的问题就是稳步、适度提高城乡居民基础养老金待遇水平，提升城乡老年人的公平感与获得感。

## 七、提高养老保险统筹层次，完善养老保险转移接续机制

一般而言，统筹层次越高，养老保险的公平性越强。针对目前养老保险统筹层次较低、制度分割的现实问题，当务之急应该尽快实现基础养老金的全国统筹，打破地区分割的局面，实现"全国一盘棋"，提高养老保险资金的运用效率，充分发挥互助共济作用。补充养老保险可以实行省级统筹，在省域范围内实行市场化管理运营。在养老保险关系的转移接续方面，坚持强制性与自愿性相结合，既可由参保人根据身份变动选择加入另一养老保险制度，按照新制度进行缴费积累；又需要保持适当的强制性，不得随意变换养老保险制度，防止一些人员利用制度的差异以较低缴费获得相对较高水平的待遇。无职业、不就业的流动人口在达到一定的居住年限后可以申请参加居住地（城镇）的居民养老保险，不够居住年限的，原则上参加户籍地的养老保险。灵活就业人员可以根据自身经济状况自由选择加入城镇居民养老保险或城镇职工养老保险。[1]

---

[1]　王延中，龙玉其. 统筹城乡社会保障制度发展四论[J]. 行政管理改革，2014（8）：56-60.

养老保险制度的公平发展是解决老年相对贫困问题的根本保障。强调养老保险的公平发展不是说不要效率，效率的提升有助于更好的公平，在养老保险制度改革的过程中，应该坚持公平优先、兼顾效率，政府主导、多元参与。养老保险制度的公平发展，不仅是指制度形式的公平，更要实现实质公平。老年相对贫困问题的解决也不能完全寄希望于养老保险制度，还应该改革初次分配制度，完善包括老年经济保障、老年医疗保障、老年服务保障等在内的老年保障系统，从多个方面给予低收入和贫困老年人的支持，预防和治理老年相对贫困问题。

## 参考文献

［1］Oppenheim C. . Poverty：The Facts［M］. London：Child Poverty Action Group，1993.

［2］樊怀玉. 贫困论：贫困与反贫困的理论与实践［M］. 北京：民族出版社，2002.

［3］［印］阿马蒂亚·森. 贫困与饥荒：论权利与剥夺［M］. 王宇等译. 北京：商务印书馆，2004.

［4］世界银行. 2000/2001 年世界发展报告［M］. 北京：中国财政经济出版社，2001.

［5］关信平. 中国城市贫困问题研究［M］. 长沙：湖南人民出版社，1999.

［6］童星，林闽刚. 我国农村贫困标准线研究［J］. 中国社会科学，1994（3）：86-98.

［7］唐晓光. 中国贫困与反贫困理论［J］. 南宁：广西人民出版社，1995：34-35.

［8］叶普万，王军. 全球视野内的中国贫困问题研究［J］. 山东社会科学，2003（5）：16.

［9］陈银娥，何雅菲. 人口结构与贫困：来自中国的经验证据［J］. 福建论坛（人文社会科学版），2013（7）：17-22.

［10］黄国桂，陈功. 北京老年贫困状况的变化趋势及对策研究［J］. 北京社会科学，2017（5）：90-98.

［11］刘海宁，穆怀中. 城镇居民基本养老保险消除老年贫困功能研究［J］. 理论界，2005（5）：107-109.

［12］王延中，龙玉其，江翠萍，徐强. 中国社会保障收入再分配效应研究——以社会保险为例［J］. 经济研究，2016（2）：2-11.

［13］杨震林，王亚柯. 中国企业养老保险制度再分配效应的实证分析

［J］. 中国软科学，2007（4）：39-48.

　　［14］王晓军，康博威. 我国社会养老保险制度的收入再分配效应分析［J］. 统计研究，2009（11）：75-81.

　　［15］李实，赵人伟，高霞. 中国离退休人员收入分配中的横向与纵向失衡分析［J］. 金融研究，2013（2）：1-18.

　　［16］侯慧丽，程杰. 老龄化社会中养老金代际代内收入差距与养老金再分配［J］. 人口与发展，2015（1）：12-21.

　　［17］李珍，黄万丁. 城镇职工基本养老保险个人账户向何处去［J］. 国家行政学院学报，2016（5）：49-54.

　　［18］孙洁，孙守纪. 非缴费型养老金计划及其减贫效果比较研究——美国和加拿大的比较分析［J］. 学习与实践，2013（8）：91-100.

　　［19］龙玉其. 建立“基础统一、多元多层”的养老保险制度［J］. 新疆社科论坛，2011（2）：72-75.

　　［20］王延中，龙玉其. 统筹城乡社会保障制度发展四论［J］. 行政管理改革，2014（8）：56-60.